新编21世纪高等职业教育精品教材

通识课系列

中华商业文化

（含活页课练手册）

主　编　刘晓军　刘香兰

副主编　张　媛　江美丽　耿晓燕

中国人民大学出版社

·北京·

图书在版编目（CIP）数据

中华商业文化：含活页课练手册 / 刘晓军，刘香兰主编；张媛，江美丽，耿晓燕副主编. --北京：中国人民大学出版社，2022.6

新编21世纪高等职业教育精品教材. 通识课系列

ISBN 978-7-300-30202-7

Ⅰ. ①中… Ⅱ. ①刘…②刘…③张…④江…⑤耿… Ⅲ. ①商业文化－中国－高等职业教育－教材 Ⅳ. ①F72

中国版本图书馆 CIP 数据核字（2022）第 015838 号

审图号 GS（2022）3798 号

新编 21 世纪高等职业教育精品教材 · 通识课系列

中华商业文化（含活页课练手册）

主　编　刘晓军　刘香兰

副主编　张　媛　江美丽　耿晓燕

Zhonghua Shangye Wenhua

出版发行	中国人民大学出版社		
社　　址	北京中关村大街 31 号	**邮政编码**	100080
电　　话	010－62511242（总编室）		010－62511770（质管部）
	010－82501766（邮购部）		010－62514148（门市部）
	010－62515195（发行公司）		010－62515275（盗版举报）
网　　址	http: // www. crup. com. cn		
经　　销	新华书店		
印　　刷	中煤（北京）印务有限公司		
开　　本	787 mm × 1092 mm　1/16	**版　　次**	2022 年 6 月第 1 版
印　　张	21.75　插页 1	**印　　次**	2024 年 8 月第 4 次印刷
字　　数	498 000	**定　　价**	58.00 元

前言

| QIAN YAN |

党的二十大报告指出："全面建设社会主义现代化国家，必须坚持中国特色社会主义文化发展道路，增强文化自信，围绕举旗帜、聚民心、育新人、兴文化、展形象建设社会主义文化强国。"中华优秀传统文化植根于中国人内心，绵延至今，潜移默化地影响着中国人的思想方式和行为方式，中华商业文化亦是如此。在长达几千年的商业实践中，中国人民在积累了丰富的社会物质财富的同时，形成了富有民族特色的商业文化，表现出在商不唯商、求利不唯利的商业品格，天人合一、尚中贵和、积善成德、先义后利的商业道德观，以及敬业乐业、勤劳刻苦、俭约朴实、信义为尚的精神品质。在经济全球化、多元文化相互依存发展的今天，中华传统商业文化被创造性继承和创新性发展，中国的经济实力持续增长，中国企业和中国商品在国际市场上的竞争力不断增强，并日益绽放出耀眼的光芒。

驼铃声声，商旅匆匆，丝路漫漫，历史随着时光久远，但记忆与感悟不会褪色。我们可以通过书籍了解古时商业都会的瑰丽，体味商业思想的芬芳，感受商业文明的璀璨。作为新时代的开创者与建设者，只了解商业文化历史是不够的，还要明辨职业人生，破译职场密码，遵循商务礼仪，开启社交之门；要汲取商业文化的智慧与营养，打开自我驱动的引擎，步入个人素养提升的快车道，锻炼商务口才的高效与自信，培养优良的职业道德和审美情趣，纵横捭阖于现代商界。

本书通过商史、商路、商帮、商号、商人、商法、商言、商仪、商礼九个专题，梳理商业文化历史脉络，探寻商业文化发展之源，总结商业文化积淀精髓，传承商业文化优秀精神，旨在培养学习者对传统商业文化的理解和热爱，对职业行为和职业态度的认知和认同，提升文化品位和审美情操，提高职业素养与文化修养，达到律己与敬人、知识与商务素养的和谐统一。希望本书能帮助每一位学习者内修素养，外塑形象，不仅知道还要做到，成为中华商业文化的传承者与践行者。

本书有配套的在线开放课程资源，在开发教材过程中，编者进行了科学的整体规划，纸质教材与数字化资源相互联系，采用“线上＋线下”的教学模式和“平台＋教育”的服务模式，将知识、技能、价值观的多元目标融入教学项目，强化价值引领，使学习者在“引导→启迪→互助→自悟”的链条里实现成长。为更好地弘扬和传承商业文化，本书在每一个专题后都有“明道·传承”内容，将学习者应具备的明道、修德、传承的使命与专题内涵相结合，呈现新时代风貌和创新特色。本书含有学习目标、思维导图、博闻多识、增智启慧、明道箴言版块，同时配有微课、拓展阅读、交互测验等资料，较为丰富、立体。本书在编写时将宏观把握与微观思考相结合，商业史料与现代实际相联系，前人智慧与今人探索相对比，促使学习者博闻见、增智慧、开胸襟、修品格，拓展学习者的人文素养，以培养学习者的创新精神和实践能力。课程以社会主义核心价值观教育为主线，以“明道·传承”为辅线，深入实施课程思政，培植深厚的爱国主义情怀和商业文化自信。

根据教学的实际需要，本书将基本内容的主干部分装订成册，将用于实现“翻转课堂”教学模式的专题活动内容制作成《活页课练手册》，以活页形式呈现，形成多元混合式教学资源和教学模式的创新特色。开展本课程教学可利用智慧树平台（https://www.zhihuishu.com）上的“中华商业文化”在线开放课程（本课程已入选职业教育国家在线精品课程）。本书适用于各类大中专院校相关专业开展商业文化通识教育，也可供企业培训者培训和社会学习者自学使用。

本书由刘晓军、刘香兰担任主编，负责全书的框架结构设计、指导具体写作和最终文稿审订。张媛、江美丽、耿晓燕担任副主编。以专题为序，编写人员分工如下：刘香兰编写专题一、专题五，张媛、郭纪良编写专题二，刘晓军、耿晓燕编写专题三，高志霞编写专题四，曹薇编写专题六，孙琳编写专题七，谢慧编写专题八，江美丽编写专题九。根据编写需要，专题六、七、八、九案例所涉及企业和人物为虚拟。相关企业人士参与了本书案例编写工作。本书在编写过程中参考了有关著作、相关研究成果以及图片资料等，篇幅所限，不能逐一提及，在此谨向这些资料的作者致以真诚的感谢。

中华商业文化底蕴深厚、博大精深，由于编写者水平有限，书中难免存在不足之处，恳请广大读者、专家批评指正。

编者

| MU LU | # 目　录

专题五 商 人

专题六 商 法

专题七 商 言

专题八 商 仪

专题九 商 礼

专题一

商史

“天下熙熙，皆为利来；天下攘攘，皆为利往。”西汉史学家司马迁把天下之熙熙攘攘、东奔西忙，归结为“利来”“利往”。无论身份高低贵贱，无论身处城市山泽，为了解决衣、食、住、行等问题，人们就要精心筹谋，煞费苦心，进行辛勤的劳动。商业活动就是辛勤劳动中的一种。

中国从古代就能成为强盛帝国，与商品经济交流分不开，商品流通推动货币发展，货币发展又促进商品流通。司马迁和班固分别在《史记·平准书》和《汉书·食货志》中对商业经济的发展及其对社会经济产生的影响表现出积极客观的态度。

学习目标

知识目标：学习我国各个历史时期商业发展的概况和特征，了解我国货币发展的历程和呈现形态，认知古代商品的主要种类和流通状况。

能力目标：能够分析我国商业发展、货币演变、商品流通的本质和特征，结合各时代社会经济发展的状况总结出其发展的一般规律。

态度目标：具备对商业历史要素的分析、总结能力，形成货币文化的鉴别、欣赏能力和商品认知观。

素质目标：中国商业的发展历史也是一部社会简史，是中华文明演进的重要组成部分。商史文化与中华民族生生不息的精神一脉相承，了解商业文化历史，厚植爱国主义的民族历史情感，呼应中国特色社会主义核心价值观，发挥文化自信对学习者价值观的引领作用。

思维导图

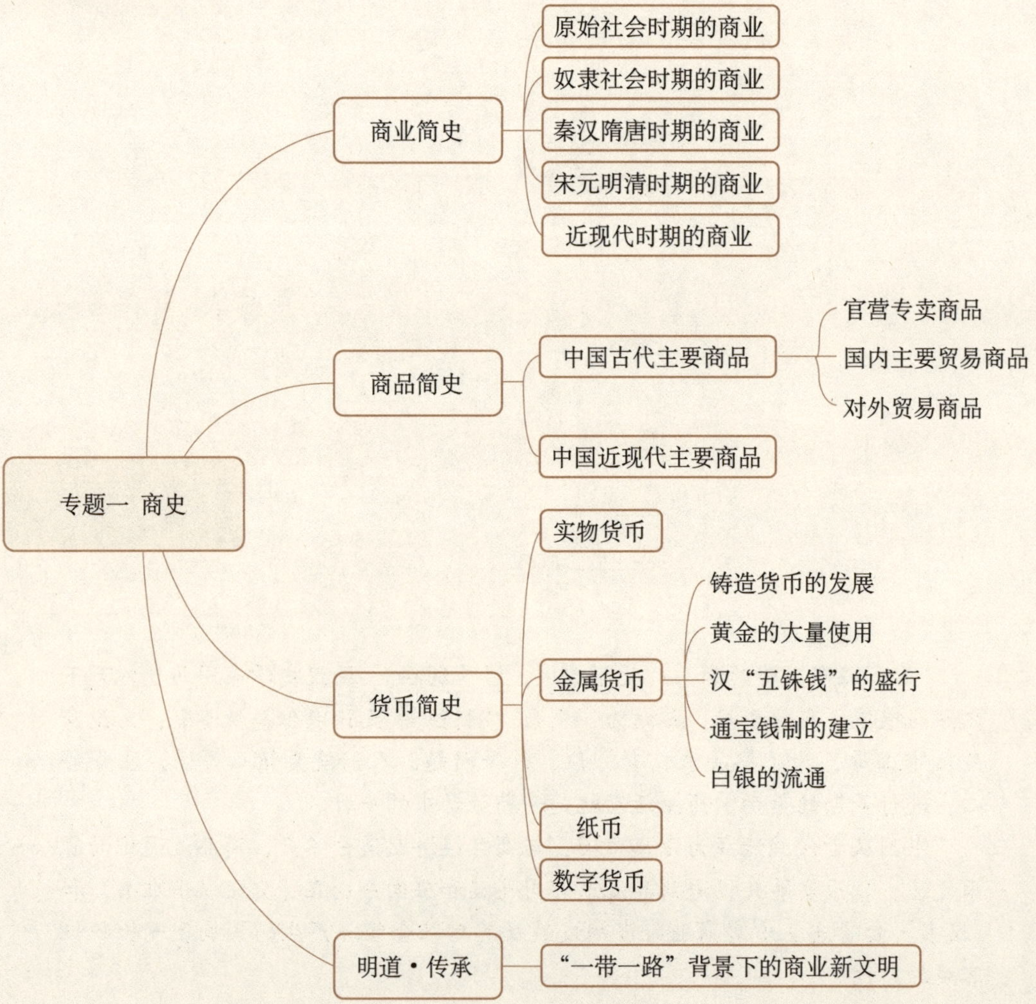

第一讲 商业简史

引言

20 世纪的人类经济思想史贯穿一条主线，即市场经济与计划经济的论争。《管子·轻重》提倡一种国家参与市场、主导市场的经济体制，这与现代西方建立在私人产权基础上的自由市场经济体制迥异。《管子》一方面强调市场经济的重要性，另一方面强调要节制资本，防止不受约束的商业阶层破坏社会整体的平衡。人们交易需要市场，市场是满足生产生活需要的重要制度，但市场的作用远非如此，它还有直接促进生产的作用。在经济市场中，要防止大的商业资本破坏社会整体的均衡。

虽然中华民族的商业活动起源远早于商代，但商代造就了中华民族商业发展的第一个高峰，也可以说，中国人骨子里经商的天分和基因就是从殷商时代被激发出来的。改革开放以来，市场经济有了突飞猛进的发展，坊间甚至流传着“十亿人民九亿商，还有一亿在观望”的俗语，华商遍布世界各地。追根溯源，华商基因的活水源头便是始于三千多年前的商代。三千多年岁月，逝者如斯夫，殷墟古迹今犹在，不变的还有世代相传的商业智慧与激情。

一、原始社会时期的商业

中国是一个历史悠久的文明古国。按照人类社会的发展规律，我们中华民族也经历过若干万年无阶级的原始社会。交换，作为人们相互交换活动的过程，是一切社会形态所共有的，但产品的交换却是在原始社会末期才产生的。

旧石器时代生产力水平极端低下，生活方式是“饥即求食，饱则弃余”，尚无产品交换可言。新石器时代才开始驯养牲畜、烧制陶器和织布缝衣。由于各氏族部落定居的地理环境不同，有的宜农，有的宜牧，这样便产生了第一次社会大分工，即农业与畜牧业的分工，分工的结果使农、牧业部落各自有了不同的剩余产品，继而产生了直接的产品交换——物物交换。农、牧业的剩余产品，通过交换变成了商品，这就标志着商品交换的发生。

在母系氏族公社阶段，农业劳动的剩余物中就包含手工业劳动。如制造狩猎、捕鱼、耕作的工具就属于手工业劳动，制陶、酿酒也属于农业的副业，但那时尚未达到分工的程度。到了父系氏族公社阶段，手工业才从农业中分离出来，发生了第二次社会大分工。社会分工的扩大促进了商品交换的进一步发展。

随着私有财产的出现，在氏族公社内部开始产生了个人之间的商品交换。主要的交换形式仍是以物易物，牲畜、粮食、贵重的手工艺品被投到交换中去，固定的交换场所——市场在商品交换日益正常的情况下出现了。《周易·系辞下》记载：“神农氏作……日中为市，致天下之民，聚天下之货，交易而退，各得其所。”此外又有“祝融作市”的记载。

在私有财产出现后发展起来的私人交换，大大刺激了富有的父系大家庭家长们的贪欲。为了扩大交换能力，以换取和积累新财产，他们不仅从事商品生产，而且发展了奴隶生产，甚至连奴隶也被当作商品进行交换了。交换的发展又反过来促进私有制的形成和奴隶制的产生，促使人类社会进入阶级社会。

博闻多识

日中为市

《周易·系辞下》中写道：“神农氏作……日中为市，致天下之民，聚天下之货，交易而退，各得其所。”大意就是，神农氏在中午开设集市，招引各地的民众，集聚了各地的货物。交易之后，人们各自都得到了想要的东西而离开。神农氏的时代，大致相当于我国古代的原始社会母系氏族公社的繁荣时期，劳动生产中开始出现了剩余生产物。

为何要规定“日中为市”？生产剩余的出现，使不同生产者之间相互有偿让渡和交换产品的要求也日益强烈，逐渐形成了一些约定俗成的、有较固定时间和固定地点的交易集中地，产生了一些交易的规则，“市”的形态随之产生，这就是市场的雏形。之所以要在“日中”，实际上是小农经济的局限使然。小农家庭拿出少量的粮食、布帛、鸡猪和肉蛋，到集市上去“为买而卖”，只能就近交易，当天来回，去远了，就不能当天返回。这就限定了他们到集市去的最远行程只能是半日程，早去晚归，上半天到集市，交易后下半天回家。所以，“日中”是市上交易最热闹的时刻，过了此时，市上便没什么人了。

二、奴隶社会时期的商业

在神农氏、黄帝和尧、舜时代，我国古代商业还处在原始社会时期。虽然交换已经产生，但尚未发展到产生货币的程度，而某些自然物，如龟壳、皮革、齿角、工具等，在不同时候、不同地区充当等价物还是可能的。

到了夏代，原始公社瓦解而进入奴隶社会，私人之间的交换产生和发展，频繁的交换使某种商品从商品群中游离出来，成为专门用作等价物的特殊商品，这便是货币。在以物易物转变为商品货币相交换的过程中，牲畜最先被用来作为货币。“物”字从“牛”，便是明证。在这之后，随着商品流通的扩大，贝代之而充当货币。有了货币，商品交换才会分裂为卖和买两个对立的经济行为，商人才可能插在生产者和消费者之间作为第三者从事商业活动——一种专门媒介促成商品交换，组织商品从生产者手中到消费者手中的买卖活动。

商代的农业、畜牧业、手工业都比较发达。其中，手工行业多，分工比较细。在殷墟中曾发现石工、玉工、骨工、铜工等的劳动场所，反映出当时青铜制造、酿酒、丝织技术已发展到较高水平。商品交换范围逐渐扩大，各地农、牧业剩余产品需要卖出，手工业品需要出售，在这种商品交换活动同商品生产活动相互矛盾、日益发展的情况下，便发生了第三次社会大分工。从此，在国民经济中，除了农业（包括畜牧业）和手工业两大物质生产部门之外，又分化出一个专门从事商品交换的商业部门。

图 1-1 王亥商队交易

商代的商人，为了获取利润，不惜跋山涉水，冒风遇险。商代的王亥赶着牛车到处经商（如图 1-1 所示），人被杀，货被抢走。王亥死后，他的子孙以三四百头牛作为牺牲品祭奠这位先人。现存的一个商代饕餮纹鼎上，刻着肩上担着贝的一个乘船到他乡做买卖的商人，说明商业活动在当时是非常受人重视的，“殷人重贾”的传说是符合历史实际的。商业的发展与城市的兴起是相互依存，相互促进的。无论是都城还是一般城市，都是以农业和手工业分工为基础，以商业的出现为前提的。从殷商遗址看，商代都城内有宫庙、房屋、手工业作坊等建筑，已有经营商业的交易场所——“市”和“肆”存在，即划出一定区域作为市场和商业活动的地方。

西周时期实行“工商食官”的官府工商制度，工商业被官府所占有，凡是有一技之长的“百工”和“商贾”必须无条件为统治者服务，受官府管辖，工商奴隶世代继承，从事工商业劳动。虽然官府工商业和奴隶主贵族经商占统治地位，但也存在民间商业，主要是一些小本经营的小商小贩以及下层自由民的经商活动。西周都城已有布局规划，分了官衙区、商业区，所谓“左祖右社，面朝后市”，“市”即专门的商业区，由“司市”作为专职官吏管理。每天有早、中、晚三次开市时间，早市又称为“朝市”，以商贾之间的批发交易为主；日中为“大市”，以各民族和地区商人之间的贸易往来为主；晚市又称“夕市”，以小商小贩零售交易为主。

［微课］
“商”从哪儿来

春秋战国时期，我国商业完成了历史上的第一次飞跃。随着地主经济的兴起和农业、家庭手工业的发展，小商品生产和小工商业者的涌现为商业发展创造了条件。这一时期打破了西周的“工商食官”的传统格局，出现了自由经商的热潮，也出现了一大批富比王侯的大商人。许多诸侯国实行鼓励自由商人发展的通商惠工政策，以加强自己的经济、政治实力。许多大商人形成了较为系统的经商理论，诸子百家不同程度地涉及并阐述了他们的商业思想，这些都是我国古代经济思想的宝贵遗产。

战国时期，铜铸币已取代海贝成为主要流通手段，黄金等贵金属开始流通。各诸侯国之间、各地区之间的商品交流异常活跃，统治者的都城以及位于交通枢纽的货物集散地逐步发展成为繁荣的城市，各诸侯国的商人不惧战争和关卡的阻隔，从事长距离的贩运贸易，客观上促进了商品生产的发展和城市经济的繁荣。由于商人资本垄断盐铁，积累了巨额财富，新兴的地主阶级和商人之间的矛盾日益加剧，有些富商势力太大，威胁了君主权威，因此“抑商”思想出现，相关政策也开始实施，如李悝的“平籴”政策和商鞅重农抑商政策。

［微课］
古代商业的
“市”与“井”

博闻多识

因井设市

《管子·小匡》中有："处商必就市井。"《汉书·货殖传序》中写道："商相与语财利于市井。"颜师古注："凡言市井者，市，交易之处；井，共汲之所，故总而言之也。"市与井被联系到了一起。

水井周围因居民汲水而成了公共生活空间，并逐渐形成了进行买卖活动的场所。原始之市起源于村邑，以井为市是很自然的，因为买卖过程中需要在井边洗濯，而井又是许多老百姓的聚集之处，所以，水井与人口的聚居和商品交易有着密切关系，人们在水井周围交换商品，这与"日中为市"一样，是约定俗成的，都是老百姓经常相遇的时间和地点。到了战国时期，市的发展已经很完备，交换的场所也有了变化，但仍然与水井有很大的关系。"市井"一词，不仅指平民众多的住宅区，还指商肆集中的地方。坊市制度出现后，市井除了"街市、市场"外，还含有"粗俗鄙陋"之意。市井文化成为一种生活化、自然化、无序化的自然文化，指产生于街区小巷、带有商业倾向、通俗浅近、充满变幻而杂乱无章的一种市民文化，反映着市民真实的日常生活和心态。

三、秦汉隋唐时期的商业

从秦汉至唐，我国的商业经历了一个"上升→下降→上升"的过程。

秦灭六国统一天下，为加强中央集权采取了一系列措施，包括设郡县、车同轨、书同文、一币制、统一度量衡、不收关税等，为商品流通和商业的发展提供了有利条件。但是在商业方面，秦代采用商鞅所制定的"重本抑末"政策，发展官营工商业，由国家掌握重要物资和经济命脉，冶铁、铸钱、织绢、制陶、制盐工业以及粮食等重要商品都掌握在官府手中，官营垄断弊端丛生，抑制了民间商业的正常发展。

图 1-2　古代煮盐灶场

两汉，特别是西汉的城市商品经济，是春秋战国以来商品经济发展的高峰。两汉时期，贩运贸易活跃，各地区之间物资交流频繁，城市市场仍然实行古代设市制度，以京城长安（西汉）和洛阳（东汉）的城市商业区最为繁荣，设立市场管理机构和市官，有一套市籍登记、检验度量衡器、评定物价、征交易税等规范、严格的市场管理制度。市区内按商品类别分区设置，形成最初的行业（如图 1-2 所示）。对外贸易也相当发达，西汉张骞、东汉班超相继出使西域，以丝绸之路为代表的陆路对外贸易兴起，架起了古代中国和世界经济联系的桥梁。

三国两晋南北朝时期的商业发展比较缓慢，从东汉末年起，我国进入长达 400 年的四分五裂局面，使农业生产遭到严重破坏，商业也随之陷于波动、萎缩，甚至停滞。直到北魏统一北方，近百年的休养生息，户口殷盛，市场繁荣，商业经济才出现了短暂的发展和繁荣。

隋唐五代时期，经济逐步复苏，尤其是唐代，商业在农业和手工业恢复和发展的基础上，达到空前的繁荣。隋朝统一后，实施了统一币制、统一度量衡、治理交通的措施，开凿的运河成为南北物资交流的重要通途；废除盐、酒专卖制度，实行民间开放政策。唐代的手工业发展显著，分工更细，纺织、陶瓷成为最大的手工业部门，制茶、印刷业成为新兴的手工业。广州成为全国最大的外贸中心，成为世界著名贸易港口城市。唐代的坊市分区制度进一步发展和完善。“坊”指居民区，“市”指商业区，即市场（如图 1-3 所示）。唐代后期，逐渐形成了以酒楼、茶坊为中心的街市，居民区和商业区开始交叉存在，逐渐连成一片，代替了旧有的封闭式的街坊结构（如图 1-4 所示）。五代时期，军阀混战，纵兵剽掠对商业破坏严重，经济停滞。隋唐五代时期商人不能入仕为官，工商杂户比庶人更低一等，不得乘马，只能穿白衣。

图 1-3 唐代繁华的市集

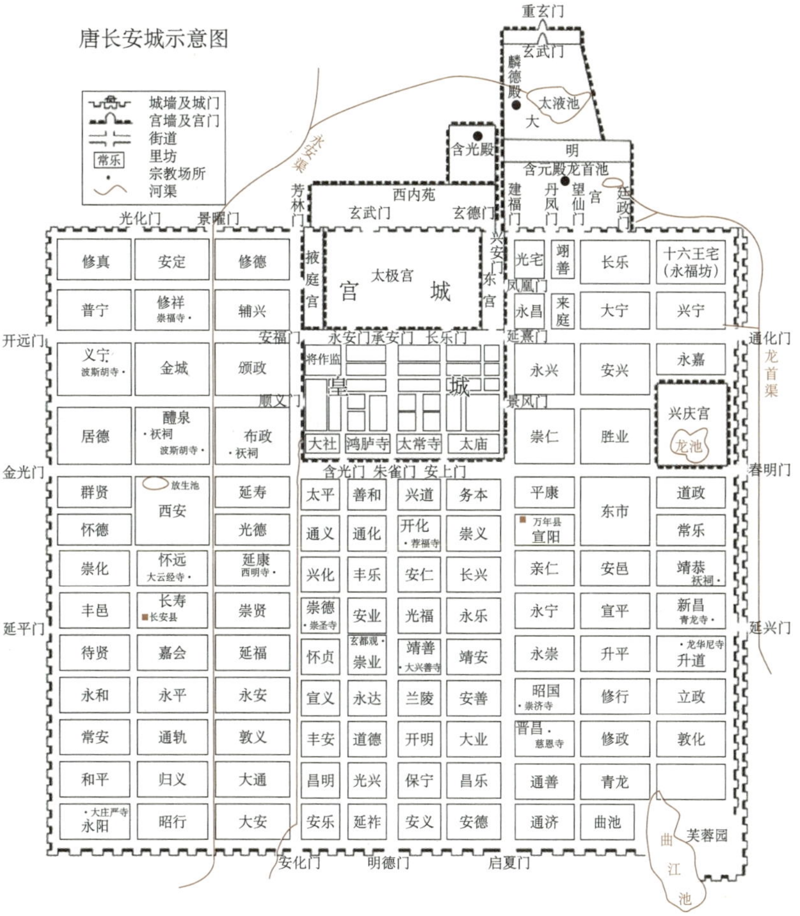

图 1-4 唐长安城示意图

［微课］
唐代坊市分区制度

博闻多识

唐代坊市分区制度的进一步发展和完善

我国古代城市实行居民区与商业区分开设置的坊市分区制度，早在秦代就已形成，两汉时期以及三国两晋南北朝时期仍在实行，到隋唐时期则进一步完善。坊市分区制度就是在城市中把商业区严格限定在一定范围内，并与居民区分开的市场格局或市场模式。这种坊市分区制度的规定是很严格的，一是设在指定地点，唐代的市已成为商业中心，沿袭汉代市场格局，也是四周有围墙，在指定的地方设门，即市门。二是市场启闭均有定时，午时击鼓二百下开市，日前入七刻击钲三百下散市。三是在市官设置、度量衡管理、商品规格规定以及维持市场秩序、取缔非法活动等方面，都有明文规定，比汉代更为完备。

四、宋元明清时期的商业

宋代中国的商品经济继春秋战国后迎来了历史上第二个高峰期。这得益于政府在经济上所采取的恤商、扶商、重商的商业政策，即“工商之子，亦登仕进之途”。进入市场的商品品种增多、数量增加，商业行业分工更细，商业行业组织进一步发展。宋代的手工业生产也堪称发达，纺织、制瓷、造纸、印刷（如图 1-5 所示）、冶矿等行业发展很快。城市坊市分区制度被彻底破除，店铺可随处开设（如图 1-6 所示），出现了早市、夜市和各类型的集市。城市商业的发展重心南移、东进，各民族间贸易往来相当频繁，北宋与辽、南宋与金等少数民族政权设互市交易。对外贸易由以陆路为主或陆海并重转变为以海路为主。宋代市场上虽然仍然使用金属货币，但在北宋时纸币“交子”出现，成为世界上最早的纸币。两宋商业发展的一系列重大变化，对我国商业的发展影响深远，基本格局一直影响到以后的元、明、清各个朝代。

图 1-5　活字印刷

图 1-6　张择端《清明上河图》局部

元代实现了国家的空前统一，为经济的进一步发展奠定了基础。种棉业开始普及，景德镇瓷器由于洁白无瑕风行全国，每年烧制高至百万件。交通运输业空前发达，开辟了沿海海运，有四通八达的驿传制度，横跨欧亚的陆上丝绸之路也重新繁荣起来。元初曾多次下禁海令，元代中期以后重视海外贸易，泉州、广州、庆元（今浙江宁波）是重要的对外贸易港口。元代统治者实行官营商业政策，垄断国内外贸易，尤以盐、茶、酒、醋等项官营商业为甚。元代的币制相对紊乱，纸币、白银、黄金、铜钱都在市面上流通，政府滥发纸币，私人印造和伪钞遍及全国，商业出现衰退。

明代的国内商业和对外贸易比两宋时更加繁盛，使封建社会的商业进入第三次发展高潮。棉花、茶叶、甘蔗、染料等农副产品大量进入市场成为商品，体现了小农经济与市场的联系日益密切，农产品商品化得到了发展；明代实施茶马互市，和少数民族之间的商品交换极为繁盛。明初开始实行海禁，郑和下西洋后私人海外贸易开始发展，更多的华侨下南洋经商；贵金属货币白银广泛流通；出现了地域性的商人群体，称作“商帮”。明末由于地主、官僚、富商、高利贷四位一体的统治和压榨、倭寇侵扰、清兵入关等，社会经济又遭破坏，资本主义萌芽夭折。

[微阅读]
宋代街市

增智启慧

明代对商人的盘剥和掠夺

明代，我国商业繁荣，资本主义萌芽出现，是当时世界第一经济大国和第一强国，但是民间商业发展却受到一定程度的抑制，民间商人处境艰难，那么商人受到了何种打压呢？

明代，商税日重，成为抑制民间商业发展的一大弊政。商税名目多如牛毛，在各交通要道遍设关卡征税，商税又极苛重，如一船灯草、笤帚，只值一两多银子，而货物税与船税却要缴四两银子，小商人不堪重负只得弃船而逃，或焚货而去。此外，官府还用岁办和采办制度来盘剥和掠夺商人。由各地向皇帝进贡土特产，叫作“岁办”，又通过官府再向商人购买，叫作“采办”。这种采办，名为平估，实际上其价格往往很低，其实质是官吏向商人的一种征发，极大地抑制了正常的商品流通和商业的发展。商贾与民众不胜其扰，明后期全国各地商贾、市民开展了反对矿监税使的斗争。

思考：

如果没有政府对商人的盘剥和掠夺，明代的资本主义萌芽会不会有更好的发展？

清代实行奖励垦荒、“摊丁入亩”措施，移民边区及推广新作物以提高生产量，调动了农民和手工业者的生产积极性。手工业方面改工匠的徭役制为代税役制，产业以纺织和瓷器业为重，棉织业超越丝织业。通信事业发展起来，全国民信局大小达几千处（如图 1-7 所示），民信局除了邮信、包裹和汇款外，还代运货物和兑换钞票，甚至兼营镖局保运。票号和钱庄兴起，经营各种货币兑换业务、贴现和往来存款。准许外商在指定口岸通商后（如图 1-8 所示），逐步建立了一套管理外商来华贸易的制度，“广州十三行”垄断了对外贸易。货币方面采用银铜双本位制。嘉庆、道光年间，清王朝开始出现转折，财政收不抵支，银贵铜贱，赋税负担增加（农民售物收钱，纳税用银）。鸦片战争后，外国资本注入，棉纺织品大量输入，更多洋货占领我国市场，我国手工棉纺织业衰落，自然经济逐步解体。

图 1-7　山东淄博周村的“大清邮局”

图 1-8　清代广州港海上贸易的繁华景象

博闻多识

“牙人”

经纪人是现代的概念，按《辞海》说法，经纪人是在买卖双方间充当介绍人而获取佣金的中间商人，即我们通常所说的中介。这样的中介活动可以追溯到西周。《周礼·地官司徒》记载：“质人掌成市之货贿、人民（这里指奴婢）、牛马、兵器、车辇、珍异，凡卖儥者质剂焉。”也就是说，质人是管理市场交易活动的官员，在当时的货物买卖中，商人们必须获取官方发放的货物买卖凭证——“质剂”，才可继续商业活动。此后，人们又称类似的中间交易人为牙人、牙侩、牙郎、牙子等，清代后期还出现了对外贸易经纪人——买办。

经纪人促使买卖成交，但要收取一定的费用，古代称为“牙钱”。牙钱的收取是根据交易额按比例计算的。以唐代为例，京城人买卖房子，官府要抽税 2%，而牙人要抽成 10%，这个比例还是很高的，10% 的抽成比例一直沿用至明清时期。经纪人开设的机构称为“牙行”或“牙纪”。牙行必须由官府发放牙帖才能开张营业。领有牙帖的牙行，成为垄断某一行业贸易的特权商人，凡牲畜、农牧渔副等产品，必须经过牙行才能买卖。在清初，买办专指为居住在“广州十三行”的外商服务的中国公行的采购人或管事，后来逐步发展为特指在中国的外商企业所雇佣的居间人或代理人。

五、近现代时期的商业

甲午战争后，帝国主义通过商业掠夺手段，垄断了我国的进出口贸易，控制和摧残了我国的民族商业。农产品日益商品化，出口数量增加，传统手工业向机器工业转变。洋货大量涌入，白银大量外流，商品倾销和原料掠夺，这些使我国经济走向更加贫困的境地。洋务运动是我国工业近代化的开始，洋务派先后创办了江南制造总局等军事工业、上海机器织布局等民用工业，建立了中国自己的近代采矿、航运、铁路和通信事业。出口商品由农村小贩、城镇货栈集中，经转运商贩往口岸，再由行栈卖给洋行，形成半殖民地半封建的商业网。民国时期，外国资本主义经济控制了我国的财政经济命脉，阻碍了我国私人资本主义经济的发展。1927 年以后，出现了官僚商业资本，利用特权投机垄断，工业资本也大量从事商业投机，生产停滞。

新中国成立后，学习苏联模式，完成了对农业、手工业和资本主义工商业的三大改造，实行计划经济体制，改变了我国工业落后面貌，为工业化奠定了初步基础。同时，在全国范围内建立和发展国营商业和合作社商业，打击投机资本，稳定市场物价。"文化大革命"使中国特色社会主义工业化遭受了重大的挫折。党的十一届三中全会以来，国家工作重心转移到了经济建设上来，实行改革开放，坚定不移地进行现代化建设，使我国社会主义工业化建设回到了正常的轨道，并取得了辉煌成就。

[微阅读]
我国各时期的商业发展和抑商政策

改革开放 40 多年来，我国经济持续快速发展，已经成为世界第二大经济体、第一制造业大国和最大的货物贸易国。从社会生活水平的角度看，经济的快速增长使得我国在能源、交通运输、邮电通信、科教文卫等基础产业、基础设施建设等领域取得诸多辉煌成就，包括如期完成新时代脱贫攻坚目标任务，经济保持中高速增长，新兴产业蓬勃发展等。中国为世界贡献的"一带一路"的睿智倡议，促进了全球经贸发展和区域经济一体化，为世界经济合作的深化、维护世界经济稳定发展带来更加积极的推力。

第二讲 商品简史

引言

商品是可以用来与别人交换的财产，换句话说，商品是具有所有权并可以用来和别人交换的财富。因此，和所有财产一样，商品也具有两种价值属性，即商品本身相对于人的需求的财富价值，以及相对于人们获得它而付出代价的财产价值。商品随着社会生产的发展和社会分工的出现而发生，它的形式和规模又随着生产方式的变化而不断发展。

《周礼》载明在市场交易的物品有"人民（这里指奴婢）、牛马、兵器、车辇、珍异"，各种货物由贱到贵排列。《礼记》记载："是月也，易关市，来商旅，纳货贿，以便民事。"人们根据农业的季节来安排地区间的商品贸易。

一、中国古代主要商品

中国的历史源远流长，华夏文明博大精深，商品交易这种模式被代代相传。通过回溯商品交易的形成，可以稍微了解人类的发展进程，知道社会从单一化发展至今天丰富多样化的源头。

（一）官营专卖商品

1. 盐的专卖

盐在我国起源的时间较早，五千年前的炎黄时代，发明人夙沙氏用海水制盐、用火煎煮，后世尊崇其为“盐宗”。沿海地区产海盐，四川等地区有井盐。盐是我国历史上垄断时间最久的商品，比货币垄断还要久。盐铁专营的思想始于管仲，传承至今，成为春秋以后长达两千余年的食盐专卖制度的滥觞。盐的专卖采取民制官收的办法，盐户身份与普通人不同，单独另立户籍，在官府中有专门的部门管理，不得转换其他行业或逃徙。

汉昭帝时，举行了著名的盐铁会议，当时的会议记录后被整理为《盐铁论》（如图 1-9 所示），部分放松盐业专营，这种松弛状态一直维持到唐代安史之乱，此后食盐专卖再度强化。元代盐禁很重，“凡伪造盐引者斩”。明代初期盐专卖实行开中法，商人纳粮于边，官府偿以盐引，商人凭盐引在指定盐场支盐，然后到官府指定的区域售卖。历朝历代因为盐的专卖，国库充盈，进一步维护了大一统的局面。但专卖会产生腐败，从而导致效率低下，还会打击商品经济，这也是盐的专卖广受诟病的一个重要原因。

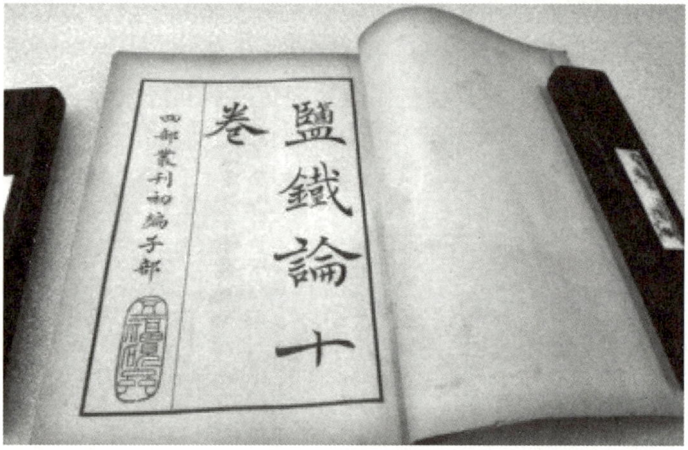

图 1-9 《盐铁论》（西汉桓宽根据著名的盐铁会议记录整理的史书）

2. 铁的专卖

铁器是农民和手工业者的主要生产工具。现在已知我国最早的人工冶炼铁器是春秋晚期的遗物。战国以后的冶铁技术逐步成熟。汉代冶铁开始使用煤炭做燃料，借用水力作为动力的鼓风装置，进一步提高了生产效率（如图 1-10 所示）。

图 1-10 汉代冶铁图

管仲在冶铁业上实行的是国有民营，国家垄断所有矿山资源，控制铁器的定价权，并对所生产出来的铁器进行统购统销。汉武帝时代推行铁业官营制度，有敢私铸铁者，处以刑罚。官营铁器只注重产量，存在成本高、质量低、不准挑选、购买不便、强买强卖和强迫农民服役等问题。东汉时取消盐铁专卖，实行征税制。三国、两晋注重专卖，后来随着冶铁技术的升级，铁已不再是稀有物资，铁的专卖也逐渐在后来被废除。南北朝时征税制复起，此后朝代对铁则实行征税制，不再与盐同例看待。

3. 酒的专卖

继盐铁专卖之后，为了增加国家财政收入，汉武帝推出了“榷酒”制度。“榷酒”又叫“榷酤”，由官府控制酒的生产和流通，民间不许私酿、私贩。酒类专卖有利于节约用粮和大量增加财政收入，“榷酒”制度的推出，开启了我国近两千年的酒类专卖史。

图 1-11 宋代酒肆

隋初曾实行酒的专卖，官设酒坊，由政府造价专卖。唐初实行民间自由酿酒卖酒，只是在荒年时禁止民间酿造。安史之乱后，开始征收酒税。到两宋时期，榷酒的形式有了更大的发展，官府只垄断酒曲的生产，民间可以向官府的曲院（曲的生产场所）购买酒曲，然后自行酿酒（如图 1-11 所示）。南宋时期曾实行过“隔槽法”，官府只提供酿酒场所、酿具、酒曲，酒户自备酿酒原料，销售自负。元代禁私酒、私曲，但禁酒只使用于小民，官僚私酿的很多。纵观各朝代历史会发现，国家太平无事时，多实行税酒制度，一旦国家财政艰难或遇灾荒，就会实行榷酒制度。

4. 茶的专卖

先秦时期，饮茶之风便已经形成。茶叶历史虽然悠久，但它真正有能力影响经济是在唐代中期以后。在此之前，品茶之风虽然流行，但依旧局限在上层贵族和少数士大夫群体中。

茶的专卖自唐代开始，寓茶税于茶价之中，称为“榷茶”，是政府收入的主要来源之一，基本等同于盐利。宋代，茶已是南北民间的日常饮料，主要是官收商销，官府向茶商出售茶引或是茶券。在西部边境一带，盛行由国家专营的以茶换马的“茶马交易”，茶是主要的“互市”商品，茶叶成了颇为珍贵的“战略物资”。南宋政府滥发茶引，茶课重，茶禁越来越严。元代的茶实行官卖商运的引岸制，严禁私贩。明初，在陕西、四川等处设立了“茶马司”，主持茶马交易税收事务。茶叶是西部民族不可缺少的生活必需品，明王朝与少数民族以茶换马（如图 1-12 所示），以补内地军马之不足。清末茶引之制逐渐废止。茶叶专卖和“茶马互市”成就了“以茶治边”的国策，也开辟出了一条壮观、神秘的“茶马古道”。

图 1-12 明朝蒙疆茶马互市景象

5. 其他官营商品

在我国的历史中，除了以上商品作为官营专卖外，在不同朝代、不同时期，存在一些其他商品被列为官营。唐宋时期，国有化专卖进入一个高峰。中唐以前，国家专卖的商品，局限于盐、铁、酒三种；中唐以后，纳入专卖的有茶叶、矾、醋。到了宋代，专卖范围大大扩展，“称榷货者，谓盐、矾、茶、乳香、酒曲、铜、铅、锡、铜矿、鍮石”等。唐宋两代还将海外贸易中得到的货物如香药、象牙等，也纳入国家专卖。

矾，是染色的主要中介材料，为一般城乡染坊以及家庭煮染必备之物。宋代规定：“许商人输金银、布帛、丝绵、茶及缗钱，官偿以矾。”对私矾的刑罚很重，私鬻矾三斤及盗官矾十斤者弃市。香料是宋代最有利的专卖品之一，香料贸易在宋代达到了一个高峰。大量的异域香料，如沉水香、龙脑香、乳香等，从东南港口涌入，再运销到内地，当时的海上丝绸之路也被称为“香料之路”。榷香制度完全是封建国家垄断性的商业贸易，而这项贸易又主要是为宫廷贵族、官僚、大地主阶层服务的。元代的酒法与醋的专卖结合在一起，命令“榷酒醋税”，但醋禁不如酒禁那么重视，时松时紧，时兴时废。清代，政府对云南的铜实行专卖，长期推行“放本收铜”政策。

[微阅读]
商品专卖制度

（二）国内主要贸易商品

1. 粮食

在民以食为天的古代，粮食是王朝的支柱、社会的基石，粮食生产是工商业活动和一切消费品生产的基础。古代帝王们都懂得“广积粮”的重要性，历史上有农历二月二“劝民农桑”的仪式，由皇帝本人示范，亲自耕田，以表示生产粮食对于国家的重要性。

夏、商、西周时期，我国的粮食品种有黍、稷、稻、小麦、大麦、菽、麻七种，主要的粮食品种是黍、稷，直至明代以前，我国的粮食品种大致如此。西汉时期粮食生产大幅增长。魏晋南北朝时期，朝廷发展了许多专门出售粮食的市场，南朝建康（今江苏南京）设有“谷市”。隋唐五代时期，主要粮食品种的顺序是：稻、粟、麦。宋元时期，稻麦两熟制逐步形成，双季稻得到推广。明清两代，水稻更加发展，有“湖广熟，天下足”的说法，湖广有大量的粮食变成了商品粮，使农产品商品化。明代，郑和下西洋带回了多种农作物，一定程度上缓解了当时的粮食压力。

为了计划分配粮食，历代王朝还实施粮食票证制度，最早实施粮食票证制度的是秦始皇。我国古代粮仓中最著名的是隋唐时期的黎阳仓，隋唐之前粮仓大都处于地下，而在地上修建的黎阳仓表明古代粮食储存技术发生了革命性的变化。为解决粮食问题，多数统治者采取的是鼓励粮食进口、限制粮食出口的政策。我国人均粮食占有量，自汉代起一直是在上升的，直到清代才开始下降，到晚清，下降到最低点。

博闻多识

我国古代粮食的代称

古代粮食的代称有谷、五谷、八谷、九谷、百谷，以五谷为最多。北方以种植粟、黍为主，南方以种植水稻为主。在《诗经·小雅》中，农作物的排列顺序是黍、稷、稻。当时人们很迷信自然，称社为地神，稷为谷神，二者结合在一起称为社稷，因而“社稷”即成了国家的代名词。从战国到唐代，粟一直是我国北方的主要粮食。春秋战国时期，开始出现了五谷的概念，表明当时粮食作物的品种初步有了定型。汉代董仲舒建议在关中一带推广小麦。汉魏时期由于石磨的推广，麦子磨成面粉，这一饮食史上的进步，也促进了小麦生产的发展。同时，玉米、甘薯、土豆从国外引进，更加丰富了粮食品种。

2. 纺织品

我国从远古时代开始就已经有了十分高超的纺织技术，我国还是纺织技术的发明国家之一。从远古时代的三皇五帝开始，我国就有了嫘祖种桑养蚕以用来缫丝的传说。1972 年，湖南长沙马王堆汉墓出土的素纱禅衣仅重 49 克（如图 1-13 所示），反映了我国古代纺织技术的高超和当时人们对于艺术的鉴赏与追求。我国古代的丝麻技术在世界享有盛誉，随着陆上丝绸之路的畅通，我国的养蚕和纺织技术传入西方，古罗马帝国因丝绸之路上丝织品的传播，称中国为“丝之国”。

图 1-13 素纱禅衣（长沙马王堆汉墓出土）

夏商时期纺织原料以丝麻为主。商周时期，冠服制度开始确立，奠定了丝织品在我国纺织历史上至高无上的地位。西周时期，染色技术不断提高，人们用不同颜色的丝帛服装来区分身份等级。隋唐时期，丝织品不仅是商品，也可以用来交租税，还担负着货币的职能。唐代，官营丝绸生产达到了极盛，织造规模空前庞大，是古代官营丝绸作坊中最为完善的体系。两宋时期，宋锦开始兴起，并成为当时纺织的主流，因为产地在苏州，所以又称为“苏州宋锦”，当时的宋锦主要用来满足宫廷服装和书画装帧的需要。元代，我国的棉纺织业发展到了顶峰，改进了发明纺织工具，提升了棉纺织的效率。明清时期，棉花种植遍布南北，逐渐取代了丝绸和麻布，成为第一大纺织原料。明代的绣工已经可以将人物故事题材刺绣于服装之上。苏绣、粤绣、湘绣和蜀绣是我国的四大名绣（如图 1-14 所示）。

苏绣

粤绣

湘绣

蜀绣

图 1-14　四大名绣

3. 瓷器

瓷器是我国古代的一项大的发明，由陶器到瓷器经过了很长的历史时期。商代中期，创制出了我国目前已经发现的最早的原始瓷器。在东汉中晚期，原始瓷器发展为瓷器，取得了我国陶瓷生产史上划时代的伟大成就，完成了陶瓷工艺的一大飞跃。三国到南北朝首先烧制成功了青瓷，以后进一步地发展了黑瓷和白瓷。

[微阅读]
古代常见的主要商品

陶瓷发展到隋唐，也进入一个繁荣成长的阶段。部分漆器、金属器及铜器的使用逐渐为瓷器所代替，这一时期正式出现了“窑”的专称，象征着产量的增长。宋代，瓷业已产生了行会组织，以汝窑、官窑、哥窑、钧窑、定窑五个窑口产品最为有名，后人统称其为“五大名窑”，前四个是官窑，定窑属于民窑。官窑的瓷器只有部分具有商品生产和商品交换的性质，而民窑则全是商品生产。从 9 世纪后期开始，大量瓷器沿着“海上瓷器之路”开始输出到国外。瓷器传入欧洲之初，很少有人真正拿来使用，而是作为财富和身份的象征用来珍藏、展示，或作为宫廷的礼物、公主的嫁妆。明清时期，以景德镇为中心，我国的瓷业达到了顶峰，许多是专门为出口而设计的，出口欧洲的瓷器绘有宫廷图案，出口伊斯兰国家的瓷器则绘有雅致的抽象图案。

4. 糖

古代的糖极为贵重，堪称顶级奢侈品。我国最早的制糖技术可以追溯到三千多年前的西周，因为在《诗经》中，已有记载周人写糖的诗了。在糖技术最初发明时，它仅仅是古代贵族可以享用的东西，甚至只能用作祭祀长辈和祭祀祖先的贡品。到了汉代，由于制糖技术的成熟，饴糖在我国大规模普及，糖成了普通老百姓也能够吃得起的一种调味料。

甘蔗、砂糖在史书上早有记载，但制糖法的传入以及糖作为商品进入市场则在唐代。唐太宗派使臣到国外学习熬糖方法，用扬州所产甘蔗榨汁制糖。后来又能制作冰糖，称为糖霜或石蜜，从此我国逐渐开始成为制糖大国。宋代，糖食业已发展为专业作坊。明代，蔗糖商品化的程度很高，贩糖已成为当地的 个专门行业 “糖行”。清代，糖已经作为一种大宗的商品进行流通，为国内销售、国外出口贩卖提供了一个好的流通环境。除行业用糖和封建地主用糖自行熬制外，社会上还有熬糖业和深入居民区的销售网点。

5. 文化用品

我国文化历史悠久，文化用品古已有之。文房四宝中出现最早的应该是“砚”，在原始时期就已问世。墨的发明与使用也是很早的，在殷商时期就开始使用墨了。自宋以后，名墨逐渐成为文人书案上的陈设、欣赏品。毛笔的发明普遍认为是从战国时期秦国蒙恬以兔毛造笔开始。在西汉时就有“麻制纤维纸”，但由于成本高、效率低等缺点并不普及。后来在东汉蔡伦的改造下，“蔡侯纸”诞生，逐渐被普及使用，并名扬海外。隋唐时期，市场上流行的纸张更多了，如云兰纸以及当时画家常用的硬黄纸、冷金笺等专用纸。

除了笔、墨、纸、砚外，随着唐代贞观初年雕版印刷的发明，印版书也成为时尚的商品，文人墨客购书成风。唐代印刷业的中心地是长安，其产品不仅国内流行，更远销国外。这说明，书籍作为商品在唐代已成热门。

6. 金属制品

我国先民早在新石器时代末期就已开始加工金属制品。青铜铸造是商和西周手工业的主要部门，由此，夏、商、周三代被称为“青铜时代”。青铜器不仅是商周时期奴隶主贵族阶层的生活用品，也作为礼器象征他们的身份、地位，被大量用于祭祀、陪葬。商晚期青铜器代表了我国青铜器工艺的最高水平。铁器坚硬、锋利，胜过木石和青铜工具，铁器时代的到来，标志着我国社会生产力的显著提高。

各朝代金属制品的品种逐步发展，不断增加，大到农业、手工业所需的各种生产工具，小到一些日常生活用的杂件。由于各种金属制品生产者很多，在制造上精益求精，各种金属器皿制造得极为精细。除了铸造、锻炼以外，有的还经过打制、加工磨制，或者镀金、镀银，以增加其精美度，甚至还有金银“合金”制品上市。

博闻多识

为什么是"买东西"不是"买西北"

有一种说法认为，"买东西"一词源于东汉。东汉时，定都城洛阳为东京，又以长安为西京，这是当时最为繁华的两个大都市。人们到东都洛阳购物，简称"买东"；到西都长安购物，简称"买西"。当时谈买卖的人，非东即西，时间长了，就用"东西"作为货物替身，"买东西"就成了交易的代名词。

还有一种说法认为，"买东西"一词源于唐代。唐都长安内，坊市分离，设有"东市"和"西市"。东市周围多皇室贵族和达官显贵宅第，市场经营的商品多是上等奢侈品。西市周围多平民百姓住宅，市场经营的商品多是衣、烛、饼、药等日常生活品。在长安城内购物，非东市即西市，所以购物就称"买东西"。

（三）对外贸易商品

古代中国对外贸易长期采用"朝贡"方式，外国来的商品称为"贡"或"献"，中方交换出的商品则叫"赐"或"赏"，实际上中国的"赐"远远大于海外的"贡"。在张骞开辟丝绸之路后，对外贸易更加频繁。汉代的对外贸易活动扩大了中国和中国产品的影响，现代流行的"Made in China"在那时已广为人知。"中国货"不仅是国际高档商品的代称，在古罗马，中国丝绸还曾一度与黄金等价，不少外商主动来华开展贸易。

中国古代对外贸易输出的商品主要有丝绸、茶叶、陶瓷、药材、纸等，输入商品种类很多。汉代的商人从中亚一带运输毛布、毛毡等商品，名贵的汗血马等动物，以及石榴、胡桃（核桃）、胡麻（芝麻）、胡萝卜、大蒜、葡萄等果蔬进入国内。日本的商人从中国运输铁器、铜器、丝帛等物品回到日本。3世纪时，中国珍贵的织物和日用品更不断向日本传去，养蚕业也逐渐传到日本。

图 1-15　唐代镂空花鸟香球西传欧洲

唐代，对外贸易繁荣（如图 1-15 所示），朝鲜输入我国的有牛、马、麻、人参、折扇、乐器等。中亚、波斯商人把胡椒、波斯枣、药品、珠宝、犀象等物品输入中国。日本先后派遣使节来唐 19 次，当时唐船运往日本的货物主要为佛教经卷、佛像、佛具、文集、药品、绵绢等，回船载运日本货物为砂金、水银、锡、琥珀、玛瑙等。

两宋时期，以海路贸易为主的对外贸易日益兴盛，与宋有贸易往来关系的国家比唐代又有增加。南宋时期，海外贸易最发达时，与宋进行贸易往来的国家达到50多个。宋对外贸易中，出口商品主要是手工业产品。尤其是对高丽、日本等国，书籍出口是一大宗。宋进口商品以香药（香料）输入最多，所占比重最大。

元代，对外贸易主要是海路对外贸易，与中国进行贸易往来的有220余个国家和地区。元输出商品以手工业品和农产品为主，有些商品如金、银、铜、铜钱、丝棉、米谷等，包括奴隶也作为“商品”贩运，虽然是禁止出口的，但往往禁而不止。输入商品主要有香料、珠宝、药材等，达250余种。

明代，郑和下西洋与亚非国家直接贸易，据不完全统计，出口的商品近240种，包括手工业品、农副产品、矿产品、动物和肉制品、干鲜果品、中草药品和文化用品等，其中手工业品占一半以上。有学者认为明代工业产量占世界三分之二，“中国凭借着在丝绸、瓷器等方面无与匹敌的制造业和出口，与任何国家贸易都是顺差，中国是当时世界的中心”。

清代在公行贸易期中，进口商品以棉花、布类羊毛织品、香料、鸦片为大宗，出口商品以茶、绸缎、砂糖等为大宗。英国在18世纪的一百年中，输入中国的现银达两亿余元。其中，英国东印度公司在绝大部分年份中，所购买的茶叶都占其从中国总进口值的一半以上。茶叶贸易成为所有欧洲东方贸易公司最重要的、盈利最大的贸易。

二、中国近现代主要商品

鸦片战争后，为适应帝国主义需要，我国出口贸易发展了许多新的商品的生产和输出，使我国进一步成为帝国主义的原料附庸。大量洋货倾销到我国市场，从日用品到工业品，无所不包，严重打击了我国的农业、商业和新兴的民族资本主义工业。

新中国成立之初，粮食、棉花、食油等产品供不应求，国家实行统购统销政策，保证出口和安排市场，直到党的十一届三中全会后才取消。

改革开放以来，物质产品的生产不断丰富，人民生活的基本需求得到满足；消费品市场规模持续扩大，消费升级类商品快速增长，新兴业态不断涌现。居民消费由实物型向服务型转变。文化娱乐、休闲旅游、大众餐饮、教育培训、医疗卫生、健康养生等服务消费成为新热点。

我国是全球粮食产量最多的国家，随着超级杂交水稻技术的快速迭代，我国水稻亩产已位居世界之巅。我国拥有世界上最现代化的铁路网和最发达的高铁网，高铁运营里程世界第一、在建里程世界第一、平均运行速度世界第一。我国在大型客机领域也取得了重大突破；量子计算、FAST射电望远镜等“黑科技”处于“井喷”状态；我国自主建设、独立运行北斗卫星导航系统，成为联合国卫星导航委员会认定的供应商；智能机器人、新能源汽车、无人机等高科技产品备受青睐。

互联网时代，电子商务作为一种新的交易手段，极大改变了经济领域的交流模式，改变了人们的生活方式，世界各地的商品汇聚于网络之上，方便了人们购物、销售、结算和生意人之间的经济往来。

第三讲 货币简史

引言

我国的货币不但产生得早，还独立发展成为一种货币文化。世界上真正独立发展出来且长期保持其独立性的货币文化是极其少见的。

《史记·平准书》中记载："农工商交易之路通，而龟贝金钱刀布之币兴焉。"货币产生于交换，又随着交换形式的发展而演变。货币记录着当时各国的政治生活、经济发展、历史文化和各民族之间的互相关系，在方圆之中融入了人类文明的进程，是时代和社会政治生活的"晴雨表"，蕴含了极为重要的历史信息。

货币是人类社会经济活动中不可或缺的一种金融工具，它的出现改变了人类以物易物的交易方式，降低了交易成本，提高了交易效率，促进了人类社会经济的发展和繁荣。我国是世界上最早使用货币的国家之一，使用货币的历史长达五千年之久。从原始货币、金属称量货币、铸币、纸币，到现在的数字货币，每一种货币的使用都直接或间接地反映了当时的科学技术水平和经济发展水平。

一、实物货币

货币是商业产生的必要前提。有了货币，商品交换才会分裂为卖和买两个对立的经济行为。在世界各国的货币发展史上，可以说除去信用货币、纸币和金属货币，其他担任过货币角色的各种商品，都可以称为"实物货币"，众多的生产、生活资料，如农具、牛羊、石器、贝壳、棉花、粮食等，都曾在不同的历史时期充当过货币。

在商品交换的长期发展过程中产生的货币形式，最初被固定在某些特定种类的商品上。从新石器时代晚期开始，出现了牲畜、龟背、农具等实物货币。夏商周时期的实物货币主要是由布帛、天然齿贝（如图 1-16 所示）等来充当。

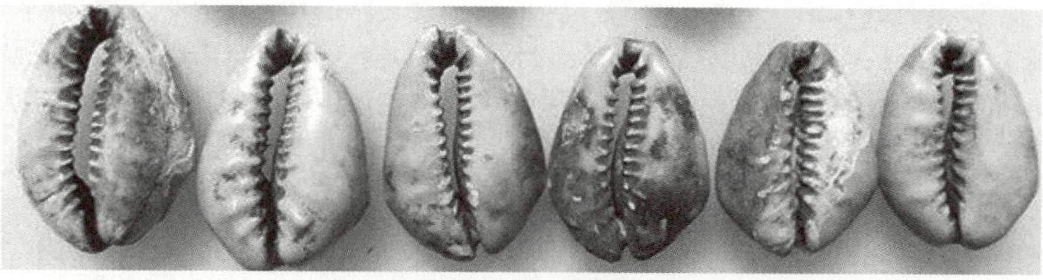

图 1-16 天然齿贝

海贝是我国古代最早的货币，有着坚固耐磨、易于携带和具有自然单位的特点。《盐铁论》提过：“夏后以玄贝。”夏代已有了石贝和骨贝，仿照自然物货币海贝，并涂以黑色制成，称为“玄贝”；商代早期采用蚌壳、兽骨等仿制货币。甲骨文中许多与商业有关的字，如买卖（買賣）、贮、货、财、贷等，都从“贝”字，说明商代货币的广泛使用以及商人买卖获得、积累财富等已成为普遍现象。商代的贝以“朋”为单位，一朋是串起来的10个贝。

二、金属货币

随着商品交换的发展，货币需求量越来越大，海贝已无法满足人们的需求，因此，商代的人们开始用铜仿制海贝。铜币的出现，是我国古代货币由自然货币转向人工货币的一次重大演变。春秋战国时期，尤其是战国后期，铜铸币已取代海贝成为主要流通手段，黄金等贵金属开始流通。

（一）铸造货币的发展

我国古代的铸造货币主要是铜铸币。从商代铜币出现后到战国时期，我国的货币形状很多。战国时期不仅各国自铸货币，一个诸侯国内的各个地区也都自铸货币（如图1-17所示）。刀币流通于齐国，模仿一种生产工具；蚁鼻钱流通于楚国，模仿的是天然贝的形状；布币也称铲币，模仿一种农具，流行于魏、赵、韩诸国；圜钱亦称环钱，是一种圆形有孔的铜铸币，铸行圜钱的主要是秦国。圜钱最初的形式是圆形圆孔，后来才发展为圆形方孔，圆形方孔的形制与我国古代“天圆地方”的观念相吻合。客观地说，圜钱具有刀币、布币及其他形制货币所不具备的一些独特优点，它边缘无棱，不易磨损，重量较轻，携带方便。

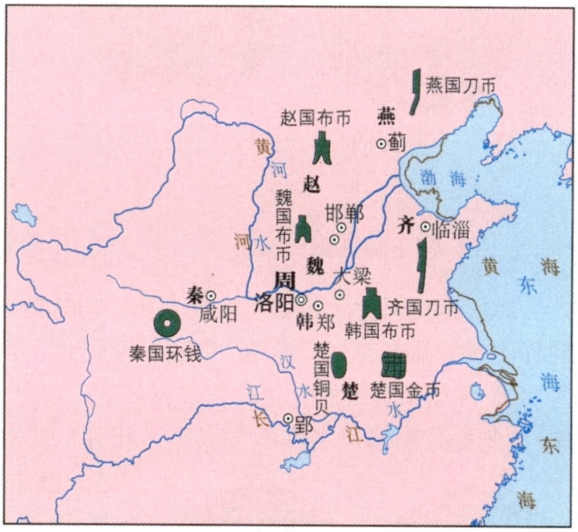

图 1-17 战国时期主要货币

秦始皇统一六国之后，便以“秦半两”圆体方孔钱作为基本形制（如图1-18所示），实现了中国币制的统一，结束了我国古代货币形状各异、重量悬殊的杂乱状态。“半两”二字分列方孔左右，通常是右“半”左“两”，重12铢，1两为24铢。秦汉以后，历代铜钱都是圆形方孔，成为基本形制，一直延续到民国初期。

（二）黄金的大量使用

春秋战国时期，各诸侯国的铸币形制不一，不利于商品流通，只有黄金才是唯一能在各国通用的货币。黄金居于其他金属和非金属的货币之上，各国铜铸币则是黄金的辅币。各诸侯国内部的大宗交易、巨额交易，也都通用黄金。战国时期，楚国流通的黄金主要有两种形制：一种是

［微课］
春秋时期铜铸币和黄金的使用

饼金，即黄金呈饼状、块状；另一种则是钣金（版金），即在一块扁平的黄金版上有若干小方格，形成有铭文的小金币，最多的为“郢爰”二字，因此，对楚国金币亦通称为“郢爰”金版。黄金作为货币使用，最初主要是为上层的统治阶级服务的。

（三）汉“五铢钱”的盛行

汉初，由于听任郡国自由铸钱，造成了货币的混乱，又使富商大贾操纵铸币权，富比天子。公元前 113 年，汉武帝收回了郡国铸币权，由中央统一铸造五铢钱（如图 1-19 所示），五铢钱成为唯一合法货币，历经西汉、新莽、东汉、魏、晋、南北朝到隋唐，盛行了七百多年，从此确定了由中央政府对钱币铸造、发行的统一管理，这是中国古代货币史上由地方铸币向中央铸币的一次重大演变。铸币权收归中央，对稳定各朝的政局和经济发展起了重要的作用。因五铢钱轻重合宜，中国以“五铢”为主要形制的方孔圆钱还影响了日本、朝鲜等国。

图 1-18 “秦半两”

图 1-19 西汉“五铢钱”

（四）通宝钱制的建立

唐代是我国货币制度发生重大变革的时期。秦汉以来所铸的钱币，通常在钱文中都明确标明钱的重量，如“半两”“五铢”等。公元 621 年，唐高祖铸“开元通宝”（如图 1-20 所示），开创十进位制，每枚重二铢四为一文钱，积十文钱重一两，即十钱一两，“以钱代铢”。此后我国钱币名称不再以重量相称，而冠以铸造年号，都以“通宝”“元宝”相称，这一做法一直沿用到辛亥革命后的“民国通宝”。在中国历史上沿用了数百年的铢两货币被废除，进入通宝钱制。明清民间流行铜制钱，质材由青铜转黄铜，铸行以年号为号的通宝钱。光绪后期传统方孔圆钱逐渐为机制币所代替。唐代货币制度另一个大的变化是出现了“飞钱”，飞钱又称“便换”，实际上是一种汇票，它为商人在异地经商提供了很大的方便。

图 1-20 开元通宝

（五）白银的流通

唐末，白银开始进入流通领域，白银有碎散的，也有十两、五两等铸成锭的，最大的一种银锭为五十两。宋代，白银产量较多，铜铸币的使用范围缩小，货币制度逐渐向贵金属过渡。到了元代，白银已经发展成为主要的货币，被铸为一定标准的银锭，称为“元宝”，这是我国称银锭为“元宝”的开始。

清初一百年以银锭为主币，清后期银锭开始向银圆转化。到道光年间，从签不平等的《南京条约》开始，赔款用的银圆都是“洋钱”，迫使清政府开始自己铸造银圆。清末开始用机器铸造新式的铜钱和铜元。清末机制货币的出现，是我国古代货币史上由手工铸币向机制货币演变的标志。我国最早的机制洋式银圆为光绪年间的“光绪元宝”（如图 1-21 所示），俗称“龙洋”，因银圆背面一般铸有龙纹而得名，与银两并行。中华民国临时政府时期铸造“中华民国开国纪念币”。1914 年，天津造币总厂铸造新版银币，正面图案为袁世凯侧面头像及发行年号，俗称“袁大头”（如图 1-22 所示）。20 世纪二三十年代，受国际金价及银价波动的影响，我国国内的白银不断外流，银本位币制无法持续，国民政府实行法币改革，禁止银圆的流通，将白银收为国有。

图 1-21 光绪元宝

图 1-22 “袁大头”

三、纸币

《宋史》记载，当时四川所铸铁钱一贯就重达二十五斤八两。在四川买一匹罗，要付一百三十斤重的铁钱。纸币交子在四川地区应运而生。交子的出现，是我国古代货币史上由金属货币向纸币的一次重要演变。其后陆续出现有别的纸币，如钱引、会子和关子等，且地位越来越重要（如图 1-23 所示）。

［微阅读］
交子是支票还是纸币？

［微课］
世界上最早的纸币——交子

图 1-23 北宋交子（左）与南宋会子（右）

元初已有“丝会”和“银钞”两种纸币。元世祖对币制进行了一次改革，形成了我国历史上第一个纸币条例，允许纸币兑换金银并严格控制纸币发行数量，但时间很短。以后纸币滥发，币值剧跌，形同废纸，真钞假钞充斥市场，物价飞涨。明洪武年间开始推行纸币“大明通行宝钞”（如图 1-24 所示），这是明朝发行的唯一官方纸币，在明代流通了近 270 年。清咸丰年间又发行了两种分别叫作“大清宝钞”和“户部官票”的纸币，这纸币合起来正好组成“钞票”二字，这也是“钞票”这个名称的由来。清代，各省官银钱局、各类银行和民间金融机构也发行纸币。1840 年以后，外国金融势力开始涌入中国，在华设立的银行亦发行纸币。

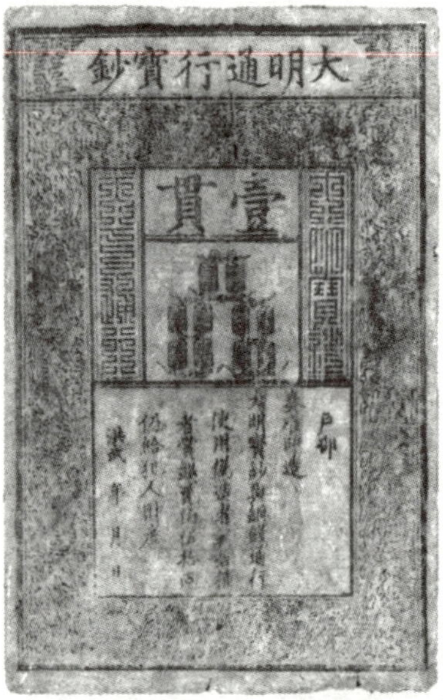

图 1-24　大明通行宝钞

中华人民共和国的法定货币是人民币，中国人民银行是国家管理人民币的主管机关，至今已发行了五套人民币，形成了纸币与金属币、普通纪念币与贵金属纪念币等多品种、多系列的货币体系。

四、数字货币

2020 年 4 月，央行数字货币在深圳、雄安、成都、苏州四个试点城市测试，这是公开报道的央行数字货币首次实际落地应用，也是世界上第一个以主权国家货币为锚的数字货币。

什么是数字货币？央行数字货币就是指中央发行的数字货币，属于央行负债，具有国家信用，与法定货币等值。也就是说，央行数字货币的功能属性与纸钞完全一样，具有法偿性，只不过是数字化形态。

随着第三方支付的快速发展，我国正在逐渐步入“无现金时代”，然而在这种非现金的支付方式中，需要对银行账户进行绑定，所依托的基础仍然是纸币和硬币，只不过通过互联网等方式进行完成。数字人民币背后有国家信用做背书，民众在手机上下载一款数字人民币钱包 App 后，不需要绑定银行卡，就能如同现金一样消费交易。值得注意的是，数字人民币替代的仅仅是现金，对于活期以及定期存款，由于目前已经基本实现了电子化，因此没有纳入数字货币的必要。

［微课］
中国发行世界首款电子货币

我国央行数字货币的发行，一方面可以降低发行成本，让政府更有效率地追踪每一笔金钱流向、打击黑市交易、严查金融贪腐、反电信诈骗、减少政府损失的税收，是非常有利的价值传递新手段；另一方面可以保护货币主权，提升人民币在国际市场的地位。

货币的数字化已经成为一个大趋势，数字货币代表了货币未来的发展方向。数字货币是货币进化史的一部分，是数字科技革命的结晶。它也像传统货币一样，并非天然完美，在发展过程中也在不断完善，以更适应生产力并为其服务。相信不断创新的数字货币会不断突破地域、民族、文化、信用等约束，在国际范围内推广使用。

明道 · 传承

“一带一路”背景下的商业新文明

“一纸江山故人远，半生烟火世情阑。虹桥影落繁华尽，梦回汴京认归帆。”《清明上河图》描绘了宋代繁荣的都城汴京的风土人情与丰富物产。药品、檀香、布帛在过往人群的喧闹声中被买卖，马车不堪载重的吱呀声，震动着脚下的地面，诉说着中国古代商业的繁华与文明。

中国的商业文明不论经历怎样的疾风骤雨都绵延不息，亘古传承。丝绸之路不仅连通着世界，也连通着过去与未来。过去丝绸之路跨越大陆、跨越海洋，串联起东西方的贸易与文明，如今“一带一路”与世界互联互通，为世界贸易和经济拓展新的空间。

[微课]
“一带一路”
背景下的商业
新文明

一、“一带一路”传播中国商业文化

“一带一路”秉承共商、共享、共建原则，坚持多边合作，遵循市场规律和国际通行规则，坚持市场运作，坚持互利共赢，努力实现中国与东南亚、东北亚以至欧亚非大陆各经济体的和平、合作、平等、互利，因此，“一带一路”是中国政府积极倡导并推动的区域经济社会发展和人类21世纪商业文明发展的重大举措。“一带一路”为传播中华商业文化、为中国迅速与现代商业世界融通提供了良好途径。“丝绸之路”虽为历史符号，但它具有浓郁醇厚的中华文化基因。天人合一、尚中贵和、积善成德，这些古老的中华智慧不但可以规范道德伦理，成为农业文明的稳定剂和催化剂，同样可以成为建设互联商业的战略智慧。中华商业文化也是与“一带一路”沿线国家和地区互融、互动的润滑剂、营养剂，在新时代商业文明中闪耀光芒。

二、古代商业文明的积淀

当世界大多数地区还处于茹毛饮血的蛮荒时期时，中国就有了高度发达的农耕文明，崛起了一个个繁荣有序的商业都会，活跃着一批批商人群体，制定了商业规则，形成了商业精神、商业伦理，孕育出璀璨的商业文明。千百年的商业发展在他们身上沉淀了民族自强的爱国主义精神、勤劳刻苦的奋发进取精神、精于计算的俭约朴实精神、诚笃不欺的信义为尚精神、出奇制胜的善于竞争精神、执乎其中的和谐为贵精神。

例如：荀子有“先义而后利者荣，先利而后义者辱”的阐述，这种“先义后利”的传统义利观深深地影响着商人。明清晋商、徽商以及近代大批商人，在国家遭外敌入侵、保家卫国中义举不断，将中国传统商业道德推向了至高的境界，为后世商人致力于慈善公益事业树立了良好的榜样。

在传统商业道德中，“诚信”无疑被看作商家的立足之本，中国有一大批儒商凭借“诚信经商、童叟无欺”的经营理念而久负盛名。有“江南药王”美誉的百年老字号胡庆余堂的“戒欺”匾，朝向里面，告诫属下“凡百贸易均着不得欺字，药业关系性命，尤为万不可欺”。

孔子讲的“礼之用，和为贵”，孟子讲的“天时不如地利，地利不如人和”，以及荀子讲的“上不失天时，下不失地利，中得人和，而百事不废”，这些都是“和”思想的体现。广为流传的生意经，如“以和为贵”“买卖不成仁义在”“和气生财”等，都是在这样传统道德环境影响之下的传承。

三、现代商业文明的传承与创新

中国古代商业活动就融入了诚、信、义、恕、让等儒家伦理，表现出在商不唯商、求利不唯利的商业品格，这大大降低了社会交易成本和风险，促进了商业繁荣和经济发展。我们应该继承古人优秀传统商业道德，在此基础上不断充实之，完善之，从而远离不道德的经商行为，形成与社会主义和谐社会相适应的更健康、更文明的现代商业道德。

我国经济持续快速发展，以互联网、物联网为代表的新一代技术迅速崛起，新业态、新经济获得极大发展空间，市场日益活跃繁荣，商业文明迎来了历史上从未有过的蓬勃发展时期。因此，无论是商人还是企业，都要坚定理想信念、增强家国情怀，切实把自身发展与国家发展结合起来，树立积极进取的商业精神。对于商人和企业来说，继承中国传统商业的义利观，在社会经济活动当中，应始终把自己的一切行为都与社会利益、他人利益连为一体；尊重契约精神，包括对法治与公平的竞争环境的营造；大力培育具有开拓进取精神的商业主体，通过履行社会责任，进行管理理念创新、管理模式创新以及管理工具创新，成为科技创新、商业创新的引领者；汲取传统商业文明思想精华，借鉴西方现代商业文明成果，实现对中华传统商业文明的创造性继承和创新性发展，促进我国商业文明和社会文明的共同进步。

思考

1. 我国历史上谁最早提出了盐铁专卖的思想？我国古代的盐铁专卖主要有哪些表现？
2. 简要阐述中国纸币的发展历史。

［测验］

明道箴言

1. 仓廪实而知礼节，衣食足而知荣辱。——《管子·牧民》
2. 法令者，民之命也，为治之本也。——《商君书·定分》
3. 太山不让土壤，故能成其大；河海不择细流，故能就其深。——《史记·李斯列传》
4. 足国之道，节用裕民，而善臧其馀。——《荀子·富国》
5. 天下无甚贵贱而物常平，自言如见钱流地上。——《新唐书·刘晏传》
6. 私家日富，公室日贫，国匮民穷；贪吏剥下而上不加恤，豪强兼并而民贫失所。——张居正
7. 静以修身，俭以养德。——诸葛亮
8. 凡治国之道，必先富民。——《管子·治国第四十八》
9. 凡事皆须务本。国以人为本，人以食为本。——《贞观政要·卷八·论务农》

专题二

商路

在漫长的历史进程中，古老的中国有着长期丰富的商贸活动。商人依托人力、物力和畜力等传统运输手段长途贩运商品，因这种贸易往来活动而形成的线路，我们谓之商路。在我国长期的商贸发展过程中，逐渐形成了以陆上丝绸之路、海上丝绸之路、大运河、茶马古道等为代表的典型商路。

这些商路既是丝路，也是瓷路；既是粮路，也是茶路，亦是玉石路、药材路；既是绿洲路、沙漠路，也是海洋路、运河路，亦是高山路、草原路。东西方物质和精神文明沿着商路交流频繁，促进了人类社会的不断发展，因此，商路不仅仅是商贸之路，更是文化之路、交流之路、富民强国之路。

学习目标

知识目标：了解中国历史上几条典型商路，即陆上丝绸之路、海上丝绸之路、大运河、茶马古道等的历史沿革、商贸特征和现实价值；了解古商路上的重要城镇。

能力目标：能认识中国商路的内在结构和要素；能理性认知中国商路的历史和当代价值；能将传统商路与当今的“一带一路”相结合。

态度目标：重视对古商路上历史文化遗产的保护，主动传承并弘扬商路文化价值，并将其与新时代使命相结合。

素质目标：中国古代商路上承载的精神文化是中华优秀传统文化的重要组成部分，与中国特色社会主义核心价值观交相呼应，并能为新时代“一带一路”发挥文化导向作用。

思维导图

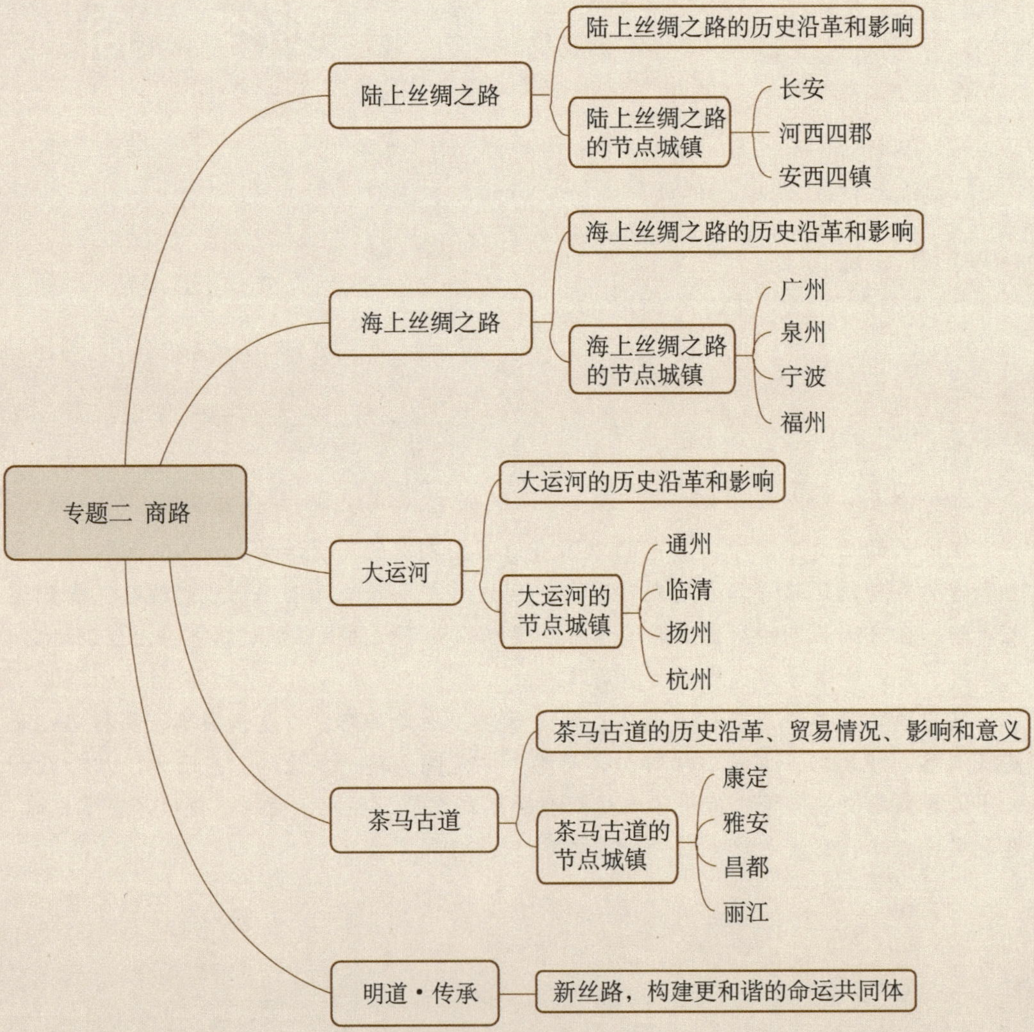

第一讲 陆上丝绸之路

引言

曾有一条跨越千年的漫长路线，沿途驼铃悠悠，风沙漫漫，上面承载着一长串不朽的名字：张骞、班超、卫青、霍去病、侯君集、苏定方、薛仁贵、玄奘、鸠摩罗什、法显、马可·波罗等。然而，穿梭在这条路上的，更多的是那些不畏艰难、往来不绝的商旅驼队。通过这条路，中国的丝绸、瓷器、漆器、铁器等手工产品，先进的科学技术以及饮食、服饰、建筑、文学等生活艺术，源源不断地传播至世界各地；反过来，海外的蔬菜、水果、音乐、舞蹈、游戏，以及宗教、科技成果等通过它进入中国。它，就是举世闻名的“丝绸之路”。

丝绸之路，是德国地理学家李希霍芬在1877年提出的概念。自张骞西行踏开丝绸之路开始，先辈们奋力开拓，将其拓展成沙漠绿洲丝绸之路、海上丝绸之路、草原丝绸之路和南方丝绸之路四条主要的国际贸易和文化交流大通道。

本讲内容主要描述的是狭义的陆上丝绸之路（如图2-1所示），即位于我国西北方的沙漠绿洲丝绸之路。它是一条横贯亚洲、连接欧亚大陆的著名古代陆上商业贸易通道，它跨越陇山山脉，穿过河西走廊，通过玉门关和阳关，抵达今新疆，经塔里木盆地、沿绿洲和帕米尔高原，通过中亚、西亚的费尔干纳盆地、伊朗高原、美索不达米亚平原等，最终抵达地中海沿岸的欧洲罗马和非洲等地。

图2-1 古代陆上丝绸之路

一、陆上丝绸之路的历史沿革和影响

（一）陆上丝绸之路的历史沿革

据考古和文献记载，在张骞出使西域以前，中原内地和西域之间的交往和接触就已经开始，公元前6世纪，我国的丝绸等物品就已经传入希腊。到了春秋战国时期和秦朝，这种交流越来越频繁。古代罗马博物学家普林尼在《自然史》中将中国称为“赛里斯”，其在希腊古语里就是“丝”的意思。

［微课］
丝路伊始——
张骞出使西域

1. 形成

丝绸之路的基本走向形成于两汉时期。

公元前138年，汉武帝派遣张骞出使西域，由此揭开了延续千年的丝绸之路的发展和兴衰的序幕。虽然联合大月氏夹击匈奴的初始目的未达成，但由此带来的地理大发现，使河西走廊和西域正式进入中原王朝的视野。

公元前119年，张骞再次奉命出使西域，与西域和中亚各国建立起官方互通使节的关系。张骞两次出使，虽都未达成初始的结盟目的，但使西域与中原建立了密切的联系。司马迁在《史记》中对此给予了高度评价，将张骞此举称为“凿空”之行（如图2-2所示）。

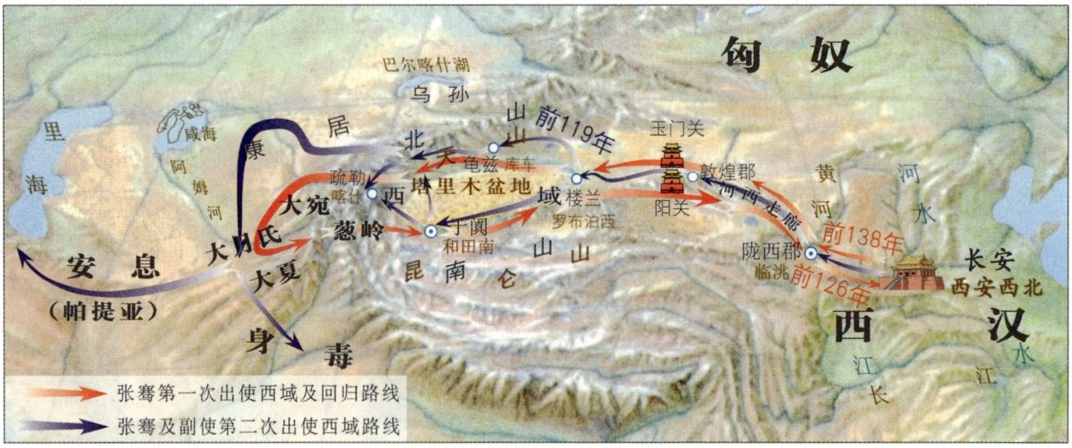

图2-2 张骞通西域示意图

在经历了著名的“河西之战”和“漠北之战”之后，汉王朝终于打败了匈奴，也打开了通往西方世界的大门。之后，汉王朝陆续在河西走廊设置了“四郡两关”，此时丝绸之路的主干线走向实际上已经正式开通。

公元前60年，汉宣帝设置西域都护府，总管西域事务，保障了丝绸之路的畅通。至此，西域诸国使者和商人在丝绸之路上往来不绝，丝绸之路开始兴盛。至西汉末年，政局动荡，丝绸之路暂时中断。

2. 延伸和兴盛

东汉时期，丝绸之路“三绝三通”。公元 73 年，汉明帝派班超出使西域，从洛阳出发，经关中平原、河西走廊，过陇西、敦煌，抵达西域鄯善、于阗、疏勒、龟兹、伊吾卢等，后回归汉朝，被任命为西域都护。班超在西域经营 30 年，加强了西域与内地的联系，进一步疏通了陆上丝绸之路的东、中两段（如图 2-3 所示）。公元 97 年，班超派手下甘英出使大秦（古罗马），最终抵达波斯湾地区。公元 166 年，大秦使臣来到洛阳，这是欧洲国家同我国的首次直接交往，具有重大意义。

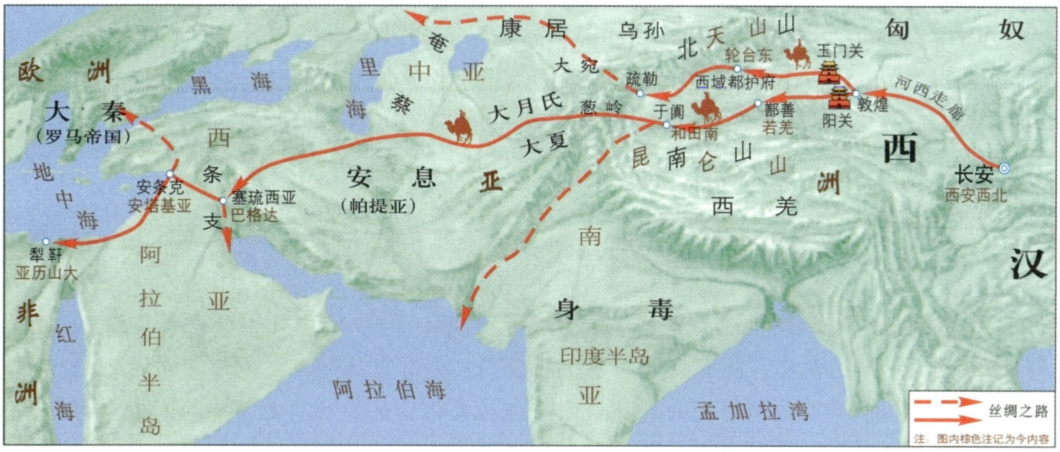

图 2-3 丝绸之路

魏晋南北朝时期，中原动乱，河西割据，战争频繁，丝绸之路时有中断，西域商人止步于河西走廊。

隋唐时期，隋炀帝已经有意识地经营丝绸之路，并派裴矩前去张掖主持中原与西域各民族、各国间的贸易等事宜，开中央政府主持贸易之先河。裴矩令人绘制《西域图记》，详细记录了当时从敦煌通往西域的三条道路。隋炀帝也于大业五年率军西巡河西，举行盛大集会，会见西域二十七国使臣（如图 2-4 所示），巡视西域各国贸易情况，重新控制河西走廊，保障了丝路畅通。

图 2-4 隋炀帝西巡，在焉支山会见西域 27 国使臣

唐代中前期，政府重新打通了丝绸之路，并以全面开放的姿态参与东西方交流，在高昌和庭州分别建立了安西和北庭都护府，分管西域各地。同时，远至波斯的许多国家和地区都成为唐王朝的羁縻府州，这些都极大地维护了陆上丝绸之路的畅通，促使东西方的贸易和交流逐步达到鼎盛。巨额的关税收入也让唐王朝国库更加充盈、国力更加强盛。大批胡商也因丝路贸易客居敦煌、酒泉等沿线城镇，使这一带商品经济十分活跃。

3. 衰退

安史之乱后，唐王朝渐渐失去了对西域的掌控，北方地区战火连年，丝绸、瓷器产量不断下降，商人也求自保不愿远行，陆上丝绸之路贸易急剧衰退。

元世祖忽必烈统一了全境后，将丝绸之路变成国内运输线路，并设置了三条主要驿路，欧亚广大地域范围内的国际商队长途贩运活动再度兴盛起来。但元代丝绸之路主要以文化、宗教交流为主，也从侧面反映了作为古商路意义上的陆上丝绸之路的衰落。

明代以后，由于东南水道的畅通、海运的发达、西方奥斯曼帝国崛起后对陆上丝绸之路税收的增加等，商人纷纷开始放弃陆上丝绸之路，它仅在西北和中、西亚区域性贸易中起一些作用。嘉靖三年（1524年），西北势力衰弱的明王朝将关西七卫全部撤入嘉峪关内，这条繁荣了近一千七百年的“经济文化大动脉”终于停止了搏动。

增智启慧

对古代陆上丝绸之路发展和衰落的思考

古代陆上丝绸之路的形成、开通、繁荣和衰落，是一个漫长的历史发展过程，既有经济文化交流的需要，也有政治军事上的原因，更有自然和人文地理方面的基础。然而，16世纪以后西北边境贸易的状况说明，作为文化系统的丝绸之路并不因为它的衰落而丧失了文化传统和文化的潜在影响力。它仍然形成了一个互相依存的、稳定的经济文化区域环境，仍然保留着丝路贸易若干古老的传统，从而制约、影响着该地域社会的发展，仍然以农业社会和草原畜牧经济社会交流的文化模式推动着民族融合、政治活动和经济社会发展。这种传统和特征一直延续到今天，惠及近代中俄西北边贸，以及目前正在发展的中国与中亚国家间的贸易。

鉴于丝绸之路在古代，乃至今天沿线各国经济、贸易、文化和宗教等各方面交流中发挥的重要作用，从古丝绸之路发展和衰落的进程中寻找隐含的贸易规律，能够为我们今天实现丝路复兴、“一带一路”的繁荣提供参考。

思考：

在古丝绸之路的发展进程中，有哪些值得我们思考和重视的贸易规律？

（二）陆上丝绸之路的商贸文化情况

陆上丝绸之路是古代中国与西方经济、政治、文化交流的重要通道。

1. 贸易形式

陆上丝绸之路上有着多样的贸易形式，以互市贸易、朝贡贸易和民间贸易为主。

互市贸易是指由政府组织并在指定地点、指定时间与外国和少数民族地区进行贸易往来。互市贸易主要源于中原地区与边疆生产特点差异。隋

［微课］
互市贸易及机构

唐时期，有大量的中原丝绸和手工业品与周边少数民族交换马匹及其他畜产品的绢马贸易，就是一种典型的互市贸易。

朝贡贸易是周边诸民族和域外各国与中央政府的进贡和回赐关系，这种关系的实质是以物易物，并带有浓厚的政治色彩（如图 2-5 所示）。历史上，太府寺和鸿胪寺是两个最为典型的朝贡贸易管理机构。

民间贸易是民间自发开展的商业贸易活动。一些零散的商人和有组织的商队会常年往返于固定城镇之间，进行商品的转卖和贩运，这种形式是陆上丝绸之路上的重要贸易形式。

图 2-5 职贡图（唐·阎立本）

2. 贸易商品和其他交流

通过各种形式的贸易，种类繁多的商品在陆上丝绸之路进行交易流转。从东向西方向上，中国的丝绸和丝绸制品是输往西方的最重要的商品之一，除此之外还有生丝、瓷器（如图 2-6 所示）、茶叶、漆器、铁器及铁制品、铜器、纸张、兵器、医药品等。从西向东方向上，有棉花、毛布、毛毡、地毯等纺织品，琥珀、宝石等金银珠宝，玻璃、香料、红酒、中亚费尔干纳盆地出产的优良马匹等，同时输入了石榴、葡萄、哈密瓜、胡桃（核桃）、胡麻（芝麻）、胡萝卜、胡瓜（黄瓜）、胡蒜（大蒜）、红蓝花、菠菜、苜蓿、豌豆等大量物种，丰富了中国人的餐桌，改变了人们的饮食结构，甚至是日常生活方式。

图 2-6 唐三彩双峰骆驼俑（故宫博物院藏）

同时，各种科学技术成就、医药知识、农作物种植等也通过丝绸之路得以传播，中国的造纸术、印刷术、火药、指南针、弩箭、冶铁术、水利和灌溉技术、养蚕和纺织技术、制瓷技术、先进的农耕经验等传到了西方。

此外，许多西域的娱乐方式也不断东进，中亚各国的箜篌、琵琶、胡笳、胡角、胡笛等乐器和乐曲、舞蹈等，及马球运动等相继传入；西方的工程技术（尤其是造桥术）、棉花种植和加工、优良牲畜饲养技术、挂毯织造、天文历法、葡萄种植、葡萄酒酿造以及玻璃和金属加工技术也相继传入。宗教方面，佛教通过丝绸之路从印度传播到东方的日本和西方的土库曼斯坦等地区，犹太教、伊斯兰教和基督教从地中海传入我国，祆教和摩尼教也从波斯传入我国。

博闻多识

丝路中转贸易专家——粟特商人

中古时期，有一群活跃在丝绸之路上的中转贸易专家——粟特商人。

粟特商人不仅垄断了中古时期陆上丝绸之路的贸易，也用萨珊银币垄断了丝绸之路上的货币流通，使得自己掌握着商品和商品交换的等价物。敦煌长城烽燧发现的粟特语古信札，记录了粟特商人在丝绸之路沿线建立的贸易网络和经营方式；吐鲁番出土的高昌国文书，表明粟特商人用中转贸易的方式，经营丝绸之路上的贵重商品交易……这些都让我们更加深入地了解丝绸之路上的粟特商人活动与他们带来的粟特、波斯文化。

在9、10世纪，粟特人逐渐失去了他们在丝绸之路上的贸易垄断地位，一些沿线的绿洲王国或地方政权开始经营传统的中转贸易，以中原的丝绸以及本地土产，如于阗的玉石，来经营小国之间的中转贸易，但丝织品依旧是最畅销的商品之一。“丝绸之路”的名字，可谓名副其实。

（三）陆上丝绸之路的影响和意义

古代陆上丝绸之路是古代东西方在经济、政治、文化、科学技术方面相互交流的主要交通动脉，有着广泛影响和意义。

1. 促进了沿线社会经济发展和民族融合

以商贸驿站为轴心，由点及面，带来了沿线地区间人口的流动和商贸的繁荣，出现了很多“因路而生，因路而兴”的重要城镇。同时，伴随着繁荣的商贸活动，不同民族、国家的商人、学者等在这条丝绸之路上不断迁徙、定居、融合，甚至形成新的民族。

2. 推动了中西方经济、科技、文化的交流

大规模的商贸往来，使东西方产生了大量的物品买卖交换和人文交流，促进了彼此在经贸、科学技术、文化、医药等方面的进步。中华文化包容并蓄的特性，使得许多传入文化不断本土化，形成了许多独特的艺术形式和文化内涵。

3. 留下了不畏艰难、矢志不渝、开放包容的商路精神

在丝绸之路上，行者们不畏路途艰险，怀揣理想和信念，秉持合作精神，书写了“使者相望于道，商旅不绝于途”的辉煌传奇。其中，作为对外沟通和交流的主要力量的商人们，前赴后继，打造出了独有的商路文明，也滋养了国人开放包容的意识，为我们乃至全人类留下了宝贵的精神和物质财富。

历史跨越千年来到今天，“一带一路”倡议中的“丝绸之路经济带”就是以古代陆上丝绸之路为基调建设的，如今成绩斐然，例如：中欧班列的繁荣蓬勃发展，为丝路沿线国家带去了新的商贸活力和经济发展动力。今天，我们更应该传承好古商路的历史文化价值，建设好新商路节点城市，创造新的商路辉煌。

二、陆上丝绸之路的节点城镇

随着丝绸之路的繁荣，商人“驰命走驿，不绝于时月”，且“商胡贩客，日款于塞下”，沿线众多商业小镇兴起，为我们留下了丰富而珍贵的商路历史文化遗产。

（一）长安

长安是西安的古称，是我国历史上建都朝代最多、时间最长的城市，是中华文明的重要发祥地。西汉时张骞从这里出发，开辟了丝绸之路。在丝绸之路的影响下，唐长安城“胡风盛行”，长安人的衣食住行、娱乐体育、文化教育乃至音乐、舞蹈、绘画、宗教等都深受西域文化的影响，真正成为一座开放型的国际大都市以及世界最大的经济和文化交流中心，最盛时人口超过百万。

长安东、西两市是大多数往来丝绸之路上的商贾居住的地方。西市距丝绸之路起点——唐长安城开远门较近，是唐代胡商最集中、数量最多的地区，主要来自粟特、波斯（今伊朗地区）、大食（今阿拉伯地区）等地。在当时人的心目中，西市与胡商已混融成了一体。盛唐以后，西市已经是长安城的主要工商业和经济活动中心，成为名副其实的“金市”，长安也成了最繁盛的外来物品集散地。长安有幸见证了丝绸之路的开通和繁荣，而丝绸之路反过来也回馈给长安千年的繁荣与辉煌。

（二）河西四郡

河西走廊连接着丝绸之路的西出东进和南北青藏、蒙古高原的南来北往，是名副其实的“十字路口”和“黄金路段”。汉武帝打败匈奴后，在河西走廊设置了武威、张掖、酒泉、敦煌四郡，及敦煌以西的玉门关和阳关，经略西域，保证了丝绸之路的畅通，史称“列四郡，据两关”。

［微阅读］
河西走廊

1. 武威

武威，得名来自汉武帝表彰军队大破匈奴“武功军威”，古亦称凉州，具有“通一线于广漠，控五郡之咽喉”的战略地位，拥有“五凉古都”“马超龙雀故里”（如图 2-7 所示）等美誉，是河西走廊的最东端门户。唐《大慈恩寺三藏法师传》称其“为河西都会，襟带西蕃、葱右诸国，商旅往来，无有停绝”。

图 2-7 马超龙雀（武威市雷台汉墓出土，现为中国旅游标志）
图片来源：甘肃档案信息网。

商人们运送商品从长安渡过黄河，经过兰州到达武威，在此做短暂停留，大量商品在此集散分流交换。同时，武威是河西走廊最重要的支点和最肥沃的牧场，盛产良马，是很多朝代的良马养殖基地，更是盛唐大西北的军马重镇。此外，至东汉时，该地区生产的葡萄已经富有名声，西域葡萄美酒也经此进入中原。

2. 张掖

张掖，取自“张国臂掖，以通西域”之意，古亦称甘州，为东西南北交通要冲之地，黑河流贯于中，其流域有着河西最大最肥沃的绿洲地，物产丰饶，被称为“金张掖”。

图 2-8　张掖山丹军马场（吴长平摄）

张掖至五凉时期逐渐转变为商贸中心性质，在中西贸易中的地位也从中转站不断发展为重要集散地、贸易重镇、商业枢纽和对外贸易窗口，曾有诗称颂张掖：“三边锁钥河山壮，万国车书驿路通。”隋朝时期，西域各地和西方一些国家的商人都到张掖交市，以致“西域诸藩，往来相继”。张掖市山丹县至今还拥有亚洲最大和历史最悠久的军马场（如图 2-8 所示），由西汉骠骑将军霍去病于公元前 121 年始创。

3. 酒泉

酒泉，古亦称肃州，是古丝绸之路上的军事、交通重镇，东至武威到中原，西至敦煌到西域，北至居延到蒙古。

公元前 121 年，霍去病破匈奴进河西，西汉王朝将中原几十万人迁来河西酒泉等地居耕，设立酒泉郡，因“城下有金泉，其水若酒，故曰酒泉”（如图 2-9 所示），是河西四郡中最早设立的一郡。酒泉的设立，对两年后张骞再次出使西域、凿通丝路意义重大，它也成为当时对外开放及中西文化、贸易的重要交汇点。酒泉境内丝路历史遗址众多，其中，瓜州锁阳城遗址（如图 2-10 所示）集古代城址、佛寺、灌溉渠系、垦区、墓葬等为一体，被列入世界遗产名录。

图 2-9　酒泉古泉眼（张正彬摄）

图 2-10　酒泉瓜州锁阳城遗址

4. 敦煌

敦煌，为“盛大辉煌”之意，位于河西走廊的最西端，接近中国传统意义上的西域地区，是丝绸之路上的重要枢纽，扼两关咽喉，古丝绸之路从这里西出玉门关或阳关（如图 2-11 和图 2-12 所示），不断延伸。

图 2-11 世界文化遗产——瓜州玉门关故址（吕建荣摄）

图 2-12 阳关故址

敦煌集中了从长安、武威、张掖等地东来，及西域胡商转运而来的各色商品，大量商品在此集中、交易、重新分流，南朝萧梁史学家刘昭称之为“华戎交所，一都会也”。在离敦煌不远的古代要塞悬泉置遗址中发现了三万多枚木简构成的文献，生动地描述了敦煌作为河西走廊咽喉之地的日常商业活动。唐代时因丝路畅通，很多胡商定居于此，成为唐政府管辖下的编户居民。此外，敦煌莫高窟（如图 2-13 所示）是世界上现存规模最大、内容最丰富的佛教艺术地，俗称“千佛洞”，在初唐第 323 窟北壁就绘制有《张骞出使西域图》（如图 2-14 所示）。

［微阅读］
悬泉置

图 2-13 敦煌莫高窟

图 2-14 张骞出使西域图

（三）安西四镇

安西四镇是唐前中期在西北设置的、由安西都护府统辖的四个军镇，即龟兹、焉耆、于阗、疏勒四城。贞观以后，安西四镇时置时罢，后又以碎叶镇城代焉耆。唐安西四镇在历史上存在了一个半世纪，它们对于唐政府抚慰西突厥，保护中西陆上丝路交通要道，巩固唐王朝的西北边防，都起过十分重要的作用。

1. 龟兹

龟兹是汉唐时西域大国，是古西域塔里木盆地人口最多的绿洲国家，是沿盆地北缘东西往来的交通必经之地。

汉置西域都护，龟兹国属西域都护管辖国家，之后属立屡有变动。自唐贞观二十一年（公元 647 年）始，经过几度反复之后，唐王朝终于完全收服龟兹，将安西都护府迁至龟兹，下设龟兹、于阗、焉耆、疏勒四镇。龟兹成为唐王统治西域地区的经济、政治和军事中心，丝路贸易十分兴盛，唐诗中的“安西”亦多指此地。

［微阅读］
龟兹文化

2. 焉耆

焉耆，新疆塔里木盆地古国，曾经是匈奴控制西域时期的行政中心，是重要的丝路枢纽。

西汉在焉耆屯田，唐代设立都督府。焉耆扼守天山南北要道，物产丰富，适于农耕，良好的环境为陆上丝绸之路的畅通提供了充分条件，过往商贾、使者可以在此得到驿马、粮食等供应，是南北疆交通要道上的物资集散地和区域性的商贸中心。

图 2-15 “五星出东方利中国”
汉代蜀地织锦护臂

3. 于阗

于阗，亦称佛国，是塔里木盆地南缘的重镇，东通且末、鄯善，西通莎车、疏勒，因是西方贸易商旅的集散地、东西文化之要冲而繁荣一时。

西汉时期西域都护建立后，于阗归属汉朝。至东汉时，班超以于阗为根据地，北攻姑墨，西破莎车、疏勒，于阗都出兵相助。于阗在东汉时期成了西域的政治经济中心，中亚、西亚及中原的商人多汇聚于此，于阗也因此逐渐成为西域重要的玉石、丝绸交易中心。入唐后，因与唐关系一直友好，于阗渐渐成为丝绸之路中段南道上的重要商镇。图 2-15 为今和田地区民丰县尼雅遗址（精绝古城）出土的众多文物之一——汉代蜀地织锦护臂。

4. 疏勒

疏勒，是塔里木盆地西缘最古老的绿洲之一，丝绸之路三条线路在此交汇。自西汉起，至明代海运大开之前，疏勒城就是中西交通的咽喉和枢纽，也是我国新疆地区最早的国际市场和门户之地。

公元前 60 年，汉王朝设置西域都护府后，疏勒、莎车等国属其管辖，标志着其境域正式纳入中国版图。公元 74 年起，东汉班超驻守疏勒长达 17 年，使封闭 65 年之久的丝绸之路南道再度开放。疏勒曾有力地维护了西域与内地在政治上的统一，保障了盛唐时期“丝绸之路”的畅通。如今

［微阅读］
碎叶、楼兰、撒马尔罕、伊斯坦布尔

的喀什，是中国的西大门，有“五口通八国”的区位优势，集中体现了维吾尔族的民俗风情特色，在整个新疆最具典型性和代表性，是新疆的缩影。

第二讲 海上丝绸之路

引言

《周易·系辞下》：“刳木为舟，剡木为楫，舟楫之利，以济不通。”

在很长一段历史时期内，中国是一个海上强国，有着光辉的古代航海史，为人类征服海洋的活动做出了许多重要贡献，并通过海路与世界上其他国家和地区产生了大量的政治、经贸及文化往来，有着“涨海声中万国商”的繁荣商贸景象，正所谓“连天浪静长鲸息，映日帆多宝舶来”，在世界商贸史上写下了许多光辉的篇章。在波涛汹涌的海洋上，有一条路记录着这些熠熠生辉的过往，它，就是海上丝绸之路。

海上丝绸之路，是古代中国通向世界其他地区的相对固定的海上航线，也是东西方贸易往来和文化互鉴的海上通道。由于其上陶瓷、香料及茶叶等运量巨大，因此，也被称为海上“陶瓷之路”“香料之路”或“茶叶之路”。

一、海上丝绸之路的历史沿革和影响

（一）海上丝绸之路的历史沿革

一般认为，海上丝绸之路主要有两条干线，东方海上丝绸之路由中国通向朝鲜半岛、日本列岛等地区，南海丝绸之路由中国通往东南亚及印度洋等地区。

1. 形成

大约在7000年前的新石器时代，中国先民就开始了海上活动并向外拓展。先秦时期，各种陶器、种子、瓷器等就由“登州海道”传到东北亚。公元前3世纪，徐福出海，一般认为这是有记载的中日交往的开端，也是东方海上丝绸之路形成的见证。先秦和南越国时期，岭南地区就有诸多海上交往，为海上丝绸之路的形成奠定了基础。

汉武帝时，从岭南地区出发的“海上丝绸之路”逐步兴起，《汉书·地理志》中有可见的有关南海丝绸之路最早的文字记载，相关文字翻译过来，即从徐闻、合浦出发，沿海岸线驶出南海，进入马来半岛、暹罗湾、孟加拉湾，到达印度半岛南部的黄支国（今印度马德拉斯附近）和已程不国（今印度半岛南部或斯里兰卡）。到西汉中晚期和东汉时期，南海丝绸之路真正形成并开始发展。东汉时的航船已使用风帆，公元 2 世纪，东汉与大秦通过海道开始发生联系，史书记载了两国第一次的来往。

2. 发展和繁荣

三国时，吴雄踞江东，利用优越地理位置大力发展海贸和外交，造船业和航海技术的精进，也为船舶远航提供了良好保障。孙权还曾遣使南海，促进了中国与南海周边地区之间的联系。魏晋南北朝时期，海上丝绸之路和海外贸易继续拓展。东晋南朝时，东方海上丝绸之路的传统北道受阻，中日两国不断通过新开辟的“北南道”发生政治关系并互市，开始有了文献可考的海上贸易往来。魏晋南北朝的政府积极发展造船航运及推动海外关系，南海丝绸之路从印度半岛东南部继续向西延伸，东晋时期的法显大师西游古印度后，就是溯海上丝绸之路从南海回国。

［微阅读］
登州道、北南道、南岛路、南道

唐代，东方海上丝绸之路进一步拓展并多样化。北路“朝贡道”受阻后，又开辟了南岛路和南道。唐代贾耽在《皇华四达记》中记载了通往海外的两条航路，即“广州通海夷道”和“登州海行入高丽、渤海道”，其中前者，自广州海行，经东南亚和印度半岛，直抵波斯湾及阿拉伯半岛，是 16 世纪以前世界上最长的定期国际航线。

博闻多识

唐代的“郑和”——杨良瑶出使黑衣大食

杨良瑶，在传世史传中尚未见到记载，直到《杨良瑶神道碑》的发现，这个被湮没的名字才重显于世。据碑文知，唐德宗贞元元年（公元 785 年），宦官杨良瑶出使阿拉伯半岛的黑衣大食（阿巴斯王朝，今伊拉克），从广州出发，经过三年多完成了联络大食、夹击吐蕃的政治使命，于贞元四年返回，完成了一次“下西洋”的壮举，时间上，比郑和下西洋早了 600 多年，此次出使更为重要的结果是给唐王朝带回来珍贵而完整的海上丝绸之路的航海日记，这应当就是《皇华四达记》中从广州到缚达（今巴格达）的路线。同时，大大促进了东西方文化和贸易通过海路的交流，从贞元元年开始，南海丝路日益繁盛了起来，到贞元末，“藩国岁来互市，奇珠、玳瑁、异香、文犀，皆浮海舶以来”。

3. 鼎盛

宋元两朝继续执行海贸开放政策。自唐与印度、阿拉伯关系迅速发展后，东南亚成为东西交通的必经地和中继站，到宋元明初时期，这种交通关系更加发展，海上丝绸之路进一步拓展，延伸到阿拉伯半岛西端的亚丁及东非沿岸，海外贸易往来更加频繁（如图 2-16 所示），这种繁荣状态到明初达到鼎盛。同时，由于中国造船和航海事业的迅速崛起，中国商船的远航能力大为加强，从唐宋起，特别是北宋末年之后，中国船舶逐步取代了外国船，雄踞于西太平洋、印度洋诸航线上。

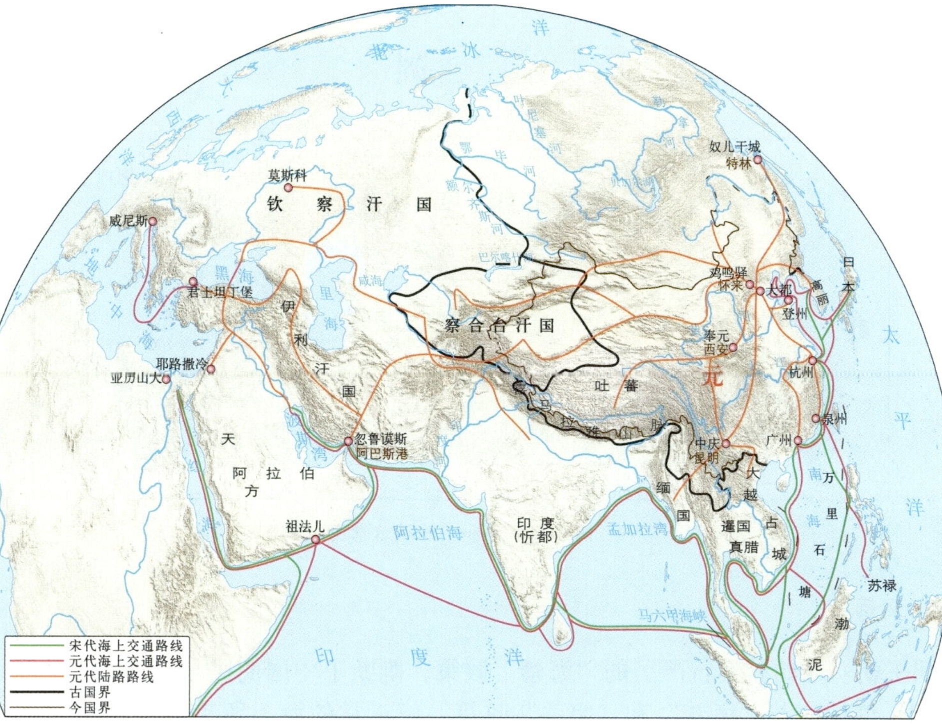

图 2-16 宋元时期的海上交通

明初（1405 年），明成祖朱棣命郑和率船队远赴印度洋，开展与沿线各国的政治经济文化交流。郑和远航先后共 7 次，历时 28 年。每次出使大小船只 200 余艘，除了郑和“宝船”（如图 2-17 所示），还有水船、粮船、马船、兵船等各类船舶，人员 2 万余人，各种宝物数以万计。船队每次分为数支，纵横往来于亚非各地数十个国家，不仅开辟了远至东非的航路，在亚非地区还开辟了许多短距离、多点交叉的新航线（如图 2-18 所示）。“郑和七下西洋”将整个古代中国的朝贡贸易推向了顶峰，开创了古代中国远洋航海的黄金时代，也成就了人类航海史上的伟大丰碑。

［微课］
海上朝贡贸易巅峰——郑和下西洋

16 世纪以后，欧洲人找到了绕过非洲进入印度洋的航线和绕过南美洲进入太平洋的航线后，海上丝绸之路进一步扩展并融入环球航线，成为全球化的坚实基础。

图 2-17 南京郑和宝船遗址公园内郑和宝船模型

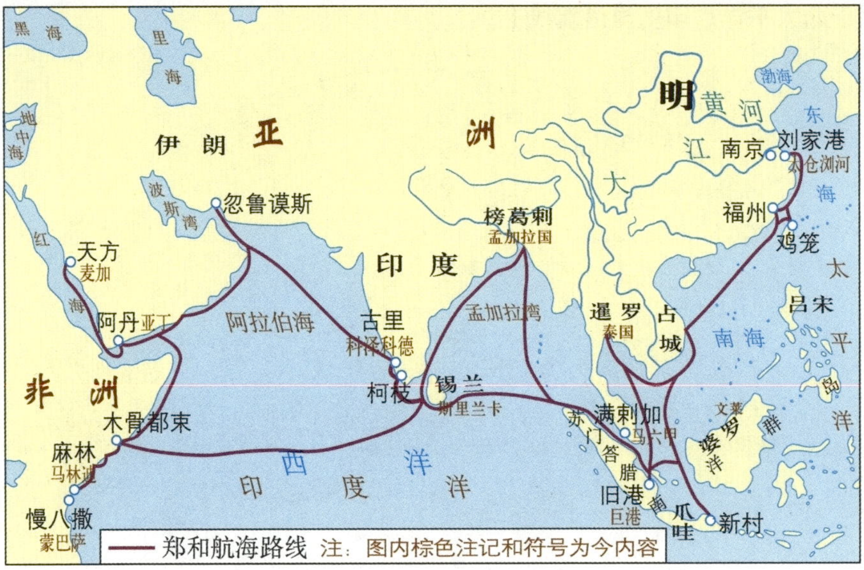

图 2-18 郑和下西洋示意图

4. 衰落

明王朝一开始就实行严厉的“海禁”政策，割断了中国商民与海外世界的联系。至清王朝，继续实行“海禁”和“闭关”政策，使正常的海上贸易遭到破坏。尤其 1840 年鸦片战争后，中国海权丧失，沿海口岸被迫开放，古代海上丝绸之路戛然而止，转型成为近代国际航线，成为西方倾销商品，掠夺中国资源，垄断中国丝、瓷、茶等商品的出口贸易的捷径。海上丝绸之路一蹶不振的状况一直延续了整个民国时期，直至新中国成立前夕。

（二）海上丝绸之路的贸易活动

汉代时，除了与南海诸国有频繁的贸易往来，与日本的政治经济关系也进一步发展，日本多次遣贡使来中国。从汉代开始，我国种桑养蚕和纺织业不断发展，此后至三国魏晋等时期，丝织品一直成为主要输出品。

从中唐开始，我国经济重心南移，东南地区的出海贸易变得十分活跃。唐王朝于显庆六年（公元 661 年）在广州始设市舶使，总管海路邦交外贸。通过“广州通海夷道”向外主要输出丝绸、瓷器、茶叶和铜铁器四大宗，向内主要输入香料、花草等奇珍异宝，这种状况一直延续到宋元时期。

两宋时，对外陆路交通几近断绝，海上贸易显得特别重要。除了“朝贡贸易”，不断完备的市舶制度使“市舶贸易”成为宋代海外贸易的重要形式和新特点，为两宋带来了巨额的财富收入，也促进了经济发展和中外文化交流。唐宋之际海上丝绸之路的逐渐兴盛，可以从大量的南海沉船看出，如唐晚期到五代初的“黑石号”，五代的“井里汶”，南宋初年的“南海 I 号”和中期的“华光礁 I 号”，上面均有大量中国瓷器（如图 2-19 所示）或其他商品。

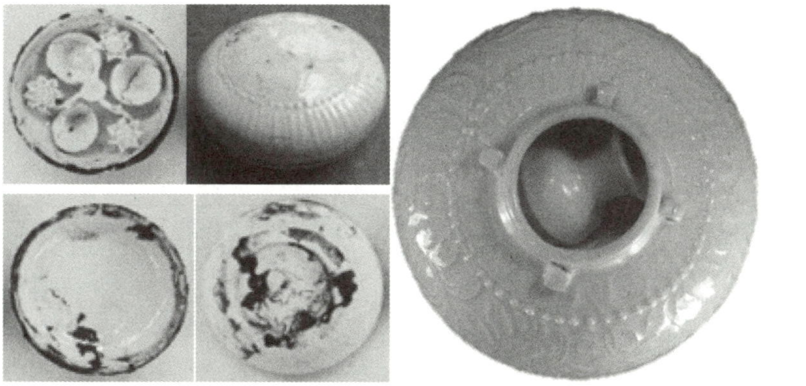

图 2-19 青白釉三联杯印花子母盒（左）和白釉印花四系罐（内套装小瓷瓶）（右），德化窑系，南海 1 号（广东海上丝绸之路博物馆藏）

［微课］
市舶制度

宋元时期，海上丝绸之路上的主要大宗商品由丝绸变为瓷器。宋瓷出口量虽巨大，但在海外仍供不应求，价比黄金。元代，中央政府高度重视海外贸易，虽有几次短期“海禁”，但总体贸易范围和规模进一步扩大，瓷器外销范围大大超过了宋代，景德镇青花瓷蜚声海外；贸易形式也更加多元化，虽有“官本船”和“斡脱”贸易等官方和官商合营的垄断性贸易，但也制定了比前朝更完备的市舶法律法规，《市舶则法》的颁布从法律上规范和一定程度上肯定了私人海外贸易；另外，政府还鼓励外商自由来华，并设立驿馆，延续蕃坊制度等。

明代实行“海禁”，外国来华贸易被严格限定在“朝贡贸易”模式内，市舶制度排斥私人海外贸易的合法性，极大地阻碍了正常的海上贸易，海外贸易不断向南方集中，至明后期才有限度地开放私人海上贸易。

清代延续了“海禁”政策，虽然在康熙十九年（1680 年）开放澳门，并于 1684 年颁布开海贸易令，次年设立江、浙、闽、粤四大海关管理对外贸易，但开海令附加了诸多限制。至乾隆年间，只留下粤海关允许西方人贸易，但对于南洋贸易不受此局限；并对丝绸、茶叶等传统商品的出口量和中国商船的出洋贸易严加限制。1757 年开始，广州进入“一口通商”时代，此后闭关政策更加严厉，直到鸦片战争爆发。

增智启慧

明王朝“海禁”政策

明王朝自开始就实行严厉的“海禁”政策。至明中后期，“朝贡贸易”逐渐衰落，海外贸易形成了“官市不开，私市不断”的突出特点，“海禁”在国外国内双重压力下难以为继。隆庆元年（1567 年），终于在漳州月港重新开放“海禁”，并设督饷馆负责管理中国“商舶”出海，建立船引制，发给私贩以官府船引，负责抽税，从而开始了明王朝对中国私人海上贸易的管理。船引作为制度，是明后期开放海禁的第一标志。嘉靖以后，中国私人航海贸易迅速发展起来，也造成了中国东南沿海一些历史上无名的港口迅速兴起，如广东澳门港、福建漳州月港、浙江宁波双屿港等。

但开放海禁的同时，明政府又规定中国商船管理出航港口仅集中在漳州月港一处，广东则仍只管外国商船进出，且开放海禁是为了维护统治和财政收入，并非发展海外贸易，因此，中国出海贸易商人难以得到政府的保护和支持，从而使西方殖民者很容易利用甚至绞杀中国海商力量。在这种政治背景和文化观念支配下，开海贸易就成为短期行为，晚明时期又屡次海禁，大大降低了海外贸易对中国经济发展的积极意义。

思考：

明王朝“海禁”对当时社会的影响，于我们今天坚持改革开放和对外贸易有什么启发？

（三）古代海上丝绸之路的影响和意义

海上丝绸之路是古代东西方最长的国际交通路线，见证了“舶交海中，不知其数”的繁华。

第一，促进了商品经济繁荣，丰富了人们的生活。例如：中国输出了大量瓷器、茶叶、丝绸、计量工具、货币等，以及大量物种，如茶种、荔枝种子等；也进口了大量的香料、手工艺品、奇珍异兽、物种，如波斯枣、波罗蜜、小茴香、胡椒、棉花、优良品种“占城稻”、番瓜（南瓜）、番茄、苦瓜、花生、番薯、玉米等。

［微课］
古代海上丝绸之路出口的商品

第二，技术和科学知识的大量交流，推动了人类社会的进步。如中国的纺织、制瓷、建筑等工艺技术，提高粮食产量的农产品种植和加工技术广泛传播；四大发明，特别是印刷术、指南针、火药基本上是通过海上丝绸之路外传，直接或间接地推动了欧洲的文艺复兴，推动了世界航海业和地理大发现；域外医药学知识和药品、天文学、数学、地理学及机械工程学等的传入，丰富和推动了中国传统医药学、天文历法、水利工程等的发展；16 世纪以后，西方自然科学的传入，对中国社会也产生了重要影响。

［微课］
古代海上丝绸之路进口的商品

第三，文化和思想不断融入彼此的社会生活中。中西方在绘画、戏曲、舞蹈、音乐、建筑等方面不断相互影响；佛教、基督教等宗教文化也通过海上丝绸之路传入，促进了我国的文化发展；儒家等文化思想的理性精神不断输出，促进了欧洲资产阶级启蒙运动的发生，促进了欧洲的社会变革；许多有识之士很早提出了中国海洋、海权、海防等思想，如《诸蕃志》《岛夷志略》《海国图志》等；马可·波罗和伊本·白图泰的游记，也引发了西方慕东方而来的大航海时代的热潮。

第四，推动“21 世纪海上丝绸之路”建设（如图 2-20 所示）。21 世纪是海洋的世纪，我们要秉承贸易、文化、友谊的古海上丝绸之路，进一步发掘中国与东盟及其他海外国家的历史联系，深化彼此的传统友谊和商贸联系，加强政治经济互信，共同发展受益；同时总结历史经验和教训，建设海洋强国，反过来助力“21 世纪海上丝绸之路”建设。

图 2-20 《海上丝绸之路》特种邮票 1 套 6 枚（中国邮政于 2016 年 9 月 10 日发行）

二、海上丝绸之路的节点城镇

海上丝绸之路的繁荣，带动了很多港口城镇的崛起，它们成为货物集散地和交通枢纽，甚至国际大都市。

（一）广州

广州古称番禺，是中国海上丝绸之路历史上最重要的港口，是世界海上交通史上唯一的 2000 多年长盛不衰的大港。

从 3 世纪 30 年代起，广州已成为海上丝绸之路的主港。隋唐时期，广州就成为中国第一大港、世界著名的东方港市，有着著名的“广州通海夷道”。广州港的兴起除了地缘地理优势外，还有官方积极主动经营对外贸易的因素，如设立市舶使专管外贸事务，允许私人出海贸易，大力鼓励外国人来中国进行贸易等。北宋时，在广州设市舶司，另外，由于外商云集，因此还在广州设蕃坊、蕃市和蕃学。南宋至元代，广州第一大港的位置逐步被泉州替代。明清两代，因政府实行不同程度的海禁政策，广州成为中国海上丝绸之路唯一一个一直对外开放的港口（如图 2-21 所示），贸易获得了更大的发展，并一直到鸦片战争前夕而不衰。

图 2-21　广州黄埔古港

（二）泉州

泉州，西方称为“刺桐”，是宋元时“东方第一大港”。泉州物产丰富，是陶瓷、茶叶等的重要产地，为海外贸易奠定了充分的物质基础。

唐代时，泉州港就因“南海蕃舶”常到而出现了“市井十洲人”的盛况。北宋时，在泉州设市舶司（如图 2-22 所示）。南宋时，开始在城南的蕃舶客航聚集地建庙祭祀海神妈祖。此外，宋代的泉州市舶司和地方官员，在海舶入港或出航的季节，都在九日山举行“冬遣舶，夏回舶”两次祈风盛典（如图2-23所示），以祝海舶往返畅行。南宋至元代，泉州成为世界第一大港，后期因兵乱而遭重创。明成化八年（1472年），泉州市舶司移设福州，泉州港四百年的外贸港地位终结。清代，因海禁迁界，大批民众为了生计下南洋、过台湾，使泉州成为中国第一侨乡和台湾同胞主要祖籍地。

图2-22　宋市舶司遗址

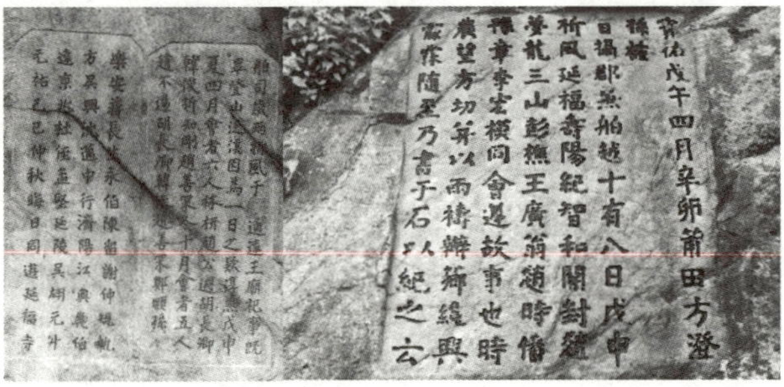

图2-23　九日山祈风石刻

（三）宁波

宁波，唐时始称明州，后逐渐成为中国港口与造船最发达的地区之一，跻身四大名港之列，同时是大运河和海上丝绸之路的交汇点，地理位置十分优越。唐时设市舶司，管理对外贸易，五代时改称“博易务”。唐时从明州出口的商品以越窑青瓷最负盛名，日本遣唐使先后四次在此登陆入唐，东海航线在后期也主要由宁波进出港。

宋元时期，明州是中国三大国际贸易港之一，越窑青瓷（如图2-24所示）、湖纺、杭缎等从这里远销世界各地。北宋初期在此设市舶司，明州成为中国通往日本、高丽的特定港。元代，其繁荣更超过宋代，是宁波作为商港的黄金时代。明代海禁，宁波港衰落，但仍是中日官方勘合贸易的唯一登陆港；同时，宁波双屿港一度是浙江乃至江南最大的私商港。清代，宁波的浙海关是全国四大海关之一。

图2-24　越窑青瓷——鸳鸯形灯、刻花花卉纹注子（北宋）（吴大英摄）

（四）福州

汉代，福州就被开辟为对外交通和贸易的港口，并与现在的越南、日本、菲律宾等地区开展定期交通贸易航线。从汉唐至宋元，福州海上贸易不断发展壮大，正所谓“百货随潮船入市，万家沽酒户垂帘”。同时，福州也是海上丝绸之路的优秀船型——“福船”的发源地，三国时，福州就是吴国的重要造船基地，迄今发现的很多宋元时期沉船都是福船，如著名的“华光礁 I 号”（如图 2-25 所示）和“南海 I 号”。

图 2-25 “华光礁 I 号”复原模型图

从福州出发的海上丝绸之路，还促进了东西方多元文化的交流，如佛教的交流。此外，福州长乐的太平港还是郑和下西洋前用来补充船员、补给，以及等待东北季风的驻泊地，成为下西洋的实际出发地和重要航海基地。后来，郑和船队到达过的很多地方，又成为华人到海外经商、居住、立足的地区，也间接使福州、泉州等地区成为我国著名的侨乡。

［微阅读］海上丝绸之路的节点城镇——蓬莱

第三讲 大运河

引言

有这样一条河，它是漕运之河、商贸之河、文化之河。它使中华各民族、地区和文化之间有了更深的融合，沿线一系列城镇与它共生共荣。它与长城、坎儿井一起并称为“中国古代三大工程”，是从约 2500 年前流淌至今的、活着的历史文化遗产，是中华民族流动的血脉。它，就是中国大运河。

中国大运河（如图 2-26 所示）是世界上开凿最早、流程最长、规模最大的人工运河，包括隋唐大运河、京杭大运河、浙东运河，全长达 2700 千米，距今已有近 2500 余年的历史，是中国古代劳动人民在东部平原上创造的一项伟大的水利工程。它沟通了中国南北五大水系，西联陆上丝绸之路，东通海上丝绸之路，是世界海陆交通中极为重要的一环。2014 年，中国大运河项目成功入选世界文化遗产名录，成为中国第 46 个世界遗产项目。

图 2-26 中国大运河

一、大运河的历史沿革和影响

（一）大运河的历史沿革

1. 起源

公元前 486 年，吴王夫差为北上争霸，开凿邗沟，沟通长江、淮河，运河肇始。而与吴国争霸的越王勾践，为了强国富民，也开凿了以“山阴故水道”为主的运河，成为中国大运河的南起始段，为后来的浙东运河打下了基础。

此后陆续有鸿沟、白沟、平虏渠等运河被开凿，但这些运河多为天然河道，人工开凿的距离较短，规模不大，互不连贯，时兴时废，没有形成一个完整的水运系统。这些早期区间运河为后来隋开凿大运河奠定了重要基础。

2. 发展和繁荣

（1）隋唐大运河。隋统一全国后，为了进一步巩固其统治，在公元 584 年到 610 年的 20 余年之间，充分利用过去开凿的运河和天然河流，先后开凿了广通渠、通济渠、永济渠，并重修了山阳渎和江南运河，终于凿成和疏通了以国都洛阳为中心，北抵涿郡（今北京）、南达余杭（今杭州），全长 2700 千米的隋朝大运河（如图 2-27 所示）。

［微阅读］隋唐大运河的开凿

唐基本上沿用了隋朝大运河的体系，只是做了局部的变更和整修，隋开的大运河对于唐来说是一笔宝贵的遗产，所以后人有“隋朝开河，唐宋受益”之说。

隋唐以后，随着中国古代政治中心的东渐北移与经济重心的逐步南移，开通疏浚联结南北方的重要交通运输干线的大运河，已成为历代封建统治者的共识和奉行的基本国策。唐宋以后，政府设专职官员管理运河交通。

（2）京杭大运河。京杭大运河（如图 2-28 所示）较隋唐大运河大幅度东移，全长仅 1794 千米，比原来的隋唐大运河缩短近 900 千米，但其长度依旧是苏伊士运河的近十倍，是巴拿马运河的二十多倍，是世界上最长的一条人工开凿运河。作为南北的交通大动脉，京杭大运河“商旅往返，船乘不绝”。

图 2-27 隋朝大运河

金、元、明、清四朝均建都北京，更进一步开凿沟通河北、山东运河河道以南接江淮各地。元世祖忽必烈时开凿济州河、会通河、通惠河等运道，使大运河截弯取直，不再绕行洛阳，可直接贯通南北，沟通海河、黄河、淮河、长江、钱塘江五大水系，使南北方各大经济区更直接联系起来，奠定了此后京杭大运河的基本走向及规模。

图 2-28 京杭大运河

与此同时，运河的管理和开凿整修技术也日渐成熟和完善，更涌现了一批卓有成就的水运专家，完善了各个职责分明的运河管理机构，制定了较为严密的规章制度，以确保运河的航运畅通。明、清两朝在维持和整修运河工程方面也做出了积极的贡献。

（3）浙东运河。浙东运河又称杭甬运河，其雏形是“山阴古水道”。晋代时，修通了西兴至会稽（今绍兴），再沿自然河道姚江、甬江至明州（今宁波）而达东海的西兴运河，它与山阴古水道相连，形成了浙东运河的基本骨架。唐宋时期，特别是南宋时定都临安（今杭州）、陪都绍兴，推动了浙东运河发展进入了黄金时代，宁波（甬）作为运河的出海口，成为对外贸易和接待使节的重要港口。

3. 衰落

从清代后期开始，因漕粮海运、运河淤塞、盐法改革、黄河北徙、轮船和铁路等新兴交通方式的兴起等，大量粮食、煤炭等大宗物资不再取道运河，运河地位逐渐衰落，相关机构被裁撤，大运河逐渐退出了作为运输水路主干道的历史舞台。

增智启慧

漕运

"漕"者，"水转谷也"，即漕的本义是通过水道运输粮食。"漕运"是我国封建历史上的一项重要制度，历朝历代均建有完整的漕运体系和管理制度。大运河在古代也常被称为漕河，为漕运开凿的人工运河叫漕渠，有直属于中央的专门管理漕运的官员，叫漕运总兵或漕运总督，运输使用的船叫漕船，漕船载运漕粮和漕米，驾驶漕船的军队叫漕军，运送漕粮的民工叫漕丁或漕夫。

我国大规模水运粮食的历史可以追溯到春秋前期的"泛舟之役"，但真正意义上的漕运始于秦始皇时期。至隋开凿大运河，极大地方便了隋朝的漕运，此后，唐、宋、元、明、清历代均高度重视漕运，长期疏浚运河水路，并建立了漕运仓储、浅铺驿站、钞关、河槽衙门等制度或机构。

思考：

历朝历代为何十分重视漕运？大运河对漕运有什么重要作用和意义？

（二）大运河的影响和意义

大运河的开凿与贯通，极大促进了整个运河区域社会经济环境的改善，正所谓"北通涿郡之渔商，南运江都之转输，其为利也博哉"。

第一，大运河的开发与农田水利建设事业紧密联系在一起，在开拓航道的同时，南北方各地大量兴建了农田排灌工程，使运河区域的水利田获得大幅度的扩展。

第二，大运河极大地促进了运河区域工商业的发展和运河城镇的兴起。一大批官私工商业（如造船业、瓷器业、酿造业、纺织业、印刷业、造纸业及其他各种手工业等）蓬勃兴起，运河城镇客商云集、货物山积、交易繁盛，成为重要的商品集散地，形成了独具特色的运河工商业文化。

第三，大运河将中原内地与东南沿海贯穿一致，客观上构建了国家的整体性联络格局。如隋唐时期的大运河直接连通了陆上、海上丝绸之路，促进了中原地区与西域的贸易，更将陆上丝绸之路辐射到北方和东南沿海，为海上丝绸之路的发展打开了广阔的空间。

第四，大运河维系了中央集权和中国大一统局面的政治纽带，使隋唐以后政治中心逐渐北移的历代皇朝呈现强烈的大一统色彩，特别是元代全国统一以后，直至明、清两代，中国再也没有出现大的分裂，从而奠定了祖国大一统局面的坚实基础，进一步增强了中华民族的凝聚力和向心力。

二、大运河的节点城镇

大运河与沿岸很多城镇形成了相辅相成、共生共荣的关系，大运河融入并影响了沿岸城市，成为城镇的宝贵财富，反过来，沿线城镇也成为大运河文化遗产的一部分。

（一）通州

古诗云："一支塔影认通州。"燃灯塔矗立在大运河的北端，是京门通州的标志性建筑。

元世祖忽必烈下令开凿从北京到通县间的通惠河（主要位于今北京通州区和朝阳区），使行船漕运可直达积水潭、什刹海、后海一带的大运河北方终点。那时的积水潭一带，商船聚泊，热闹繁华。在元代中后期，最高每年有二三百万石粮食从南方经通惠河运到大都。这条河道在明清两代的不断维护下，一直沿用到 20 世纪初。现在的通惠河，一般指从东便门大通桥至通州区入北运河这段河道，全长 20 千米，是北京打造的运河历史文化景观地带。

（二）临清

临清是千年古镇和省级历史文化名城，有"富庶甲齐郡""繁华压两京"的美誉。

明代前期，临清因会通河段的开通，成为南北水陆要冲、漕船必经之地，商品经济迅速繁荣，正所谓"十里人家两岸分，层楼高栋入青云，官船贾舶纷纷过，击鼓鸣锣处处闻"。到明隆庆、万历年间，临清进入鼎盛时期，成为著名的北方商业都会，各地商人商帮大量涌入，商贩之间还争立"商籍"，形成了较为固定的商业社区，加速了商业文化在临清的传播和融合。至清代，临清成为粮食贸易中心。明清几百年的繁华让临清积淀了深厚的运河文化，也留下了中国历史上唯一遗存至今的运河钞关（如图 2-29 所示）以及众多的古建筑。

［微阅读］
大运河的节点城镇——开封

图 2-29 临清运河钞关

（三）扬州

扬州古称广陵、江都等，隋文帝时改名为扬州，取"州界多水，水波扬也"之意。扬州是大运河的发祥地，是大运河沿线中遗址最多、种类最丰富的城市。

中唐以前，扬州距长江口较近，海船可直抵扬州，运河和海港在此交汇。隋炀帝时，扬州就已经成为南北交通枢纽、海外贸易的重要港口，吸引了众多海外商人来此经商并长期居住。唐代，扬州是仅次于长安和洛阳的国际化大都会。很长一段时间内，扬州富甲江南，是我国最繁荣富庶的地区之一。时至今日，京杭大运河扬州段的水利功能在南水北调工程中仍得到了发挥和利用，使古代运河与现代文明交相辉映。

（四）杭州

杭州古称钱塘郡。秦统一六国后，在灵隐山麓设县治，称为钱唐，属会稽郡。至隋炀帝凿通江南运河，杭州成为大运河南段的起点。唐代，因避国号讳改“钱唐”为“钱塘”，到唐后期，杭州已是“骈墙二十里，开肆三万室”的兴旺景象。到了南宋时期，作为都城改称临安，各方面发展都进入了鼎盛时期。

杭州城的运河北接江南运河，南接钱塘江，并在过江后接浙东运河，是连接京杭大运河和浙东运河的枢纽，成为各路货物的集散地，一时“百货辐辏，商贾云集，千舻万舳，往返不绝”，享有“东南财税之乡”的美誉。

第四讲　茶马古道

引言

世界上曾有一条最为古老、神秘、奇特、艰险的古道，它从我国云南、四川及湖南等地的茶叶产地出发，穿越横断山脉、三江流域等最危险的大江峡谷，蛛网般覆盖了我国最大的两个高原——云贵高原和青藏高原，向外通向喜马拉雅山南部的南亚次大陆，甚至更远，是世界上地势最高、地理形态最为复杂的商业要道。它，就是茶马古道。

茶马古道，是指存在于我国西南地区，唐宋以来至民国时期汉、藏之间以进行茶马交换而形成的，以马帮为主要交通运输手段的国际商贸要道。它兴于唐宋，盛于明清，清后期逐渐衰落，是我国西南民族经济文化交流的重要走廊和中外文化交流传播的通道。

一、茶马古道的历史沿革、贸易情况、影响和意义

（一）茶马古道的历史沿革

茶马古道起源于唐宋时期西南和西北边疆的“茶马互市”。

康藏地区属海拔三四千米以上的高寒地区，含热量高的糌粑、奶类、酥油、牛羊肉是当地居民的主食，但过多的脂肪在人体内不易分解，而茶叶能够解脂解腻、助消化、防燥热，由于藏区不产茶，因此对茶叶需求十分旺盛。

同时，中原地区的民间役使和军队征战都需要大量的骡马，但中原不产良马，藏区和川滇边地则产良马，故良马在内地供不应求。于是，具有互补性的茶马交易，即“茶马互市”，便应运而生。藏区和川滇边地出产的骡马、毛皮、药材等和川滇及内地出产的茶叶、布匹、盐和日用器皿等，在横断山区的高山深谷间南来北往，流动不息，日趋繁荣，形成

了一条延续至今的“茶马古道”。

历史上的茶马古道除了川藏道、滇藏道和青藏道等干线，还有众多的支线、附线，是一个地跨川、滇、青、藏的交通网络（如图 2-30 所示）。

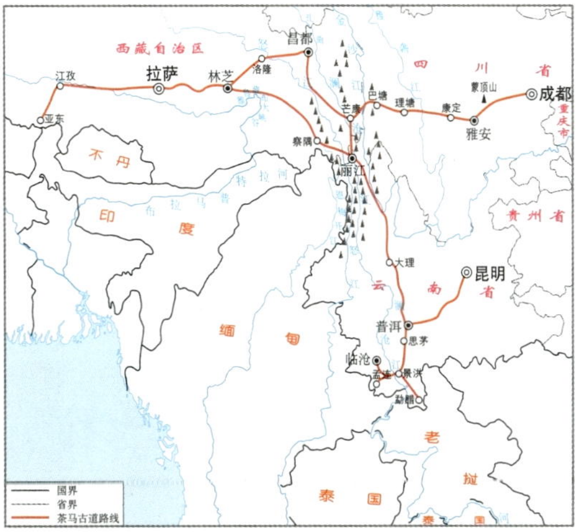

图 2-30 茶马古道主要路线图

1. 川藏线

川藏茶马古道是从四川雅安到西藏拉萨的路线，是始于汉唐的陕康藏茶马古道的一部分，是开通最早、运输量最大、历史作用较大的一条线路。

东起雅州边茶产地（今雅安市），首先进入打箭炉（今康定），后分成南、北两条支线：北线从康定向北，经道孚、炉霍、甘孜、德格、江达，抵达昌都（即今川藏公路的北线），再通往卫藏地区；南线则从康定向南，经雅江、理塘、巴塘、芒康、左贡至昌都（即今川藏公路的南线），再通向卫藏地区。两条线路都向西至拉萨，并可继续向外通往不丹、尼泊尔和印度等地。

2. 滇藏线

滇藏茶马古道主干线大约形成于 6 世纪后期，它南起云南西部洱海一带产茶区（如思茅），经大理、丽江、中甸（今香格里拉）、德钦、芒康、察雅至昌都，再通往卫藏地区，直达拉萨，部分再继续转口至印度、尼泊尔，是古代中国与南亚地区一条重要的贸易通道（如图 2-31 所示）。滇藏线中还有一条十分重要的滇南官马大道，即西双版纳、思茅、普洱、墨江、玉溪、昆明、曲靖（或昭通），出省转运北京，这条茶马古道以运输普洱贡茶为主，全程于清初开通，清末部分中断。

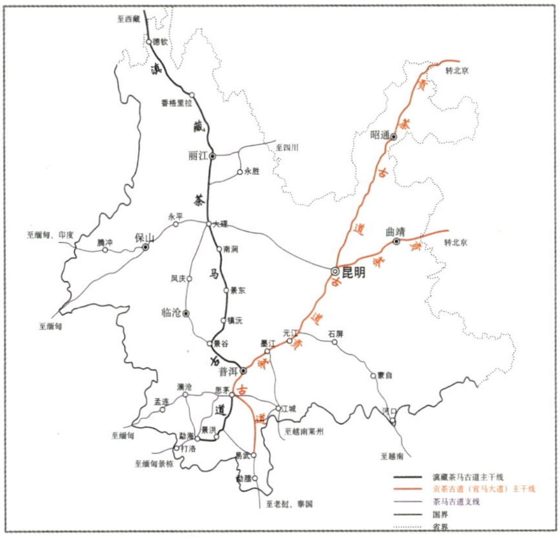

图 2-31 云南茶马古道路线图

3. 青藏线和其他线路

图 2-32　唐蕃古道

川藏线和滇藏线是茶马古道的最主要干线，是长期以来人们对茶马古道的一种约定俗成的理解与认识。有的学者认为历史上文成公主进藏的“唐蕃古道”（即青藏线或甘藏线）（如图 2-32 所示）也应包括在茶马古道范围内，这是因为唐宋时期的川藏茶马贸易基本走的就是这条路线。此外，茶马古道还包括如由雅安通向松潘乃至连通甘南等若干支线。

（二）茶马古道的贸易情况

汉代以来，中央政权就十分重视与边疆少数民族地区的贸易往来，但彼时主要以“绢马贸易”为主。唐代是茶马贸易的形成和开拓阶段。公元 641 年，文成公主和亲进藏，将茶叶和许多物品带到藏区；唐中期开始，饮茶的习俗开始在中原广泛形成并逐渐辐射西北、西南少数民族地区；开元年间，允许在赤岭进行交马、互市；唐德宗建中三年（公元 782 年），开始实施茶税；后期又实行榷茶制，但因遭大规模抵制而未能贯彻执行。但这些均为茶马贸易在宋代的兴起奠定了基础。

［微阅读］
增收抑商的榷茶制度

宋代，因内外形势复杂、财政压力巨大等，朝廷高度重视茶马贸易，茶马互市成为正式制度。贸易形式主要有朝贡—赏赐，以及设茶马司统一组织和运作茶马贸易两种。北宋时期，茶马交易主要在陕甘地区，茶叶就地取于川蜀，并在成都、秦州（今甘肃天水）各置榷茶司和买马司。后改榷茶制为茶引制，恢复自由买卖，变茶息为茶税，这是茶马贸易历史上的一次重要变革，它使得民间专门的茶商贸易开始活跃，也为明代茶马贸易的“金牌信符”制度奠定了基础。

元代，蒙古马进入中原，不再大量需要藏区马，官府废止了宋代的茶马治边政策，建立了完备的马政制度。因为茶马贸易能带来巨额赋税，所以政府仍然重视对藏区茶叶的销售，但在总体上对茶马贸易的管理开始松懈，为民间贸易的繁荣提供了机会。此外，官府大力开辟驿路、设置驿站，使得川西、滇西北与西藏间的茶马古道大大延伸。

明代，茶马互市最为兴盛，但官府严格垄断茶马互市，并严禁私茶交易。明洪武时期，朝廷在西北地区的河州、洮州和西宁建立三大茶马司，成为茶马交易中心。至 1393 年，朝廷又发放类似于今天许可证的“金牌信符”，无此信符则不能从事茶马贸易，确立了茶马征发制，至正统时期，该制度被废。后续因走私不断，明被迫开放进行招商中茶制，将茶商推上了汉藏茶马贸易的前沿，出现了官茶商营、官商分利的局面，打破了明政府垄断茶利的局面，为官营向商营贸易奠定了基础。

清代中前期，政策基本沿袭明茶引制，在四川、云南、青海等地设茶马司，茶马贸易地区增多，云南成为最主要的茶马贸易区之一。清代，茶马治边政策有所松弛，私茶商人较多，为改变官茶逐渐萎缩的局面，清政府对四川茶叶贸易变茶引制为引岸制，将四川茶定为三种专岸，不同产区的茶专门销往不同地区。清中期以后，茶马贸易开始转向出口贸易，茶马贸易机构被纷纷裁撤，至雍正十三年（1735 年），官营茶马交易制度终止，历经一千多年的茶马贸易开始衰落，并逐渐退出历史舞台。

（三）茶马古道的影响和意义

俗语说："北有丝绸之路，南有茶马古道。"茶马古道这条主要位于中国西南边陲的由马帮商旅用血汗和生命踏开的商路，在汉、藏之间发挥过重要联系作用，并在许多方面有着重要影响和意义。

第一，促进了古道沿线城镇的形成和区域经济的发展。例如：打箭炉（今康定）、昌都、德钦等市镇都因茶叶集市和转运而迅速兴起和繁荣。同时，茶马贸易推动了内地工商业尤其是制茶业的发展。城镇中还形成了各式帮派，如专营茶叶的茶叶帮，专营黄金、麝香的金香帮，专营布匹、哈达的邛布帮，专营药材的山药帮等。

第二，锻造了不畏艰险、勇往直前的商路精神。马帮作为西南高原地区最主要的交通运输手段，也成了一种独特的文化载体，其精神附着在这条古道上，这就是开拓冒险、勤劳坚韧、宽容和谐、重信誉的马帮精神，更是不畏艰险、勇于开拓、自强不息、拼搏进取的商路精神，也是中华民族精神的重要组成部分。

第三，促进了西南边疆与中原民族在经济、政治、文化等方面的交流融合。我国西南地区少数民族众多，历代政府通过茶马贸易，获取了大量战马并对西南边疆实现了"羁縻"。茶马贸易的兴盛促进了川、藏、滇地区不同民族和文化的沟通和了解，尤其是汉、藏两种文化，极大促进了我国西南边疆的安定和巩固，成为国家统一的政治和经济纽带。

二、茶马古道的节点城镇

茶马贸易的兴盛，使得古道沿线上迅速崛起一系列城镇，并成为独具特色的商贸和政治文化中心。

（一）康定

康定又称"打箭炉"，是连接藏区和内地的咽喉，是茶马古道上最重要的"贾市"。

唐宋以来，康定就一直发挥着汉藏文化交流的关键作用。明清时，政府对贩茶实行分区域管制，其中最繁华的茶马交易市场就在康定。清代，四川在茶马贸易中地位更加重要，康熙三十五年（1696 年），准许在此地进行市茶贸易，康定成为汉藏边茶自由互市的集散地。康熙四十一年（1702 年），在此设立茶关，从此康定成为西陲重镇和商业中心。历史上，康定还有种名叫"锅庄"的特色建筑院落，集客栈、交易所、信贷所、货站于一身（如图 2-33 所示）。抗日战争时期，康定东关外"西康茶关"的茶税，还成为支撑抗日战争财政的重要财源。

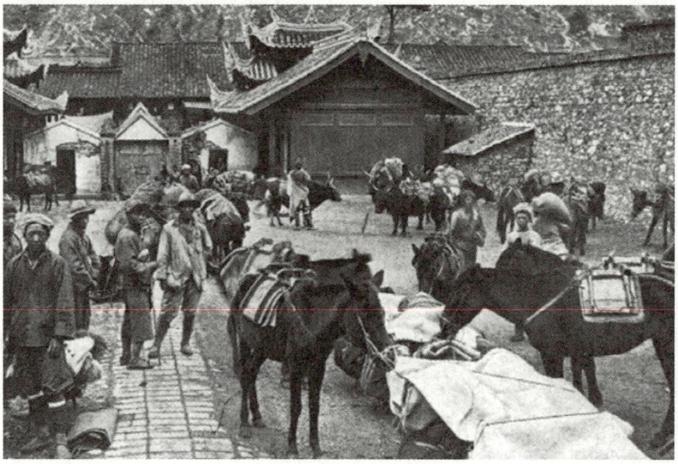

图 2-33　康定的锅庄

（二）雅安

雅安，是川藏茶马古道的起点，自古就是茶叶的原产地和主要输出地，所产之茶被称为“黑茶”“边茶”等，境内的蒙顶山茶在唐宋时期便名扬天下。

唐代，国家开始重视边地茶叶贸易，雅安逐步成为生产边茶的重要产地。宋代，在雅安开放了茶马交换中心，国家统一管理茶马市场。到了元明时期，雅安的重要性越发凸显，出现了焙茶作坊，茶叶生产规模逐渐扩大。清代，茶叶贸易由官营垄断变为私营，民间贸易迅速发展，但至清末，由于印度茶叶大量入藏，雅安茶叶销量受到了严重影响。但总体而言，雅安为川藏茶马贸易提供了大量的茶叶货源，促进了川藏茶马古道的发展繁荣。

（三）昌都

昌都是藏语，取“江河汇集”之意，也是康巴文化的发祥地。明中期后，川藏道和滇藏道汇合于昌都，故各地茶商云集，成为“口外一大都会也”。

隋唐时期，就已有驿道从昌都通往长安；元代，在此设朵甘思宣慰使司，并建立驿站；明代在此设朵甘卫都指挥使司，使该地区茶马贸易继续发展和繁荣，明嘉靖年间，滇西北藏区的贸易得到进一步发展，滇茶在明代后与川茶成了销藏茶的主力；清代，茶马互市衰落，但边茶贸易兴起，昌都依旧繁荣。今天的昌都随处还可见茶马古道遗址，也是今川藏公路和滇藏公路的必经之地。

［微阅读］
茶马古道的节点城镇——思茅

（四）丽江

丽江与藏区仅一江之隔，地处滇、川、藏交通要冲，位于云南通往西藏的必经之路上，是茶马古道上重要的货物中转集散地，是茶马古道上迄今保存最为完好并古貌依旧的文化名城和世界遗产。

丽江古城（如图 2-34 所示）兴于商业，盛于商业。其中的四方街是历代集市中心，每日万头攒动，热闹非常，一直是滇西北最大的贸易集市。清代，丽江的纳西人逐渐产生了专门从事进藏贸易的“藏客”，并成立了自己的马帮，成为客商。马锅头带领的马帮逐渐形成一种马帮文化，带动了丽江历史上的经济和文化的发展。清雍正以后，丽江及外地商人纷纷在丽江古城、石鼓、巨甸等集镇设店经营，与藏区贸易进一步发展。

图 2-34 丽江古城和四方街

明道 · 传承

新丝路，构建更和谐的命运共同体

在世界文明史上，曾有一条贯通东西的国际交通要道，它最早由中国人开辟，把中华文明与世界多个文明连在一起，血脉相通，它就是举世闻名的“丝绸之路”。

“丝绸之路”是一个有着强烈中国特色的全球性文化符号，它跨越两千多年，纵横数万千米，从陆、海两方面实现了互联互通，成就了世界性的贸易网络，也曾经引领着世界文明的发展方向。可以说，没有当年的丝绸之路，就没有今天的全球化，就不会形成地球村，也就失去了现代人类命运共同体的形成基础。

［微课］新丝路，构建更和谐的命运共同体

一、新丝路的提出

天涯咫尺的全球化传导机制，使得世界各国和地区间的羁绊从未像今天这般深刻。2012 年，中共十八大首次明确提出要倡导“人类命运共同体”意识；2017 年，十九大报告中又明确提出，坚持和平发展道路，推动构建人类命运共同体。与此同时，2013 年，习近平总书记提出了“一带一路”（即“丝绸之路经济带”和“21 世纪海上丝绸之路”）重大倡议；再到 2019 年，第二届“一带一路”国际合作高峰论坛在北京成功举办，显示着“一带一路”共建进入了新的征程。

“一带一路”开启了“六大经济走廊”（中蒙俄、新亚欧大陆桥、中国 - 中亚 - 西亚、中国－中南半岛、中巴、孟中印缅），它所连接的许多国家及地区，与古代陆上、海上丝路所途经的地理范围高度重合，在精神层面和内在性质上有着共通性。而丝路所承载的和平合作、开放包容、互学互鉴、合作共赢等精神，也正是人类命运共同体所倡导的主要意识。由此可见，新丝路的建设，与人类命运共同体的构建相辅相成、相得益彰。

如今，“丝绸之路经济带”已经成为亚欧大陆重要的公共平台，六大经济走廊建设如火如荼，中欧班列高质量发展，欧亚经济论坛节节推进，中国西北沿线地区也开始稳步走向开放的前沿。而“21 世纪海上丝绸之路”则从海上联通了欧亚大陆、非洲大陆及大洋洲三个大陆，和“丝绸之路经济带”形成了一个海陆的闭环，这也是我国新时期发展海洋事业、繁荣海洋经济、建设海洋强国的重要战略举措。

二、新丝路的商贸情况

时代的发展和变迁，使得国际贸易形式产生了新的变化。

第一，近十几年，电子商务得到了快速发展，其中以跨境电商为代表的“网上丝绸之路”逐渐成为一种流行的国际贸易新形式。通过跨境贸易尤其是电商渠道，中国商品销往俄罗斯、以色列、韩国、越南等 100 多个签署了共建“一带一路”合作文件的国家和地区，跨境线上商贸范围拓展到欧洲、亚洲、非洲多国。2020 年也是中国－东盟数字经济合作年，东盟各国是海上丝绸之路的重要沿线区域，如今，数字经济、跨境电商已然成为推动双边贸易增长的新引擎、新亮点。

跨境电商成功为全球各个地区带来了前所未有的经济红利和新动力，并带动了沿线节点城市的经济发展。许多地区大力建设跨境电商服务中心、综合试验区等，促进了本地区的就业和经济增长。2020 年，受新冠肺炎疫情影响，国际人员流动几乎停滞，传统外贸行业遭受了惨烈的“倒春寒”，跨境电商虽然也遭受影响，却发挥了自身的新业态优势，仍保持增长，有力地支持了外贸行业砥砺前行。

第二，除了传统国际贸易向线上跨境电商的“网上丝路”形式的转移，服务贸易的形式在全球贸易的地位也日益突出，已成为世界经济增长的重要引擎。2020 年 8 月，以“全球服务，互惠共享”为主题的中国国际服务贸易展会开幕，深化了各方的经贸合作，并搭建了服务领域的国际合作交流平台，对促进各国经济稳定和推动国际抗疫合作发挥了重要作用。

第三，丝路上的国际贸易运输方式也从以之前的人力、物力、畜力为主，到如今的海陆空全面出击。除了大批量的海上运输，近几年的中欧班列和“空中丝绸之路”也交出了亮眼的答卷。“钢铁驼队”中欧班列开行的常态化和便利化，破解了内陆省份与海外联通不畅的难题，为区域跨境商贸开启了一个新的通道和窗口，激活了区域间产品流通，增强了区域商贸流通，带动了国内原材料供应、装配制造、物流配送、经贸服务等上下游产业，也催生出跨境电商“中欧班列＋海外仓”的全新业态；而国际货运航班的拓展，航线覆盖面不断增加，也为跨境商贸插上了新的翅膀。

［微课］
“一带一路”的钢铁驼队——中欧班列

历史经验表明，国际贸易的繁荣会进一步促进各个国家和地区之间经济文化的交流互通，提升政治互信，也体现了一个国家或地区包容开放自信的姿态。例如：《区域全面经济伙伴关系协定》（RCEP）为全球多边贸易体系和世界经济复苏注入强大正能量。然而，近年来我们也面临着一些新的挑战，国际上单边主义频频抬头，中美贸易摩擦不断，给世界贸易大环境带来了挑战。

在全球“黑天鹅”事件不断暴发的国际大环境下，没有一个人是一座孤岛，没有一个国家可以独善其身。2020年9月习近平总书记视频会见联合国秘书长古特雷斯时，在“构建后疫情时代的国际关系”中曾提出，新冠肺炎疫情催生了不少新问题，但归结起来，还是离不开和平与发展问题。

新丝路，再出发，今天我们更需要发扬丝路的和平合作、开放包容、互学互鉴、合作共赢等精神，进一步推进世界经济贸易一体化、区域一体化，坚定维护和坚持多边体系，同时带动多边贸易的体质和机制的与时俱进，加强互联互通、共商共建，维护高质量的“一带一路”以及国际商贸环境的稳定和发展，打造和平之路、合作之路、友谊之路，构建更加和谐的人类命运共同体，为全球全人类的可持续和长远发展贡献力量。

思考

1. 古代丝绸之路的发展历程、商贸文化与今天的“一带一路”之间有什么样的联系？
2. 海外贸易在我国历朝历代地位的变化及其原因有哪些？
3. 从本专题所提到的这些商路上，你学到了怎样的商路精神？

［测验］

明道箴言

1. 万物并育而不相害，道并行而不相悖。——《中庸》
2. 君子周而不比，小人比而不周；君子和而不同，小人同而不和。——《论语》
3. 以利相交，利尽则散；以势相交，势败则倾；以权相交，权失则弃；以情相交，情断则伤；唯以心相交，方能成其久远。——《文中子·礼乐篇》
4. 每一种文明都延续着一个国家和民族的精神血脉，既需要薪火相传、代代守护，更需要与时俱进、勇于创新。——习近平

专题三 商帮

中国人经商的历史源远流长，几千年的漫长发展，积淀了丰富的商业文化，而商帮文化对我国的经济发展产生了深远的影响。明清时期商帮的崛起，更为中国的历史画卷平添了一抹亮丽的色彩。商帮的形成与我国资本主义萌芽的出现是同步的，表明商人阶层以群体力量登上了历史舞台。历史上出现的各个商帮走南闯北、纵横东西，活跃于流通领域长达 4 个多世纪。改革开放后，随着中国经济的发展，涌现了新的商帮，它们代表着中国商业的新品格，在某种程度上折射出中国经济发展的脉络和走向。

学习目标

知识目标：掌握传统的晋商、徽商的兴起、经营风格和特点，了解我国明清时期著名的传统商帮产生、发展以及兴衰存亡的过程，掌握新商帮的发展和作用。

能力目标：能够对我国传统商帮的兴衰成败有客观的分析和评价，能够根据不同商帮的价值取向总结出商帮文化的精髓。

态度目标：对商帮文化的价值观有清晰的认知，分析现代商帮文化的时代特征，形成现代商业观，传承商帮的文化因子。

素质目标：商帮体现着传统文化与近代商业文化的有效融合，现代商帮文化是特殊群体成长的人才文化，更是对中华民族传统文化的传承；了解商帮的经商之道，剖析其经营思想，细辨其成败得失，形成具有兼容性、创新性的商业观，依据科学发展观传承优秀的商帮文化。

思维导图

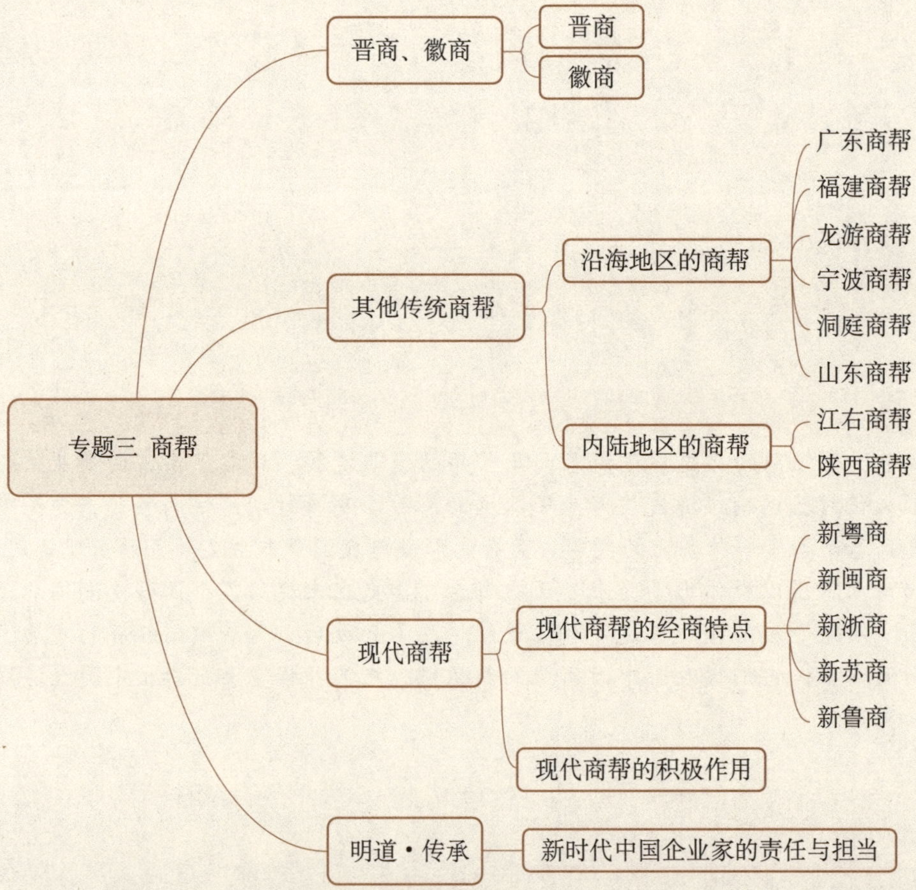

第一讲 晋商、徽商

引言

“富以能施为德，贫以无求为德，贵以下人为德，贱以忘势为德。”意思是说，富有时以能施舍为有德行，穷困时以无求于人为有德行，显贵时以能屈己下人为有德行，卑贱时以忘却权势为有德行。这句话出自《呻吟语》，是明末著名学者吕坤所著。

都说中国历史是一部漫长的封建史，重义轻利的儒家文化和农耕经济的主流使得市场经济之花迟迟难以萌发。但事实上，在封建专制不断强化的明清时期，却出现了一场“商业革命”，在这场“革命”中，十大商帮相继崛起。其中，晋商、徽商势力最大，但后来他们又经历了怎样的盛衰起落？说史自省，读古明今。晋商、徽商的经商之道和致富秘诀，对当代商人仍具有深刻的启发和借鉴意义。

从大历史的角度看，明清是中国市场经济大发展的时期，也是中华商业文化大复兴的时期。随着国内大宗商品远距离贸易的发展和海外贸易的扩张，明清商人的社会地位发生了显著变化，他们不再为世人所贱，商人们自我组织起来，依靠会馆、公所等维护自身权益。

明清时期，中国商业达到了鼎盛，商业发达地区的商人多以商帮的群体力量参与竞争，出现了十大商帮：山西商帮、徽州商帮、广东商帮、福建商帮、龙游商帮、宁波商帮、洞庭商帮、山东商帮、江右商帮、陕西商帮（如图 3-1 所示）。其实，有名的商帮远不止十个，如苏商、绍兴商、北京商、南京商等，均为强大的商帮。

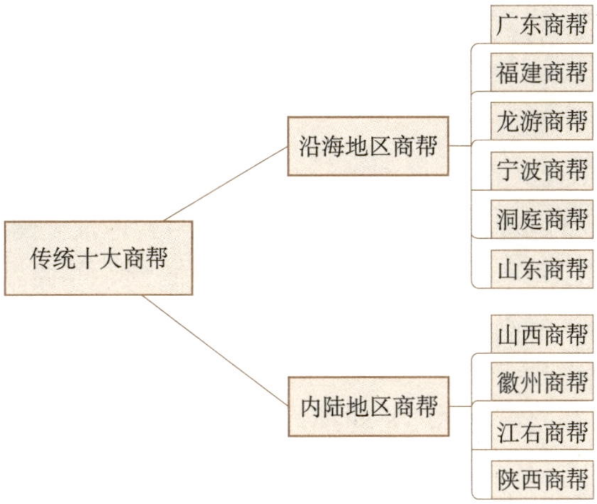

图 3-1 传统十大商帮

商帮，是以地域为中心，以血缘、乡谊为纽带，以“相亲相助”为宗旨，以会馆、公所为其在异乡的联络、计议的一种既亲密又松散的自发形成的商人群体，商帮的出现，标志着我国封建商品经济发展到了最后阶段。商帮兼有血缘与业缘的特征，商帮的地缘范围越大，则其血缘色彩越淡，而业缘色彩越浓。如汉口的山陕会馆，包括许多行业和山西省内的区域帮商人，而洞庭帮则由几个家族所控制。

增智启慧

明清商帮的兴起

为什么到明清时期（主要指鸦片战争以前）有那么多商帮出现呢？这要从明清的社会经济状况和当时封建政府所实行的政策说起。明初时，土地荒芜，人民离散，但经过明初的与民休息政策，情况得到迅速改变。生产力的发展促进了农业和手工业的进一步分工，商品经济所占比重有所扩大。一是远距离贩运贸易的南北交流相当频繁；二是由于经济作物种植面积的增多和手工业生产的发展，一些集中生产区用粮靠外运；三是明代商业城市兴起，如产布著名的松江、嘉定，产绸著名的杭州、苏州、潞州等；四是城镇发展迅速，河南朱仙镇、湖广汉口镇、广东佛山镇人口都达10万以上。统治者对商业采取轻税政策，商税三十取一，蔬菜、瓜果、饮食、畜牧以及军民嫁娶丧祭之物、舟车丝布之类，概不收税。明代实行开中法，食盐专卖，后来不单以粮中盐，根据政府需要，发展为纳马、纳铁、纳帛、纳草中盐，并与少数民族交易，开设茶马互市。后来，开中法改为折色制，以粮食中盐改为以银两中盐，实行的后果是边疆地区的粮米价格越来越贵，国家储备粮越来越少，边境地区的商人转向内地，成为内商，少数留在边境地区的商人称为边商。

综合以上，由于商品生产的扩大和商业资本的活跃，经商人数远比过去多，又由于明代商业政策的出台，因此地域性的商业资本集团相继出现，从而形成地域性的商帮。

思考：

如果开中法没有改为折色制，地域性的商帮是否还会出现？

一、晋商

山西商帮是十大商帮之首，称雄商界五百年，商号曾遍及全国各地并延及日本、阿拉伯、东南亚。他们创造了不朽的辉煌，出了乔致庸、雷履泰等商界名人。晋商经营盐业、票号等商业，尤其以票号最为出名，曾有“中国的威尼斯商人”之称。山西的太谷县成为中国北方的金融、商业中心，有“白银谷”的美誉，甚至被外国人称为“中国的华尔街”。晋商也为中国留下了丰富的建筑遗产，如著名的乔家大院、常家庄园、李家大院、王家大院、曹家三多堂等。清末，八国联军向中国索要赔款，慈禧太后掌权的清政府就向晋商的乔家借钱还国债，晋商的经济实力可见一斑。

（一）晋商的崛起与发展

第一，晋商的辉煌与其所处独特的地理环境分不开。山西自古就是东西南北商路的交通要冲，是运送沿线边防重镇所需物资的枢纽。由于其地处黄土高原，十年九旱，自然条件恶劣，因此外出经商成为人们的谋生手段，从明代中期开始，山西经商之风渐已形成。

第二，山西矿产资源丰富，在古代盛产盐、粮、铁、煤等。盛产盐的盐池就在运城，临汾、运城是产粮区，晋城、长治早就有发达的冶铁业和丝绸业，明朝时泽州、潞州铁货驰名天下，行销各省，促进了晋商的崛起。

第三，明初朝廷实行的“开中制”也对晋商的发展起到了重要作用。山西省的九边驻军达几十万人，为解决边镇的粮草问题，官府利用对食盐的专卖权，规定商人将军需物资运送到边关，领取“盐引”后到指定的河东、运城等地领取食盐，再到官府规定的销盐处出售。这样，山西在明代便涌现了一批靠贩粮、贩盐发家致富的巨商大贾。折色制取代开中制后，晋商又利用明政府开放北部边疆贸易的机会，从盐业转向多元化贸易，那时北方盛产人参、貂皮、灵芝等，而南方盛产铁锅、盐巴、茶叶等。

清代的晋商中心在今天的晋中，主要是祁县、太谷、平遥，主要包含船帮、驼帮和票帮。船帮是从事对日贸易的商帮，因用船作为交通工具，故名船帮，主要是用中国的瓷器、丝绸、文房四宝等交换铜。驼帮是从事对蒙古、俄罗斯茶叶贸易的商帮，因用骆驼作为交通工具，故名驼帮，当时有“南来烟酒糖布茶，北往牛羊骆驼马”的说法。票帮是在原有典当业的基础上发展起来的，第一家票号日昇昌（如图 3-2 所示）成立于 1823 年，之后全国共有票号 51 家，其中 43 家为山西人所办。晋商票号被称为“中国金融业的鼻祖”，分号遍及全国。1907 年，合盛元票号不惧风险，在日本的东京、大阪等地设立票号分庄，开设了我国金融机构向海外设庄的新纪元。

图 3-2 日昇昌票号

当时曾有人说：“凡是有麻雀的地方，就有山西商人。”在清代，全国排名前 16 位的大财团都在山西。当时赫赫有名的晋商八大家是：乔家、常家、曹家、侯家、渠家、亢家、范家、孔家。有一首民谣道出了他们的历史和风光：

白手起家通天下，诚信为本数乔家。
货通俄蒙领风骚，外贸世家是常家。
太谷巨富三多堂，商铺规模数曹家。

蔚字五联竞潇洒，票号世家是侯家。
声名卓著长裕川，祁县大户是渠家。
明清两代聚千两，山西首富数亢家。
甲第联辉名当世，世袭皇商是范家。
大名鼎鼎财神爷，最后风光是孔家。

［微课］
有麻雀的地方就有晋商

晋商的经营活动，对于中国城镇的兴盛，特别是边陲城镇的兴起，起到了重要作用。城市的形成，往往以人口聚集、商业繁荣为条件。例如：塞外的包头，原本无城，山西祁县乔家先在该地开设复盛公商号，随着商业的发展，人口渐多，乾隆时逐渐形成城镇，所以有了“先有复盛公，后有包头城”之说。

（二）晋商的商业模式和商业文化

晋商作为“天下第一商帮”，在经商中实现了“货通天下、汇通天下”，逐渐形成了义利并重、义利统一的商业价值观，在长期的经商过程中建立了一套完善的商业模式。首先是采用股份制，主要有三个特点：股权分散、股权相对集中、所有权与管理权分离。其次是用乡不用亲，形成了一套完善的内部管理制度，包括职业经理人的引入、业务与员工管理、财会制度等。最后是采用独特的激励机制——身股制，即“出资者为银股，出力者为身股”，员工可以以身股参与企业分红。

合伙经营是晋商比较普遍的经营方式。晋商通常都是自己出资，然后吸收一些品行端正的人做伙计，并把经营业务委托给伙计去办，而伙计也以认真负责的态度履行自己的职责。伙计即使不出资，但作为企业经营者，也同样享受分红的权利。

博闻多识

乔致庸利用身股制激励员工

乔致庸是清末著名晋商，乔家第四位当家人，人称“亮财主”。商家之间有个惯例，若别家给的薪水更高，徒弟满师后都会离开，因此市面上有“铁打的商家，流水的伙计”这样的说法。而掌柜就不一样，他们可以在生意里顶一份身股，不仅平日里可拿到比伙计多十倍、百倍的薪水，到了四年账期还可以领到一份红利。所以，能干的人想方设法地去更好的商号，平庸的人则挖空心思地想留下。如此一来，人才流失特别严重。乔致庸是个惜才如命的人，他不顾各店掌柜的反对，打破商界中的陈规陋习，在新店规中提出：学徒出师四年以上，愿继续在本号当伙计者，一律顶一厘身股，此后按劳绩逐年增加。这种身股制，意味着小伙计即使不投资银两，只要对商号有所贡献，或者在商号中有一定的资历，一样也可以成为小股东，与投资的大股东们一样，分红得利。这个规定实际上让所有伙计都有了入身股的可能，而且门槛很低，只需继续留在本号即可，因此震动了商界，乔家复字号的面貌从此焕然一新。这一新规，是中国民营企业股份制的先声，也造就了“富甲天下”的乔家商号。之后，这种身股制在山西商号中普遍实行。

中国的十大商帮在经商中都汲取了中华传统文化中优秀的内容，但晋商以中华传统文化为基础形成了自己的企业文化，成为各个商帮的典范。

一是诚信文化。晋商极重信誉，贸易双方产生了一种基于信用交易的特殊结算形式——标期。商人们清偿债务的规定日期称为标期。太谷县的标期是每季一期，届时结算旧债，再生新债，有借有还，体现了商人与主顾之间建立的互相信赖的关系。

二是家国文化。经商不忘爱国，致富不忘社会。晋商拉着骆驼，开辟了一条以山西、河北为枢纽，北越长城，贯穿蒙古戈壁大沙漠，深入西伯利亚，抵达欧洲腹地圣彼得堡、莫斯科的国际商路。

三是经商先要学会做人。晋商勤奋刻苦、谨慎低调、善待他人，却用最严格的道德标准要求自己。乔家大院（如图 3-3 所示）能完整地保留下来，正是乔家数代人善于做人的结果。

图 3-3 乔家大院

（三）晋商会馆

山西人最早的纯商业性质的会馆，是由山西平遥颜料商人、桐油商人在北京建立的颜料会馆。最初，晋商会馆是同乡聚会的场所，随着晋商商业规模的扩大，会馆逐渐变为集办事处、招待处、救济处、拜神处等多种功能于一身的集合体。山西人在外地建立会馆，最早始于明朝隆庆万历年间。随后，在很长一段时间内，中国几乎所有商业繁盛之地最惹眼、最气派的建筑，就是晋商会馆。这些会馆的设立不仅是为了团聚同乡，更是为了经商活动的需要形成帮伙，凝聚本帮商人的向心力。

会馆发扬了晋商的群体精神，这种精神不仅表现为“报神恩，联乡情，诚义举”，更表现为它能够做个体做不成的事，促进晋商的经营发展。在与其他商帮的竞争中，以及与牙行、外商的争斗中，晋商所表现出来的团结一致，总让人惊叹和敬服。

博闻多识

商人的地缘组织——会馆

会馆是由流寓客地的同乡人建立的专供同乡人集会、寄寓的场所，也是商帮的地缘组织。会馆的前身是汉代各郡在京师为本郡人所设的京邸、唐代在京师为将吏部属所设的进奏院以及宋代在京师为同乡人所设的朝集院。会馆首创于北京。

如按会员身份划分，会馆的类型大致有三类：第一类是以官吏为主的会馆，它们是同乡的官僚、士绅和科举士子居停聚会的场所；第二类是士商共建的会馆，出资兴建会馆的主要是商人，而控制权往往操持在官僚手中；第三类是以商人为主的会馆。如按地缘划分，会馆的类型大致有五类：一乡或数乡的会馆、一县或多县的会馆、一府或多府的会馆、一省或多省的会馆、以整个国家为范围的会馆，其中，以整个国家为范围的会馆仅见于国外，如侨居日本和南洋的华人所建之中华会馆等。会馆的功能包括五个方面：共同祭祀本乡本土所遵奉的神祇（如图 3-4 所示），以联络乡情；为同乡办理善举；联合众商力量，摆脱牙人的控制；举办利于商业的大型工程；代表众商与官府交涉商业事务。

图 3-4　位于烟台市的福建会馆，供奉海神娘娘（天后圣母）

二、徽商

徽商不是安徽商人，而是徽州商人，是除晋商外，中国商帮的重要一支。徽商萌发于东晋，成长于唐宋，兴盛于明清，至清道光年间逐渐衰落。徽商引领了中国商业经济潮流，几执商界牛耳，在商界称雄半壁长达 300 余年。徽商还有另外一个名字——“新安商人”，因徽州府古时又称新安郡，且境内有新安江流过。以现在的区域划分来看，徽州大致位于安徽南部。

（一）徽商的崛起与发展

徽商所处的地理环境由于山多、人多、地少，因而粮食生产不足。徽州地处皖南崇山峻岭之中，有“七山半水半分田，二分道路和庄园”之说，虽不易种粮，却盛产林、竹、茶、桑、生漆、药材和大量的土特产品。同时，这里“上接闽广，下接苏杭”，水陆交通较为便捷，新安江水系为徽州人的货物贸易提供了一条“黄金水路”，这便促使徽州人开辟了一条走出大山、以商代耕的路。

徽州人经商，历史悠久，早在东晋就有新安商人活动。此后，历经唐代的发展，到了五代时期，北方战乱不断，人口大规模南迁，江南得以充分开发，先进的思想和生产方式被带到这里。徽州地处江南，本地特产木材、茶叶等的需求量极大，这激起了徽州人的经商热情，徽商初步形成。南宋迁都杭州，徽州人抓住了当时经济重心南移以及与经济发达地区毗邻这一机遇，发展商业经济。

明中叶至清乾隆的 300 余年，是徽商发展的黄金时代。到清中叶，徽商一跃成为中国十大商帮之首。当时，经商成为徽州人的第一等生业，在成人男子中，经商的占 70%。徽商经营的行业以盐、典当、茶叶、木材最为有名，其次为大米、稻谷、棉布、丝绸、纸、墨、瓷器等。徽商在长年经营中造就了张小泉剪刀、胡开文墨业、王致和臭豆腐、胡庆余堂、谢裕大茶叶、张一元茶叶、同庆楼餐饮等影响至今的民族品牌和中华老字号。

古代交通不便、治安不好，在徽商崛起的时候，晋、陕、闽、粤等地的商人也都在长途贩运贸易中发展起来，徽商在与他们的激烈竞争中获胜，其重要的依凭是以宗族为核心的地域性帮派。加之受到南宋朱熹理学的影响，徽州人的宗族制度和宗法观念更加强化。资金回流鼎盛时期的徽商，曾占有全国总资产的大半。徽商的活动遍及海内外，甚至远至日本、东南亚及葡萄牙等地。大江南北曾流传着“无徽不成镇”的说法，可见徽商的影响之大。

增智启慧

商人向贵层的攀登

徽商为什么“贾而好儒”？富不及贵，古人的人生终极价值目标是做官，“一人得道，鸡犬升天”。商人由富转贵，通常走的“正路”是“商—儒—仕”，也就是“赚钱—读书—做官”。要是商贾攀登贵层，“唯学”是一个不可少的条件。学而优则仕，一登“龙门”，身价百倍，身份的改变，地位的转移，岂是轻而易举的事？士大夫有其一套生活方式、思想、行为，商贾则又是另一套。据说以前有两位朋友，一贵一富，贵者科举出仕，有功名，富者经商发财。同乡中有一武举时常欺侮这位富翁，富翁奈何不得，于是去请教那位科举出身的老朋友有什么办法可以对付。老朋友建议他捐笔钱买个官爵，提高地位。果然后来那位武举不敢再小看他了。可是爵位是买来的，表面上别人不敢再加以白眼，实际上还是暗中受人讥笑。他再去请教老朋友有没有更好的办法能真正受到别人心悦诚服的尊敬。朋友告诉他，除了下一代读书中举外，别无他法。这虽是传说，不足为凭，但是从这里不难看出底层的商人被抑压的痛苦。

徽商读书仕进的意识更加浓厚，有“进而为儒、退而为贾”的说法，都视儒而胜于贾，反映了徽商代表性的一种崇儒仕进的价值观，世代努力在通往仕进的道路上攀登。

思考：

儒家思想对徽商的经营有哪些影响？

（二）徽商衰败

徽商之富可谓“富可敌国”，就连乾隆皇帝都慨叹“富哉商乎，朕不及也”。拥有如此巨额的资金，似乎足以打造一个不朽的产业帝国，然而，有一幕我们并没有看到，即大量的资金被用作他处。那么，徽商的钱到底用到了哪里？

第一，建牌坊，修宗祠。徽商儒家思想浓郁，念书的目的就是光宗耀祖，挣到的钱也用来大规模地修建各种牌坊。例如：乾隆年间有个鲍氏家族，建了 7 座气势宏伟的牌坊。据统计，徽商建有 6000 多座巨大的祠堂，对徽州人来说，他们最大的事情就是建祠堂，没有祠堂就没有宗，没有宗就没有族。胡忠县有个胡氏祠堂，在明嘉靖年间的一次维修中就花了 1300 万两白银。

第二，买房置地，修建园林。他们凭借巨额财富，到全国各地购置房产，修建园林，把天下的美景融合到自己的建筑艺术中，形成了独特的“青山绿水、粉墙黛瓦”的徽派建筑风格（如图 3-5 所示），同时养活了依附于此的其他行业。以木雕（如图 3-6 所示）为例，一所 3000 平方米的房子，光是木雕就由 20 个师傅做了 4 年，窗户基本是木雕，还有砖雕、石雕，光祠堂贴的黄金就高达 100 两，建造成本大概是 60 万两白银。

图 3-5　徽州的盐商汪定贵的宅院——承志堂

图 3-6　承志堂厢房木雕门

第三，奢侈性消费。当时，戏曲、书画、“扬州瘦马”等被无节制地推向奢靡的极致，潜藏危机的脚步声也就越来越近。在大量金钱的支撑下，产生了扬州八怪，也造就了徽班。清乾隆年间，四大徽班进京，为京剧的出现做了铺垫。据说，徽商办堂会常请名角，唱一曲《牡丹亭》花费 16 万两银子，唱一出《长生殿》则花费 40 万两银子。

［微课］
徽商走向衰落的原因探析

1832 年，随着清政府将盐业改纲为票，盐业的垄断经营权彻底废除，再加上太平天国起义，影响了商品的贸易，最终导致徽商彻底垮台，一代商帮就此退出历史舞台。

（三）徽商文化

要了解徽商，就必须深入地了解徽商的文化，徽商是所有商帮中最有文化的商帮，徽商的本质就是儒商。徽商极为重视教育，在他们看来，经商只不过是一种谋生手段，读书做官，学而优则仕才是人生的终极目标。徽州是宋朝理学家朱熹的家乡、徽学的发源地。自宋代以来，徽州的教育就十分发达，宋、元、明、清四代共有各种书院 260 多所（书院相当于今天的大学）。创办最早的是绩溪的桂枝书院，影响最大、被称为“天下四大书院”之一的是歙县紫阳书院。据记载，明弘治年间徽州有影响的书院达 22 所。如此发达的教育培养出了众多人才，仅在徽州，宋、明、清三代就出过 1242 名进士。

儒商互济是徽商的文化性格，也是一种商业策略。徽商的文化修养使他们比其他商人更具经商的智慧，也更善于把握商业机遇。他们结交文人士大夫，方便了解朝廷的经济政策和各种经济信息，自己的地位也随之抬高。著名徽商江春是以盐业起家的徽商巨富，曾是“扬州盐业八大总商”

［微阅读］
徽商的成就和贡献

之首。他以“一夜堆盐造白塔，徽菜接驾乾隆帝”的奇迹，被誉为“以布衣结交天子”的“天下最牛徽商”。

徽商之所以能称雄商界数百年，自有它的原因：一是贾而好儒。徽商以儒家的诚、信、义的道德规范作为其商业道德的根本。二是诚信处世。徽商恪守货真价实、童叟无欺、奉公守法、互惠互利的基本道德。三是团结协作。徽商愿意依靠家族、垄断经营、荣耀门庭，晋商是用乡不用亲，徽商则是用亲不用乡。四是积极进取。胡适曾经用“徽骆驼”来形容徽商。骆驼是一种能在极度恶劣环境中生存下来的动物，直到今天，安徽人仍然在文化寻根中用“徽骆驼”自勉，这代表着他们身上有一种吃苦耐劳、百折不挠的开拓进取精神。

第二讲 其他传统商帮

引言

《六韬·文韬·六守》记载：“太公曰：大农、大工、大商，谓之三宝。农一其乡，则谷足；工一其乡，则器足；商一其乡，则货足。三宝各安其处，民乃不虑。无乱其乡，无乱其族。”姜太公认为大农、大工、大商可以说是三件大事。把商人组织起来，聚居一乡，互通有无，财货自然会充足；不要打乱区域性的经济组织，不要拆散他们的家族组织。

明清时期，全国各地的大小商帮不计其数。商帮的地缘范围大的可达数省，如山陕商，小的则只有几个县，如龙游商。历史上的商帮也是不断聚合的，有的商帮解散，又有的商帮结成了。当然，所谓“十大商帮”并不是实数，只是概数，形容数量多，例如：除十大商帮外，还有苏商、北京商、南京商等都比较有名，而且往往一个大商帮中又分若干小商帮。虽说商帮是以地缘为中心的，但也不是说一个地区就只有一个商帮存在，通常是多个商帮同在一处。

商人的足迹虽遍布各地，但是各个商帮都有其重点活动和经营的区域，又不限于这些区域而周游于天下，这就构建起一张覆盖整个中国的商业网。由于形成各帮商人的地理、人文背景不同，因此每一商帮群体的心理特征迥异，也造成了各个商帮行为方式上的差异。从地域上划分，传统商帮包括沿海地区的商帮和内陆地区的商帮。

一、沿海地区的商帮

沿海地区的传统商帮最多，从南向北依次包括：广东商帮、福建商帮、龙游商帮、宁波商帮、洞庭商帮、山东商帮。

（一）广东商帮

广东商帮又称粤商，由广东本地的三大民系以及其他民系组成，包括广府帮、潮州帮、客家帮、海陆丰帮以及其余广东各地帮等。粤商由于其特殊的地理位置，毗邻香港、台湾地区及东南亚，国外的先进技术和设备最早由广东进入，然后辐射全国，海外则“五大洲无不有粤人足迹”。因此，粤商自古以来就在推动中国和世界工商业发展中扮演重要的角色。

粤商最主要的两个帮——广府帮和潮州帮。广府帮和闽商一样，也是“亦盗亦商”的海商商帮。明代的“广州十三行”垄断对外贸易，除了追求利润之外，还在某些方面代表政府，由他们与外商做生意并代海关征缴关税。这使得他们处于清政府和洋人的夹缝中，既两头受气，又两头获利。随着鸦片战争的到来，广府帮逐渐没落，但一个商帮没落了，便会有更多的广府帮商人前往各地打拼，于是呈现了新的景象。潮州帮主要是指潮州、汕头、揭阳三个地区商人的总称。他们民风彪悍且极具商业智慧，除了海上贸易之外，还获得了一个前所未有的特权，即鸦片专卖特权。随着大量资本的原始积累，他们又很快进军现代银行业、工业，创办了纺织染厂、纱厂、银行等。

近代粤商发扬了古代粤商的冒险开拓、独立进取的商业精神，而在参与国际商业贸易的过程中，近代粤商又具有了某种开放的心态。传统文化与近代商业文化的有效结合是近代粤商的特点。

博闻多识

广东商帮商人的类型

广东商帮的商人主要可分为三大类：一是海商。海商是指专门经营海外贸易的商人。明清时期历史典籍中记载的所谓“海寇”或“海盗”，甚至是“倭寇”，实际上大多是指这种海商。他们主要从事走私贸易并拥有武装。二是牙商。牙商包括明代贡舶、市舶贸易的牙行商人，清代的“广州十三行”商人，以及晚清逐步形成的买办商人。十三行商人是清政府直接控制下的经营对外贸易的垄断商人，具有官商性质；买办原是外商为生活方便，雇佣一些华人为他们服务，称为采买人或管事人，一部分买办商人在外国资本主义对我国进行经济侵略和渗透时扮演了不光彩的角色。三是国内长途贩运批发商。他们的主要经营方式是到省内外的边远地区收购货物贩运回广州、佛山等中心市场批发给零售商，或通过牙商向外商批发。同时把广东货物贩运到省内外边远地区批发给当地的中小商人。以上这三种类型的商人成为我国明清时期国内市场和国外市场的中介者，在国内外贸易中都发挥了商人的组织功能。

（二）福建商帮

明清的福建商帮又称闽商，以海商为主。闽商初兴于晋唐，经过宋元两朝的不断发展，于明清时期达到全盛。

福建商帮的兴起，一开始就与封建政府的官方朝贡贸易和禁海政策针锋相对。他们走私进行商业贸易，不能贸易时就抢劫，具有海盗和商人的双重性格，即“亦盗亦商”。福建东面临海，山多地少，早就有从事海上贸易的传统，至唐代，泉州和广州成为海上丝绸之路的起点。明代之前的海上贸易体制是政府主导的朝贡贸易，严禁私带货物出海贸易，但出于利益驱使，很多海商从偷偷地走私变为海盗集团，贸易远达东亚、南洋甚至非洲 40 多个国家，交易物品达 230 多种。这些海盗集团最著名的有李旦集团、郑芝龙集团、刘香集团等，后来郑芝龙集团逐渐发展壮大，接受了朝廷招安，协助朝廷消灭了东南沿海的其他海盗集团，控制了制海权和贸易权，故有“八闽以郑氏为长城”的说法。清朝建立后，郑芝龙之子郑成功仍与清政府对抗，到郑成功之子郑经一代被康熙所灭，标志着以海盗集团为核心的闽商体系解体。

明清福建商人，不仅在海营商，还有许多是陆地商，把国内与国外的贸易紧密地结合起来。闽商对外移民，形成了“下南洋”的壮丽景观。据不完全统计，全世界 3000 多万华侨中，福建人有 1000 多万，包括锡矿大王胡国廉、橡胶大王陈嘉庚、木材大王李清泉等，他们回报祖国，成为爱国华侨的典范。闽南人“三分天注定、七分靠打拼”的精神也流传至今。福建商帮的许多商人，正是以自由商人的身份，大无畏地开拓海外市场，终于使福建商帮的商业精神在海外华人的福建籍人身上得到延续。

（三）龙游商帮

龙游商帮、宁波商帮是晋、徽两大商帮之后势力最强的地缘性商人群体，在国内外商场上十分活跃，成就卓著，正所谓“无宁不成市”和“遍地龙游”，出现了虞洽卿、张元济、朱葆三、黄楚九、刘鸿生等“天才商人”。

龙游商帮地属浙江，包括明清时浙江衢州府所属的龙游、常山、衢县、开化和江山五县的商人。尽管龙游商帮是十大商帮里最小的商帮，但他们小而有特色。南宋迁都杭州时，孔子的第 48 代孙孔端友迁至衢州，形成了孔府南宗，也促进了龙游商帮的发展。明代中期，龙游商帮形成，并一直兴盛至鸦片战争前，到清光绪年间，龙游商帮逐渐衰亡。龙游商帮以长途贩运为主，由于龙湖产纸，因此他们经营的一个特殊行业就是刻书与贩书。龙游商帮还经营珠宝古董业，同时龙湖盛产竹、木、茶、油、漆等山货。龙游商帮亦商亦儒，衢州府的书院就有 30 余所，著名的有鸡鸣书院、枫林书院等；著名书商童佩，从事书业，自己也喜好藏书，多达 2.5 万册，被称为“江南著名的藏书家”。

龙游商帮虽地处偏僻，却有着开放的心态，在观念上也比较新潮，主要表现在两个方面，即投资上敢为人先的精神和海纳百川的肚量。明清时期，许多商人将经营商业所赚得的资金用来购买土地或者经营典当、借贷业，以求有稳定的收入，而龙游商帮敏锐地意识到，要获得更多的利润，必须转向手工业生产和工矿产业。龙游商帮既无官府支持，又无强大的宗族势力作为坚强后盾，他们不排斥外地商帮对本乡的渗透，并且相处友善，这推进了龙游商帮的发展。

（四）宁波商帮

宁波商人外出经商历史悠久，结成商帮则形成于明末清初，是几个传统商帮中最晚的，但也是转型最成功的。宁波商帮是指明清时期宁波府所属鄞县、奉化、慈溪、镇海、定海、象山六县的商人。

明崇祯年间，宁波药材商人在北京设立“会馆”，这被作为宁波商帮形成的标志，这时宁波商人主要活跃于北京，经营药材与成衣业。鸦片战争后，尤其是民国时期，宁波商帮中新一代商业资本家脱颖而出，把商业与金融业紧密结合起来。20 世纪初，在上海的宁波人有一百万左右，他们长期控制上海总商会。宁波商人建立了中国人自办的第一家商业银行——中国通商银行（如图 3-7 所示），中国的第一家日用化工厂、第一家机器染织厂、第一家灯泡厂，甚至最早的保险公司、房地产公司、证券交易所，都诞生在宁波人手里。北京著名的同仁堂药店就是宁波商人乐梧冈在 1702 年所建，“四大恒”钱庄也是宁波人所建。

图 3-7　中国通商银行

宁波商帮不仅善于开拓活动地域，还善于因时制宜地开拓经营项目。他们的致富之道非常有特点，也非常实用：以传统行业经营安身立命，以支柱行业经营为依托，以新兴行业经营为方向，而往往一家经营数业，互为补充，使自己的商业经营在全国商界中居于优势地位。

（五）洞庭商帮

洞庭商帮是一个以洞庭东西山的山名命名的商帮，又称“洞庭帮”，是苏商的主体。东西山地域狭小，分为东山镇和西山镇，明末冯梦龙将其总结为“两山之人，善于货殖，八方四路，去为商贾”，所以江湖上有个口号，叫作“钻天洞庭小而强”。

洞庭商帮所生活的太湖流域，自唐代以来就是重赋区，发达的经济和沉重的赋税使这一带经济作物的种植领先全国，是棉花和桑树的主要种植区。但商帮为什么没出现在太湖流域的其他地区，而出现在小小的东山镇和西山镇呢？首先，这两个镇位于苏州府，苏州在明清时是中国最发达的商业城市，全国商人云集于此。其次，洞庭东西山地少粮缺，两山之人只有经商将经济作物卖出换成粮食才能生存，同时东西两山位于太湖之上，交通极为便利，所以洞庭东西两山之人早有经商习俗，到明嘉靖、万历年间最终形成洞庭商帮。

洞庭商帮东山人主要在以太湖流域为中心的长江以南地区和长江以北地区劳作，西山人主要以长江沿线地区经营为主。他们经营的范围十分广泛，包括粮食、丝绸、棉花布匹、燃料、木材、典当、药材、盐业、瓷器、纸张书籍等。洞庭商帮主要以家族为主，重视文化教育，在太平天国之后，把经商中心从深受动乱之苦的长江沿线转向了上海，从传统的粮食、丝绸、布匹转向银行业和现代产业，完成了从封建商人向现代企业家的转型。他们在上海起家的第一个行当就是当外资银行的买办，负责货币的出纳保管、金银外汇的买卖、票据结算和放款等。此外还涉及钱庄、丝绸业、洋纱洋布业、面粉等加工业，产生了一批民族资本家，走上了由商业资本向工业资本发展的道路，成为当年上海滩可以与宁波商帮相比的商帮。

洞庭商帮非常注意市场信息，时常预测行情，会根据市场行情与商品交换情况的变化而改变经营策略，不拘于成见，只要有利就行。洞庭商帮还会根据当地实际情况，如商人资金和民风特点，因地制宜地采取独特的经营方式。这些经营手段看起来则非常符合现代经商的要求。以一弹丸之地而成著名商帮者，唯洞庭而已。

（六）山东商帮

山东商帮又称鲁商，崛起于明末清初，并雄踞于四方各地，他们或经商，或耕种田地，人数达数十万之多。山东交通发达，陆路为入京之通道，直达京津的大运河流经山东，还有便利的海上交通。山东是儒家文化的发祥地，儒家文化影响着山东的地域文化和民风。

鲁商的形成完全是被“逼”出来的，山东是一个十年九灾的地方，据不完全统计，清代 268 年中，山东遇到旱灾 233 年次，涝灾 245 年次，黄运洪灾 127 年次，潮灾 45 年次，各种灾害使山东人一方面“闯关东”，另一方面在流亡中成为商人。另外一个促使鲁商形成的重要因素是经济作物生产与流通的发展，包括棉花、烟草、花卉、蚕桑、油料、果树等经济作物。

山东商帮包含许多不同的帮派，首推由登州、莱州、青州商人组成的胶东帮。其中，登州府的商人以黄县最为出名，其次是文登、栖霞、招远；莱州商人最著名的是掖县；青州商人以博山最有名。胶东帮以外，还有济南帮、济宁帮、东昌帮。胶东帮以经营粮食和海货为主，济南帮和济宁帮以经营丝绸为主，东昌帮以经营枣货为主。山东商帮中最著名的有玉堂酱园孙家，有号称“丁万百”的黄县丁家，有章丘县旧军镇的孟家。其中孟洛川就是孟家代表人物，孟家所经营的“八大祥”商业遍布多个城市（如图 3-8 所示），分号达 28 家，清末就有“山东袁紫兰、山西康百万，两个财神爷，比不上一个孟洛川”之说。

图 3-8　1928 年北京前门瑞蚨祥街景

山东商帮的致富之道，概括起来，就是长途贩卖和坐地经商的商业经营方式，讲求信用的商品道德，以及规范的商业行为。鲁商建立了以儒家文化为核心的商业道德体系，推崇“重义轻利”，坚信“民无信不立”，这些信念再加上山东人重朋友、讲义气、重承诺的“梁山好汉”性格，造就了鲁商的成功。八大祥、正阳楼、便宜坊等百年老字号，正是由于他们的童叟无欺、货真价实，成为成功的保证。

［微课］
鲁商与儒商

二、内陆地区的商帮

内陆地区的传统商帮除了晋商、徽商外，还包括江右商帮和陕西商帮。

（一）江右商帮

江右商帮是一种习惯称呼，实际是指江西商帮。明清时期的江右商帮，是在江西自然经济结构内部自发地产生、发展起来的。江西在宋代是全国经济文化的先进地区，宋徽宗时江西人口占全国的十分之一，人口过剩和经济负担使他们大量向外地迁移，从事商业活动，形成了江右商帮。

江右商帮以同乡或同宗为纽带，又以不同地区或行业形成小帮，实现对原料或市场的垄断。药业是江右商帮的主业之一，江西有一句俗话是“樟树的路道，建昌的制炒”，即指樟树路道药帮和建昌制炒药帮。樟树自唐宋起已有“药墟”“药市”之称，明以后成为全国药材加工和集散地。江西景德镇在明代已成为全国制瓷中心，其中最大的是都昌会馆。明后期形成专门从事竹木贸易的行帮组织称为木纲会，以泥木业工人为主的行帮组织称为鲁班会，从事相应行业者必须加入，缴纳会费，遵守会规。

江西商人绝大多数是因家境所迫而负贩经商，以贩卖本地土特产品为起点，因此，小本经营、借贷起家、资本分散、小商小贾众多、求稳怕冒险成为他们的特点，经商地区极为广泛，流动到哪里就在哪里经商。

（二）陕西商帮

陕西与山西互邻，风俗习惯十分接近，所以两地商人在外地的商业活动中相互合作，共同经商，人们习惯上把这两个集团称作“山陕商人”，又称“西商”，连接各地的会馆也多以山陕会馆为名。

陕西商帮也是从明初实行开中制之后形成的，明初的“九边”中有四个（延绥、宁夏、固原、甘肃）离陕西更近，这为陕西商帮的形成奠定了有利条件。明代前期，西商势力很大，淮、浙的盐引大部分为西商所控制，约占全国发行总盐引数的二分之一。陕西与四川相邻，他们主要投资于四川的井盐，有八大陕西盐商，称为“八大号”，还建立了富丽堂皇的西秦会馆（如图 3-9 所示）。陕西商人还将川盐运往贵州，贵州的茅台村就是转运中心之一，茅台酒就是由山西盐商引进汾酒的工艺，经陕西盐商改良而成的。今天著名的全兴酒也是陕西商人引入西凤酒的工艺生产的。布业一直是陕西商人的主业之一，同时从事茶叶、毛皮、药材和水烟业等，其活动范围遍及全国，其中尤以中国西部地区为最。

图 3-9　西秦会馆（现为自贡市盐业历史博物馆）

陕西商人善于捕捉商机，乘势而起从事商品经营。在“食盐开中”“茶马交易”“棉布征实”“布马交易”等一系列经济政策引导下，输茶于陇西，贩盐于江淮，运布于苏湖，销皮于江南。他们踩出了中国历史上首条茶马古道——陕甘茶马古道，开创了中国历史上第一条盐马古道——定边盐马古道，利用地理之便，长期与西北边疆少数民族进行互换贸易，双倍盈利。陕西商人的一个重要特点就是“在商言仕”，仍然以学而优则仕为荣。陕西商帮最初与晋商不分上下，晋商随后在驼帮和票帮中发展壮大，而陕西商帮在明代中后期逐渐没落。

第三讲 现代商帮

引言

改革开放40多年来，从创造诸多“全国第一”，到造就不少“全球之最”；从境内外上市，到收购海外知名公司；从诞生阿里巴巴等互联网巨头，到“创客”遍地、“独角兽”成群，一代又一代浙商如钱塘江大潮前后相继、滚滚向前。如今，在“八八战略”实施的基础上，习近平总书记又赋予浙江“干在实处永无止境，走在前列要谋新篇，勇立潮头方显担当”的新期望。事实上，这也是对全国各地区新商帮的殷切期望，是新商帮的光荣使命和时代重任。

中国传统商帮在明清时期风光无限，催生了我国资本主义的萌芽，并缔造了一场场“商业革命”和一个个商业传奇。同时，各个地方商帮的商业文化和伦理精神对当时经济、社会、文化的发展也做出了重要贡献。但世事变幻，至民国后期，许多传统商帮风光不再，有的解体，有的面临转型和突破。

改革开放以后，尤其是“发展才是硬道理”“建设新时代中国特色社会主义”“一带一路”“实现中华民族伟大复兴”等的提出和实施，使中国的商业发展腾飞，商帮也在这样的大背景下焕发新的生机。在我国沿海地区出现了一些新商帮，他们将传统的地域文化和商业精神与现代市场意识结合起来，注重商业发展内涵，改变了我国的经济版图，缔造了一个又一个“商业神话”以及一位又一位“商业巨子”，并为民营经济在我国的壮大和发展做出了巨大的贡献。

一、现代商帮的经商特点

从全国来看，沿海发达地区的经济发展水平明显高于西部地区。随着区域经济的新一轮发展，目前中国存在的以地域识别的现代商帮团体，基本上是在中国经济最发达的地方，都处于沿海地区。但目前对于现代商帮的区域划分和称呼尚不统一，所以仅将目光聚焦于中国沿海地区影响较大的几个新商帮。

（一）新粤商

新粤商主要分布在广州、深圳、东莞、顺德、中山、珠海等珠三角地区，粤商素有

“敢为天下先”的创业精神。由于地处南部边陲、远离政治中心、与港澳相邻、最早培育和开放市场、最早接受东南亚产业转移，广东地区因此形成了一种具有鲜明区域色彩风格和浓郁岭南文化特色的企业群体，造就了“粤商”自身独特的个性和特征，也造就了“现代粤商”强大的生命力。

就积极意义而言，“新粤商”具有四个方面的优点和个性优势：一是市场敏感性强，二是接纳和包容性强，三是讲求实效和稳健，四是注重实干和苦干。改革开放以来，粤商推动着广东的产业结构从“珠江水、广东粮”，到“岭南服、粤家电”，再到今天的“IT簇群、五金基地”，物流、咨询等服务业更是方兴未艾。在人们看来，粤商的高明之处就在于：借改革开放的政策优势和毗邻港澳的区位优势，不仅在市场化经济大潮中赚得盆满钵满，更是“借鸡生蛋”，学技术、学管理、学资本运营。一言以概之，就是在传承“通达务实”“开放兼容”等传统粤商精神的同时，更具创新意识和长远眼光，更善于吸引、利用全球范围内的人才及各种资源。科龙、美的、格兰仕、正威、比亚迪、TCL、香江集团等民企的创新发展，正是粤商代表“中国力量”走向世界舞台的一个缩影。

博闻多识

弄潮新时代的粤商

粤商遍布全球，正所谓“大潮起珠江，弄潮看粤商”。

30多年前，苏志刚骑着单车卖菜、卖猪肉，开始了个体户生涯。如今，长隆旅游度假区的游客已经以亿计。长隆不仅是中国的，也是世界的。“长隆－林芝精准扶贫行动计划”启动后，长隆集团捐款1亿元资助西藏。在履行促进家乡建设的责任方面，比亚迪推出具有完全自主知识产权的云轨和云巴，致力于用电动汽车治理城市空气污染，用云轨、云巴治理城市交通拥堵。新冠肺炎疫情暴发后，华为、中兴、三雄极光、佛山照明、雪莱特、格力、绿岛风空气等几十家企业直接参与援建武汉火神山、雷神山医院；为一线医护人员提供急需用品，是民营企业驰援疫区的又一重点，一大批民营企业日夜加班加点，生产、运输防疫急需的医药用品。

40多年前，粤商乘着改革开放的春风成为改革先行者，如今，粤港澳大湾区和深圳中国特色社会主义先行示范区“双区”引领被放在重要位置，乘此东风，新粤商正聚力创造新的辉煌（如图3-10所示）。

图3-10　2019粤商大会

（二）新闽商

新闽商主要分布在泉州、厦门、漳州等地。新闽商受闽南和吴越文化的共同影响，具有典型的客家商业文化特征，有着“善观时变、顺势而为；敢冒风险、爱拼会赢；合群团结、豪爽义气；恋祖爱乡、回馈桑梓”的闽商精神。

多年来，福建民营经济增加值占全省 GDP 的比重在全国各省中名列前茅，充分体现了闽商的拼搏精神和逆势而上的豪迈情怀。福建民营企业加速前进，逐渐从追赶者变为领跑者，有的企业规模已经达到世界领先。例如：恒申集团收购福邦特公司己内酰胺业务，成为全球最大的己内酰胺及硫酸铵生产商；宁德时代新能源成为中国新能源电池领军企业，生产的动力电池出货量为全球第一；福耀集团相继在俄罗斯、美国、德国建厂，成为全球最二、中国第一的汽车玻璃供应商。

在首届中国自主品牌博览会暨中国品牌发展国际论坛上，福建有 70 个品牌入选中国品牌价值上亿榜单，数量位居全国第一。新闽商缔造的品牌中，在体育用品领域，安踏、匹克、特步等走向国际；在时尚领域，七匹狼、九牧王、利郎、柒牌、劲霸、虎都等男装品牌独领风骚；在数字领域，今日头条、美团、喜马拉雅、美图科技、神州租车等异军崛起；在食品领域，圣农的鸡肉、达利的薯片、盼盼的小面包、雅客的喜糖等市场占有率名列前茅。

（三）新浙商

新浙商的地域分布主要为温州、宁波、台州、杭州等地。浙商大多白手起家，商业嗅觉敏锐，胆识过人，并且有能力在最恶劣的环境中生存。重亲缘、重乡谊、讲团结，同乡之间互相支持、风雨同舟的合作精神，是古今浙商鲜明的个性，也是他们抵御经营风险和超经济因素干扰，并取得辉煌成就的重要因素。

改革开放之初，浙江人以走遍千山万水、说尽千言万语、想尽千方百计、尝遍千辛万苦的“四千精神”闯出一片天地。浙江商帮精神和浙商品牌的传播已经成为一大热点，代表企业有吉利、雅戈尔、万向、苏泊尔、正泰、德力西等。浙江现在的民营经济创造了浙江 60% 以上的投资和生产总值，70% 以上的研发投入、税收、外贸出口，80% 以上的就业岗位，90% 以上的企业数量。同时，一批批浙商跨出省门、走出国门，600 多万浙商遍布全国、200 多万浙商遍及全球，在外浙商已经形成了“再造一个浙江”的经济体量。

博闻多识

新浙商中的新甬商

浙商中除了名声在外的温州商人，还有许多具有地域特色的浙商团体，如宁波商帮（甬商）。宁波商帮具有丰厚的历史积淀，它将儒家传统文化、浙东文化和海洋文化结合起来，并与自身商业经营巧妙结合，同时坚持“诚信之德”“真善为本”等准则，形成富有地域特色的宁波经商理念。

改革开放后，宁波商帮再次起飞，据资料记载，每4个宁波人就有1个从事外贸行业的。自1988年宁波开始拥有自营进出口权起，宁波走过了黄金30年。一大批本土“宁波帮”在改革的东风中成长起来，“衬衫大王”雅戈尔、“西服大王”杉杉、“国服经典大师”罗蒙、“中国笔王”贝发、“家纺巨头”博洋……一个个本土企业纷纷从宁波出发，走向了更深广的领域，成为行业翘楚，以实际行动全方位诠释新时代宁波商帮精神和企业家精神。

改革开放40多年来，浙商秉持家国情怀，坚守产业报国，担起社会责任，特别是以义行天下的担当，积极投身光彩事业和公益慈善事业，主动助力打赢脱贫攻坚战，实现了企业壮大、地方增收、百姓得益的多赢。可以说，浙商立起了中国企业家的良好形象，成为浙江的一张“金名片”。2020年，习近平总书记南下浙江考察时发表重要讲话，赋予了浙江“努力成为新时代全面展示中国特色社会主义制度优越性的重要窗口”的新目标、新定位。

（四）新苏商

新苏商主要指苏南商帮，苏南商帮主要地域分布为苏州、无锡、常州等地，代表企业有小天鹅、红豆、华西村、沙钢、阳光、海澜等。苏商有着悠久的历史，有着辉煌的过去。明代，苏州就出现了中国民族工商业最早的萌芽，洞庭商帮名声远扬；近代苏商“实业富国、产业报国”精神，绵延百年的苏商文化集中体现了爱国尚德、尊商惠民、开放包容和务实创新的精神；改革开放后，苏南的集体经济、乡镇企业也曾经站在中国经济发展的前沿。民营企业涌现了一批现代企业家，成为“新苏商”的代表。

旧苏南模式所暴露出的弊端其根源在于“社区政府公司主义”，产权模糊，所有者缺位。“二次改制”之际，苏南经济也出现了新的迹象，即资本经营、个私经济、园区经济，其代表之一的江阴乡镇企业，做起了资本经营工程，代表人物有朱德坤、沈文荣、吴协东等。

苏南商帮的产业范畴主要分布情况为：常熟服装、吴江面料、常州不锈钢、常州塑料、丹阳眼镜、江阴纺织、通州纺织、扬州毛绒玩具、泰州机械、沭阳苗猪等。

博闻多识

京东的物流业务

京东，是一个以零售为核心业务的平台型公司，是我国电商巨头之一。京东物流是5G应用方面的行业领先者，其在北京率先建设并落成国内首个5G智能物流示范园区（如图3-11所示），依托5G网络通信技术，通过物联网、大数据、人工智能、自动驾驶、机器人等技术和产品打造高智能、自决策、一体化的智能物流园区解决方案，并开始陆续在国内其他园区进行应用推广，也将5G示范园区的解决方案全面开放给业界合作伙伴。

京东物流的5G智能物流园区解决方案结合人工智能、大数据及增强现实等技术，实现5G网络通信与物流应用的深度融合创新，面向智能物流园区应用场景，支持物流信息的高效自动感知、数据的精准采集、资源的优化调度、运营的智能决策，全面推动物流园区的数字化与智能化，构建了物流园区的智能化管控系统、数字化生产系统、无人化安防系统等。

图 3-11 京东获“中国服务示范案例”奖

（五）新鲁商

新鲁商主要分布在青岛、威海、烟台、济南等地。在过去，“仁义胡同”“还金处”，以及瑞蚨祥的“良心尺”等，无不表明鲁商有大义；而一代大商孟洛川，乐善好施，经邦济世，“大商无算”更是传为佳话。这些已经远远超出鲁商之大道的范畴，闪耀着中华传统商业文明和伦理道德的光辉，至今仍然担当着中国特色企业文化的重要基石。

［微阅读］海信的自主创新之路

新鲁商的分布也能展现现代山东经济发展的特色，即充分利用先进的海陆运输条件和优越的自然地理位置来发展经济。在发展中，他们融合了南北商人不同的优良传统，既学到了北方商人的务实，又学到了南方商人的精明多变。改革开放以来，怀揣着孔孟的“义”和“信”理念的齐鲁大地“群象经济”崛起，涌现了一批在全国甚至在全世界都有影响的大企业和大企业家，在全国商界有好的口碑，代表企业有海尔、海信、浪潮、三联、青岛啤酒、潍柴、金锣、东阿阿胶等。

新鲁商在经商过程中继承了老一辈山东商人经商的优良传统，把儒家思想发扬光大。新鲁商传统意识较强，他们的思想受国营模式影响较大，企业与政府结合程度较高。这些人在经商上更注重细节对全局的影响，非常重视企业领导对整个企业经济走向的引导。

二、现代商帮的积极作用

改革开放以来，许多地区的商人团体将鲜明的地域文化特征与我国大经济时代的发展趋势重新结合，塑造出了新时代的新商帮形象和内涵，产生了多方面的积极效应。

［微课］“一带一路”与新时代商帮的发展

（一）现代商帮有利于中华传统商业文化的传承

明清时期的各个地方商帮深受儒家思想的影响，把“仁、德、礼、义”等道德观和商业经营的趋利性巧妙结合，总结出富有智慧的商帮文化。他们秉承“君子爱财，取之有道”“诚信真善，义利并举”的商业思想，恪守“以诚待人，以信接物，以义为利，仁心为质”的经商理念，既获得了高度的公众信赖，也最大限度保证了经济利益的实现。

改革开放以来，随着经济一体化的进程日趋加快，现代商业模式、商业行为不断革新、发展，摆在现代商人面前的不仅仅是国内的激烈竞争，更是在全球范围内的拼搏，企业亟待做大做强。在这种情况下，许多商人团体在主动汲取原有区域旧商帮的优秀商业传统的基础上，把中华商帮的商业精髓融会贯通，并继续传承并发扬光大。

（二）现代商帮文化为商业文明注入活力

新商帮的兴起昭示着商业文化的新发展。相当一部分历经创业艰辛而先富起来的商人群体有了更高的精神追求，他们以回报社会、回报桑梓为己任，以提升社会认同度和群体形象为奋斗目标。他们已经体现出较为强烈的企业自尊和责任意识，而不再是只顾“低头赚钱、抬头看天”的内敛式、狭隘式商业思维，这是一种值得珍视的新商业文化。

正如首届中国商帮峰会《杭州宣言》称，全体中国各商帮应做到“更高、更新、更远，做大、做强、做久；继承传统商帮精神，提升现代商业文明”。新商帮的兴起有助于构建和谐商业。商帮内部一般很少相互排挤，而是主张同行互助、共同成长，以求集聚取胜、以势取利。他们大都十分注重自身整体形象，拥有很强的集体荣誉感。各商帮之间也能彼此尊重，诚信合作。

（三）现代商帮有利于推动区域经济发展

现代商帮与区域经济的发展是相互促进的关系。因为不同地域有着相近的乡族观念和文化认同，现代商帮在兴起后都有强烈的回报桑梓、反哺家乡的责任感与使命感，或返回家乡捐资兴学、修桥铺路、开办企业，或成为家乡政府招商引资的主体对象和牵线搭桥的助手。因此，新商帮及其企业家精神已经成为推动区域经济发展的重要支柱，他们在发展产业集群、加强地区联系、推动城镇兴起、促进人口流动等方面发挥了积极作用。

产业集群是工业化过程中的普遍现象，是促使发达经济体竞争优势形成的重要因素。新商帮们创造了目前我国最具竞争力的产业群，浙江的皮鞋和服装、闽南的运动鞋、珠三角的电器在我国乃至全球都占有重要的地位。在浙江，超亿元的产业集群就有几百个，如温州的皮鞋产业集群、永康的五金产业集群等。福建已经形成几十个特色鲜明、辐射力大、竞争力强的大小产业集群，如晋江的运动鞋产业集群、安溪的茶产业集群等。

（四）现代商帮有利于提升中国企业的国际竞争力

现代市场经济体制条件下的新商帮文化素质更高，视野更开阔，社会责任意识更强，可以在维护市场秩序方面发挥积极作用。同时，商帮内部也会形成一些竞争与合作规则，减少内耗与拼杀，降低商会和企业的经营成本。在现代社会中，商会是商帮最主要的组织形式和交流平台，不仅具有强化社会管理、弥补政府“失灵”的功能，而且具有提供公共服务、弥补市场“缺陷”的作用。甚至，商会可以在国际竞争中扮演着除政府外不可替代的重要角色，成为市场竞争和秩序规范的维护者。

2002 年 6 月浙江温州打火机生产企业面临欧盟各国的反倾销调查时，温州烟具协会以集体的名义出面应诉，并最终获胜。在整个案件过程中，温州烟具协会自始至终承担了大量的公共服务：统一聘请应诉代理律师，成立应诉小组，与欧洲进口商协会沟通，说服欧盟官员，代表本行业与各利益关系方磋商等。温州烟具协会在这场反倾销诉讼中将集体行动的优势发挥得淋漓尽致，对最终的胜利起到了关键作用。

明道·传承

新时代中国企业家的责任与担当

2020 年 7 月 21 日，习近平总书记主持召开企业家座谈会并发表重要讲话，阐释了企业家精神的时代内涵和本质要求，要求企业家弘扬新时代企业家精神，在爱国、创新、诚信、社会责任和国际视野等方面不断提升自己，努力成为新时代构建新发展格局、建设现代化经济体系、推动高质量发展的生力军。

一代人有一代人的机遇，一代人有一代人的使命。毫无疑问，新时代将是创业创新创造的好时代，企业家群体当与新时代同频共振，推动中国实现更高质量、更有效率、更可持续的发展。唯有担当，方成其业。作为中国特色社会主义的企业家，其地位身份不是来自财富排名，而是来自其对经济责任、社会责任和政治责任的担当。

第一，爱国是价值引领原动力。中国企业家总体上始终胸怀实业救国、民族振兴的爱国热忱。从洋务运动时期的“挽回利权、争胜洋商”，到新民主主义革命时期的“发展实业、拯救中华”，到新中国成立以后的“济世安邦、利国利民”，再到改革开放以来的“爱国敬业、追求卓越”，先后涌现了张謇、卢作孚、刘鸿生、陈光甫、荣毅仁、张瑞敏、宗庆后、任正非等一大批致力于实业报国的优秀企业家。

2020 年新冠肺炎疫情防控期间，不但国企挺身而出、冲锋在前，广大民企亦慷慨解囊，捐款捐物，为抗疫一线提供帮助，彰显出新时代优秀企业家的良好形象。涓流汇沧海，积土成山丘，份份爱心折射出民营企业家“取之于社会，回报于社会”的家国情怀和责任担当。企业可以无国界，但企业家有祖国。新时代，要增强爱国情怀，把企业发展同国家繁荣、民族兴盛、人民幸福紧密结合在一起，主动为国担当、为国分忧。做好做精企业产品，努力办成竞争力一流、品牌力一流、创新力一流的企业。

第二，创新是价值创造驱动力。经济学家熊彼特认为，企业家的工作是创造性的破坏，创新是企业家精神的核心。经验表明，创新型企业家精神是推动经济高质量发展的关键要素，也是引领改革发展的主要动力。在中国，一部改革开放史就是一部企业家搏击市场的发展史，也是激发企业家创新精神的生动实践史。一大批企业家大胆探索、锐意改革、不断创新，为积累创造就业岗位、促进经济社会发展做出了重要贡献。

企业家要勇于创新，当创新发展的探索者、组织者、引领者，勇于推动生产组织创新、技术创新、市场创新，重视技术研发和人力资本投入，有效调动员工创造力，不断增强中国在世界大变局中的影响力、竞争力。

第三，诚信是基本道德基石。自古以来，经商者就讲究诚信为本，提倡“生财有大道，以义为利，不以利为利”。张謇认为，“吾国人重利轻义，每多不法行为，不知苟得之财，纵能逃法律上惩罚，断不能免道德上之制裁”。

诚信是中华民族的优良传统，也是市场经济健康发展的根本，更是企业家精神的基本道德基石。在新时代，企业家要做诚信守法的表率，带动全社会道德素质和文明程度提升。弘扬企业家精神，就要强化诚信意识，自觉依法合规经营，主动抵制逃税漏税、走私贩私、制假贩假、污染环境、侵犯知识产权等违法行为，不做偷工减料、缺斤短两、以次充好等亏心事；就要健全企业家诚信经营激励约束机制，建立企业家个人信用记录和诚信档案，实行守信联合激励和失信联合惩戒，督促企业家自觉诚信守法、以信立业。

第四，社会责任是价值实现关键点。企业家社会责任植根于中华传统文化，从范蠡、子贡、白圭到徽商、晋商等，无不具有救世济民的远大抱负，努力践行“立己立人，达己达人”的道德规范。

在现代社会，企业要既要有经济责任、法律责任，更要有社会责任。在这些社会责任中，创造就业岗位、关爱员工是企业社会责任的一个主要内容。越来越多的企业家意识到：企业不仅是经济活动的组织者，也是人力资本和环境资源的耗损者；企业不仅是一个经济组织单位，也应该是一个社会和环境组织单位；企业不仅应以财富增长为目标，更应强调以为股东、员工、顾客和社会创造最大价值为出发点和落脚点。

第五，国际视野是现代化必备素质。随着中国日益走近世界经济舞台中央，中国企业也在不断走出去，成为中国经济的代言人。由此，企业家的国际化思维和视野至关重要。

国际化思维是指企业家要有全球眼光、全球格局，勇于拓展国际市场、拥有国际化产品、打造国际化品牌。拥有国际视野的企业家，不仅意味着对全球市场竞争和资源调配要有充分应对准备，更意味着要深入了解国际政治、文化以及拥有善于整合全球市场资源的能力。要在参与国际标准竞争中、在开放创新中打造企业国际化的产业链和创新链，在为企业争得话语权之余彰显中国企业的国际市场主体地位。

长远来看，经济全球化仍是历史潮流，各国分工合作、互利共赢是长期趋势。中国企业家要大力弘扬企业家精神，拓展国际视野，立足中国、放眼世界，提高把握国际市场动向和需求特点的能力，提高把握国际规则的能力，提高国际市场开拓的能力，提高防范国际市场风险的能力，带动企业在更高水平的对外开放中实现更好的发展。

思考

1. 晋商为什么被称为“天下第一商帮”？
2. 新商帮对当今时代的区域经济发展有什么作用？

[测验]

明道 箴言

1. 动不违时，财不过用。——《国语·鲁语上》
2. 财自道生，利缘义取。——李大皓（徽商）
3. 长袖善舞，多钱善贾。——《韩非子·五蠹》
4. 积善之家，必有余庆，积不善之家，必有余殃。——《易传·文言传·坤文言》
5. 治生之正道也，而富者必用奇胜。——《史记·货殖列传》
6. 京师市店，素讲局面，雕红刻翠，锦窗绣户。——《燕京杂记》

专题四

商号

“老字号”是一个约定俗成的概念，是中国商业特有的称谓，泛指有多年成功的经营经历，在一定区域内有良好声誉的商号及商品和服务。一个企业，一个商号，甚至是一块招牌，因其独特的经营方式和文化内涵得到大众的认可和信赖，在数十年或上百年间长盛不衰，通常都被称为“老字号”。实际上，老字号已经成为中华民族传统文化的重要组成部分，成为传统民间商业文化的代表。改革开放以来，我国经济发展突飞猛进，工商品牌层出不穷，受到年轻人的追随。这些变化都对中华传统老字号形成了挑战和冲击，一些老字号倍感失落，有的老字号甚至举步维艰。当然，也有一些老字号重新焕发了青春，在品牌创新、技术创新、营销创新、管理创新等方面，开拓了新局面，为老字号企业创新提供了有益的经验参考。

学习目标

知识目标：了解中华老字号的发展历程，熟悉具有知名度的中华老字号；了解新时代知名企业的发展现状；理解中华传统商业文化，明确如何进行商业文化的落地执行。

能力目标：学习中华老字号数百年传承发展的精神内涵和企业文化，了解现代商号的传承创新，能够对中华老字号如何在"互联网 +"时代的发展建立更清晰的认识，培养发展现代品牌的能力。

态度目标：弘扬传统文化，振兴中华老字号，培养良好的社会公德、职业道德和品牌意识。

素质目标：通过了解中华老字号企业、现代企业的发展现状及企业文化，强化在职业发展方面的大局意识和爱国担当意识，培育爱岗敬业的职业道德，树立正确的义利观和价值取向。

思维导图

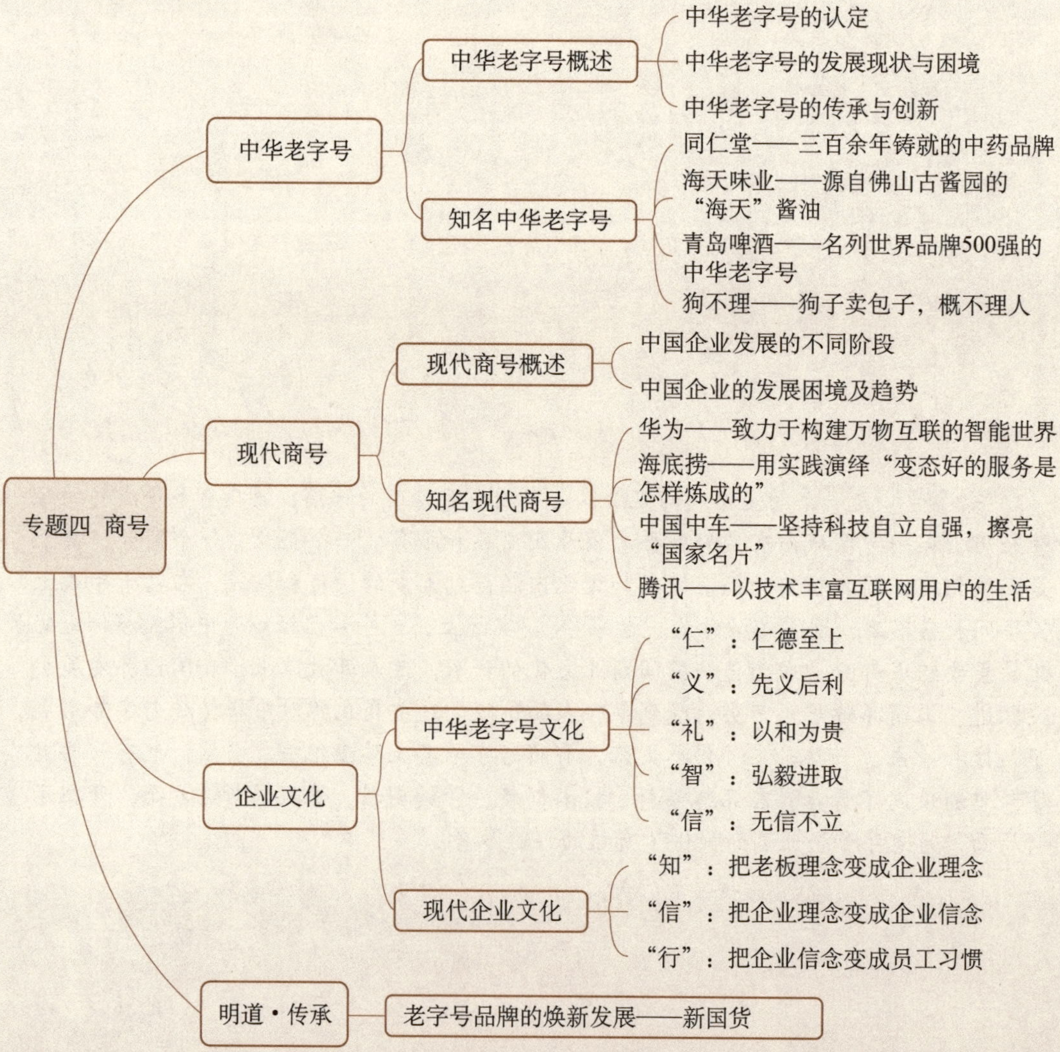

第一讲 中华老字号

引言

孔子曰：“名不正则言不顺，言不顺则事不成，事不成则礼乐不兴，礼乐不兴则刑罚不中，刑罚不中则民无所措手足。故君子名之必可言也，言之必可行也。君子于其言，无所苟而已矣！”(《论语・子路》)

在中国人眼里，国要有国号，帮要有帮号，人要有姓名。古人除了名之外，还要有字、号。中国人认为“名”就是脸面、代号，甚至是生命，中国人对“名”的重视体现在商业活动就催生了一个商业事务——商号。

商号主要是指从事生产或经营活动的经营者在登记注册时用以表示自己营业名称的一部分，是工厂、商店、公司、集团等企业的特定标志和名称，依法享有专有使用权。一般情况下，商号与字号由于选择同一词语而字样相同，商号体现为企业名称中的字号。目前社会上经常提及的“老字号”，其本质是“商号”。老字号，一般被认为是历史悠久，并拥有核心产品、独特技术、特色服务且世代相传的商号。

老字号不仅是一种商贸景观，还是一种历史传统文化现象。“不到长城非好汉，不吃烤鸭真遗憾”使全聚德成为北京的象征。而京城民间歇后语，如“东来顺的涮羊肉——真叫嫩”“六必居的抹布——酸甜苦辣都尝过”“同仁堂的药——货真价实”“砂锅居的买卖——过午不候”等，都生动地反映了这些老字号的品牌特色。

［微课］
老字号企业的发展阶段

我国拥有一大批历经岁月洗礼依然基业长青的老字号。这些老字号秉承的传统文化，主要源自儒家文化，尤其是其中的注重质量、诚信经营和周到服务，更是当前市场经济之下非常值得推崇的优秀传统。老字号是中国历史文化的宝贵遗产，有着浓郁、鲜明的民族特色。老字号不仅是一家家传统老店、一项项传统技艺、一款款独具特色的产品，更是中华文化的瑰宝。

一、中华老字号概述

（一）中华老字号的认定

改革开放以来，特别是随着市场经济的不断发展，“老字号”企业的生存发展不断受到政府部门的重视。20 世纪 90 年代以来，国家层面对中华老字号进行了两次认定：1991

年原国家内贸部第一次进行了老字号认定工作，当时共认定“中华老字号”称号企业约1600家。2006年4月，商务部发布了《“中华老字号”认定规范（试行）》，实施“振兴老字号工程”，表示在三年内由商务部在全国范围认定1000家“中华老字号”，并以中华人民共和国商务部名义授予牌匾（如图4-1所示）和证书，评审方法同时规定了中华老字号企业和产品应具备的条件。

商务部在对中华老字号的再一次评定过程中，将1956年以前成立的企业都纳入老字号评审的范围，大大扩展了“老字号”这一概念的内涵。2006年、2010年相继公示的两批中华老字号名单共认定中华老字号企业1128家，主要分布在北京、上海、江苏、浙江等沿海省份，行业分布主要集中在食品加工、文化艺术服务、餐饮服务、零售服务和医药行业，占比分别为33.3%、15.9%、15.6%、11.3%和9.2%，酒店住宿行业最少，占比只有1.2%。

图4-1 “中华老字号”认定牌匾

为维护“中华老字号”的信誉，加强对“中华老字号”标识的管理，规范“中华老字号”标识的使用，2007年商务部下发了《“中华老字号”标识使用规定》的通知，对中华老字号标识的使用做了具体的规定，使标识的使用更加规范（如图4-2所示）。图形外形轮廓依据中国印章造型进行深化，“字”“号”图形贴切地表达出中华老字号的意义。“字”“号”紧密结合，自成一体，显示出中华文化的博大精深，也预示着传统文化的魅力在现代社会的旺盛活力；其用金石篆刻的手法也显示出老字号的历史感，突出其久远悠长的韵味和时间积淀；“字”“号”图形上下融会贯通，体现了商业流通与老字号之间相互影响、共同发展的美好前景；标识颜色上选用最能代表中国文化特色的红色，单色的使用增强色彩在明度与色相上的识别性，易于在各种材质上的应用。

中华老字号
China Time-honored Brand

图4-2 “中华老字号”标识

博闻多识

"中华老字号"企业名单

为引导老字号加快创新发展，在传承和弘扬优秀文化、打造自主知名品牌、促进经济增长和社会和谐中发挥更大作用，按照《商务部关于实施"振兴老字号工程"的通知》（商改发〔2006〕171号）文件要求，经各地商务主管部门组织申报、有关机构和专家认真审核，并经社会公示，商务部决定认定430个企业（品牌）为"中华老字号"（如表4-1所示）。

［微阅读］
中华老字号及其产品的认定条件

表 4-1 第一批"中华老字号"企业认定公示名单（部分）

序号	企业名称	字号	商标	所属行业
1	四川省成都市饮食公司	龙抄手	龙	餐饮住宿
2	四川省成都市饮食公司	陈麻婆	陈麻婆	餐饮住宿
3	四川省成都市饮食公司	夫妻肺片	夫妻	餐饮住宿
4	四川省宜宾五粮液集团有限公司	五粮液	五粮液	食品加工
5	泸州老窖股份有限公司	泸州老窖	泸州老窖	食品加工
6	四川保宁醋有限公司	保宁醋	保宁	食品加工
7	云南省腾冲制药厂	腾药	腾药	医药
8	武汉五芳斋食品贸易有限公司	五芳斋	五芳斋	餐饮住宿
9	哈尔滨正阳河调味食品有限公司	正阳河	正阳河	食品加工
10	恒源祥（集团）有限公司	恒源祥	恒源祥	其他
11	上海老凤祥有限公司	老凤祥	老凤祥	其他
12	上海张小泉刀剪总店有限公司	上海张小泉	泉字牌	其他
13	冠生园（集团）有限公司	冠生园	冠生园	食品加工
14	上海三联（集团）有限公司	吴良材	吴良材	服务业
15	上海家化联合股份有限公司	美加净	美加净	其他
16	上海白猫（集团）有限公司	白猫	白猫	其他
17	长白山酒业集团公司	长白山	长白山	食品加工
18	河北保定槐茂有限公司	槐茂	槐茂	食品加工
19	河北裕丰实业股份有限公司	衡水老白干	衡水老白干	食品加工
20	天津狗不理集团有限公司	狗不理	狗不理	餐饮住宿

数据来源：中华人民共和国商务部官方网站。

（二）中华老字号的发展现状与困境

中华老字号作为一种品牌符号，在老百姓的心目中具有不可替代的价值、历史传统、文化认同和个人情感，毕竟老字号企业是经过数十年数百年的市场竞争甚至是朝代更替而保留下来的商业珍品，在某个行业具有标杆式、里程碑式的地位，各自具有艰苦奋斗的发家史和宝贵的商业经验、技巧。

［微阅读］
中华老字号发展存在的问题

但是，面对当前风云突变的市场环境，特别是全球经济一体化的影响，老字号企业也面临着新的市场竞争、严峻的挑战与难得的发展机遇，是墨守成规、按部就班，还是迎难而上、大胆创新，决定着老字号未来的前途和命运。在新的市场环境下，部分老字号企业找到了新的发展方向，在摆脱了体制束缚和革新经营思路后，企业进入快速发展阶段。一些老字号在取得跨越式发展的同时，另一些老字号却由于体制、产品和经营环境的制约，迟迟无法走出发展低谷。在市场经济的冲击下，部分老字号企业由于消费需求转移、产品结构、体制和经营思路等问题，陷入停滞阶段，一些老字号甚至已经名存实亡。商务部开展的老字号发展调研显示：老字号企业已进入严重的两极分化状态，大部分面临生存困境，小部分发展态势良好。从全国范围看，为数众多的老字号企业中有所发展的老字号企业占比不到10%，能维持正常经营的约占70%，大约有20%的老字号企业经营困难，已经濒临破产。2004年北京认定的老字号有320个，到2014年仅剩下151个，不少老字号在市场竞争中被淘汰。

随着科技的发展和相关部门的重视，“中华老字号”进入一个前所未有的发展时期。一方面，由商务部牵头制定了一些促进老字号传承与创新发展的文件，多地政府也陆续出台了保护和振兴老字号的方案。例如：2017年，商务部联合相关部门印发了《关于促进老字号改革创新发展的指导意见》，围绕“传承工匠精神、弘扬商业道德”这一主题，积极构建老字号的保护、促进和宣传推广体系，着力推动老字号保护促进和改革创新工作。另一方面，很多老字号企业在积极寻求转型和创新路径，在品牌创新、技术创新、营销创新以及管理创新等方面与时俱进，紧跟时代潮流，以新的方式深入消费者的生活。

（三）中华老字号的传承与创新

创新是企业的生命线，只有不断创新，企业才能保持旺盛的生命力。世界上众多基业长青的老字号企业一再用其历史经验证明，创新力是老字号长盛不衰的不二秘诀。而作为我国商业文明发展的重要代表，老字号企业面临着严峻的创新挑战。

1. 老字号创新的首要任务是品牌创新

品牌是企业极为重要的无形资产，是企业在竞争中获取优势的根本所在。树立品牌意识，不断更新品牌经营理念是改变老字号品牌发展滞后的重要方向。基于传播视角的研究，重新思考并更新品牌外在形象、成立得力的工作小组是重振老品牌的两大重要策略。基于产品视角的研究，大量处于劣势地位的老字号企业需要通过品牌延伸来实现品牌复兴。基于组织视角的研究，长期的品牌管理是激活品牌的重要策略之一。经验表明，希望取得成功的企业都必须把品牌管理放在组织的核心地位。

2. 老字号创新的重要保障是技术创新

老字号传统的技术工艺与先进技术和设备相结合将会为老字号企业经营发展注入新的活力。目前，老字号企业的技术创新主要从两个方面展开：一方面，少数老字号企业已经开始探索使用新的技术更新产品清单；另一方面，老字号企业从生产设备的技术着手，研发能够促进产品生产标准化的技术，如全聚德开发出采用先进软件控制技术的新型电烤炉。

3. 老字号创新的重要途径是营销创新

营销是促进企业发展壮大的重要手段，是企业的生命线。因此，在多元化的市场环境下，老字号必须改变传统的营销模式，探索营销创新的方略。产品、目标市场及沟通是进行营销创新的三大要素。首先，老字号企业必须重新进行市场定位，在充分开展市场调研的前提下，进行市场细分以确定目标客户群体。其次，老字号企业必须对产品进行多元化推广，灵活运用电视、网络、手机等多媒体进行品牌传播达到品牌营销的目的。最后，老字号企业必须探索现代业态，通过增加连锁、加盟店、网络直营店、海外市场等进行营销推广。

4. 老字号创新的内在动力是管理创新

管理创新主要包括管理理念创新和管理制度创新两个方面，引进现代的管理方式和理念，既要对自身的文化资源进行创新性挖掘，努力将老字号得天独厚的文化资源转化为经济效益，也要建立科学合理的企业治理结构，促进企业的管理向制度化和科学化发展。

总而言之，我国老字号历史悠久，在品牌、技术、营销和管理等方面有着丰富的实践经验，但是随着经济发展和社会日益多元化，传统经验已经不能满足老字号企业日益发展的需要，老字号必须从创新中寻求出路。尽管已有一些老字号开始探索局部创新，但是仍有另一些老字号墨守成规，缺乏创新已经成为制约其进一步发展的主要障碍。因此，老字号要更好地继承和发展，就必须从品牌、技术、营销和管理等方面进行创新，寻求突破。

增智启慧

手工布鞋中的奢侈品——内联升

内联升以做朝靴起家，历经百余年，仍坚持以手工布鞋为主。即使经历了战乱的蹂躏，也顽强地坚持了下来。它的存活与创新息息相关。内联升的创新不仅表现在产品上，还表现在营销方式上。

2016 年 7 月，内联升联合故宫淘宝推出的“大鱼海棠”系列鞋款众筹项目上线，开售不到 18 小时便全部售罄。为了适应当下消费者对于个性化时尚的需求，内联升还和迪士尼合作了米奇米妮系列布鞋，后续又和故宫淘宝合作了探花主题布鞋。

在营销方式上，内联升除了在线下开设快闪店、体验店，线上还积极布局数字化，通过线上直播带货的方式，开创“坐店等客”之外的新营销模式。2018 年在三里屯开设快闪店；2020 年进入长楹天街购物中心的首店，是内联升首家生活体验店；2020 年，内联升开始思考并尝试将直播拓展成门店以外的新销售渠道。线上线下渠道的融合，不仅提升了销量，也带来了更年轻的顾客，真正意义上将客户群体覆盖到全国。

思考：

老字号企业应该如何再创辉煌？

二、知名中华老字号

老字号是数百年商业和手工业竞争中留下的极品，都各自经历了艰苦奋斗的发家史而最终统领一行。在这些闻名遐迩的老店中，有始于清朝康熙年间提供中医秘方秘药的同仁堂，有创建于清咸丰三年（1853 年）为皇亲国戚、朝廷文武百官制作朝靴的“中国布鞋第一家”内联升，有 1870 年应京城达官贵人穿戴讲究的需要而发展起来的瑞蚨祥绸布店，有明朝中期开业以制作美味酱菜而闻名的六必居……它们都有着各自的经营理念，习惯性的企业经营方式，并共同构成了其特有的文化传统。

（一）同仁堂——三百余年铸就的中药品牌

1. 企业概况

北京同仁堂是全国中药行业著名的老字号（如图 4-3 所示）。创建于 1669 年（清康熙八年），自 1723 年开始供奉御药，历经清朝八代皇帝 188 年。在 300 多年的风雨历程中，历代同仁堂人始终恪守“炮制虽繁必不敢省人工，品味虽贵必不敢减物力”的古训，坚持“修合无人见，存心有天知”的自律意识，造就了同仁堂“配方独特、选料上乘、工艺精湛、疗效显著”的制药特色，从而享誉海内外，产品行销 40 多个国家和地区。

图 4-3　北京同仁堂

2. 发展现状

同仁堂集团坚持以中医中药为主攻方向，目前在经营格局上形成了以制药工业为核心，以健康养生、医疗养老、商业零售、国际药业为支撑的五大板块，构建了集种植（养殖）、制造、销售、医疗、康养、研发于一体的大健康产业链。以同仁堂国药集团在香港建立生产基地为标志，实现了从“北京的同仁堂”“中国的同仁堂”向“世界的同仁堂”跨越，目前已经在28个国家和地区设立经营服务终端，加快了中医药国际化的步伐。

3. 文化理念

从最初的同仁堂药室、同仁堂药店到北京同仁堂集团，经历了清王朝由强盛到衰弱、几次外敌入侵、军阀混战到新民主主义革命的历史沧桑，其所有制形式、企业性质、管理方式也都发生了根本性的变化，但同仁堂经历数代而不衰，在海内外信誉卓著，树起了一块金字招牌，与其始终坚持“同修仁德，济世养生”的初心，“全心全意为人民健康服务”的宗旨，坚守工匠精神、传承创新、薪火赓续的理念是分不开的。2020年，随着新冠肺炎疫情在多个国家和地区蔓延，同仁堂国药紧急动员设立在28个国家和地区的149家同仁堂门店为当地民众提供及时有效的中医药抗疫服务，积极向加拿大、韩国、新加坡等地捐赠各类防疫产品7.9万人份，彰显中国品牌的大爱情怀。

博闻多识

同仁堂“知嘛健康”布局新零售商业模式

2019年10月18日，同仁堂健康药业集团旗下新零售业态品牌“知嘛健康”体验店开业。“知嘛健康”是同仁堂健康药业集团布局大健康新零售业务的全新子品牌，将传统中医药精华和现代健康养生结合，为消费者提供一站式精准健康服务，满足国民不断升级的健康消费体验。伴随国家政策导向与消费升级趋势，大健康产业市场规模巨大，包括医疗服务、健康管理、保健品、医药与医疗器械等多个领域。“知嘛健康”横跨象、食、养、医四大解决方案，覆盖多元化购物休闲场景，以尖端科技和前沿思维赋能，倡导个性化体验，在提供全面健康解决方案的同时，形成“健康+文创”“健康+社交”等众多业务。

（二）海天味业——源自佛山古酱园的“海天”酱油

1. 企业概况

海天是国内专业的调味品生产企业，历史悠久，是商务部公布的“中华老字号”企业之一，目前生产的产品涵盖酱油、蚝油、酱、醋、料酒、调味汁、鸡精、鸡粉、腐乳、火锅底料等几大系列百余品种300多规格，年产值超过200亿元。

2. 发展现状

海天是1955年由佛山25家古酱园合并重组而成，合并后以历史最悠久的“海天酱园”命厂名为“海天酱油厂”。1994年，海天成功转制，驶入发展的快车道，致力于用现代科研技术对传统酿造工艺的传承和创新，先后建成了全球面积最大的玻璃晒池群和多条世界领先的全自动包装生产线，从国外引进成套科研检测设备，打造了从“中国味”到“世界品牌”的美味健康的系列产品。

3. 文化理念

多年来，虽历经多次转制蜕变，海天坚持把“以品质为本”作为企业核心竞争力方向，坚持“守拙择善，务实创新”的企业核心价值观，致力于传统酿造工艺的传承及提升，将品牌延伸战略有效扩展到企业产品线，从过去的单一酱油扩展到了厨房调味用品的几大系列，已构建起相对健全的“中国味”产品体系，满足了不同层面、不同渠道的消费需求。

（三）青岛啤酒——名列世界品牌 500 强的中华老字号

1. 企业概况

青岛啤酒是我国啤酒业的老字号品牌，几乎获得了新中国成立以来所举办的啤酒质量评比的所有金奖。其前身是 1903 年 8 月由德国商人和英国商人合资在青岛创建的日耳曼啤酒公司青岛股份公司，它是中国历史悠久的啤酒制造厂商，位列世界品牌 500 强。

2. 发展现状

青岛啤酒是我国首家在香港和上海两地同时上市的公司，已在全国拥有 60 多家啤酒生产企业，公司规模和市场份额均居国内啤酒行业领先地位。青岛啤酒选用优质大麦、大米、上等啤酒花和软硬适度、洁净甘美的崂山矿泉水为原料酿制而成。原麦汁浓度为十二度，酒精含量 3.5%～4%。酒液清澈透明，呈淡黄色，泡沫清白、细腻而持久。

3. 文化理念

随着世界经济一体化的高速融合，只有以优质的产品和服务赢得顾客，才能在市场的竞争中的胜出。青岛啤酒相信消费者的信念是来自其本身，因为消费者对品牌价值与品质的认知，将决定青岛啤酒的未来。青岛啤酒以“顾客价值为导向”作为企业做大做强的战略，其核心是由生产型企业向服务型企业过渡，通过实现为股民、为职工、为消费者服务，来进一步转变机制，形成企业竞争优势。

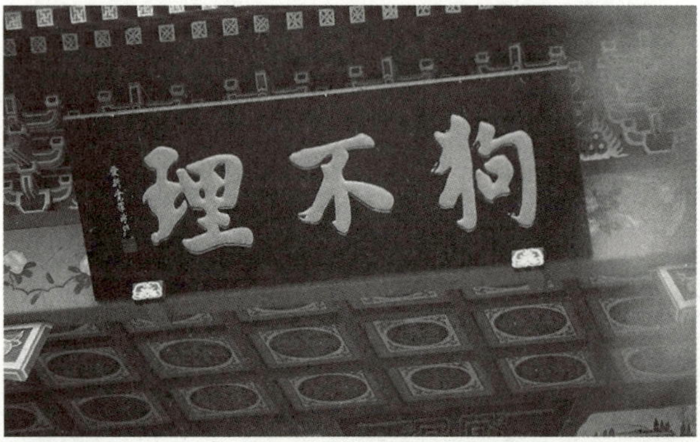

图 4-4　天津狗不理

（四）狗不理——狗子卖包子，概不理人

1. 企业概况

狗不理包子（如图 4-4 所示）是天津的一道闻名中外的传统小吃，该小吃为“天津三绝”之首，始创于 1858 年（清咸丰八年），至今有 160 多年历史。狗不理包子的

面、馅选料精细，制作工艺严格，外形美观，特别是包子褶花匀称，每个包子都不少于 15 个褶。刚出笼的包子，鲜而不腻，清香适口。狗不理包子以鲜肉包为主，兼有三鲜包、海鲜包、酱肉包、素包子等 6 大类、98 个品种。2011 年 11 月，国务院公布了第三批国家级非物质文化遗产名录，“狗不理包子传统手工制作技艺”项目被列入其中。

2. 发展现状

近些年，狗不理不但经营业绩不佳，在消费者心目中的形象也呈现滑坡趋势，在网络上，经常可以看到消费者“吐槽”狗不理包子又贵又难吃。一直以来，食品质量不合格的问题对狗不理的无形资产造成了巨大的损失。1993 年，狗不理曾通过合资公司生产速冻食品进行品牌延伸，然而，合资公司所生产的速冻包子质量不合格，严重损害了狗不理的品牌形象；2020 年，老字号狗不理包子王府井店因消费者评价其包子价格比平常的包子贵、味道一般、后厨卫生不到位等问题，被央视点名。虽然狗不理集团及时采取补救措施，但对其品牌形象造成的影响是短期无法消除的。

无论是天津五大道、意式风情街，还是北京的前门、王府井，都是外地游客最集中的旅游景点。自带流量的景区门店撑起了狗不理的业绩，可消费者带着不佳消费体验从店里离开，会持续消耗这家老字号的美誉。2020 年前后，狗不理包子部分门店陆续关闭。

一些老字号积极创新，争取到了新老消费者的认可，历久弥新；但有些老字号故步自封，不思进取，躺在先辈们创下的事业上坐吃山空；更糟糕的是，有的连守成都做不到，反而每况愈下。如果长期忽视消费者满意度，产品质量始终没有提升，服务没有改善，任何老字号都会遭遇发展危机。

增智启慧

狗不理退市

据说，“狗不理”创始人小名叫“狗子”，因为生意好，顾不上跟人说话，被开玩笑说“狗子卖包子，不理人”，后来简称“狗不理”。然而，“狗不理”于 2020 年 5 月 7 日收到股转公司出具的函，公司股票自 2020 年 5 月 11 日起终止在全国中小企业股份转让系统挂牌，退市全国新三板。

思考：

在新三板上市近 5 年的狗不理，退市的原因是什么？从中折射出老字号哪些经营沉疴？

［微课］
金炉不灭千年火——全聚德

［微课］
酿造高品位生活——贵州茅台

第二讲 现代商号

引言

“公者，数人之财；司者，运转之意。”“积弊而为高，合小而为大，合并而为公之道，是谓‘公司’。”“公司”这个词古已有之，其含义与现代企业大致相同，即公司是聚多人之财、共同运作。

一、现代商号概述

与老字号相对应的就是现代商号，即现代企业。企业一词源自日语，一般是指以营利为目的，运用各种生产要素（如土地、劳动力、资本、技术和企业家才能等），向市场提供商品或服务，实行自主经营、自负盈亏、独立核算的法人或其他社会经济组织。

（一）中国企业发展的不同阶段

不同于老字号企业，中国现代企业真正发展要从1978年算起，改革开放以来，企业也经历了几轮变革、发展和淘汰，正如一句古诗所讲：“江山代有才人出，各领风骚数百年。”由于中国发展阶段的不同，每个时代都会有不同类型的企业崛起，也就有企业相应衰落和凋零，并没有永远的基业长青。回顾中国企业史，俨然经历了四个不同的发展阶段：

1. 中国企业1.0时代：传统制造业时代

1978年中国打开国门，成为全世界最大的制造产能的承受国。由一个制造能力短缺的国家，成为今天的全世界第一大制造国，乡镇企业是改革初期带动经济增长和工业化进程的主要驱动力。1984年元旦开始，伴随着邓小平著名的第一次南下，改革开放被基本确定，珠江三角洲从“山高皇帝远的蛮荒之地”变成了“风险与机遇并存的淘金之地”；苏南浙北的乡镇企业、浙南的私营企业在这段时间得到了快速的生长；而在北京，则出现了高科技企业扎堆生长的中关村。1984年也因此被视为“中国企业元年”，现代企业建立的基础也越发坚实。而在1992年至1998年亚洲金融危机这个时段内，最为繁盛的企业是受惠于国人经济实力增强、消费需求不断提升的消费型企业。在这些关乎民生的竞争性领域，民营资本百花齐放、各显神通，塑造着现代商业文明亟待明晰的边界。

2. 中国企业 2.0 时代：互联网领衔的全面景气时代

1998 年是改革开放二十周年，也是我国经济发展中极具标志性的一年。这一年，亚洲金融危机席卷而来，为了对抗危机，中央政府以降低赋税、放开住房消费贷款、停止福利分房等措施，全面激活了住房消费市场，自此开启了中国房地产行业以及高速城镇化的黄金时代，而由此带来的民间财富迅速爆发和商贸活动日趋频繁，也带动了一大批产业以及资本市场的繁荣，中国进入全面景气时代。在这个过程中，具备互联网特征的新经济开始崛起，并逐步成长为这个时代最具颠覆性和统治力的商业力量。当前中国互联网最重要的超级巨头几乎全部诞生在 1998 年的第二季度到 1999 年的第四季度之间，这堪称中国互联网的“高光时刻”：1998 年 4 月，搜狐公司成立；1998 年 6 月，京东公司成立；1998 年 6 月，丁磊在广州把网易从软件销售公司变成了网易门户网站；1998 年 11 月，腾讯在深圳成立；1998 年 12 月，新浪网成立；1999 年 3 月，阿里巴巴公司成立。

3. 中国企业 3.0 时代：产业迭代创新时期

如同塞缪尔·亨廷顿所揭示的那样，一个大国的崛起，意味着新的利益调整周期的开始。在 2009—2018 年这十年的发展中，中国的经济总量增长了 2.5 倍，一跃超过日本，居于世界第二。大水之中，必有大鱼。在这十年里，中国企业的体量也发生了巨大的变化，2018 年财富 500 强榜单中，中国企业达到了 120 家，跃居世界第二，几乎与美国并驾齐驱。在互联网及电子消费类公司中，腾讯和阿里巴巴的市值分别增加了 15 倍和 70 倍，滴滴、拼多多、字节跳动等与互联网相关的新兴企业抓住时代的风口迅速崛起。此外，世界乃至中国的商业投资界发生了基础设施级别的巨变，几乎所有的产业迭代都非“旧土重建”，而是“新地迁移”。以互联网为基础性平台的生态被视为新的世界，它以更高的效率和新的消费者互动关系，重构了商业的基本逻辑。

4. 中国企业 4.0 时代：被全速重构新基建时期

2020 年的新冠肺炎疫情给我国企业的发展带来了意外冲击。疫情发生初期，我国有三十万家规模以上企业倒闭，但在政府领导、全民配合、医护人员等无私支持、企业的通力协作下，疫情得到有效控制。除此之外，智能化信息能力成为拯救中国的重要力量，因为疫情，员工无法返工，于是被迫使用在线视频，开设在线课程，将信息交付和管理系统全部放进去。在使用的过程中，应用不断迭代，它们正变成一种新的工作方式、生活方式、运营方式。云服务应用平台、“城市大脑”工程、全国联网系统、5G 网络、公共健康卫生系统等系统和应用也因此被迅速提上议事日程，人工智能产业、在线教育产业、营销模式全面迭代的消费品产业等得到全面复苏。在未来，线上营销、社区化营销、私域流量影响、会员营销等都会变成消费品企业、服务型企业运营的常态。

变化带来重生，所有的重生一定伴随新的恐惧诞生，面对恐惧诞生迎难而战的能力，就是人类进步的基本动力。面对 2020 年百年未有之大变局，企业也必将面临脱胎换骨的磨炼。有的可能随风而起，大展宏图，有的可能将在转型的痛苦挣扎中消失。在新格局前，每个企业都面临一场大考。

（二）中国企业的发展困境及趋势

解决管理问题、高成本问题，以及创新不足、结构扭曲、转型升级等问题仍然是中国企业的战略选择。现在，我国发展处于新的战略机遇期，中国企业的改革与发展呈现新的态势。

数字经济和实体经济深度融合，应用数字技术的智能制造产业成为提升制造业竞争力的重要途径。目前，国内汽车、家电等行业自动化和信息化程度相对较高，食品饮料、化工等行业正在加快信息化进程。发展数字经济，推进数字产业化和产业数字化，实现数字经济与实体经济的深度融合，打造具有国际竞争力的数字产业集群，是企业发展的重要任务。

企业由以投资为主转向以内部管理为主，培育新技术、新产品、新业态、新模式。中国企业已认识到发展理念和认识转型的重要性，将逐步以管理技术推动为主，重视新技术、新产品、新模式、新业态，以内部资源配置优化为主。

企业更深层次开放，由单纯的世界工厂向“世界工厂”与“世界市场”结合的转变。中国企业特别是国有企业将继续在高水平对外开放中发挥主力军作用，积极推进高质量发展，以重大基础设施建设为骨架，以产业园区为平台，聚焦重点、深耕细作，强化国内发展与“一带一路”的相互支撑，适应经济全球化大趋势和新变化、新挑战，发展全球伙伴关系，构建安全可控、多元多样、优质高效、自主开放的资源调度网络，发挥企业市场主体优势，积极倡导和推动多边合作机制，以开放赢得国际竞争的主动性。

二、知名现代商号

改革开放以来，现代商号沿袭和传承中华老字号悠久的历史和文化内涵，在发展规模和数量上不断增加，并且越来越多的企业开始打造自己的品牌。随着中国企业在全球范围内取得令人瞩目的成绩，中国品牌的表现也进入了新纪元。

（一）华为——致力于构建万物互联的智能世界

1. 企业概况

华为创立于 1987 年，是全球领先的 ICT（信息与通信）基础设施和智能终端提供商，专注于 ICT 领域，坚持稳健经营、持续创新、开放合作，在电信运营商、企业、终端和云计算等领域构筑了端到端的解决方案优势，为运营商客户、企业客户和消费者提供有竞争力的 ICT 解决方案、产品和服务，并致力于实现未来信息社会、构建更美好的全联接世界。目前华为约有 19.4 万员工，业务遍及 170 多个国家和地区，服务 30 多亿人口。

2. 发展现状

面向未来，华为的创新将从基于客户需求的技术和工程、产品和解决方案的创新 1.0 时代，迈向基于愿景驱动的理论突破和基础技术发明的创新 2.0 时代。目前，华为聚焦全联接网络、智能计算、创新终端三大领域，在产品、技术、基础研究、工程能力等方面持续投入，促进客户数字化转型，构建智能社会的基石（如图 4-5 所示）。坚持多路径、多梯次、多场景化，构建解决方案竞争力持续领先。2019 年，华为投资控股有限公司以 7212 亿元营收位列民营企业第一，并获得了首批“2019 中国品牌强国盛典年度荣耀品牌”的殊荣。

图 4-5 2019 年世界移动大会华为主展馆

3. 文化理念

华为的迅速发展，与华为创始人任正非的“狼性文化”有着密不可分的关系。作为最重要的团队精神之一，华为的“狼性文化”可以用这样的几个词语来概括：学习，创新，获益，团结。用“狼性文化”来说，学习和创新代表敏锐的嗅觉，获益代表进攻精神，团结则代表群体奋斗精神。在华为的发展历程中，任正非对危机特别警觉，在管理理念中也略带“血腥”，他认为做企业就是要发展一批“狼”。正是这些凶悍的企业文化，使华为成为连跨国巨头都寝食难安的一匹“土狼”，这匹“土狼”已经给未来世界的发展带来了无限可能。

（二）海底捞——用实践演绎“变态好的服务是怎样炼成的”

1. 企业概况

海底捞品牌创建于 1994 年，历经二十多年的发展，海底捞国际控股有限公司已经成长为国际知名的餐饮企业。截止 2022 年 6 月，海底捞已在全球开设近 1600 家直营餐厅，遍布中国内地、中国香港、中国澳门、中国台湾及海外，包括新加坡、韩国、日本、美国、加拿大、英国、越南、马来西亚、印度尼西亚及澳大利亚等地。

2. 发展现状

“服务至上、顾客至上”，这朴实的八个字在全国很多的店铺都能看到，但就是这八个朴实无华的字造就了传说一般的海底捞，使得这个发源于四川盆地中的火锅品牌蜚声中华乃至海外。现在，很多餐饮店的等位区都提供瓜子、花生、点心，有的还提供矿泉水、饮料甚至咖啡，这都是跟海底捞学的。正所谓“一直被模仿，从未被超越”，海底捞免费区提供的零食迄今仍是全国数一数二的；等累了，女顾客可以去做个美甲，男顾客可以去擦个皮鞋。如果你以为这就是海底捞的所有服务那就错了，因为这充其量只能算个前奏。

3. 文化理念

图 4-6　海底捞火锅

海底捞的服务（如图 4-6 所示）总是让人意想不到，因此总能带给人们惊喜。海底捞多年来历经市场和顾客的检验，成功地打造出信誉度高，融汇各地火锅特色于一体的优质火锅品牌。作为一个业务涉及全球的大型连锁餐饮企业，海底捞秉承诚信经营的理念，以提升食品质量的稳定性和安全性为前提条件，为广大消费者提供更贴心的服务，更健康、更安全、更营养和更放心的食品。

增智启慧

万物皆可“海底捞”

免费美甲、无限量小零食、擦鞋、辅导作业、代打游戏……2021 年，继 9.9 元一杯的自助奶茶之后，海底捞居然又推出“免费洗头发”服务。万物皆可海底捞，一家火锅店到底可以“不务正业”到什么地步？

海底捞一直不停在探索为消费者提供个性化服务，2020 年底凭借自助 DIY 奶茶，海底捞再次吸引了年轻人的目光。海底捞武汉楚河汉街店在等位区开设了“制茶乐园”，消费者可以在该档口 DIY 饮品，并依据个人口味自主选择配料、装饰小料等，制作出一款个性化的饮品，每杯奶茶是 9.9 元，还可以无限加料，“加一杯料都行”。在制茶乐园之前，从 U 鼎冒菜到“十八汆”面馆、佰麸私房面等，海底捞孵化了很多子品牌，尤其偏爱“十元”生意。海底捞 CEO 张勇曾透露，以后的海底捞不是靠火锅挣钱，而是主要依靠周边的附属行业挣钱，火锅只是一个引流的爆点。海底捞从一家小麻辣烫店起家，如今成为行业标杆，自 1994 年成立至今，不断在打破外界预料的天花板。美甲、洗头、奶茶、剧本杀……谁能想到，吃个火锅吃了一天，到最后甚至会忘记到底是去吃喝还是玩乐。

思考：

你如何看待海底捞的“不务正业”？

（三）中国中车——坚持科技自立自强，擦亮“国家名片”

1. 企业概况

中国中车股份有限公司，简称“中国中车”，是经国务院同意，国务院国资委批准，由中国北车股份有限公司、中国南车股份有限公司按照对等原则合并组建的 A+H 股上市公司。中国中车于 2015 年正式宣告成立，现有 46 家全资及控股子公司，员工 17 万余人。

2. 发展现状

中国中车承继了中国北车股份有限公司、中国南车股份有限公司的全部业务和资产，是全球规模领先、品种齐全、技术一流的轨道交通装备供应商，主要经营铁路机车车辆、动车组、城市轨道交通车辆、工程机械、各类机电设备、电子设备及零部件等业务。中国中车集团有限公司产品出口到全球 100 多个国家和地区，覆盖六大洲的 11 个市场区域。

中国中车始终坚持把科技创新作为第一动力，瞄准科技创新制高点，主动承接国家科技体制改革先行先试任务，积极承建国家高速列车技术创新中心，全面推动实施重大科技攻关专项，持续深化原始创新、集成创新、引进消化吸收再创新，持续加强自主创新，探索出一条依靠科技攀高峰的强企之路。中车成立以来，重大科技创新成果不断涌现，例如：让“复兴号”奔驰在祖国广袤的大地上，让重载列车技术在大秦线创造了重载铁路世界纪录，让城轨地铁形成系列化、多样化、多制式的产品谱系（如图 4-7 所示）。2019 年 5 月 23 日，时速 600 千米高速磁浮试验样车成功试跑。“十三五”时期，中国中车累计发布国际标准 48 项、国家标准 143 项、行业标准 243 项，拥有授权专利 11000 件；累计获得国家级科技奖 11 项，中国专利金奖 9 项、银奖 5 项、优秀奖 63 项，获奖数量位居国内制造业和中央企业前列。

图 4-7 中国高铁

3. 文化理念

面向未来，中国中车坚持以融合全球，超越期待为己任，紧紧抓住“一带一路”和全球轨道交通装备产业大发展等战略机遇，大力实施国际化、多元化、协同化发展战略，全面推进以“转型升级、跨国经营”为主要特征的全球化战略，努力做“中国制造”和“互联网 +”的创新排头兵，努力把中国中车建设成为以轨道交通装备为核心，跨国经营、全球领先的高端装备系统解决方案的供应商。

（四）腾讯——以技术丰富互联网用户的生活

1. 企业概况

腾讯成立于 1998 年 11 月，是目前中国领先的互联网增值服务提供商之一，也是中国服务用户最多的互联网企业之一。成立 20 多年以来，腾讯一直秉承“一切以用户价值为依归”的经营理念，为亿级海量用户提供稳定优质的各类服务，始终处于稳健发展的状态。

2. 发展现状

通过互联网服务提升人类生活品质是腾讯的使命。目前，腾讯把为用户提供“一站式在线生活服务”作为战略目标，提供互联网增值服务、网络广告服务和电子商务服务（如图 4-8 所示）。腾讯通过多元化的服务社交和通信服务 QQ 及微信、社交网络平台 QQ 空间、腾讯游戏旗下 QQ 游戏平台、门户网站腾讯网、腾讯新闻客户端和网络视频服务腾讯视频等网络平台，打造了中国最大的网络社区，满足互联网用户沟通、资讯、娱乐和电子商务等方面的需求。目前，微信全球月活跃账户数超过 10 亿。腾讯的发展深刻地影响和改变了数以亿计网民的沟通方式和生活习惯，并为中国互联网行业开创了更加广阔的应用前景。

图 4-8 腾讯集团多元化服务

3. 文化理念

面向未来，腾讯坚持“用户为本，科技向善”，一切以用户价值为导向，将社会责任融入产品及服务之中，推动科技创新与文化传承，助力各行各业升级，促进社会的可持续发展；坚持正直、进取、协作、创造，树立民族品牌是腾讯的长远发展规划。目前，腾讯 60% 以上员工为研发人员，拥有完善的自主研发体系，在存储技术、数据挖掘、多媒体、中文处理、分布式网络、无线技术六大方向都拥有了相当数量的专利，在全球互联网企业中专利申请和授权总量均位居前列。

[微课]
国内 PC 第一品牌——联想

第三讲 企业文化

引言

中国社会的文化概念最早见于《周易》，其中讲到“关乎天文，以察时变；关乎人文，以化成天下。”中国数千年的商业发展史，也是中国文化特别是传统文化的发展史，二者互相交融、互相促进。而随着现代商业的发展，企业文化得到了广泛应用与发展，但中国现代企业在企业文化应用过程中普遍存在“花钱买折腾”“知行不合一”等问题，“理念在天上飘、行为在地上爬”。要想企业文化得以落地，就要按照知、信、行三步来执行。

一、中华老字号文化

中华传统老字号历史悠久、文化底蕴深厚，这是现代商号无法比拟的优势。任何商号的打造都需要时间，尤其是企业文化在消费者心中扎下根需要相当长的时间，并非一日之功。历史上的老字号服务于上自皇亲显贵，下至市井小民的庞大群体，大都经历了上百年的时间，在发展的历程中，通过年复一年的岁月积淀，已在其品牌上打下了深深的文化烙印，并在目标市场中牵系了不灭的文化情结。正是这个烙印、这种情结维系了老字号的辉煌。认知老字号，一定要透过现象看本质，把握老字号那生生不息的发展脉搏，感受其跨越历史而来的厚重的企业文化。

老字号文化作为商业文化的重要组成部分，深受中华传统文化的影响，其中最核心的是儒家文化的影响，“仁德至上”“先义后利”“以和为贵”“弘毅进取”“无信不立”等思想影响至今。

（一）“仁”：仁德至上

儒家思想以“仁”为本。受其影响，中华传统商业文化也把“仁”“善”的要旨贯彻到经商实践中，在经营中突出体现了仁德至上的思想。

同仁堂抱定“同修仁德、济世养生”的经营宗旨，制定了“炮制虽繁必不敢省人工，品味虽贵必不敢减物力”的堂训，严格恪守“修合无人见，存心有天知”的自律精神。全聚德的名称，周恩来总理曾释义为“全而无缺、聚而不散、仁德至上”。这些老字号所展示的文化特征，深刻反映了儒家文化对商业文化、老字号品牌文化的影响。

（二）“义”：先义后利

儒家思想体系中强调“义”。“不义而富且贵，于我如浮云”即将先义后利视为经济生活的道德原则，认为集体利益高于个人利益，精神价值重于物质价值。

这种思想对商业文化、老字号文化具有深厚的影响，传统商人在谋利的同时多不忘守义，在经营中多以义为先，先义后利。民间流传甚广的一些商业谚语，如“钱财如粪土，仁义值千金”“钱要正道来，莫贪无义财”“赚良心钱，钱虽少但耐久；昧良心钱，钱虽多但不长”“大丈夫仁义取利、真君子义内求财”等，都体现了中国商人先义后利的价值观。

（三）“礼”：以和为贵

儒家文化重视“礼”，讲求创造和谐的社会关系。孟子说：“天时不如地利，地利不如人和。”这句话指出“人和”是事业取得成功的最重要条件。荀子也提出“上不失天时，下不失地利，中得人和，而百事不废”，指出和而百事不废。“以和为贵”的价值取向强调人与人、人与社会、人与自然的和谐共处，协调发展。

（四）“智”：弘毅进取

曾子说：“士不可以不弘毅，任重而道远。仁以为己任，不亦重乎？死而后已，不亦远乎？”儒家认为人道重于天道，强调智谋胆识、自强不息、刚健有为的精神。这种进取精神在我国商业文化、老字号文化中有突出的表现。

以晋商为例，清人纪晓岚曾说：“山西人多商于外，十余岁辄从人学贸易，俟蓄积有资，始归纳妇。”可见山西人是把经商作为大事业来做，他们通过经商来实现其齐家立业的抱负，这种“舍我其谁”的观念正是其在商业上不断进取的巨大精神力量。

（五）“信”：无信不立

儒家主张“信”，“朋友有信”“与国人交，止于信”“人而无信，不知其可也。大车无輗，小车无軏，其何以行之哉？”等都是关于“信”的名言。“信”是人立世、交往的基本法则，是五伦关系中最有价值的内容。

信也是我国商人商业活动的价值起点，信用、公平、兑现都体现了信。有信，则能相互尊重、礼让；有信，则能同气相求、众志成城。在我国商人的经商实践中，诚信具体表现为“以诚待人，以信待物”“以质取胜，货真价实”等经商理念。这种理念在历史上对维护当时极度缺乏法制支持的封建商业经营秩序发挥了非常重要的作用，也成为商人之间相互实现各自经济利益的基本保障和传统商业文明的核心思想。

增智启慧

独一无二的大店——瑞蚨祥

1900年经庚子事变，一把大火把北京最繁华的商业区全部焚毁，瑞蚨祥在一夜之间变成一堆瓦砾。面对这灭顶之灾，瑞蚨祥却出人意料地做出了这样的承诺：“凡是瑞蚨祥欠客户的钱一律奉还，凡是客户欠瑞蚨祥的钱一笔勾销。”这一承诺在京城引起了巨大的震动，在商界更是被传为佳话。火灾后，许多店铺已无力恢复营业，还有一些持资观望，瑞蚨祥却凭着过去的信誉和自己的家底，仅用一年时间便在原址重新盖起了一座中西合璧的瑞蚨祥店堂，还请当朝翰林李林庠用正楷题写了“瑞蚨祥”三个大字的匾额，瑞蚨祥也成为当时绸布行业独一无二的大店。

思考：

谈谈诚信文化对老字号文化的影响。

儒家文化对我国传统商业文化、老字号品牌影响深远。通过对北京现存持续经营的180家老字号加以分析，发现其名称中带有“德、仁、和、谦、同、信、厚”等的有20

家，尤其值得注意的是，这20家企业中的平均存活时间为140年以上，百年以上的老字号有13家，占65%，这也从侧面说明儒家文化是老字号长寿的内因之一。

儒家文化作为中华民族传统文化中最富有生命力的思想体系，关注社会秩序、规范以及社会责任感，强调道德责任，对植根于中华民族五千多年灿烂文化的民族商贸文化的老字号而言，是其重要的价值基础，值得我们继续传承、弘扬。

［微课］
儒家思想对老字号文化的影响

博闻多识

标识文化：匾额

店铺有了字号，还要张挂起来，这就涉及匾额。旧时商家对铺面形象格外重视，认为企业如人，铺面就是人的脸面。没有字号匾额，如同有脸无眉；没有名家、名人给书写的匾，就是有眼无珠，体面全无。

例如：北京前门大街烧麦馆“都一处”匾，传说是乾隆御题；“荣宝斋”匾由清末状元陆润庠所书；“茹古斋”匾为状元、光绪帝师翁同龢题写；“信远斋”蜜果店的牌匾由帝师朱益藩题写；“胡开文”匾最早由清朝状元杨升庵题写。名臣大儒为字号题写匾额，既体现了字号的价值，也蕴藉了深厚的儒家文化色彩。

请名人名家题写匾额的习尚传承至今。走在繁华的商业街，多能看到启功、溥杰、郭沫若等名书法家给老字号店铺题写的匾额。如启功为同仁堂、大观楼、广德楼、王府井食品商场等题写匾额；溥杰为烤肉季、同和居题写牌匾；李琦为丰泽园题写牌匾；溥任为狗不理题写牌匾；胡絜青为柳泉居题写牌匾；赵朴初为来今雨轩题写牌匾；李苦禅为鸿兴楼题写牌匾；许德珩为鸿云楼、同春楼、又一顺题写牌匾；郭沫若为力力餐厅题写牌匾；等等。

中国商家的“商匾”，其用字遣句皆寄寓吉祥如意、生意兴隆、财源茂盛等美好愿望。现代商家所悬匾额更是推陈出新，巧构妙句，如饺子馆题匾“无所不包”，石灰厂题匾“白和起家”，当铺题匾“当之无愧”，音响电器行题匾“一呼四应”等，都很含蓄多趣，耐人寻味。

二、现代企业文化

随着经济全球化的发展以及知识经济、信息时代的到来，现代商号急需建立一种新的商业理念、道德、制度和规则。面对文化战略制胜的新时期，如何在实施科学管理的同时努力建设富有特色的企业文化，在现代商业活动中做精、做优、做大、做强，已成为现代商号发展的关键。

企业文化是指企业在生产经营实践中逐步形成的、为整体团队所认同并遵守的价值观、经营理念和企业精神，以及在此基础上形成的行为规范的总称。企业文化一般分为四个层次，即精神文化、制度文化、行为文化及物质文化。我国企业从20世纪80年代初期开始就已经开始关注了企业文化的问题，大量有关企业文化的书籍也被引进。与此同时，相关的企业文化培训、咨询行业也不断地涌现。但中国现代企业在企业文化应用过程中普遍存在“花钱买折腾”“知行不合一”“理念在天上飘、行为在地上爬”等问题，导致企业文化建设的屡屡失败。

一种先进的文化理念，若想发挥作用，并最终提升绩效，一个必不可少的环节就是文化理念必须转化为行为习惯，这就是文化落地。基于“知信行”模型（如图 4-9 所示）的企业文化落地模式逐渐被更多的企业认可，该模型针对企业文化落地过程中需要开展的大量繁杂的工作进行了全面的梳理和系统的架构，并在各项文化落地工作的实施顺序上进行了系统性排序。

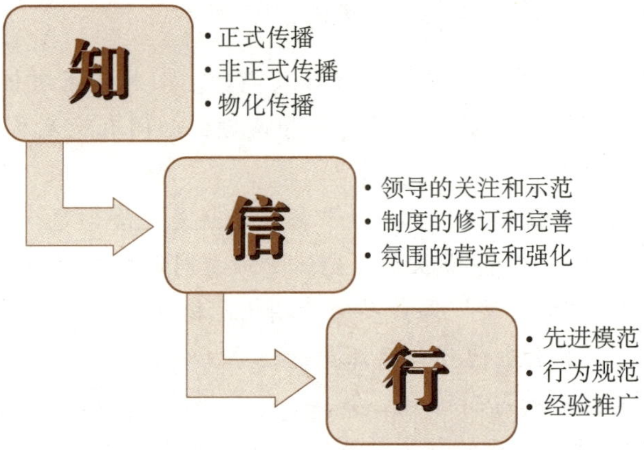

图 4-9　企业文化落地的“知信行”模型

（一）“知”：把老板理念变成企业理念

“知”的环节要解决的核心问题是如何将企业家倡导的理念变成企业中所有员工都知道并理解的理念。这个阶段工作的一般目标要求是：企业的文化理念被管理者精通、被员工熟悉、被客户及相关利益者知晓。可以通过问卷调查、现场提问和正式考试等方式获得可靠的数据进行具体效果评估。要达到这一目标，主要依赖三种常规方式传播：一是正式渠道的传播，二是非正式渠道的传播，三是通过物化传播。事实上，物化传播也可以合并于正式渠道的传播中。

正式渠道的传播主要包括内部报纸杂志系统传播、内部网站传播、内部文化墙报传播、内部会议系统传播、内部公文系统传播、内部员工手册传播、内部员工培训传播、外部媒体传播、外部品牌传播等形式。正式传播的优势是渠道现成、传播精度准确、传播速度快等。利用企业中正式的传播网络进行文化传播，是企业文化落地过程中达到“知”的目标的主要途径。

非正式渠道的传播主要是利用企业中客观存在的、自然形成的人际网络进行传播。企业就是一个小社会，除了组织规定的信息传播网络外，会存在一种基于人际关系的非正式传播网络。美国文化学者阿伦・肯尼迪曾经描述过这种非正式网络，在这种网络中会存在“讲故事者”“教士”“密探”“幕后题词者”“秘书消息提供者”“小道消息提供者”和“小团体”七种典型的文化角色，他们构成了企业非正式文化网络中的主要载体，是非正式文化网络中最活跃的分子。

当然，企业文化理念的传播除了上述正式网络传播和非正式网络传播外，还存在两类有形的、非常重要却易被忽视的传播途径，即建筑物和标识。作为企业存在的物理环境，建筑物和标识虽然都是静止无言的，但都承载着某种文化理念，并时时刻刻对身处其中的人起着潜移默化作用，形成一种静默而强大的文化场，也可称为氛围。

博闻多识

中国国际航空公司的 LOGO

国航的企业标识由一只艺术化的凤凰、邓小平书写的“中国国际航空公司”以及英文“AIR CHINA”构成（如图 4-10 所示）。凤凰是中华民族古代传说中的神鸟，也是中华民族自古以来所崇拜的吉祥鸟。《山海经》中记述：凤凰出于东方君子国，飞跃巍峨的昆仑山，翱翔于四海之外，飞到哪里就给哪里带来吉祥和安宁。国航航徽标志是凤凰，同时是英文“VIP”（尊贵客人）的艺术变形，颜色为中国传统的大红，具有吉祥、圆满、祥和、幸福的寓意，正是希望这神圣的生灵及有关它的美丽传说带给朋友们吉祥和幸福，代表国航视每一位乘客及货主为上宾看待。

图 4-10 中国国际航空公司的企业标识

（二）“信”：把企业理念变成企业信念

“信”的环节要解决的核心问题是让全体员工相信企业家所提倡的价值理念，并逐渐变成全体员工自己深信不疑的信念。该阶段工作的目标是提高全体员工对企业家所提倡文化理念的相信度。企业家所倡导的理念要想让员工相信并接受，企业在管理上就必须采取多管齐下的措施，这些措施主要包括：领导的关注和示范，制度的修订和完善，氛围的营造和强化。

领导的关注和示范是让员工相信理念的基础。企业领导的日常言行就是企业文化的风向标和指挥棒，企业领导的言行重视什么，员工就会相信什么。

制度的修订和完善是让员工相信理念的关键。制度和理念相比，最大的特点和优势是具有强制性，而且这种强制性一般和员工的切身利益紧密相关。企业倡导的理念如果能够在企业的制度中处处得到体现，那么，这种理念就非常容易取得员工的信任。所以，在“信”的阶段，企业根据倡导的理念及时修正和完善配套的制度是让员工相信的关键。

氛围的营造和强化是让员工相信理念的重要推进剂。仪式活动和理念相比，往往更为生动，员工在参与仪式活动的过程中能够切身感受到一种理念的重要性和必要性，这种体验对于员工相信理念非常重要。

（三）“行”：把企业信念变成员工习惯

“行”的环节要解决的核心问题是让全体员工自觉实践自己已经相信的、企业家所提倡的理念，并把这种理念变成自己自觉的日常行动，最后变成全体员工群体的习惯。该阶段工作的目标是提升全体员工行为与理念的符合度。

员工在相信了一种理念以后，甚至把这种理念变成一种信念之后，也并不必然会去行动，更不会自然而然地形成习惯。因为从信念到行动，再到习惯，是需要行动尝试、行动学习和行动固化的，这既需要勇气和毅力，又需要标杆和方向，因为“相信”和“行动”毕竟是两码事。

先进模范在促进员工从信念转化为行动方面，往往会起到关键的作用。因为先进模范往往是企业倡导理念的率先探索者、执行者，也是最早的成功者。有了先进模范，原来抽象的理念会变得生动，原来可望而不可即的事情会变得很接近，原来无路可走的事情会变得有了明确的路径，原来没人敢做的事情会变得没那么可怕，这就是企业中先进模范的作用。企业文化落地的过程中如果运用好了先进模范，就会从信念到行为找到一个突破口，就会打开从量变到质变的起点。

行为规范是把众多先进模范人物或者外部标杆企业，在企业文化理念行动化过程中已经证明是稳定的、正确的、确实很好地贯彻了理念的行为经验正规化、成文化的过程。相对于先进模范来讲，行为规范对于行为的指导更为明确。如果说先进模范还处在行为探索期的话，那么，行为规范的出台则意味着对于体现理念的行为指向已经处于成熟期。这时候及时把已经相对成熟的行为经验文字化、规章化，更容易在全体员工中推广，也能够更快地推进员工理念行为化、习惯化的进程。

所有的企业文化落地都要经历“知”“信”“行”三个阶段，需要在正式传播、非正式传播、理念物化、领导垂范、制度匹配、仪式活动、先进树立、行为规范、经验推广九个方面开展工作。此外，还要注意避免文化落地实施过程中“建烂尾楼”和“唱独角戏”的问题出现。

明道·传承

老字号品牌的焕新发展——新国货

中国百年现代化的历史，是国货苏醒、崛起和创新的过程。当代新国货快速发展的背后，是中国制造的迭代、消费的升级，也是当代中国人追求美好生活的进程。当前，中国已成为世界第二大经济体，生产全世界 60% 的消费品；国内两亿多新中产消费者，更喜爱符合国人审美且物美价平的新国货。新国货，其实是“80 后”“90 后”提出来的一些在中国本土生产、属于本土企业的产品，其中包括很多的老字号品牌。

一、“新国货运动”的开启

放眼全球，如果说 21 世纪之前中国现代品牌比起欧、美、日等发达国家落后了至少半个世纪，但在今天，中国消费者的本土文化意识集体复苏，中国商业世界最激进的一次变革——“新国货运动”已经开启。

20世纪80年代，随着国内改革开放进程的加快，国外先进的生产线、资金和管理理念被引入国内，压抑许久的生产力和创造力迅速释放，中国制造以无与伦比的规模优势进入国际市场。一大批企业家品牌意识开始觉醒，海尔、格力等后来家喻户晓的品牌都在这个时候开始萌芽，第一次“新国货运动”如火如荼。但在缺少自主创新和品牌优势的前提下，第一次的“新国货运动”依然是以渠道为王，迅速占领市场并在消费者认知中占据一席之地，成为左右品牌成败的关键因素。

第二次“新国货运动”从线下来到了线上，但依然没有摆脱渠道的制约，电商的繁荣形成了新的增量市场，催生了一大批“淘品牌”。依托“世界工厂”的完善供应链，一批年轻人纷纷开始以工厂贴牌的形式打造自己的品牌，然后在电商流量的供给下，利用价格优势吸引了一群消费能力相对没那么强的消费者。

而第三次“新国货运动”，就在当下发生着。互联网的信息大爆炸丰富了与用户连接的媒介形态，电视、报纸、地铁广告等让渡社交媒体和短视频平台，年轻人注意力的转移制造了新的红利窗口。“95后”“00后”的年轻人对国货有了新的认识，在文化自信崛起的暗涌中，渐渐摒弃了“国货不洋气”的偏见，进而掀起了国潮的消费热。诸如中国李宁、林清轩、上海家化等品牌被聚焦的背后，预示着中华传统文化特色的元素，正逐渐走出特定的文化圈层，加入这场跨界融合的国货新潮流中。同时需要承认的是，新崛起的国货品牌往往是找到了行业的空白区，即市场上有深入人心的高端品牌，却没有占据年轻人心智的强势品牌，然后在微信、微博、小红书等新兴媒介的全渠道助力下给年轻人“种草”，抓住了营销的窗口期并快速“蹿红”，乃至和国际大牌站在了同一起跑线上。

二、老字号的焕新发展之路

在国货品牌大爆发的机遇期，老字号凭借其历史文化底蕴，也在迎合消费升级背景下越来越多的消费者对于商品精神内涵的追求。根据阿里巴巴平台的数据，一年购买不少于3个中华老字号的消费者多于1000万人；2018年中华老字号品牌搜索量增长23.8%。这些老字号品牌中，已经有一批借助新技术、新平台的力量，走在了创新发展的路上。

（一）大白兔重塑“回忆杀”

大白兔是上海冠生园出品的奶类糖果，诞生于1959年。作为中国最知名最受人们喜爱的糖果，大白兔陪伴了无数人的童年。随着互联网时代的来临，人们的消费习惯和生活方式发生了变化，大白兔也一度面临着品牌老化的问题。

但近几年，大白兔再次成为“网红”和“爆款”，它凭借自身承包几代人童年记忆的优势，主打“回忆杀”，重塑大白兔IP产业链，推出众多大白兔衍生品，如唇膏、抱枕、护手霜、身体乳等。大白兔IP产业链上的商品经常变换花样，让饥饿营销的效果立竿见影，并通过社交媒体进行营销，打造“网红单品”，推动大白兔的口碑和影响力更上一层楼。

此外，大白兔还充分利用跨界营销，紧跟时代潮流。2017 年，大白兔与香港太平洋咖啡合作，推出联名款拿铁咖啡饮品；2018 年，大白兔联手美加净，推出“大白兔奶糖味”润唇膏，第一批 920 支润唇膏上线预售半分钟就告罄，隔日追加的一万套两支装组合也在 3 个小时内售罄，一度成为社交媒体上的热点话题；2019 年，大白兔联手 Godiva（歌帝梵）创立的 Godiva × 大白兔冰激凌快闪店正式开始营业，作为品牌标志，每款冰激凌包裹有大白兔奶糖定制糯米纸，以及一小块 Godiva 巧克力。后台数据显示，大白兔线上门店的消费者以 25 岁至 35 岁的学生、女白领为主，而大白兔在线下商超的主力消费群体为 40 岁以上的女性。可见，大白兔借助跨界合作确实收获了不少消费者。

（二）云南白药多品牌战略收益明显

云南白药传承不泥古、重塑品牌魅力，创新不离宗、释放科技活力，不断通过产品创新和品牌战略推动企业高速发展。

颠覆传统，产品创新提高竞争力。云南白药独特的药理机能同样具备向非药品市场拓展的潜能。自 2001 年开始，云南白药集团围绕保密配方与材料科学的结合进行了产品创新，在特色天然药物产品上培育使用“云丰”品牌；在健康、养生产品上培育使用“千草堂”品牌；在医用敷料、急救包等产品上培育使用“泰邦”品牌；在洗发护发产品上培育使用“养元青”品牌；在女士卫生护理上培育使用“日子”品牌；等等。云南白药集团通过产品创新的战略模式，彻底改变了过去“一枝独秀”的经营局面，产品族群的开发形成“多点支撑”。品牌创新的成效会对公司创新产品的市场经营起到一定显著的拉动作用。

全方位推进品牌战略模式。云南白药通过体育赞助、明星代言、推广新产品等一系列措施，使得各系列“云南白药”品牌产品分层次进一步向高端市场延伸，使部分消费者开始转变对“白药散剂”过往的低端印象，市场开始在更为广泛的产品层面接受云南白药的产品。借助天猫等平台，进一步夯实了白药产品的市场基础。过去云南白药消费群体以 40 岁以上居多，如今“90 后”消费者占比已达到 40%，创新力指数雄踞所有品牌第一。

借助互联网和电商平台，老字号品牌正在焕发青春，成为新一代潮流的代表，新国货正从昔日跟随模仿的角色走向今天全球竞争博弈者的位置。老字号国货品牌从五千年中华民族传统文化中汲取养分，正在强势崛起，让更多的消费者看到国潮“回春”态势。

思考

1. 你所知道的中华老字号有哪些？
2. 我国的老字号品牌应该如何再造辉煌？
3. 观看央视纪录片《中华老字号》，谈谈你的观后感。

［测验］

明道箴言

1. 我们生存下去的唯一出路是提高质量，降低成本，改善服务，否则十分容易被外国垄断集团一棒打垮。——任正非

2. 士不可以不弘毅，任重而道远。仁以为己任，不亦重乎？死而后已，不亦远乎？——曾子

3. 初则学商战于外人，继则与外人商战。中国要自强，商战重于兵战。
——郑观应

4. 如果你有一乡的眼光，你可以做一乡的生意；如果你有一县的眼光，你可以做一县的生意；如果你有天下的眼光，你可以做天下的生意。——胡雪岩

5. 新国货品牌正在以新审美、新技术、新连接创建新品牌，它们作为全新物种，将重塑中国品牌的结构，在中国商业界掀起“重新想象”的浪潮。
——吴晓波

专题五

商人

两千多年前，中华大地上出现了与诸子百家并立的商家。两千多年来，他们的经营思想成为中华商业文明的活水源头。从春秋战国时的范蠡、白圭到明清各大商帮，再至近代民族实业家，从先秦古书《范子计然》到明清诸多商书，中华商道一脉相承，造就了无数商业奇迹，成就了无数商业巨子。

学习目标

知识目标：了解我国各时期商人的特征、主要事迹、创业历程。

能力目标：能够分析并归纳我国各时期商人的历史地位和精神特质，并传承其商业精神。

态度目标：形成对商业经营和商业思维的思考习惯，形成自身的现代商业观和对现代商业成就的自豪感。

素质目标：叱咤风云的商人继承和发扬了中华民族的传统美德，商人精神是历代商人留下的宝贵财富，了解中国商人的历史，领略和体会商道成功的精神价值，激起学习报国的理想情怀，担当起时代赋予的使命和责任。

思维导图

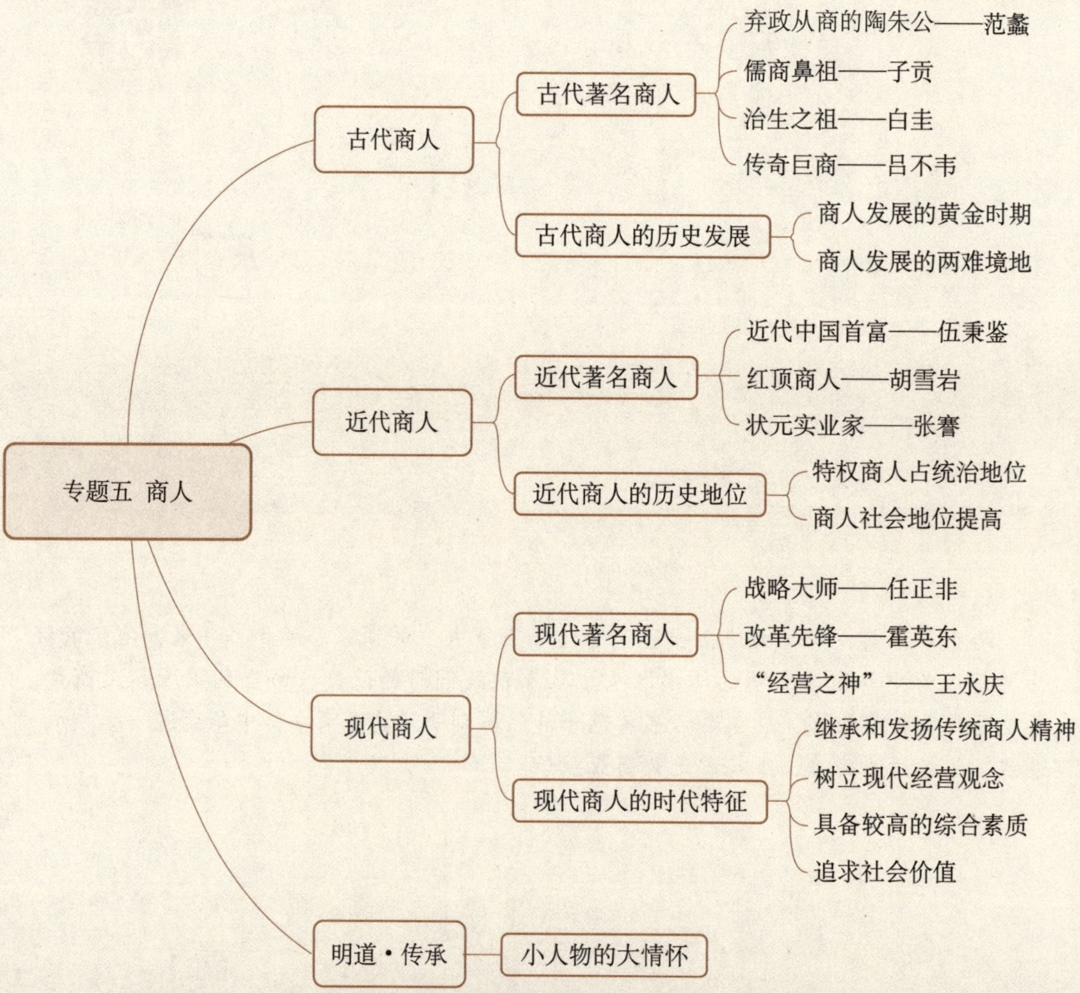

第一讲 古代商人

引言

故曰："仓廪实而知礼节，衣食足而知荣辱。"礼生于有而废于无。故君子富，好行其德；小人富，以适其力。渊深而鱼生之，山深而兽往之，人富而仁义附焉。(《史记·货殖列传》)

这段话的意思是——所以说："粮仓充实了，百姓就会懂得礼节；衣食丰足了，百姓就会知道荣辱。"礼产生于富有，而废弃于贫穷。因此，君子富有了，就喜好去做仁德之事；小人富有了，就会随心所欲地做力所能及之事。江河深，鱼就在那里生存；山林深，野兽就在那里藏身；人富有了，仁义就会依附于他。司马迁认为，求利符合人性规律和自然之道。

商人从事商品买卖交易活动，相应地，此行业也就被称为"商业"。关于商人和商业，实际上是一个问题的两个方面，有商人才有商业，有商业才有商人，二者不能孤立存在。关于商人和商业的起源，有多种说法，但比较通行的、被大多数人所接受的一种说法是殷商的后代善于从事交易，被称为商人。殷灭亡之后，周公（姬旦）告诉殷的遗民，要求他们继续经商。正因为殷商之人善于经营商业，周人便把从事这种行业的人称为殷商之人，人们称到处贩卖的人为"商"，在固定地方售物的人叫"贾"，即"行商坐贾"（如图 5-1 所示）。

图 5-1 行商坐贾

博闻多识

商人的起源

商人（或商业）的商，最初是个原始部落的名字，其部落位于今河南省商丘市的南部地区，这个部落的始祖名叫契，因随大禹治水有功被分封在此。契的第十代子孙名叫王亥，他从事牧业，又擅长于经商，据说，他有一套驯牛用于役使的本领，他曾经赶着牛车到黄河一带做买卖，但不幸的是，当他行至一个名叫有易的部落时遭到杀害。王亥的后裔为了祭祀他，要杀三百多头牲畜，这在当时是个了不起的举动，这充分说明王亥从事商业活动的成就和影响是很大的。公元前16世纪，王亥的第四代子孙叫汤，起兵灭夏，建立商朝，建都于亳，即现在的河南商丘。以后又曾多次迁移，最后迁至殷（今河南省安阳小屯村），因而商也被称为殷，但商朝人仍自称为商。

一、古代著名商人

中国古典经济思想主张百姓均平，反对一个阶层垄断政权。进一步说，中国政治经济思想一直强烈地反对“以资为本”，主张“以人为本”，一方面强调商人和商业对社会的重要性，另一方面反对商人或资本垄断国家利益。数千年来，国人习惯于按不同职业进行横向社会分层，大体包括士、农、工、商四类，管仲提出“士农工商”的初始意愿是将四民放在同等的社会地位上，只有职业区别，没有贵贱之分，但后世的统治者却为了治理民众，把“士农工商”进行了阶级化。

增智启慧

管仲的商业思想

管仲（约公元前723年—前645年），春秋前期大政治家。他辅佐齐桓公励精图治，使齐国强大，首霸春秋，功勋赫赫。他出身于没落的贵族家庭，少年时代曾经营过商业。他对商品生产、贸易、货币等方面有较为丰富的知识和经验。

管仲提出了四民分业理论并制定了一系列政策。他把老百姓分为士、农、工、商四大类，让他们分业定居，并子承父业，代代相传，使“士之子恒为士，农之子恒为农，工之子恒为工，商之子恒为商”。这样，可以使其子弟“少而习焉，其心安焉，不见异物而迁焉，是故其父兄之教不肃而成，其子弟之学不劳而能”。这样做的好处是可以使这四种职业能保持长期稳定，在专业上提高技能，精益求精；但其弊病则是束缚了人们自由选择职业的主动性，不利于人才的流动与开发。

思考：

管仲“四民分业”的理论还有哪些不足之处？

（一）弃政从商的陶朱公——范蠡

范蠡（公元前536年—前448年），字少伯，春秋楚国宛（今南阳）人。春秋时期越国大臣，古代杰出的政治家、军事家。范蠡被后人尊称为“商圣”，传说他帮助勾践兴越国，灭吴国，一雪会稽之耻，功成名就之后急流勇退。

1. 功成身退，三散家财

范蠡出身贫贱，但是博学多才，辅佐越王勾践，最终越国称霸东南一方。凯旋后，勾践封范蠡为上将军。范蠡深知勾践性格，认为此人“只可同患难，不能共富贵”，拒绝了勾践的挽留，留给文种“飞鸟尽，良弓藏；狡兔死，走狗烹”的忠告，辞掉高官厚禄，将家产全部充公，离开了越国。这是他第一次散财。

范蠡到齐国海边更名换姓开荒种地，还利用海边的盐业资源，开展商业贸易，几年后聚财数千万，成为当地最大的富豪。齐王听说了他的才干，请他做齐国的宰相，而范蠡觉得这是不祥的征兆，于是把数十万财富分给百姓，连夜离开齐国。这是他第二次散财。

范蠡带着一家人来到山东陶邑（今山东定陶县），自称“朱公”，人称“陶朱公”，从事商业贸易。在范蠡的带动下，数年间，陶邑就商贾云集，货走天下，成为当时中原地区重要的商品集散地。有一年，天下大旱，几乎颗粒无收，范蠡把自己的全部财产拿出来布施给国人。这是他第三次散财，取之于民也是用之于民。范蠡十九年之中三致千金，且“富而好行其德”，以德经商，注重诚信，讲究谋略，一直为后人所称道，被尊为“商圣”。

2. 经商有道，探索规律

“农末俱利”。在我国古代，社会生产以农业为主，普遍“重农轻商”。范蠡提出“农末俱利”的经济理论，在当时确实是一大进步。他居陶邑期间，身体力行这一理论，采取“以末致财，以本守之”的经营策略，农牧商结合的经营模式保证了他经营的成功。

“随时以行”。范蠡善于掌握社会时势与自然界的变化规律，预测发展趋势，捕捉成功的时机。由此，他提出了很多著名的商理，如“时用则知物，知斗则修备”“水则资车，旱则资舟”“得时无怠，时不再来”等，至今仍被商人奉为至理名言。

“积贮之理”，即货币周转流通的原则。范蠡主张加快资金周转，揭示了“贵极必贱”的价格变化规律，要根据市场价格的变化及时果断地买进卖出。他在两千多年前就成功地运用近代西方经济学才揭示出来的供求规律、流通规律等商品经济法则从事经营活动，取得了巨大的商业成就。

“择人任时”。范蠡提出“择人”和“不责于人”的人才思想，“择人”就是要善于选择经营人才，唯才是用，司马迁称赞范蠡是“善治生者，能择人而任时”；“不责于人”就是用人不能求全责备，应用其所长，避其所短。

博闻多识

管仲的市场之“道”——公私相分

管仲主张盐铁专卖、公私兼顾，主张让民间商业自由发展，政府调节市场。《管子·轻重乙第八十一》在论及“官山海”的具体政策时，以铁的生产为例。齐桓公说，衡要我下令砍伐树木，鼓炉铸铁，这样就可以不征税而保证财用充足。管仲回答，不可以。如果派罪犯去开山铸铁，那就会逃亡而无法控制。如果征发百姓，人们会怨恨国君，一旦边境发生战事，则必怀宿怨而不肯为国出力。开山冶铁未见其利，国家反遭内败了。所以，不如交给民间经营，算好它的产值，计算好盈利，由百姓分利七成，君主分利三成。国君再把轻重之术运用到这个过程，用价格政策加以掌握。这样，百姓就会奋力劳动甘心听令了。

管子这种公私相分、公私兼顾的产业模式，不直接税于民的财政思想，在历史上影响深远，民间将管子奉为“盐神”。

（二）儒商鼻祖——子贡

子贡（公元前 520 年—前 456 年），春秋末年卫国人，姓端木，名赐，子贡是他的字。子贡是“孔门十哲”之一，且列言语科之优异者，深得孔子真谛和儒学精髓，利口巧辞，且有干济才，办事通达，孔子曾称其为“瑚琏之器”。子贡善于经商，“家累千金”，为孔子弟子中首富。

1. 重视调查，预测商情

掌握市场行情，进行正确的市场预测是经商的首要命题，即使在古代，这也是非常重要的。孔子曾经这样评价子贡：“赐不受命，而货殖焉，亿则屡中。”子贡为什么能常常准确地预测商情呢？这与他重视市场调查是分不开的。在当时的条件下，子贡进行调查只能是亲自到各处去考察，并与各国政要联系以观察政治经济动向。子贡可以说是我国古代最早和最有名的“公关专家”了。从公关中他了解大量信息，预测行情当然就比较准确了。

2. 联系供求，分析价格

子贡最早提出了“物以稀为贵”的看法。他提出：“君子之所以贵玉而贱珉者，何也？为夫玉之少而珉之多邪？”子贡从美玉与似玉的石头的比较中，已经看出供求与价格的关系，他已隐约知道了物品的多少与价格的高低有密切的关系，东西多了则价格低，东西少了则价格高。

3. 掌握时机，灵活经营

子贡在曹鲁之间经商，他的商业经营谋略之一就是捕捉与把握时机，进行灵活购销，以从中获利。史载：子贡“好废举，与时转货赀”。古时“废举”是指储存或囤积货物以待有利时机出售。子贡掌握时机进行商品货物的买卖与资金的流通，以加强商品与货币资金的周转。

增智启慧

儒商的底线

儒家在商业方面的理想是“经世济民”，以“仁”为核心，以利国利民为目的，以回报社会为情怀，用助人之心进行商业活动，创设融洽和谐的氛围，借财富与金钱来实现自己人生的功名。这种经世济民的商业理想，表现了中国传统商人的一种崇高的价值取向和超越一般商人的精神境界，为中国历代商人所遵从，成为一种精神传承。

经济生活中的“诚信”，也得从孔子说起。孔子主张“见利思义”“义然后取”，反对攫取不义之财，主张通过诚实的劳动与经营获得应得的财物。孔子主张“因民之所利而利之”“择可劳而劳之”，也就是让老百姓自由自在地选择自己能干的、干了能得到物质财富的事。因此，在“学而优则仕”的时代，他对子贡采取了肯定和赞许的态度，这在当时具有振聋发聩的作用，并对后世产生了深远的影响，为儒学布扬天下提供了强大的经济后盾。司马迁在《史记·货殖列传》中列举了三十多个商人，他们都在不同程度上受了孔子上述思想的影响。

思考：

你知道儒家思想在经商方面还有哪些体现吗？

（三）治生之祖——白圭

白圭（公元前370年—前300年），名丹，字圭，是战国时期的著名商人。白圭出生在东周都城洛阳，曾在魏惠王属下为大臣，后来又到齐国、秦国做官和经商。他是先秦时期的商业经营思想家，也是当时著名的经济谋略家和理财家。《史记》和《汉书》中说他是商业经营的理论鼻祖，即“天下言治生者祖”，后世称其为“商祖”。

1. 欲长钱，取下谷——薄利多销的生意经

东周都城洛阳的工商业发展一直处于领先地位，洛阳人善为商贾，商业贸易十分繁荣兴盛。当时的商人大都喜欢经营珠宝生意，但白圭没有选择这一当时最赚钱的行业，而是另辟蹊径。白圭看到当时农业生产迅速发展，敏感地意识到农副产品的经营将会成为利润丰厚的行业，提出“欲长钱，取下谷；长石斗，取上种”的经营策略。“下谷”就是指质量较差的谷子。他认为“下谷”等生活必需品，虽然利润较低，但消费弹性小，成交量大，薄利多销，周转快。于是他将农产品、农村手工业原料等这类的大宗贸易作为主要经营方向。

2. 人弃我取，人取我与——掌握时机的智慧

［微课］
白圭的经商思想——“人弃我取，人取我与”

白圭把自己的经营原则归纳成八个字：“人弃我取，人取我与。”丰年或粮食大量上市的季节，农民急着要把多余的粮食脱手，粮价下跌，白圭就适时收购进来，这就是“人弃我取”；歉年或青黄不接之际，农民亟须购买粮食维持生活，粮价上涨，白圭就适时供应粮食，这就是“人取我与”。为了掌握市场的行情及变化规律，白圭经常深入市场，对城乡谷价了如指掌。白圭认为，要想通过经商发财致富，就要像伊尹、吕尚那样筹谋策划，像孙子、吴起那样运筹帷幄，像商鞅那样果决坚定。如果“智不能权变，勇不足以决断，仁不善于取舍，强不会守业”，那就没有资格去谈论经商之术了。

3. 善“取”善“与”的儒商

白圭在经商时不仅善于“取”，即通过交易获取利润，同时懂得“与”，就是要给交易对手和提供商品的劳动者一些利益，与人实惠。白圭认为，一个优秀的商人要具备智、勇、仁、强四种素质，即要有善于分析形势、及时采取正确经营策略的智慧；行动要勇敢果断，当机立断；要有仁爱之心，能够真正明白“取”和“与”的道理；要有耐心、有毅力，不可轻举妄动。这四种素质就是社会的最高道德标准，他却将此视为一个商人的基本素质要求，这也体现了我们今天提倡的儒商思想。白圭虽富甲天下，生活却很俭朴，摒弃嗜欲，与仆从们同甘共苦，成为后世商人效仿的楷模。

（四）传奇巨商——吕不韦

吕不韦（公元前 292 年—前 235 年），出生在两千多年前的卫国濮阳（今河南濮阳西南），是战国末期的商业家、政治家、思想家。吕不韦出身商人世家，他博学多才，文武双全，因扶植子楚即秦庄襄王继承王位而官拜相国，从此大展宏图。

1. 慧眼识人，奇货可居

纵观吕不韦的商业生涯，不难发现他擅用“投机”的手段，即善于找到机会、抓住机遇。当时，玉器非常珍贵，不但用于祭祀、外交和社交等场合，而且用于服饰，但经营者不多。吕不韦抓住了这个既是热门又是冷门的珠宝行当，利用珠玉商人精益求精的心理，贱价收购有瑕疵的、被一些商人低价抛售的残次品，实现“贱买贵卖”。然而他一生最得意的一笔“大买卖”，却是结识了当时作为人质的秦国公子子楚并资助其回国即位。吕不韦说子楚就像一件奇货，可以囤积居奇，以待高价“售出”，这就是成语“奇货可居”的出处。吕不韦想到，倘若在子楚身上投资，会换来巨大的收益，于是几番周折协助子楚返回秦国成为太子。

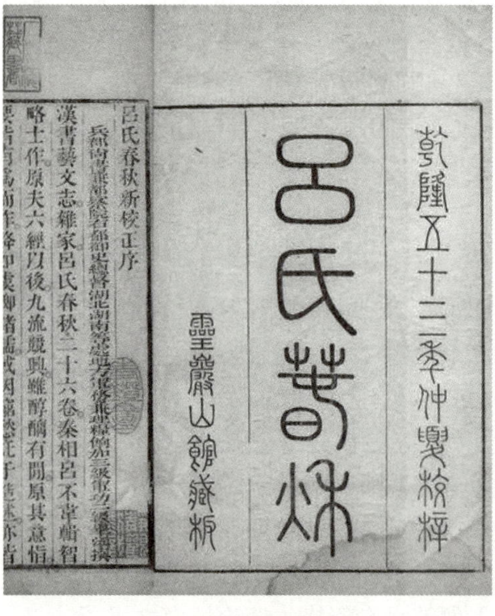

图 5-2 《吕氏春秋》

2. 官拜相国，营国巨商

子楚即位成为秦庄襄王，任命吕不韦为相国，使其从身份低贱的商人一跃成为位高权重的权臣。此外，他还被封为文信侯，“以蓝田十二县为食邑”。从此，秦国实际上控制在了相国兼文信侯吕不韦的手上。吕不韦当年掷重金的投资可谓一本万利，不仅使他名利双收，更是名垂青史，成为“营国巨商”，其所获回报完全无法用钱财来衡量。他开创了历史上商人从政的先河，而且是成功的典范。吕不韦后来组织其门客撰写了《吕氏春秋》（如图 5-2 所示），其中有这样一句话：“民之情，贵所不足，贱所有馀。”这很好地总结了他做生意的诀窍：贱买贵卖和奇货可居。

二、古代商人的历史发展

随着社会环境的变化，商人在几千年的历史长河中也经历了一番起落沉浮，中国的商人阶层并不是一直生活在重农抑商的阴影之中。先秦时期尤其战国中后期，商业活动得到统治者的支持和认可。自商鞅变法后，商人方才走向了上千年的被动和压制。两宋以后尤其明清时期，传统的士农工商四民论受到挑战和质疑，士商关系发生了巨大变化，商人在一定程度上逐渐赢得了社会的再次认同和尊重。

［微阅读］
商人的称谓

（一）商人发展的黄金时期

周代，人们将商人同手工业者、农民一道称为"大农""大工""大商"，认为商业和商人是国家的根本。春秋战国时期是商人在中国历史上发展的一段黄金时期。先秦诸家并没有明确的重农抑商思想，当时在齐、楚、秦、赵诸国兴起了许多商贸中心城市，许多大工商主活跃其间。社会上所讲的重义轻利也大多针对统治者的作风品性，是对贤人道德上的要求，而非反对商贸活动和工商业。

西周的土地国有制使统治者不必提出抑商、轻商的问题，也不存在商人兼并和农民"弃农经商"的问题。春秋时期，铁器被广泛地使用于农业生产，齐桓公任用商贾出身的管仲为相，靠商业富国而"九合诸侯，一匡天下"，成为春秋首霸。春秋后期至战国，著名的大商人不断出现，范蠡、子贡、猗顿、郭纵、白圭都以其高超的政治和经济谋略成为纵横捭阖、富甲一方的大商人，其成就亦为后世商人所推崇。

战国晚期，大商人更趋活跃，富商巨贾往往以其雄厚的财力而得到国君的尊重，甚至利用政治投资获得丰厚回报，吕不韦便是最明显的例子。春秋战国作为中国古代社会大转型时期，商人顺应政治和社会经济发展的需要，成就了几千年来让后世商人最为怀念的美好时代。但是，当商人把大量社会财富囊为己有，必然会加剧他们同农民的矛盾，加深他们同新兴地主的矛盾，从而埋下了后世抑商、贱商的祸根。

（二）商人发展的两难境地

经过古代商人发展的黄金时期后，此后历朝历代的政府基本上都实行过抑商政策。商人的经营范围受到限制，人格尊严受到羞辱，不能"入仕"，财产也得不到保护，商人面临发展的困局。

1.“大商人”对“小商人”压制

富商大贾为了维护自己的权益，有的以王朝的政治势力为靠山，丧失了早期自由商人的进步性，不仅"为富不仁"，在经济上对人民剥削，在政治上也成为统治阶级中的保守一翼。中小商人经常受到"名不挂市籍之上，身不在市列之中"的富商大贾的欺凌。西汉初的"贾人不得衣丝乘车"，不得持兵器，本人及子孙不得"仕宦为吏"，赋税加倍征收，影响不到大商人，只是中小商人倒霉。宋代市制崩溃，已无市籍之说，中小商人地位虽有提高（如图 5-3 所示），但在团行组织中，货源的分配、价格的评定，都操纵在行内少数富商之手。

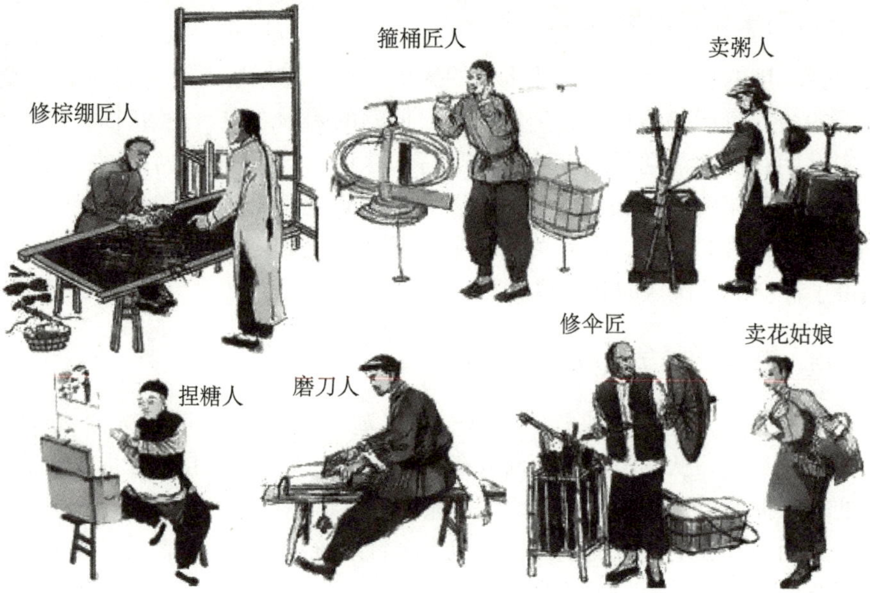

图 5-3　中国古代中小商人

在实行主要商品（如盐茶）专卖的条件下，唯有以大量资本垫支，以缴纳重税重金得到封建政府授权和保护的大商人才有经营的资格，资财浮薄的中小商人被排斥在外。中小商人处于被统治的地位，身份低贱，历代王朝的“贱商令”矛头皆指向他们。富商巨贾可以操纵市场、欺行霸市，应出的赋税也会通过行会转嫁到中小商贩头上去。封建政府在经济上的压榨和限制，是中小商人世世代代难以挣脱的镣铐。

［微课］
从大商人到小商贩——行商的发展

2. 重农抑商下的“商贾恨”

虽然大商贾对小商贾有各种压制，但大商贾以末致富，有的甚至富埒王侯，这是专制皇权不能容忍的，于是历代有种种贱商的规定。

在历代商业政策方面，主线是重农抑商，禁榷制度，官办工业制度，官营商业制度，工商食官制度，苛重的赋税、捐税、租税等商业税收政策，使商人的发展屡屡受创。商鞅在《垦草令》中提出了许多抑商的具体办法，如提高酒价，重征商税，禁止商人经营粮食、开设旅店等，迫使商人转业为农。

在对商人歧视方面，继汉高祖禁市井子孙出仕之后，历代多有类似法令。隋文帝开皇十六年诏令，工商不得仕进。唐代是中国封建社会的盛世，但经济的繁荣并没有改变商人的地位。唐制也规定工商杂类不得预于仕伍，断了由财富通向权力的道路，即使商贾有捐纳为官者，也只是徒有虚名，为仕子所不齿。西晋时还曾规定市侩须戴头巾，头巾上写明姓名及所卖物品名称，一脚着白鞋，一脚穿黑鞋，从形象上来恣意丑化商贾。明朱元璋令，农民之家许穿细纱绢布，商贾之家只许穿布，农民之家，但有一人为商贾者，亦不许穿细纱。

虽然在封建分裂及统一的政权建立初期，统治者或为增强实力、或为休养生息巩固统治暂时放松对商人抑制，商人有过瞬间的喘息和发展，但随着统一王朝的政权巩固及国力恢复，统治者便迫不及待地厉行抑商政策，采取措施抑制商人的发展。传统社会视农业为封建社会的国本，为固国本，要农民安于艰苦的农业生活，就必须抑商、贱商，使得商人们也无力改变不平、不公的“商贾恨”的历史境遇。

博闻多识

传说中的“商业保护神”

商人们对于“商业保护神”的信仰，是在长期的商业活动中形成的一种民间习俗，表达了商人祈求神仙庇佑其生意兴隆、财运亨通、大吉大利的良好愿望。在民间信仰中，最传统、最普遍的，大概要算是武财神关羽了。关羽被人们视为“万能之神”。关羽被神化后，他集完美之大成，降妖护国、平寇破贼、防瘟避灾、助人发财，他常司的神职还有“战神”“考试神”“帮会保护神”等。山西商人就把关公作为出门在外的保护神，在他们遍布全国的会馆里，多建有关帝庙，希望关公能保佑他们平安。除了财神这种普遍意义上的“商业保护神”外，妈祖是我国最具典型意义的海神，是历代海洋贸易者、商人、渔民、传说中的“商业保护神”，船工、海员和旅客共同信奉的神祇。我国沿海地区以及东南亚各国，凡有航海和漕运之处，莫不有妈祖庙，甚至于远在太平洋中心的檀香山（火奴鲁鲁），也有妈祖庙。渔民和航海商人在起航前大都会先拜祭妈祖，祈求保佑顺风和安全。

第二讲 近代商人

引言

“富以能施为德，贫以无求为德，贵以下人为德，贱以忘势为德。”这句话的意思是，富有时以能施舍为有德行，穷困时以无求于人为有德行，显贵时以能屈己下人为有德行，卑贱时以忘却权势为有德行。

中国商业在经历了千年的发展之后，商道日趋成熟，商人们形成了属于自己的近代行业准则和指导原则。

“经商要读《胡雪岩》。”据说这是现在办企业的人中很流行的一句话。胡雪岩为什么如此“走红”？有人总结他在经营中有这样几个特征：利用官府资源的能力、斡旋社会各阶层的能力、资本运营的能力。胡雪岩提出的“戒欺”“客户第一”“采办务真，修制务精”等经营理念，至今被一些商人学习和沿用。近代商人中不乏一些奇商，殚精竭虑、大刀阔斧、立志求新，他们敢为一般商人所不为之事，实践了一般商人所不愿为之事，留下值得珍视的传统，积累了不能忽略的经验，为后人提供了很好的参照。

一、近代著名商人

近代中国的新兴商人，应该说是一个顺应历史发展并且颇具活力的社会群体，无论是在社会地位还是在社会影响等很多方面，商人都开始以崭新的姿态登上了历史舞台，在社会生活的诸多领域中都产生了相当重要的影响。

（一）近代中国首富——伍秉鉴

伍秉鉴（1769 年—1843 年），又名伍敦元，“广州十三行”总商，怡和行主人。2001 年，美国《华尔街日报》统计了 1000 年以来世界上最富有的 50 人，伍秉鉴位列其中。估计资产达 2600 万银圆，相当于今天的 50 亿元人民币，几乎等于当时清政府全年收入的一半。

［微课］
近代中国的世界首富——伍秉鉴

1. 富甲天下

乾隆中叶之后，清朝只开放广州一地对外贸易，史称“一口通商”，“广州十三行”的行商也叫官商（如图 5-4 所示），有垄断经营权，成为中西贸易、交流的中心。1801 年，32 岁的伍秉鉴接手了怡和行的业务，后来成为广州行商的领头人——总商。伍秉鉴是个商业奇才，他既是中国封建社会的官商，又懂得依靠西方商人的贸易发财致富。他的商行在当时同外商联系最为紧密，可以在东印度公司、散商和美商中左右逢源。1834 年以前，伍家与英商、美商每年贸易额达数百万两白银，伍秉鉴还是东印度公司的“银行家”和最大债权人。在产业经营方面，伍秉鉴不仅在国内拥有地产、房产、茶园、店铺等，还大胆地在美国进行铁路投资、证券交易，甚至涉足保险业务等领域，使怡和行成为一个名副其实的跨国财团。

图 5-4　1807 年“广州十三行”交易场景

2. 诚信扬名

中国商人的诚信、慷慨一直为西方商人所称道，伍秉鉴以自己的言行告诉我们，商业不是一种竞争关系，而是一种超越竞争的诚信关系。当时一个美国波士顿商人与伍秉鉴合作经营生意，由于经营不善，欠了伍秉鉴 7.2 万银圆的债务。这位美国商人无力偿还欠款，故而无法回到美国。伍秉鉴知道此事后将借据撕毁，并表示对方可以随时离开广州归国。伍秉鉴这个惊人的举动，为他在太平洋两岸赢得了好声誉。

3. 捐资助国

1840年，鸦片战争爆发。伍秉鉴和其他行商们拿出大量资财，支持朝廷修建防御工事、打造船只火炮。次年5月，英国人打到广州城时，清军根本无心应战，他们将行商们推上前台，伍秉鉴带领行商们与英国人进行了谈判，并签订了《广州和约》。伍秉鉴带头拿出一百多万元，在他的号召下，十三行商总共负担了一半赔款，减轻了朝廷的压力。此后广州“一口通商”的优势已不在，行商随之日益衰落，有的走向破产，伍秉鉴也不例外。可以说，伍秉鉴的成功是清朝“闭关锁国”政策下的产物，而一旦这个政策被打破，他所取得的荣誉也随之一并消亡。

（二）红顶商人——胡雪岩

胡光墉（1823年—1885年），幼名顺官，字雪岩，著名徽商，协助左宗棠创办福州船政局，筹供军饷，开设阜康银号，经营中药、丝茶业务。

1. 发迹奇遇

胡雪岩幼时家境贫寒，到杭州一个钱庄做学徒，因自作主张将钱庄的500两银子借给了浙江盐运使王有龄而被逐出了钱庄。后来王有龄不忘胡雪岩的知遇之恩，资助其自开钱庄，号为“阜康”。此后，胡雪岩生意越做越大，除钱庄外，还开了许多店铺。

胡雪岩一生最引人注目的事情是辅佐左宗棠。左宗棠任浙江巡抚时，部队后勤供给不足，胡雪岩雪中送炭，在三天之内筹齐10万石粮食。左宗棠对胡雪岩的才能极其赏识，便委以重任，让胡雪岩经办起了粮台转运、接济军需物资的生意。此后，胡雪岩协助左宗棠创办福州船政局，造船以加强清军水师力量。在左宗棠调任陕甘总督后，胡雪岩主持上海采运局局务，为左宗棠大借外债，购买西洋军火，转运东南协饷，自己也赚了大把的银子。胡雪岩操纵江浙商业，垄断金融，开设阜康钱庄支店达20多处，遍布大江南北，胡雪岩的资产达2000余万两，另有田地万亩。

2. 经营奇效

胡雪岩当时已经成为国内屈指可数的富豪，他以“仁”和“义”二字作为经商的核心，善于随机应变，产业遍及钱庄、当铺、丝绸、茶叶、军火等，又因资助封疆大吏左宗棠有功，朝廷下谕赏胡雪岩二品官衔，顶戴红珊瑚，赐穿黄马褂，可在紫禁城骑马。至此，胡雪岩的事业到达了顶峰。按清朝惯例，只有乾隆年间的盐商有戴过红顶的。而既戴红顶又穿黄马褂的，历史上仅有胡雪岩一人，所以他被称为“红顶商人”。

作为一代“红顶商人”，胡雪岩乐善好施，做出众多义举。他开办的胡庆余堂药号（如图5-5所示）推出了十四大类成药，并

图5-5 胡庆余堂

免费赠送辟瘟丹、痧药等民家必备的“太平药”，救死扶伤的对象范围扩大到全天下所有的百姓。胡雪岩亲书“戒欺”字匾（如图 5-6 所示），告诫工人“药业关系性命，尤为万不可欺”，胡庆余堂成为国内规模较大的全面配制中成药的国药号，饮誉中外。此外，胡雪岩还极其热心于慈善事业，多次向直隶（今河北）、陕西、河南、山西等地区捐款赈灾。

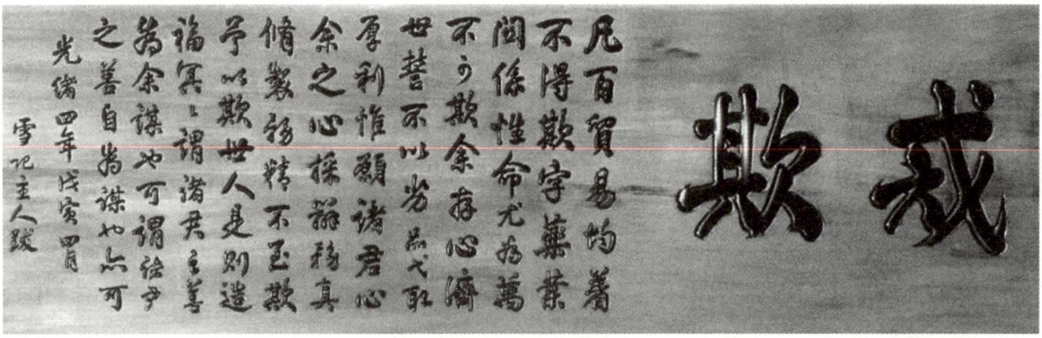

图 5-6 “戒欺”字匾

博闻多识

“江南药王”——胡庆余堂

“北有同仁堂，南有庆余堂。”胡庆余堂是与同仁堂齐名的国药老店，被称为“江南药王”，是清同治十三年（1874 年）由“红顶商人”胡雪岩创办的。胡庆余堂地处杭州历史文化街区清河坊，背倚吴山，是国内保存最完好的晚清工商型古建筑群，也是徽派建筑风格的典范。

在商场上风生水起的胡雪岩，是如何想到要创办药店的呢？有学者认为，胡雪岩创办胡庆余堂是他济世怀仁之举。胡庆余堂的开创与胡雪岩深受杭州悠久的中医文化熏陶、身处乱世而兴济世救人之念有着密切的关系。胡雪岩在其事业的全盛时期开创了胡庆余堂，将救死扶伤的对象范围扩大到全天下所有的百姓。胡庆余堂推出了十四大类成药，并免费赠药，在《申报》上大做广告，使胡庆余堂在尚未开始营业时就已声名远播，这正是胡雪岩“放长线钓大鱼”的经营策略。他还聘请江浙名医以宋代皇家药典《太平惠民和剂局方》为基础，收集整理各种古方、验方、秘方等四百多种，编印成了《胡庆余堂雪记丸散全集》，分送各界。胡雪岩于清光绪十一年（1885 年）离世，之后胡庆余堂曾数次易主，但店名仍冠以“胡”字。胡庆余堂百年老店经久不衰的法宝之一，便是“戒欺”。著名的“戒欺”字匾也是胡雪岩于清光绪四年（1878 年）亲笔所写，“戒欺”可谓胡庆余堂以“江南药王”饮誉百余年的立业之本。如今，胡庆余堂制药仍遵守祖训——“采办务真，修制务精”，所生产的药品质量上乘，所以在竞争中提倡货真价实——“真不二价”。

（三）状元实业家——张謇

图 5-7 张謇

张謇（1853 年—1926 年），字季直，号啬庵，今江苏省南通人，清末状元，中国近代实业家、政治家、教育家，主张“实业救国”，中国棉纺织领域早期的开拓者，上海海洋大学创始人（如图 5-7 所示）。张謇在兴办实业的同时，积极兴办教育和社会公益事业，造福乡梓，帮助群众，是中国商人的先贤和楷模。

1. 实业救国：天地之大德曰生，世间之大事莫过国计民生

1894 年，41 岁的张謇高中状元，被授予翰林院修撰，步入仕途。不久后，中日甲午战争爆发，《马关条约》签订，激起张謇极大的愤慨和忧虑。当时的中国士大夫一向耻于经商，但张謇认为，只有发展民族工业，才能抵制帝国主义侵略，于是毅然放弃功名仕途，到家乡创业办厂。张謇是科举史上第一个“下海”的状元。他发现当时中国输入的最大宗商品是棉纺织品和钢铁，遂意识到棉纺织业关系人民生活、制铁事业关系国家生存。1895 年，他在南通创办大生纱厂，“大生”意为“天地间最大的事便是国计民生”。此后，他又创办了轮船公司、面粉公司、冶铁公司、实业银行等数十家企业，大多与民生相关，并逐渐形成工业区，还建了码头、发电厂、公路。

2. 兴办教育：“父教育而母实业”，创办中国第一所民办师范

图 5-8 通州师范学校

张謇创办了中国第一所纺织专业学校，开中国纺织高等教育之先河。他主张“父教育而母实业”，认为“实业与教育迭相为用”，倡导通过实业壮大国力，又通过教育来为国育才。1903 年，中国第一所民办师范——通州师范学校（如图 5-8 所示）开始招生。张謇独自创办或参与创办师范、纺织、医学、农业等高等学校和职业、专科学校近 400 所。在普通教育中，他也构建起了幼儿教育、小学教育、中学教育、大学教育的教育体系。

3. 办博物馆：“设为庠序学校以教之”，创办中国第一所公共博物馆

［微课］坐贾安于市

张謇认为，博物馆可以起到补充学校教育的作用。1905 年，他在南通濠河之畔创办了中国人独立创办的第一所公共博物馆——南通博物苑。张謇专门作了一副楹联，介绍办博物馆的初衷：“设为庠序学校以教，多识

鸟兽草木之名。”早期的南通博物苑陈列自然、历史、美术、教育文物与标本，已经是一个综合性的博物馆。

张謇一生创办了20多个企业，且许多学校与事业单位的兴办在当时都是全国第一，为中国近代民族工业的兴起、教育事业的发展做出了宝贵贡献，被称为“状元实业家”。

二、近代商人的历史地位

近代以来，商人的社会地位有了明显的提高。由于政府政策和社会认知的改变，商人的经济实力进一步增强，开始参与政府事务，组建自己的组织，并在慈善、教育等公共事务中发挥了重要作用。

（一）特权商人占统治地位

封建末期的明清时期，商业资本积累空前巨大。在商业资本中，资本最雄厚、势力最大、最能积累财富的还是封建势力密切勾结的封建特权商人，如盐商、茶商、洋商、铜商、采办商等。这些显赫一时的特权商人，实际代表官府利益，官商互为表里，有“官商”之称，可以说是明清时期的特产。

行商是垄断清代对外贸易的封建特许商。清朝统治者为控制对外贸易，实行公行制度，由政府指定广州极少数的牙行商人作为对外贸易中外商与国内贸易商人的中介商。行商实际上垄断了对外贸易的经营权，广州行商统称“十三行”，因为拥有对外贸易的特权，所以积累了巨额资本。皇商，是专门替封建政府、皇宫和军队采办官方用品、奢侈品和军需品的封建特权商人。由于领有官帑，特准经营某些重要商品，不仅可以得到减、免税收的优待，而且可以凭借封建统治力量排挤同行和掠夺社会财富，因此皇商积累了巨大的财富。

总之，封建特权商人和封建统治势力是密切勾结在一起的，封建统治者需要封建特权商人为其效劳，而封建特权商人又以封建统治势力为后台。封建特权商人可以一身多任，往往既是皇商，又是大盐商或大铜商等。他们依靠封建特权，不仅剥削和掠夺广大劳动者，也掠夺中小商人。在他们活动的地方，限制了商品流通和自由竞争，一定程度上阻碍了商品经济的发展。同时，由于封建特权商人依附于封建统治势力，他们在经营上就失去独立，难以把积累起来的巨额财富自由地投向生产。

（二）商人社会地位提高

随着商人阶级力量的发展壮大，中国固有的社会结构发生了深刻的变化，原有的以士农工商为特点的等级鲜明的社会阶层体系也受到了巨大的冲击，商人开始以更为积极的姿态争取政治权利并参与政治活动，商人的社会地位在逐步提升。

各地商人形成大大小小的地区性商人组织，如商帮、行会、会馆等。商帮是古代的商业集团，比单个经商具有更大的活动能量。明清时期，以十大商帮为代表的地方商帮在中国兴起，在商帮崛起的地方，传统的士农工商中的商不再被排在末位，士、商常相混，亦商亦儒，甚至弃儒从商。晚晴时期，资产阶级及其知识分子提出了“商人国本”，对其四民之末的社会地位提出了质疑和批判。

行会、会馆对内仲裁同业的纷议，避免竞争，规定统一的市场交易规章制度（如交货、清算、折让、用人等制度）和买卖价格，肯定交易习惯，监督度量衡等；对外则保护本帮同业者的利益，缓和商人和封建政府之间的关系，与封建官僚的压迫做斗争，与其他帮口竞争。此外还排斥外行的商人加入本行，与牙行的欺行霸市做斗争，规定学徒制度、规定佣工的工资和劳动时间、统一福利待遇和抚恤客死的同籍商人等。商人势力的增强和商人组织的大批涌现，有利于商人开展反封建的斗争。

随着商会组织的建立和扩展，一批现代或半现代的实业家、商人、金融家和大工业家被物质利益、共同的政治要求等联系在一起，商人受到朝野重视，有了更多的合法途径来参与社会事务，依靠自己的经济实力，不断对现实的政治产生影响。

博闻多识

商人讲究吉数的习俗

商人讲究吉数，这既是种习俗，也是种信仰。讲究吉数流行于全国各地。旧时商人相信数字有吉凶之分，而对吉数的喜好偏爱，多由希望平安顺利、发财心理驱使。过去经商出门远行，多选逢八之日，顺应“要得发，不离八”的吉言。此外，双数与“六”也被视为吉祥数字，有“好事成双”“六六大顺”的俗语。至今香港、广州商行最吉利的数字仍为“八”和“六”，因“八”与“发”,“六”与“禄”谐音，所以开业、宴宾多选带“八”和“六”的日子。“六”也是云南大理白族地区的吉祥数字，送礼买卖都忌无“六”。这是因为汉语中“六”与白族语中的“足够”音相近，所以当地人们视“六”为满足、足够之吉意。

第三讲 现代商人

引言

“守巧不如守拙。伶俐聪明之人，志向高者，逆知世务，修德省身，潜养己长。”出自《客商一览醒迷》。这句话的意思是，以乖巧聪明处世，不如以老实朴拙守身。聪明伶俐的人，志向高远的人，能够预知世事，修养德操，反省自身，潜心修养自己的长处和才干。

古代商书中曾宣传“商亦有道，敦信义，重然诺，习勤劳，尚节俭。此四者，士农工皆然，而商则尤贵，守则勿失”等理念，由此，经商在道义上成为一种能被大家接受和认可的职业。现代商人创造社会财富的同时，又推动商业文明的发展，因此，商人不只是一种职业，更是社会责任的承担者。

今天，中国经济、社会飞速发展，成为全球第二大经济体。中国商界风起云涌、弦歌不绝，商人群体英雄辈出、灿若星河。今天的商人在创造更多社会财富的同时，如何提高自身的精神层次，更好地信守规则，履行诚信义务，进一步提高自身在文化层面的地位，是应该多多予以考虑的。可喜的是，中国经济具有持续稳定增长的韧劲，中国制造、中国创造、中国建造共同发力，继续改变着中国的面貌。现代中国经济孕育了现代商人，也赋予了他们当代的使命和责任。

一、现代著名商人

时代的变化创造了不同的营商环境，每个商人的创业与发展都有自己的故事，鲁迅曾说："巨大的建筑，总是一木一石叠起来的，我们何妨做做这一木一石呢？"现代商人的"一木一石"是他们奋斗的足迹，还有他们孜孜前行的精神。

（一）战略大师——任正非

任正非，1944 年生于贵州，1987 年创立华为技术有限公司，任总裁至今。华为创造了 20 多万个就业岗位，5G 技术世界领先。

1. 创业弥坚

44 岁这一年是任正非落魄失意的一年，被南油集团开除、背上 200 万元债务，他跌入人生低谷。这一年，任正非在深圳创办华为，进入通信领域。当时，创业条件艰苦，加上行业知识薄弱，任正非压力巨大。他发现，当时国内的通信设备几乎都依赖于进口，于是他决定自主研发交换机技术。可惜投入所有资金推出的模拟交换机 JK1000 遭到数字交换机的严重打击，损失惨重，任正非迅速调整方向，研发数字程控交换机。即使研究人员经验匮乏、公司遭遇资金链断裂危机，任正非依然坚持到底，终于在 1993 年研发成功。这款数字程控交换机为华为占领了市场，在通信领域站稳脚跟。随后，华为进入国际市场，并集中力量在通信核心网络技术的研究与开发上，形成自己的核心技术。华为一步一步前进，逐步积累，才达到今天的世界先进水平。

2. 狼性文化

华为非常崇尚"狼性文化"，任正非认为"狼"是企业学习的榜样，"企业就是要发展一批'狼'，狼有三大特性：一是敏锐的嗅觉；二是不屈不挠、奋不顾身的进攻精神；三是群体奋斗。"任正非将这种"狼性文化"落实到企业管理的方方面面。据说在华为创业初期，华为的每个员工的桌子底下都放有一张垫子，就像部队的行军床。除了供午休之外，更多是为员工晚上加班加点工作时睡觉用，这种做法后来被华为人称作"垫子文化"。这种艰苦奋斗的精神，成为华为一道独特的风景线。

3. 未雨绸缪

华为以产业报国、振兴民族通信工业为己任，是着眼于大市场、大系统、大结构的高科技企业，在电子科技行业的地位已经位列世界前三。因为华为在通信领域超强的实力，从 2018 年底开始，美国以各种条件限制华为在全球的发展，这时，华为早已有所准备，任正非展现了一名优秀战略家的大格局、大视野、大胸怀。智能社会的机会窗和大信息流量，为华为创造了巨大机会，同时，华为也形成了一支挑得起来的队伍。从 5G 到智能手机，从海思到鸿蒙，华为作为一家中国优质的科技公司，为中国制造创造了口碑，为中国企业走出去贡献了非常多的经验。任正非一直在自己的主航道行驶，华为坚持每年将 10% 以上的销售收入投入研究与开发，近 10 年累计研发投入超过 7200 亿元。任正非不为“红舞鞋”所惑，坚持信念，努力前行，始终保有高度的爱国情怀，身体力行地践行着现代商人精神。

（二）改革先锋——霍英东

霍英东（1923 年—2006 年）祖籍广东番禺，生于香港，于 1953 年和 1954 年，分别创办霍兴业堂置业有限公司及有荣有限公司，任董事长，是香港中华总商会永远名誉会长，香港知名实业家。2018 年，党中央、国务院授予霍英东改革先锋称号，颁授改革先锋奖章。

1. 爱国至诚，敢为人先

霍英东年轻时就有为国家做事的志向、激情和胆略。抗美援朝期间，在西方国家对我国实施全面禁运、港英当局武力“缉私”的情况下，他在香港组织了颇具规模的船队，为祖国运送了大量急需物资，有力地支援了抗美援朝。20 世纪 70 年代末，改革开放伊始，他就积极筹划，最早进入内地投资。1983 年，他与广东省有关部门合作兴建的广州白天鹅宾馆开始试营业，成为我国内地首家由中国人自己设计、施工和管理的大型现代化五星级酒店。此外，他先后投资或捐赠了番禺大石大桥、洛溪大桥、沙湾大桥等多个重大项目。他首创分层预售“楼花”（如图 5-9 所示）和分期付款的经营方式，对香港房地产业的发展影响极大。

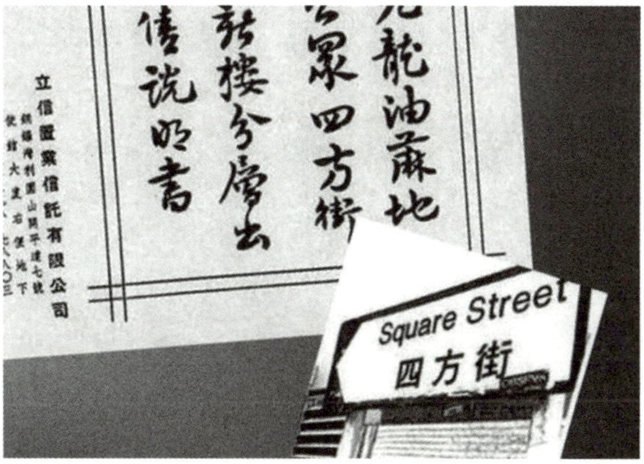

图 5-9 霍英东首创分层预售“楼花”

2. 拳拳之心，襄助体育

凭着对祖国的赤胆忠心和对体育事业的远见及热诚，霍英东大力捐款支持体育事业，鼓励运动员为国争光。他认为，体育展现中华民族的志气和力量。他四方斡旋，帮助中国恢复在国际体育组织的合法地位；他积极奔走和多方努力，为北京主办第十一届亚运会和申办 2008 年奥运会做出了重大贡献。他捐资 1 亿港元设立霍英东体育基金，奖励优秀运动员和教练员，扶植发展体育项目和体育科研，建成中国体育历史博物馆和中国武术研究院，设立致力于向全世界推广中国象棋的亚洲象棋基金。

3. 兴办公益，回馈社会

虽然霍英东在富豪榜上并不位列前茅，但他是全香港捐献最多的慈善家。据统计，霍英东的慈善捐款超过 150 亿元，其中，2002 年 4 月他把在“澳门旅游娱乐公司”退出的约值 60 多亿元的股份全数捐给自己在澳门成立的基金会，用于建设澳门，成为香港历年来最大的一笔捐款。以他的名字命名的“霍英东基金会”在 1977 年成立后，一直以捐献和非营利投资形式，策划了数以百计的项目，尤其是在推动各地教育、医疗卫生、体育、科学与文化艺术、山区扶贫、干部培训等方面做了难以胜数的工作。他的基金会对全国各地教育文化事业的捐赠累计达 7.6 亿港元，捐资建成大批教学设施。

（三）“经营之神”——王永庆

王永庆（1917 年—2008 年），出生于台湾，祖籍福建省安溪县。王永庆在 1954 年创办了台塑公司，是台湾著名的企业家，被誉为台湾的“经营之神”。

1. 一勤天下无难事

王永庆 15 岁辍学做学徒工，16 岁时用父亲所借的 200 元自己开办了一家米店。初营米店，王永庆开始免费给居民提供上门掏陈米、洗米缸服务。当时稻谷加工非常粗糙，每次卖米前他都会把杂物拣干净，买主得到了实惠，成为回头客。从碾米厂到经营木材，再到创办台塑集团，王永庆对细节问题的重视习惯没有改变，很多小事仍然亲力亲为，每周工作 100 多个小时。他说：“要常常警惕自己，稍一松懈就导致衰退，经常要有富不过三代的警觉。”

2. 经营之道受推崇

作为一位白手起家的创业者，王永庆的经营管理之道对现在众多创业者大有裨益。王永庆从多年的经营管理实践中，创造了一套科学用人之道，其中最为精辟的是“压力管理”和“奖励管理”。他认为承受适度的压力，甚至主动迎接挑战，更能充分体现出一个人的旺盛生命力。据说，台塑集团的主管人员最怕“午餐汇报”。王永庆每天中午都在公司里吃一盒便饭，用餐后便在会议室里召见各单位主管，先听他们的报告，然后提出很多犀利而又细微的问题，庞大的台塑集团完全在王永庆的掌握之中。王永庆一方面靠这样的压力管理方式来推动企业经营，另一方面施以极为慷慨的奖励。奖惩分明是台塑集团的一贯做法，台塑的物质奖励包括年终奖与改善奖，还有王永庆私下发给干部的奖金，称为“另一包”。对一般职员，则采取“创造利润，分享员工”的做法。员工知道自己的努力终究会有回报，因此都愿意加大投入。

3. 热心公益建学校

王永庆热心公益事业，累计捐助超过 100 亿元人民币。他向中国残疾人福利基金会捐赠人工耳蜗给听障儿童。汶川大地震时，台塑集团捐赠 1 亿元人民币，是台湾捐款最多的企业。晚年期间，王永庆深知教育的重要性，提出了要在大陆建设 10000 所希望小学的目标。如今由王永庆捐赠的明德小学已超过 4200 所，遍布全国各地。

二、现代商人的时代特征

在以商品流通活动为主的前提下，中国现代商人所从事的活动还包括非商品流通活动、生产活动、服务活动和管理活动等，活动范围不仅在国内，还进入国际市场，既包括传统的“线下交易”，还包括现代的“线上交易”。不同时代的商人有不同的特征，不同时期的商人精神也具有不同的本质内涵。与中国传统商人相比，中国现代商人具有更强的社会责任感、更高的综合素质，更注重企业内外的分工协作，更能够发挥团队的作用，掌握和运用现代经营管理手段，拥有诚信、造福社会等更多迈向美好生活所必需的现代商业素养。

（一）继承和发扬传统商人精神

我国传统商业文明的精髓始终凸显“诚信真善、义利并举”的文化内涵，“勤俭敬业、吃苦耐劳”的经商理念，坚持“利”与“义”相统一的价值观，注重开拓创新的能力，以及顾客至上、知人善任、以人为本的精神，这些传统商人的精神品质都在现代商人的身上得到了体现。

1985 年，当张瑞敏发现工厂 400 多台冰箱中有 76 台存在各种各样的缺陷时，他义无反顾地抡起大锤砸掉了不合格冰箱，之后发动和主持了多个质量提升会议以改进海尔的产品质量，终于，三年后的海尔人捧回了我国冰箱行业的第一块国家质量金奖。华为采用全员持股计划，成为国内第一家全员持股的企业，任正非的持股比例从未超过 2%，其利润分享机制让华为吸引和聚集了一批国内顶尖的研发与管理人才。现代商人在潜移默化中践行着传统商人的优秀精神和理念。

（二）树立现代经营观念

现代商人按照市场的变化转变思维理念和经商意识，从封闭市场向开放市场转变，从产品向客户转变，从企业竞争向价值链竞争转变，从地方性经营向全球化竞争转变。伴随着经商意识理念的转变，现代商人懂得科学的管理，拥有前瞻意识和危机意识，善于做企业战略规划，能够把握时机，强化自身优势，利用科学有效的管理手段和创新精神取得满意的商战效果。

例如：“一直在过冬”的任正非、“视万科前 20 年成绩为零”的王石、“失去初心，百度离破产永远只有 30 天”的李彦宏等著名企业的领导人，在感受强烈危机的同时间接表现出不断进取的学习姿态。联想的柳传志、腾讯的马化腾，他们的骨子里都流淌着创新的基因，在竞争激烈的市场环境中，不断推出新的产品、服务和经营理念以击败竞争对手，不但可使企业取得较高的财务回报和良好的商业名誉，更可因其创新的产品和服务造福社会。

（三）具备较高的综合素质

随着市场化改革的深入发展和商业全球化的推进，现代企业制度不断得到完善，现代商人的成长环境也在持续改善。面对激烈的市场竞争和复杂多变的国内外营商环境，不断发展壮大的商人队伍也在持续提高自己的综合素质。他们有强烈的学习愿望，注重学习质量，把学习与修身养性、治理企业、服务社会紧密联系起来；他们善于学习成功经验，从不同时代、不同地域、不同行业、不同年龄的成功者那里汲取丰富的营养，并举一反三，更新经营理念，朝着更加成功的目标前进；他们懂得掌握科学管理方法的重要性，具有优秀的管理才能，善于识人、用人，能够团结并同一切有利于企业发展的人合作，整合有利资源，找到企业发展的成功之道；他们具有坚定的信念，不怕失败，能正确面对现实中的各种困难挫折，从而超越自我和战胜自我。例如：42 岁的宗庆后发现做儿童营养液有巨大的市场，但身边没有任何人支持他，认为他在痴人说梦，可宗庆后意识到这是一个四十多岁的中年人一生中的最后一次机遇，他给自己的儿童营养液取名为“娃哈哈”。

（四）追求社会价值

现代商人通过创利来增加社会财富，通过承担社会责任来推动社会进步。企业的商业价值和社会价值始终存在，好的商业企业必定会有意识地把握企业的社会价值，并不断产生新的追求，推动社会进步。他们主动追求企业的社会价值最大化、提供就业机会、开发创业平台、推动节能环保、促进环境友好、大力扶贫济困、实现各类人群的平等发展与社会共同进步。“天下兴亡，匹夫有责”，多年来，现代商人为赈灾、扶老、助残、济困、助学、助医等积极捐款捐物，在危难之际为国分忧。董明珠说“让世界爱上中国造”，美丽的“逸夫楼”遍布大学、医院和科研院所……现代商人追求商业价值的同时不忘回馈社会、报效祖国，让民族品牌傲立于世界，让中华文化引领文明发展。

“一灯照隅，万灯照世”，经济的发展赋予了现代商人更多的时代责任，也需要更多德为人先、行为世范的现代商人承担起这种责任。

明道·传承

小人物的大情怀

1978 年以来，中国经济、社会飞速发展，成为全球第二大经济体。40 多年来，中国商界风起云涌、弦歌不绝，商人群体英雄辈出、灿若星河，覆盖制造业、农业、房地产、教育、互联网、金融等。他们不断突破边界、创造奇迹，推动了中国的经济崛起与社会变革。

改革开放、民族复兴是大事业，见证和参与时代变迁、留下商业足迹的是小人物，这些小人物就是以星星之火带动燎原之势的商人们。他们中不乏推动仁商济世、践行文化自信、弘扬商人精神、承担社会责任、心存家国情怀的商人典范。

一、近代商人的济世精神

古代仁人志士既有“修身齐家治国平天下”的人文理想，也有“先天下之忧而忧，后天下之乐而乐”的大任担当。翻看中国近代史，张謇、范旭东、卢作孚这些商人在中国危难之际实业报国，为中国民族工业的发展做出巨大贡献，他们的济世精神和情怀传承至今。

有人评价说，张謇倾其一生心血，成就三件传世嘉业：实业、教育、慈善。事实上，如果将观察视角上溯一个多世纪，在危如累卵的清末民初，睁眼看世界、矢志探索现代化和民族复兴之路的中华先贤不在少数，张謇是其中最杰出的代表。张謇有句名言："天之生人也，与草木无异，若遗留一二有用事业，与草木同生，即不与草木同腐朽。故踊跃从公者，做一分便是一分，做一寸便是一寸。"张謇除了开设中国第一家博物馆，兴办中国第一所民办师范学校，还开办了慈善养老院、慈善医院、贫民工厂、收养残疾乞丐的残废院、盲哑学校等。此外，还有创建学校、图书馆，普及文化和教育，为社会创造财富、自己节俭生活的商人卢作孚，等等。他们推动了中国近现代的慈善，突破了传统的救济、救灾，走向就业、人才培育、教育、医疗和产业与地域振兴。尽管遭遇诸多曲折，但他们留下的精神文化财富一直激励着中国商人继续奋勇前行。

二、现代商人的家国情怀

露从今夜白，月是"神州"明。华为的任正非、中车的刘化龙、伊利的潘刚、格力的董明珠等，在中国经济发展的大潮中搏击市场、勇立潮头，为中国在参与国际市场竞争中铸造了民族自主品牌。

1992 年，十万党政机关领导干部下海，以陈东升、田源、郭凡生、冯仑、王功权、潘石屹、易小迪等为代表，他们是中国现代企业制度的试水者，并且开创了"学而优则商"的局面；接下来，以李彦宏、张朝阳、马化腾等为代表的创客们更具前瞻和创新精神，在管理风格上追求完美和自由跨界。

令人钦佩的褚橙执掌人褚时健，他经历过战火连天的岁月，征战过跌宕起伏的商海，实现了触底反弹的逆袭，用实际行动践行商人的坚守精神。任正非所创立和领导的华为自始至今扎根中国本土，不在海外注册，不在境外上市，2017 年，他在中国科技创新大会上发言时表示要"为祖国百年科技振兴而不懈奋斗"时，我们能够感受到他内心的那份强烈的家国情怀。敬业报国，追求卓越，他们用最好的产品和服务来回报用户、社会和国家。

中国有句家喻户晓的话，叫作"穷则独善其身，达则兼济天下"。福耀玻璃的曹德旺，捐了 43 亿元的股票来做公益；蒙牛集团的牛根生，将自己手上的公司股票，几乎全部卖掉，用自己的后半生专心做公益等。很多中小企业也纷纷筹办慈善公益基金，建立扶贫和社会救助项目等。

无论是什么样的商人和企业，从根本上来说，都不是为自己而生存的，而是为社会、为人民、为利益关联方、为环境而生存的。中国商人不能站在中国看中国，而要跳出中国看中国。现在的世界是你中有我，我中有你，中国的市场就是世界的市场，世界的市场也是中国商人的市场。以"为天地立心，为生民立命，为往圣继绝学，为万世开太平"的大格局推动构建人类命运共同体的发展，这就是现代商人"天下兴亡，匹夫有责"的家国情怀。

商之大，不在财富之巨，而在商道之大。无论时间如何流逝，古今商人凝聚的经世济民精神和华商文化都值得我们大力弘扬和践行。而当今商

［微课］
小人物的大情怀

人的家国情怀，更多地体现在流淌道德血液、有底线有境界、讲信义重承诺，以一流的产品和服务报效国家、回馈社会、参与国际经济竞争之中，就是为国强民富做贡献。聚沙成塔，集腋成裘，每一个小人物星星点点的能量汇聚在一起，铸就了中华民族伟大复兴的梦想，我们是筑梦者，更是践行者。

思考

1. 不同时代商人的精神特质有哪些异同点？
2. 近代商人和古代商人相比，地位上有了哪些变化？
3. 请列举出不同时代商人的商业思想。

［测验］

明道箴言

1. 天下之士也者，虑天下之长利，而固处之以身若也。利虽倍于今，而不便于后，弗为也。——《吕氏春秋·长利》
2. 富与贵，是人之所欲也，不以其道得之，不处也。——《论语·里仁》
3. 诚者，天之道也。诚之者，人之道也。诚者不勉而中，不思而得，从容中道，圣人也。诚之者，择善而固执之者也。——《中庸》
4. 高鸟已散，良弓将藏；狡兔已尽，良犬就烹。夫越王为人，长颈鸟喙，鹰视狼步，可与共患难而不可与其处乐；可与履危，不可与安。子若不去，将害于子，明矣。——范蠡
5. 为人不可贪，为人不可奸。经商重信誉，无德不成商。——胡雪岩
6. 愿成一分一毫有用之事，不愿居八命九命可耻之官。——张謇
7. 定为工国，而讲求物质；成大工厂以兴实业。——康有为
8. 若不能从根本着手，奢谈企业管理是没有用的。管理没有秘诀，只看肯不肯努力下功夫，凡事求其合理化，企业经营管理的理念应是追根究底，止于至善。——王永庆
9. 世界上一切资源都可能枯竭，只有一种资源可以生生不息，那就是文化。——任正非

专题六

商法

法律是治国之重器，良法是善治之前提。调整平等主体之间商事活动关系的商法即为治国良法之一。众所周知，两千多年的中华古文明属于农业文明，封建帝王多采用“重农抑商”政策，但历史发展中商事活动的存在不容忽视，商事活动中的契约信义得到了一定的发展，为我国现代商法的发展奠定了基石。

学习目标

知识目标：了解我国古代商业契约的发展和精神，了解我国现代商法的体系和主要内容。

能力目标：能够准确区分两种公司的异同，能够初步判断合同的效力，能够准确分析合同订立、履行过程中出现的问题，运用法律规定，初步解决实际问题，维护自己的合法权益。

态度目标：树立公平、诚信的价值观，培养强烈的法律意识，提高分析问题的能力，形成良好的业务素养和职业道德，增强法律素养，形成依法办事的惯性思维。

素质目标：以“习近平法治思想”为引领，结合我国现代商法的主要内容，坚定爱国、守法、诚信的信念，提升自身道德修养，增强依法办事的本领和能力。

思维导图

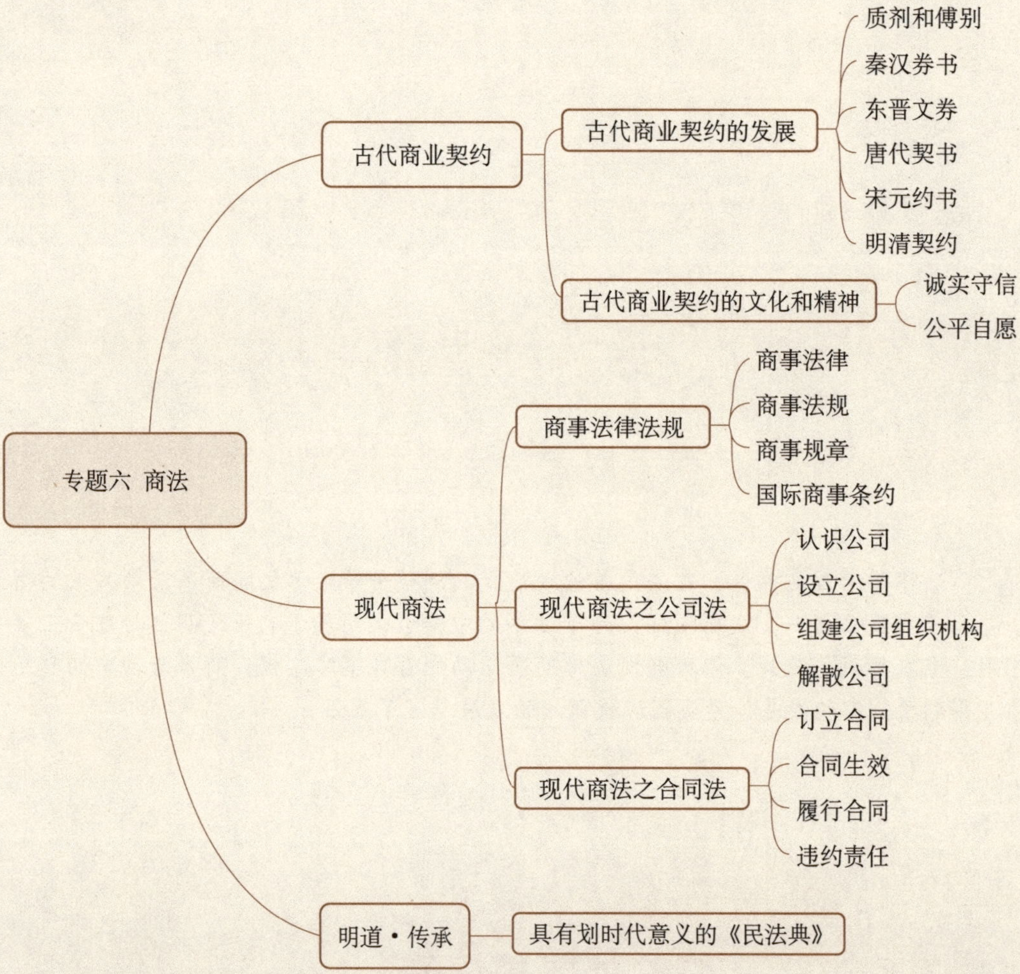

第一讲 古代商业契约

引言

《周礼·秋官·司约》曰："凡大约剂书于宗彝，小约剂书于丹图。"郑玄注云："大约剂，邦国约也，书于宗庙之六彝，欲神监焉。小约剂，万民约也。丹图，未闻。"

"大约剂"是指邦国之间用于土地买卖的契约，因为周朝时实行土地国有，所以私人不得买卖，只有国家才有资格使用"大约剂"。而"小约剂"即"万民约"，就是民事法律关系上的契约，在日常生活中使用比较普遍。

虽然古代的契约距离我们已经很远，但其中的优秀成分必然会保留至今，对我国商事法律的发展产生深远的影响。

契约的观念早在古罗马时期就已经产生，罗马法最早概括和反映了契约自由的原则。我国是世界上契约关系发展最早的国家之一，我国最早的契约可以追溯至商周时期。

一、古代商业契约的发展

商业契约作为商事交易的主要形式之一，是商品交易的现实产品，经历了数千年的演变，其载体从龟甲或兽骨、铜器到竹木、帛绢，再发展到纸。依据商业契约发展的历史，我国古代商业契约发展大致可分为以下六个阶段：

（一）质剂和傅别

西周时期，出现了商业契约的雏形，称为质剂、傅别。《周礼·天官·小宰》："七曰听卖买以质剂。"郑玄注云："质剂，两书一札，同而别之，长曰质，短曰剂。傅别、质剂，皆今之券书也。"

"质剂"是用于买卖的券书，把内容写在同一份简牍上，然后一分为二，分别为"左券"和"右券"，左右内容相同，买卖双方各执一份。买卖牛马、奴隶时使用较长的契券，称"质"；买卖珍异、兵器时使用较短的契券，称"剂"。质剂并非是商人自制，而是由专职市场管理人员"质人"制作并管理，这说明此时政府对市场交易的管理非常重视。

"傅别"指专门用于借贷的契约，是借贷关系成立的依据。具体的操作方法与"质剂"类似。"傅别"不仅能够证明借贷关系的存在，也可成为诉讼的证据或者税收的来源。

早期的契约形式，以“合券为证”为本质特征，通过契约双方各执一半的方式，表示了双方对契约内容的合意及承诺。

增智启慧

古代商业契约的起源

现存最早的契约，是镌刻在青铜器皿上的《周恭王三年裘卫典田契》等四件土地契。西周周恭王时期，有一个叫矩伯的落魄贵族要参加国家典礼，觐见天子。根据西周的规矩，矩伯是要带礼物的，但其家道中落，除了所拥有的土地，无以为献，只好求助于富商裘卫。裘卫手里有大量财物，要求矩伯使用土地与其交换，裘卫还找来五伯三叔做交换的见证人，并将交换内容记录在青铜器皿上，使交换的内容得到多方承认、信守，使得土地作为裘卫的财产世代相传。

思考：

裘卫的这种做法体现了一种什么样的精神？对我们的生活有什么影响？

（二）秦汉券书

秦汉时，质剂被改称为“券书”或“书契”。券书（如图 6-1 所示）是一种比较正式的法律文书，由官府的专业官吏制作发放，在官府存档备查。券书是买卖双方关系成立的合法凭证，也是诉讼的有效证据。在使用券书时，如果是普通商品，成交后即被消费者使用；而涉及地权或人权（如土地、房屋、奴婢）等的买卖和转移时，必须经过官府才能使用。

图 6-1　东汉《大吉山买地券》

（三）东晋文券

“东晋文券”的出现与当时动荡的社会背景密切相关。东晋初年战乱不断，生产破坏严重，导致国库空虚，财政困难。当时的统治集团首创了“契税政策”来增加税收，扩大收入，巩固统治。在缴纳契税后，政府在契约上加盖官印，称为“红契”或“赤契”，未完税的契约上没有官印，称为“白契”，白契是不合法的。

博闻多识

《翟姜女买棺约》——现存最早的商业买卖契约

我国现存最早的商业买卖契约是《翟姜女买棺约》，出土于吐鲁番，写在木简上。

木简上记载，“泰始九年二月九日，大女翟姜女从男子栾奴。”木简背面记载，“买棺一口，贾练廿匹，练即毕，棺即过。若有人名棺者，约当召栾奴共了。旁人马男，共知本约。”大意是：有一个叫翟姜女的妇女用20匹练，于泰始九年二月九日（公元273年）从一位叫栾奴的男子手中买一口棺材，见证人是马男。

这份“约”记有时间、买卖双方姓名、交易物品名称、数量以及买卖后出现反悔纠葛的责任规定，符合约书的主要要素。特别令人惊奇的是，简正面上方写有“同”字右半，这是买方翟姜女所持的一份，另外还应该有“同”字左半的那一份，应当为卖方栾奴所持。买卖双方的契约木简合成一份完整的“同”字，这就是古代的“合同”，所以契约又称“合同”。

（四）唐代契书

唐代是我国历史上的繁荣发展时期，唐代的契约更加正规化、规范化和制度化。契约的内容也比较全面，包括借贷事实，借贷事由，还贷约定，违约责任，当事人、担保人或见证人的签名等。唐代政府也十分重视对迟延履行、不履行或不如约履行等违约行为的管理和控制。

唐代契书在责、权、罚的内容和形式上发展接近成熟。例如：唐代契书中使用大写数字来预防篡改、涂抹等违规行为；在订立保证合同时，还订立一个“市契”，该市契需五名保人，还需政府管理人员加印。

（五）宋元约书

宋元的经济在唐朝的基础上持续发展。因此，“契约”种类更加丰富，订立程序更加完善，趋于标准化，契约制度逐渐成熟。这一时期，除了传统的买卖契约、借贷契约，还出现了合伙契约、信用契约等新契约类型。在订立不动产买卖契约时，要求当事人向官方纳税，官府在买卖契约上加盖官印；在买卖田宅时，要求当事人转让田宅的同时将附着其上的赋税义务一并转移。

博闻多识

宋元时期契约的发展

《文献通考·征榷六》：“宋太祖开宝二年，始收民印契钱，令民典卖田宅，输钱印契、税契，限两月。”“输钱印契”指买卖不动产的契约需要向官府纳税，然后官府在买卖契约上加盖官印之后才能完成买卖。

《元典章·户部·田宅·典卖》规定：“今后典卖田宅，先行经官给据，然后立契，依例投税，随时推收。”契约经投税盖官印后，新业主即可持往过户。过户后，产权转移手续完毕，新业主即成为田宅的合法所有者与应纳赋的承担者。元朝将这种田宅产权关系变动后所办过户和转移产权的法律手续，称为“推收”。

“原主离业”即在订立不动产买卖契约后，必须把标的物从原主手里转移到买主手里，田宅典卖后原业主必须离业，不能成为典权或买受人的佃客。

（六）明清契约

明清时期资本主义萌芽产生，为契约制度进一步发展提供了更好的机遇，尤其是典卖田宅方面的法律规定得到完善。当时的法律简化了土地房屋的买卖和典当程序，并要求必须订立书面契约，由州县衙门加盖官印，缴纳 2% 的“过割赋税”。买卖、典当契约不再必须使用官府统一印制的“契本”，只要在民间契纸上粘连已经缴纳契税凭证的“契尾”，骑缝加盖官印，即成为政府认可的“红契”（如图 6-2 所示）。

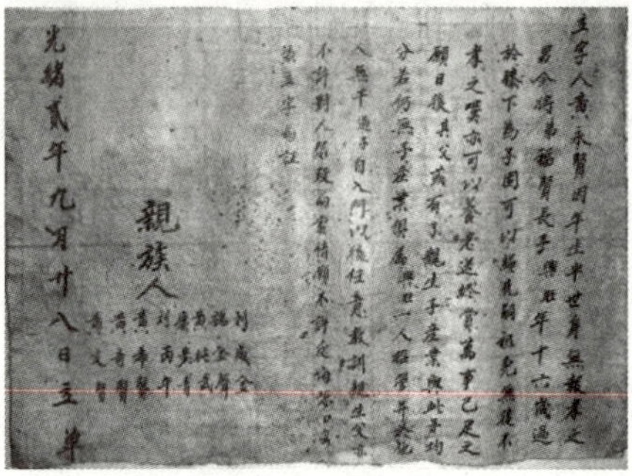
光緒貳年九月廿八日立単
親族人

图 6-2 明清契约

［微课］
我国古代契约的“源远流长”

二、古代商业契约的文化和精神

契约文化是我国古代契约发展所体现出的文化因素，是中华传统文化的组成部分，在民主法治的形成过程中有着极为重要的作用，促进了我国古代商品交易的发展，为后世的法治创造了经济基础，对我国社会主义法治国家的构建和社会主义市场经济的良性运转都有着积极作用。

（一）诚实守信

诚实守信是契约的灵魂。在我国几千年的历史长河中，契约一直是人们在社会生活各个方面建立关系的重要纽带。直至今日，契约仍是人们遵守的行为标准和维护社会秩序的重要手段。古代契约作为体现社会功能的一种方式，有固定的法理基础，即民间的习惯法与相关国家法令。无论是习惯法还是国家法令，皆以诚实守信为精神支柱。

信守契约是对诚实守信的一种肯定。诚实守信，是中华民族的优良传统和美德，是我国古代契约的灵魂。“诚”是天地间运行的一种法则，要求人具有真实无欺的品性；“信”是指遵守承诺、诚实不妄的品格。在这种思想支配下产生的各种制度、约定，已成为规范人们社会经济活动和社会关系的准则，而且一直沿袭下来，对我国社会经济生活产生了深远的影响。

博闻多识

曾参烹彘

曾子之妻之市，其子随之而泣。其母曰：“女还，顾反为女杀彘。”妻适市来，曾子欲捕彘杀之。妻止之曰：“特与婴儿戏耳。”曾子曰：“婴儿非与戏也。婴儿非有知也，待父母而学者也，听父母之教。今子欺之，是教子欺也。母欺子，子而不信其母，非所以成教也。”遂烹彘也。（《韩非子・外储说左上》）

曾子认为，不能和孩子闹着玩儿，孩子要靠父母而逐步学习，并听从父母的教诲。欺骗孩子不是教育的好办法，于是就按照之前所说杀了猪。

虽然曾子的做法遭到了一些人的嘲笑，但是他教育出了诚实守信的孩子。曾子杀猪的故事一直流传至今，他的人品一直为后人所尊敬，曾子用自己的行动教育孩子要言而有信，诚实待人，不欺骗别人，充分体现了我国诚实守信的优良精神。

诚实守信来自中国几千年的契约文明，诚实守信被称为“契约之魂”。诚实守信在法律领域体现为“诚实信用原则”，这是现代民法领域的“帝王条款”，也是民法基本法律原则之一。诚信被视为“为人之本”，是一种“德”，也是一种“义”。

（二）公平自愿

公平自愿原则在古代就有法律规定。在普通市民与官府的交易中，双方地位平等，不能以官欺民。《宋会要辑稿·食货》记载，宋代官府禁止强买强卖，若出现类似情况，先出榜文警告，如若违反，就送官府处理。市场交易行为必须本着双方自愿，交易双方的地位是平等的，不能以贵贱为标准。不管一方是否是官员，在买卖中都只是居于一方的地位。在我国古代契约的订立过程中，始终讲求“事须两合”，即双方共同合意，即使是在现代社会，公平自愿仍然是一个重要的交易原则。

我国古代契约中的诚实守信、公平自愿都受到儒家文化的强烈影响。儒家文化以“礼”作为指导立法和司法的根本原则。在这种熏陶下的契约关系中，首肯诚信、公平的道德精神，一定程度上承认了商品生产者和经营者的自治权，这对后世商品经济形成和商事法律的发展具有重要的意义。

虽然我国古代产生了大量原始契约，但囿于商品经济的发展的限制，契约仍只徘徊在有限的领域内。在这种大背景下，契约的发展和完善举步维艰，但诚实信用、公平自愿等优良精神一直存在于人类内心，经历了长久的发展和磨合，已然成为特有的法律文明，对促进市场经济的发展意义非凡。

第二讲 现代商法

引言

“法者，治之端也；君子者，法之原也。故有君子，则法虽省，足以遍矣；无君子，则法虽具，失先后之施，不能应事之变，足以乱矣。不知法之义而正法之数者，虽博，临

事必乱。”(《荀子·君道》)

这段话的意思是：良法已备，是国家治理的开端；道德与智慧兼具的君子，是国家治理的根本。因此，有了这种君子，律法虽然简略，但足以处理国家方方面面的事务；少了这种人，律法即使条目众多，也往往不能恰如其分地适用，难以应对现实中各种挑战，从而给国家埋下隐患。不懂得律法的原则和精神，而只注重律法的条文数目多少，遇到变动的现实肯定手足无措。

一、商事法律法规

法者，天下之仪也。和谐的商务活动离不开法律规范的支持。针对商业行为的法律规范，是由国家立法机关制定或认可的，围绕着商品交换、货币流通、市场活动，以及生产者、经营者和消费者之间的权利义务关系产生，保障、引导社会经济生活和谐、顺利运行，指导、约束人们行为的规范。

［微课］
调整商事行为的法律规范——商事法律法规

根据我国现行的法律体系，与商务活动有关的法律规范可以表现为商事法律、商事法规、商事规章和国际商事条约四种主要的形式（如图 6-3 所示）。

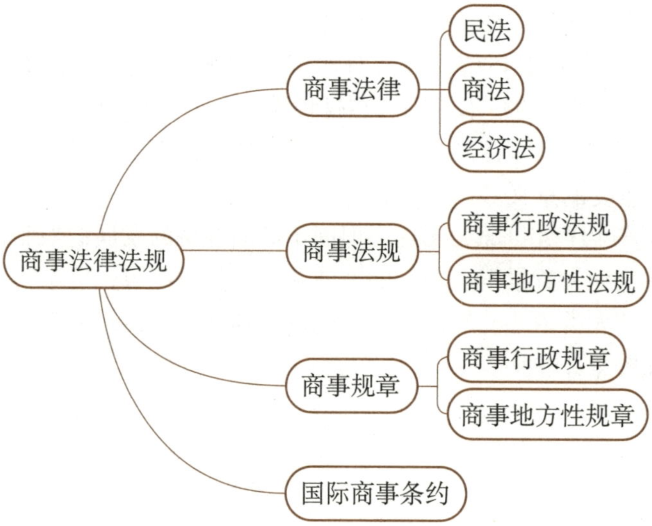

图 6-3　商事法律法规

（一）商事法律

法律是国家的产物，是统治阶级经过一定立法程序颁布的基本法律和普通法律。在商事活动中，涉及较多的法律是民法、商法和经济法。

民法是以平等主体之间的财产关系和人身关系为调整对象的法律规范的总和。民法是商品经济发展到一定阶段的产物，与商品经济联系最为紧密、最为直接。民法的基本原则强调平等自愿、诚实守信。

商法主要是对商事活动进行调整，是与民法并列、互为补充的部门法，既具有调整行为的营利性特征，又具有商主体严格法定等原则。随着民事关系和商事关系的互相渗透和交融，商法日益变成适用于平等主体之间的商业交易的法律。

经济法是在市场经济条件下，为了满足保护国家和社会公共利益的需要，国家对市场经济活动实行干预、管理、调控所产生的经济关系的法律规范的总称。其体系包括：第一，主体法；第二，公共经济管理法；第三，经济活动法。

（二）商事法规

商事法规分为商事行政法规和商事地方性法规。商事行政法规是国务院制定的有关国家行政管理方面的规范性文件，其调整对象是行政管理领域带有普遍性、全局性、原则性以及意义重大的问题。商事地方性法规是地方人大常委会制定的，调整地方人大管辖范围内的重大问题。商事法规必须经过法定程序制定、具有法的效力。它的效力次于法律、高于规章和地方性法规。

（三）商事规章

商事规章内容庞杂，分为商事行政规章和商事地方性规章。商事行政规章是国务院各部委根据宪法、法律和行政法规等制定和发布的规范性文件。商事地方性规章的制定者则是各省、自治区、直辖市的人民政府和省、自治区的人民政府所在地的市以及国务院批准的较大市的人民政府。

（四）国际商事条约

国际商事条约是国家间缔结的、规定缔约国私人当事人在国际商事交易关系中权利义务的书面协议。国际商事条约的缔约国通过并入或转化的方法使国际商事条约成为国内法的一部分，从而由本国法院或仲裁庭在具体的案件中适用。这些条约对于缔约国有确定的约束力，缔约国法院在解决相关商事争议时应优先适用。

[微课]
传统的商事习惯——商法的重要补充

自“一带一路”倡议提出以来，我国广泛开展与沿线国家的经济合作。面对“一带一路”沿线国家多、国情迥异、法治程度参差等困难，通过了《苏州共识》《南宁声明》等文件，为经贸投资提供了和谐有序的法律环境，进一步加强了纠纷解决机制的多元化发展，为“一带一路”提供司法服务和保障。

二、现代商法之公司法

公司法，是调整、规范公司的组织和行为，保护公司、股东和债权人的合法权益，维护社会经济秩序的各种法律规范的总称。

1993 年 12 月 29 日，第八届全国人民代表大会常务委员会第五次会议通过《中华人民共和国公司法》（以下简称《公司法》），2018 年 10 月 26 日第十三届全国人民代表大会常务委员会第六次会议《关于修改〈中华人民共和国公司法〉的决定》第四次修正。

（一）认识公司

公司是依法设立的具有营利性的社团性法人。公司具有独立的法人资格，其特质完全符合市场经济的要求，是市场经济的重要主体之一。其特征为：

第一，依法设立。公司的章程、资本、组织机构、活动原则等必须合法；同时，公司设立必须经过法定程序进行登记。

第二，以营利为目的。股东出资设立公司以经营并获取利润为目的。

第三，以股东投资行为为设立基础。公司的注册资本来源于股东的投资，没有股东的投资行为就不能设立公司。

第四，具有法人资格。公司拥有独立的财产，具有独立的法人资格，能够独立承担民事责任。

依据我国《公司法》的相关规定，按责任，可将公司划分为有限责任公司和股份有限公司；按组织关系，可将公司划分为母公司和子公司、总公司和分公司（如图 6-4 所示）。

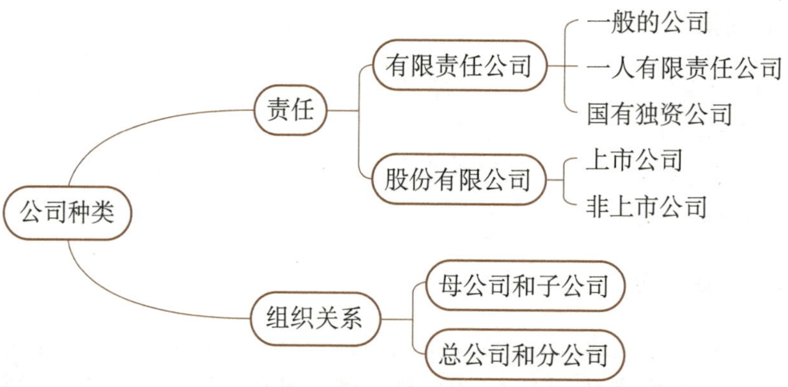

图 6-4　我国公司的类型

1. 有限责任公司和股份有限公司

依据股东对公司承担责任的基础不同，可以将公司分为有限责任公司和股份有限公司。

有限责任公司是指股东以其所认缴的出资额为限对公司承担有限责任，公司以其全部资产对公司债务承担责任的经济组织。股份有限公司是指将公司资本平分为金额相等的股份，股东以其认购的股份为限对公司承担责任的企业法人。

依据股东人数，可将有限责任公司分为一般的公司、一人有限责任公司和国有独资公司。一般的公司股东人数为 2～50 人；一人有限责任公司的股东人数为 1 人，是指只有一个自然人股东或者一个法人股东的有限责任公司；国有独资公司是由国家单独出资设立，由国务院或者地方人民政府委托本级人民政府国有资产监督管理机构履行出资人职责的有限责任公

［微课］
识别商事行为的主体——两种公司类型

［微阅读］
一人有限责任公司的特别规定

司。一人有限责任公司和国有独资公司都有自己特别的规定。

依据是否上市，可将股份有限公司分为上市公司和非上市公司。上市公司，是指其股票在证券交易所上市交易的股份有限公司，是股份有限公司的一种类型。非上市公司，是指其股票没有上市和没有在证券交易所交易的股份有限公司。两者比较而言，上市公司对财务披露要求更为严格，其股份可以在证券交易所中挂牌交易流通，在组织机构方面也有自己特殊的规定。

［微阅读］国有独资公司的特别规定

［微阅读］上市公司组织机构的特别规定

增智启慧

董事会决议是否有效？

山东蓝海股份有限公司于2020年成功上市，根据其公示的相关信息可知，其董事会成员有11人。2020年12月，该公司欲与公司股东甲签订重要采购合同，召开临时董事会会议，其中张董事是甲股东的公司董事长，李董事、刘董事因故没有参加会议，表决时有3个董事表示不同意，最终董事会决议通过了该项采购合同。会后，未出席会议的李董事对结果提出异议，认为该次会议决议无效。

思考：

李董事的观点对吗？为什么？

2. 母公司和子公司、总公司和分公司

依据公司之间的控制依附关系，可以将公司分为母公司和子公司。母公司与子公司之间的控制关系是基于股权的占有或控制协议。子公司是由母公司投入全部或部分股份建立，母公司、子公司各为独立的法人。虽然子公司处于受母公司实际控制的地位，但子公司仍有自己的公司名称和公司章程，并以自己的名义进行经营活动，其财产与母公司的财产彼此独立，能以自己的财产独立承担责任。

依据公司之间的管理与被管理关系，可以将公司分为总公司和分公司。总公司管理分公司，在生产经营、资金调度、人事管理等方面行使指挥、管理、监督的权利，总公司具有法人资格，可以独立承担民事责任。分公司受总公司管理，不具有法人资格，属于总公司的附属机构，以总公司的资产对分公司的债务承担法律责任。

增智启慧

子公司、分公司

山东蓝海股份有限公司出资设立全资子公司山东蓝海科技有限公司。后由于业务发展需要，甲厂与山东蓝海科技有限公司签订合同，由甲厂向其供货，价款为60万元。但山东蓝海科技有限公司收货后迟迟不付款，甲厂久催未果，拟诉至法院。

思考：

甲厂是否能以山东蓝海科技有限公司为被告？为什么？

（二）设立公司

设立公司，首先应符合《公司法》对公司设立的基本规定和要求，然后按照有关部门的具体要求完成设立登记等事项。

1. 设立条件

依据《公司法》第二十三条之规定，设立有限责任公司，应当具备下列条件：

第一，股东符合法定人数。有限责任公司的股东人数可以是 50 人以下，股东可以是自然人或者是法人。

第二，有符合公司章程规定的全体股东认缴的出资额。在公司设立时，股东可以使用货币、实物、知识产权、土地使用权等可以用货币估价并可以依法转让的非货币财产作价出资，不能使用自然人的姓名、信用、商誉、劳务、特许经营权或设定担保的财产等作价出资。

［微课］
法人与法人代表之间的区别

第三，股东共同制定公司章程。公司章程是规定公司组织及活动基本规则的书面文件，包括公司名称、住所、经营范围、经营管理制度等重大事项。公司章程是股东共同的意思表示，应载明公司组织和活动的基本准则，是公司内部的宪章。

第四，有公司名称，建立符合有限责任公司要求的组织机构。公司的名称通常由行政区域、商号、行业、类型组成。

第五，有公司住所。公司的住所是公司章程载明的地点，是公司章程的必要记载事项，具有公示效力。

依据《公司法》第七十六条之规定，设立股份有限公司，应当具备下列条件：

第一，发起人符合法定人数。设立股份有限公司，发起人人数应当有二人以上二百人以下，且半数以上发起人应当在中国境内有住所。

第二，有符合公司章程规定的全体发起人认购的股本总额或者募集的实收股本总额。股份有限公司的设立方式有发起设立和募集设立两种。发起设立时，股份有限公司的注册资本就是在公司登记机关登记的全体发起人认购的股本总额；募集设立时，注册资本是在公司登记机关登记的实收股本的总额。募集设立时，发起人认购并实缴的股份至少应达到公司股份总数的 35%。

第三，股份发行、筹办事项符合法律规定。

第四，发起人制定公司章程，采用募集方式设立的经创立大会通过。在募集设立中，为了保障社会公众股东的合法权益，发起人制定的公司章程必须经公司创立大会通过。

第五，有公司名称，建立符合股份有限公司要求的组织机构。

第六，有公司住所。

增智启慧

股东的出资形式合法吗?

甲公司、乙国有企业、丙集体企业、自然人丁签订合同决定共同投资设立一家生产型有限责任公司。其中，甲以高科技成果出资，作价 150 万元，乙以厂房出资，作价 200 万元，丙以现金 120 万元出资，后丙因为资金紧张实际出资 100 万元，丁以拥有的劳务出资，作价 20 万元。

思考:

甲、乙、丙、丁的出资形式是否符合《公司法》中关于公司设立的规定?

2. 设立登记

公司设立登记是指公司设立人按法定程序向公司登记机关申请，经公司登记机关登记在案，以供公众查阅的行为。公司设立登记是国家赋予公司法人资格与企业经营资格，并对公司的设立、变更、注销加以规范、公示的法律行为。

公司的登记机关是市场监督管理机关，具体登记的事项包括：名称；住所；法定代表人姓名；注册资本；公司类型；经营范围；营业期限；有限责任公司股东或者股份有限公司发起人的姓名或者名称。

设立登记注册完成后，登记机关会向公司颁发《营业执照》(如图 6-5 所示)，以其上载明日期为公司的成立日期。公司凭登记机关核发的《营业执照》刻制印章，开立银行账户，申请纳税登记。

图 6-5 《营业执照》样本

(三) 组建公司组织机构

公司的组织机构在《公司法》中有明确规定，一般为股东（大）会、董事会、监事会组成（如图 6-6 所示）。

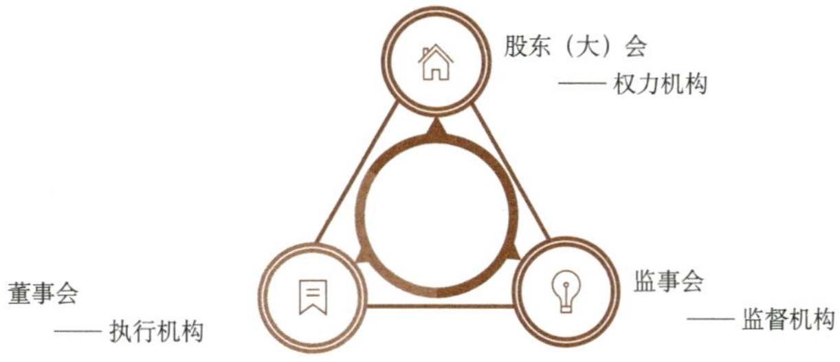

图 6-6 公司的组织机构

1. 股东（大）会

公司股东（大）会由全体股东组成，是公司的权力机构，负责公司内部重要问题的决策。

股东（大）会会议分为定期会议和临时会议。有限责任公司的定期会议应当按照公司章程的规定按时召开。股份有限公司的定期会议依照法律和公司章程的规定每年按时召开。临时股东（大）会召开条件如表 6-1 所示。

［微阅读］
公司股东（大）会职权

表 6-1　临时股东（大）会召开条件

召开条件	临时股东会	临时股东大会
董事人数不足法定最低人数 5 人或不足公司章程规定的 2/3 时		√
未弥补的亏损达到实收股本的 1/3 时		√
持有公司表决权 10% 以上的股东请求时	√	√
监事会提议召开时	√	√
董事会提议召开时	≥1/3 董事提议	√

首次股东会会议由出资最多的股东召集和主持，依法行使职权。以后的股东会会议，公司设立董事会的，由董事会召集，董事长主持；董事长不能履行职务或者不履行职务的，由副董事长主持；副董事长不能履行职务或者不履行职务的，由半数以上董事共同推举 1 名董事主持。公司不设董事会的，股东会会议由执行董事召集和主持。董事会或者执行董事不能履行或者不履行召集股东会会议职责的，由监事会或者不设监事会的公司的监事召集和主持；监事会或者监事不召集和主持的，代表 1/10 以上表决权的股东可以自行召集和主持。

召开股东会会议，应当于会议召开 15 日前通知全体股东；但是，公司章程另有规定或者全体股东另有约定的除外。

股东大会由董事会召集，董事长主持。具体情形与股东会会议的召集和主持基本相同。

股东会会议由股东按照出资比例行使表决权；但是，公司章程另有规定的除外。股东会会议的议事方式和表决程序，除《公司法》有规定的外，由公司章程规定。股东会会议作出修改公司章程、增加或者减少注册资本的决议，以及公司合并、分立、解散或者变更公司形式的决议，必须经代表 2/3 以上表决权的股东通过。

股东出席股东大会，所持每一股份有一表决权。股东大会作出修改公司章程、增加或者减少注册资本的决议，以及公司合并、分立、解散或者变更公司形式的决议，必须经出席会议的股东所持表决权 2/3 以上通过。

增智启慧

股东（大）会的决议是否通过？

江苏方圆科技有限公司有甲、乙、丙三个股东，注册资金100万元人民币。其中甲出资40万元现金，乙以自己的房产作价30万元出资，丙以一台设备出资，作价30万元。在公司章程中，未对表决权做相关规定。2020年12月，甲提议召开临时股东会，决定公司的合并事宜。本次会议，除丙因身体原因未参加会议，甲、乙皆到会。甲投赞成票，乙投反对票。

思考：

该公司合并的决议是否通过？若该公司为股份有限公司，合并决议是否通过？

2. 董事会

董事会是公司股东会的执行机构，负责股东会决议的执行，对股东会负责。

［微阅读］
公司董事会职权

有限责任公司设董事会，其成员3～13人。两个以上的国有企业或者两个以上的其他国有投资主体投资设立的有限责任公司，其董事会成员中应当有公司职工代表；其他有限责任公司董事会成员中也可以有公司职工代表。董事会设董事长1人，可以设副董事长。董事长、副董事长的产生办法由公司章程规定。股东人数少或规模小的有限责任公司，可以不设董事会，设1名执行董事，执行董事可以兼任公司经理。执行董事的职权由公司章程规定。

股份有限公司设董事会，其成员5～19人，设董事长1人，可以设副董事长，由董事会全体董事过半数选举产生。

董事任期由公司章程规定，但每届任期不得超过3年，连选可以连任。董事任期届满未及时改选，或者董事在任期内辞职导致董事会成员低于法定人数的，在改选出的董事就任前，原董事仍应当依照法律、行政法规和公司章程的规定，履行董事职务。

董事会会议由董事长召集和主持；董事长不能履行职务或者不履行职务的，由副董事长召集和主持；副董事长不能履行职务或者不履行职务的，由半数以上董事共同推举1名董事召集和主持。

有限责任公司的董事会，议事方式和表决程序除《公司法》有规定的外，由公司章程规定。董事会应当对所议事项的决定作成会议记录，出席会议的董事应当在会议记录上签名。董事会决议的表决，实行一人一票。

股份有限公司董事会每年度至少召开2次会议，每次会议应当于召开10日前通知全体董事和监事。代表1/10以上表决权的股东，1/3以上的董事或者监事会可以提议召开董事会临时会议，有过半数的董事出席方可举行。董事作出决议，必须经全体董事的过半数通过。董事会决议的表决，实行一人一票。董事会会议，应由董事本人出席；董事因故不能出席，可以书面委托其他董事代为出席，委托书中应载明授权范围。董事会应当对会议所议事项的决定作成会议记录，出席会议的董事应当在会议记录上签名。

有限责任公司和股份有限公司可以设经理，由董事会决定聘任或者解聘，经理对董事会负责，列席董事会会议。

［微阅读］
公司经理的职权

3. 监事会

监事会是公司的监督机构，负责监督公司的经营。监事可以列席董事会会议，并对董事会决议事项提出质询或者建议。

有限责任公司设立监事会，其成员不得少于 3 人。股东人数较少或者规模较小的有限责任公司，可以设 1～2 名监事，不设立监事会。股份有限公司监事会不得少于 3 人。监事会应当包括股东代表和适当比例的公司职工代表，其中，职工代表的比例不得低于 1/3，具体比例由公司章程规定。

［微阅读］
公司监事会职权

监事会设主席 1 人，监事会主席召集和主持监事会会议；监事会主席不能履行职务或者不履行职务的，由半数以上监事共同推举 1 名监事召集和主持监事会会议。董事、高级管理人员不得兼任监事。监事的任期每届为 3 年，连选可以连任。

（四）解散公司

解散公司的原因有很多，可能是出于经营发展的需要，公司间进行合并或分立，在原公司不需存在的情况下，解散公司；也可能是公司经营管理发生严重困难，继续存续会使股东利益受到重大损失，通过其他途径不能解决的时候，持有公司全部股东表决权 10% 以上的股东，可以请求人民法院解散公司。此时，股东提起解散公司诉讼应当以公司为被告。

［微阅读］
公司解散的原因

股东以知情权、利润分配请求权等权益受到损害，或者公司亏损、财产不足以偿还全部债务，以及公司被吊销企业法人营业执照未进行清算等为由，提起解散公司诉讼的，人民法院不予受理。

《公司法》规定，公司解散时，应当依法进行清算程序。公司应当在解散事由出现之日起 15 日内成立清算组。公司解散逾期不成立清算组，或虽然成立清算组但故意拖延清算，或有其他违法清算可能严重损害债权人或者股东利益的情形，债权人可以申请人民法院指定清算组进行清算。清算组在公司清算期间代表公司进行一系列民事活动，全权处理公司经济事务和民事诉讼活动。

公司自行清算的，清算方案应当报股东会或者股东大会决议确认；人民法院组织清算的，清算方案应当报人民法院确认。未经确认的清算方案，清算组不得执行。人民法院组织清算的，清算组应当自成立之日起 6 个月内清算完毕。因特殊情况无法在 6 个月内完成清算的，清算组应当向人民法院申请延长。

公司财产在分别支付清算费用，职工的工资、社会保险费用和法定补偿金，缴纳所欠税款，清偿公司债务后的剩余财产，有限责任公司按照股东的出资比例分配，股份有限公司按照股东持有的股份比例分配。清算期间，公司存续，但不得开展与清算无关的经营活动。公司财产未按上述规定清偿前，不得分配给股东。公司解散清算的整个基本流程如图 6-7 所示。

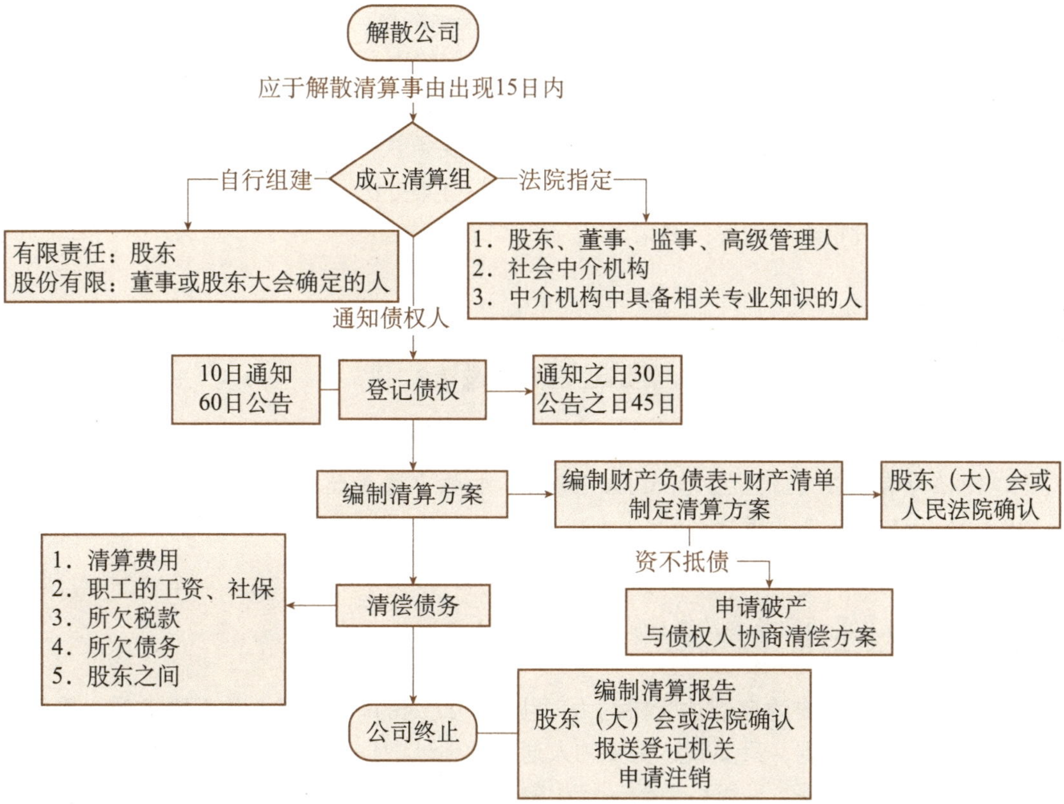

图 6-7 公司解散清算流程

三、现代商法之合同法

合同是民事主体之间设立、变更、终止民事法律关系的协议。合同法是调整因合同产生的关系的法律规范的总称。我国《合同法》自 1999 年 10 月 1 日正式实施，直至 2021 年 1 月 1 日《民法典》生效，《合同法》同时废止，但其无疑有利于《民法典》中合同编的学习和研究。

（一）订立合同

合同是日常生活中非常普遍的存在，有书面形式、口头形式和其他形式。

订立合同，需要当事人意思表示一致。一方的意思表示称为要约，另一方的意思表示称为承诺，要约和承诺一致，合同就订立了。

1. 要约

要约是希望与对方当事人缔结合同的意思表示，发出要约的当事人称为要约人，对方当事人称为受要约人。要约的条件包括：

第一，要约的内容明确具体，具有足以确定合同成立的内容，包括合同主要条款，如标的、数量、质量、价款或者报酬、履行期限、履行地点和方式等。

第二，经受要约人承诺，要约人即受该意思表示约束。无论要约是否向特定人发出，一旦该要约经受要约人承诺，要约人即受该意思表示约束，此时合同即告成立。

要约邀请即要约引诱，与要约有本质的区别。要约邀请是合同的预备阶段，是希望他人向自己发出要约的意思表示，无须具备合同的主要条款，不能因对方当事人的承诺而订立合同。拍卖公告、招标公告、招股说明书、债券募集办法、基金招募说明书、商业广告和宣传、寄送的价目表等为要约邀请。

增智启慧

要约还是要约邀请？

某网站刊登信息如下：

我公司有戴尔（DELL）OptiPlex 7080MT 电脑出售，数量有限，咨询订购热线：138××××7564，免费送货。

思考：

上述广告是要约还是要约邀请？

（1）要约效力。要约自到达受要约人时生效。此处的“到达”，并不要求到达受要约人手中或者实际被看到，只要到达受要约人通常的地址、住所或者其能控制的现实或虚拟空间（如信箱或邮箱等）即可。要约一经生效，要约人即受到要约的约束，受要约人在要约生效后作出承诺，即成立合同。

（2）要约撤回。要约在发出后、生效前，使要约不发生法律效力的意思表示为要约撤回。要约撤回不会对受要约人产生任何影响，也不会对交易秩序产生不良影响。撤回要约的通知应当在要约到达受要约人之前或者与要约同时到达受要约人。

（3）要约撤销。在要约生效后、受要约人承诺前，使要约丧失法律效力的意思表示为要约撤销。要约撤销的通知应当在受要约人发出承诺通知之前到达受要约人。由于撤销要约可能给受要约人带来不利的影响，因此以下情形不得撤销要约：要约人以确定承诺期限或者其他形式明示要约不可撤销；受要约人有理由认为要约是不可撤销的，并已经为履行合同做了合理准备工作（如图 6-8 所示）。

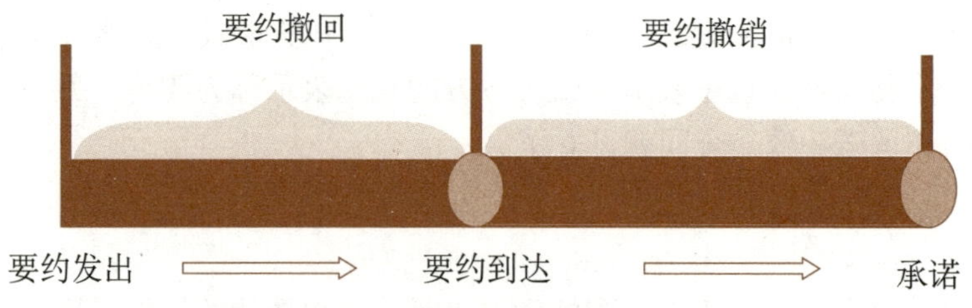

图 6-8　要约的撤回、撤销

（4）要约失效。要约失效即要约丧失法律效力，要约人与受要约人均不再受其约束，即使受要约人对要约人进行承诺，合同也不能成立。要约失效的情形包括：1）要约被拒绝，即受要约人向要约人明确表示拒绝，拒绝的通知到达要约人时要约失效；2）要约被依法撤销；3）承诺期限届满，受要约人未作出承诺；4）受要约人对要约的内容作出实质性变更。“实质性变更”主要包括合同标的数量、质量、价款、履行期限、履行地点和方式、违约责任和解决纠纷方式的变更。

2. 承诺

承诺是受要约人向要约人发出的同意要约的意思表示。承诺的条件包括：

第一，承诺必须由受要约人或其代理人作出。只有收到要约意思表示的受要约人享有承诺的资格，这种权利是由要约人赋予的。

第二，承诺的内容必须与要约的内容一致。承诺是受要约人愿意接受要约内容，与要约人订立合同的意思表示。承诺是受要约人对要约内容的无条件接受，不能限制、扩张、变更要约内容。

第三，承诺必须在要约确定的期限内到达要约人。承诺必须遵守承诺期限，没有规定承诺期限的，若要约以对话方式作出的，应当及时作出承诺，以非对话方式作出的，承诺应当在合理期限内到达要约人。

第四，承诺方式必须符合要约的要求。承诺应以通知的方式作出，可以是口头的或书面的，但要约规定承诺须以特定方式作出，只要该种方式合法且在客观上可能，承诺人承诺时应符合要约人规定的承诺方式，否则承诺无效。特殊情形下，承诺也可以通过实施一定的行为或以其他方式作出。

（1）承诺期限。承诺应当在要约确定的期限内到达要约人。要约以信件或者电报作出的，承诺期限自信件载明的日期或者电报交发之日开始计算。信件未载明日期的，自投寄该信件的邮戳日期开始计算。要约以电话、传真等快速通信方式作出的，承诺期限自要约到达受要约人时开始计算。

要约没有确定承诺期限的，要约以对话方式作出的，应当及时作出承诺，但当事人另有约定的除外；要约以非对话方式作出的，承诺应当在合理期限内到达。

受要约人超过承诺期限发出承诺的，除要约人及时通知受要约人该承诺有效的以外，为新要约。受要约人在承诺期限内发出承诺，按照通常情形能够及时到达要约人，但出于其他原因承诺到达要约人时超过承诺期限的，除要约人及时通知受要约人因承诺超过期限不接受该承诺的以外，该承诺有效。

（2）承诺生效。承诺通知到达要约人时生效。承诺不需要通知的，根据交易习惯或者要约的要求作出承诺的行为时生效。采用数据电文形式订立合同的，承诺到达的时间与要约到达时间的规定相同。

（3）承诺撤回。承诺通知可以撤回，是受要约人阻止承诺发生法律效力的意思表示。撤回承诺的通知应当在承诺通知到达要约人之前或者与承诺通知同时到达要约人（如图 6-9 所示）。

受要约人对要约的内容作出实质性变更的，为新要约。承诺对要约的内容作出非实质性变更的，除要约人及时表示反对或者要约表明承诺不得对要约的内容作出任何变更的以外，该承诺有效，合同的内容以承诺的内容为准。

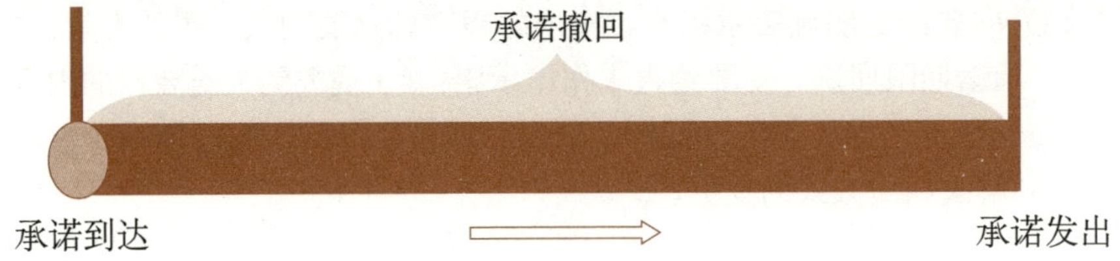

图 6-9 承诺撤回

增智启慧

合同是否成立?

乙接到甲发出的电报，称：“现有 100 吨白糖，每吨售价 5000 元，如有意购买，请于 6 月 1 日前到我厂提货。”于是，乙给甲回了一封电报，称：“我厂同意按你厂提出的条件购买白糖，并将于 5 月 30 日到你厂提货。”

思考：

乙给甲发出的电报是否属于承诺？甲乙之间的合同是否订立？

（二）合同生效

合同的效力是法律赋予当事人的法律强制力。生效的合同能在当事人之间产生法律上的约束力。

1. 生效时间

《民法典》第五百零二条规定，依法成立的合同，自成立时生效，但是法律另有规定或者当事人另有约定的除外。法律、行政法规的规定，合同应当办理批准等手续的，依照其规定。

当事人可以对合同的生效附条件或附期限。附生效条件的合同，自条件成就时生效。附解除条件的合同，自条件成就时失效。当事人为自己的利益不正当地阻止条件成就的，视为条件已成就；不正当地促成条件成就的，视为条件不成就。附生效期限的合同，自期限届至时生效。附终止期限的合同，自期限届满时失效。

2. 合同效力类型

合同依效力层次可分为有效合同、无效合同、效力待定合同和可撤销合同。

（1）有效合同。有效合同能够引起当事人之间权利义务的设立、变更、终止，对当事人产生法律上的约束力。合同的成立是合同生效的前提，已成立的合同只有具备一定的生效条件，才能产生预期的法律效果。根据《民法典》的规定，法律行为应当具备下列生效要件：

第一，行为人具有相应的民事行为能力。民事行为能力，指民事主体能够独立参加民事法律关系，以自己的行为取得民事权利或承担民事义务的能力。

《民法典》规定，自然人民事行为能力分为三种：1）无民事行为能力人实施的民事法律行为无效；2）限制民事行为能力人实施的纯获利益的民事法律行为或者与其年龄、智力、精神健康状况相适应的民事法律行为有效，实施的其他民事法律行为经法定代理人同意或者追认后有效；3）完全民事行为能力人可以独立地实施法律行为。具体如图 6-10 所示。

［微阅读］
年龄和智力，先看哪个？

完全民事行为能力人	16周岁≤年龄<18周岁，能以自己收入为主要生活来源的未成年人 年龄≥18周岁，能辨认自己行为的成年人
限制民事行为能力人	8周岁≤年龄<18周岁 年龄≥18周岁，不能完全辨认自己行为的成年人
无民事行为能力人	年龄<8周岁 年龄≥18周岁，不能辨认自己行为的成年人

图 6-10 自然人民事行为能力分类

对于法人而言，民事行为能力随其成立而产生，随其终止而消灭。法人的民事行为能力也要与其民事权利能力相适应，否则可能不发生其所追求的法律效果。法人的民事权利能力的范围一般以核准登记的生产经营和业务范围为准。

第二，意思表示真实。所谓意思表示真实，是指行为人的意思表示是其自主形成的内心意思的真实反映。意思表示真实是指当事人意思的形成及其表示是其自由意志决定的，不存在受欺诈、受胁迫、被乘人之危等干涉和妨害意思自由的因素，行为人表示出来的意思与其内心真实意思相一致，不存在通谋虚假表示、误传等意思表示不一致的情形。意思表示不真实，可能导致法律行为无效或是可撤销。

［微课］
约束商事行为的起点——商事合同的生效

第三，不违反法律、行政法规的强制性规定，不违背公序良俗。合同的内容不得与法律、行政法规的强制性规定相抵触，不得违背公序良俗。

（2）无效合同。无效合同，自始、当然、确定不发生当事人所追求的法律效果，多表现为违反法律、行政法规的强制性规定或违背公序良俗，可能引发侵权责任、缔约过失责任或公法上的责任等。

《民法典》第一编第六章规定，以下民事法律行为无效：无民事行为能力人独立实施的；当事人以虚假的意思表示实施的；违反法律、行政法规的强制性规定的；违背公序良俗的；恶意串通损害他人合法权益的。

《民法典》合同编中也规定了无效的情形，包括：1）免责条款无效情形。造成对方人身损害的；因故意或重大过失造成对方财产损失的。2）格式条款无效情形。前述民事法律行为的无效和免责条款的无效；提供格式条款一方不合理地免除或者减轻其责任、加重对方责任、限制对方主要权利；提供格式条款一方排除对方主要权利。

博闻多识

格式条款合同

格式条款是指当事人为了重复使用而预先拟定，并在订立合同时未与对方协商的条款。其典型特征在于一般由居于垄断地位的一方拟定，对方当事人处于从属地位，用明确的书面形式进行表达。其优势在于便捷、易行、高效；其劣势也比较明显，合同双方地位不平等，没有协商余地。为了更好地保障合同相对方的合法权益，提供格式条款一方当事人在提供格式合同中具有以下法定义务：

（1）遵循公平原则确定当事人权利义务，按照对方的要求对条款进行说明的义务。

（2）采取合理的方式提请对方当事人注意免除或者减轻其责任等与对方有重大利害关系条款的义务。

（3）提供格式条款一方不合理地免除或者减轻其责任、加重对方责任、限制对方主要权利的、排除对方主要权利的条款无效。

格式条款合同在我们日常生活中非常普遍，如保险合同、商品房买卖合同、快递服务合同、电信服务合同以及用水用电合同等。

（3）效力待定合同。效力待定合同，是合同在订立后尚未发生法律效力，需要权利人的意思最终确定是否能够发生法律上的效力。根据《民法典》第一百四十五条和第一百七十一条的规定，效力待定合同主要表现为两类：

第一，限制民事行为能力人超出自己的行为能力范围与他人订立的合同。此类合同经限制民事行为能力人的法定代理人追认后，合同有效。与限制民事行为能力人从事民事法律行为的相对人可以催告法定代理人在30日内予以追认。法定代理人未作表示的，视为拒绝追认。合同被追认之前，善意相对人有撤销的权利，一旦被追认，善意相对人就不能行使撤销权。

第二，行为人没有代理权、超越代理权、代理权终止后从事代理行为，以被代理人名义订立的合同。行为人此时的行为，并非出于被代理人的真实意思，其行为的法律责任不能由被代理人承担。被代理人对无权代理订立的合同有追认和拒绝的权利，若经其追认，该合同为有效；若其表示拒绝，该合同就不发生法律效力。相对人可以催告被代理人在一个月内予以追认，被代理人未作表示的，视为拒绝追认。合同被追认之前，善意相对人有撤销的权利。

（4）可撤销合同。当事人在订立合同的过程中若在重大误解、欺诈、胁迫、乘人之危的情形下，作出不真实的意思表示，行为人可以向人民法院或仲裁机构申请撤销合同。

重大误解，是行为人主观上存在错误认识，可以是对行为的性质、相对人或交易标的等的错误认识，导致行为的结果与行为人的意思相悖，从而给行为人造成较大损失。

欺诈，是行为人故意欺骗对方，使其产生错误判断，作出错误的意思表示。实施欺诈行为的当事人可以是合同的相对方，也可以是合同当事人之外的特定关系人。只要被欺诈人因欺诈行为作出错误的意思表示。受欺诈人享有向人民法院或仲裁机构请求撤销合同的权利。

胁迫，是行为人通过威胁、恐吓等不法手段对受胁迫人施加强制，使其产生恐惧心理，从而作出不自由的意思表示。受胁迫人清楚地知道自己作出意思表示的后果，但在恐惧心理影响下，作出的无奈之举。受胁迫人在这种情况下可以对合同效力作出选择，法律也赋予受胁迫人以撤销权。

乘人之危，是一方当事人在合同订立时利用对方因处于某种暂时性的急迫困境，缺乏判断能力、缺少基于理性考虑而实施民事法律行为，致使民事法律行为中的权利义务明显失衡。为了保护当事人的合法权益，法律将撤销权赋予显失公平的受损害方。

（三）履行合同

1. 原则

当事人应当按照合同约定全面履行自己的义务，遵循诚信原则，根据合同的性质、目的和交易习惯履行通知、协助、保密等义务，同时避免浪费资源、污染环境和破坏生态。这些基本原则贯穿于合同履行始终，只有遵守这些基本原则，才能实现债权人的债权。

［微阅读］合同履行的补缺规则

合同生效后，当事人就质量、价款或者报酬、履行地点等内容没有约定或者约定不明确的，可以协议补充；不能达成补充协议的，按照合同有关条款或者交易习惯确定；仍不能确定的，适用《民法典》第五百一十一条。

博闻多识

电子合同交付时间的认定

确定网络交易合同的交付时间，是电子合同履行中的重要问题。可以分为以下三种情形：

（1）网络买卖合同的商品交付，采用快递物流方式交付标的物的，应当以收货人的签收时间为交付时间。网络服务合同由于没有明显的交付标志，因此以生成的电子凭证或者实物凭证中载明的时间为提供服务时间；如果前述凭证没有载明时间或者载明时间与实际提供服务时间不一致的，以实际提供服务的时间为准。

（2）电子合同的标的为采用在线传输方式交付的，如网络咨询服务合同，合同标的物（如咨询报告）在进入对方当事人指定的且能够检索识别的时间为交付时间。

（3）电子合同当事人对交付商品或者提供服务的方式、时间另有约定的，按照其约定。例如：网络买卖合同买受人主张自己选择快递物流取货的，将买卖标的物交付给买受人自己选择的快递物流单位的时间为交付时间。

在实践中，合同的履行除了涉及当事人之外，还可能出现第三人。第三人一般是指合同当事人以外，与合同有利害的关系的人。合同第三人的利益同样受法律保护，第三人履行的合同的具体规则依据《民法典》第五百二十二条至第五百二十四条的规定。

2. 抗辩权

抗辩权，是指在双务合同中，一方当事人在对方不履行或履行不符合约定时，对抗请求权或否认对方权利主张的权利。《民法典》中规定的抗辩权包括同时履行抗辩权、先履行抗辩权、不安抗辩权三种。

［微阅读］
涉及第三人的合同履行规则

同时履行抗辩权，是指在没有规定履行顺序的双务合同中，当事人一方在当事人另一方未对待给付以前，有权拒绝先为给付的权利。行使同时履行抗辩权要求：合同双方因同一双务合同互负债务；双方债务已届清偿期；合同中没有约定先后履行顺序；对方当事人未履行或未按照约定履行合同债务但对方当事人的对待履行是可能的。

先履行抗辩权，是指合同当事人互负债务，有先后履行顺序，先履行一方未履行的，后履行一方有权拒绝其履行要求。行使先履行抗辩权要求：双方当事人基于同一双务合同，互负债务；双方的履行有先后顺序；应当先履行的当事人不履行合同或未按照约定履行合同且其债务是可能履行的。

不安抗辩权，是指合同双方当事人互负债务，有先后履行顺序，先履行的一方有确切证据证明对方出现如经营状况严重恶化；转移财产、抽逃资金，以逃避债务；丧失商业信誉等丧失履行债务能力等情形，可以中止履行，并及时通知对方。对方提供适当的担保的，应当中止履行一方恢复履行；对方未在合理期限内恢复履行能力且未提适当担保的，视为以自己的行为表明不履行主要债务，中止履行一方可以解除合同请求对方承担违约责任。

行使不安抗辩权要求当事人基于同一双务合同，互负债务，其中一方当事人应当先履行合同义务且合同义务已经到期；但有确切的证据证明，后履行合同的一方当事人不履行或不能履行合同义务。法律要求主张不安抗辩权的一方当事人在提出时，应当立即通知对方，这是为了避免另一方当事人因此受到损害。主张不安抗辩权的当事人没有确切证据证明对方履行出现问题就中止履行的，应当承担违约责任。

增智启慧

抗辩权的行使

甲和乙签订了一份买卖合同，双方约定由甲向乙提供一批生产用原材料，总货款为100万元，甲最晚于6月底前供货，乙收到货后在10日内付款。5月，甲从报纸上得知：乙为逃避债务私自转移财产，被法院依法查封扣押了财产。于是甲通知乙，在乙付款或提供担保前中止履行合同。

思考：

甲的做法是否合法？

（四）违约责任

当事人一方不履行合同义务或者履行合同义务不符合约定的，应当承担继续履行、采取补救措施、赔偿损失、支付违约金、给付或返还定金等违约责任。

1. 继续履行

继续履行合同是为了促成合同的实现。当事人一方未支付价款、报酬、租金、利息，或者不履行其他金钱债务的，对方可以请求其支付，此外，还可以请求债务人承担违约金、赔偿逾期利息等违约责任。

债务人对非金钱债务不履行或履行债务不符合约定的，应当承担继续履行的责任，但下列情形除外：法律上或事实上不能履行；债务的标的不适于强制履行或者履行费用过高；债权人在合理期限内未请求履行。

2. 采取补救措施

当事人履行不符合约定，应按照约定承担违约责任。对违约责任没有约定或者约定不明确的，受损害方根据标的的性质以及损失的大小，可以合理选择请求对方承担修理、更换、退货、减少价款或者报酬等违约责任。

3. 赔偿损失

赔偿损失是当事人一方不履行合同义务或履行合同义务不符合约定，在履行义务或者采取补救措施后，对方还有其他损失的，依法或依约定赔偿损失。损失赔偿额应当相当于因违约所造成的损失，包括合同履行后可以获得的利益；但是不得超过违约一方订立合同时预见到或者应当预见到的因违反合同可能造成的损失。

赔偿损失的目的是弥补违约造成的损害。合同的受损方有权获得其在合同中约定的利益，通过赔偿损失，保护合同当事人的可期待利益。当事人一方违约后，对方应当采取适当措施防止损失的扩大；没有采取适当措施致使损失扩大的，不得就扩大的损失要求赔偿。当事人因防止损失扩大而支出的合理费用，由违约方承担。

4. 支付违约金

为了保证合同的履行，合同当事人可以约定一方违约时向对方支付一定数额的违约金。合同违约方支付违约金不足以弥补守约方遭受的损失的，守约方还可以向违约方请求赔偿损失。但原则上，非违约方获得的赔偿应与其实际受到的损失大致相当。

约定的违约金低于造成的损失的，人民法院或者仲裁机构依据当事人请求予以适当增加，增加后的违约金数额以不超过实际损失额为限。约定的违约金过分高于造成的损失的，人民法院或者仲裁机构依据当事人请求予以适当减少。当事人就迟延履行约定违约金的，违约方支付违约金后，还应当履行债务。

［微课］
不翼而飞的快递

5. 给付或返还定金

定金是双方预先约定在合同中，当出现违约情形时适用的一种违约责任。哪方当事人违约，就由哪方当事人承担定金的后果。给付定金的一方不履行债务或者履行债务不符合约定，致使不能实现合同目的，无权请求返还定金；收受定金的一方不履行债务或履行债务不符合约定，致使不能实现合同目的，应双倍返还定金。

在同一合同中，当事人既约定违约金，又约定定金的，一方违约时，对方可以选择适用违约金或者定金条款，二者不能同时主张。定金不足以弥补守约方损失的，还可以请求赔偿超过定金数额的损失。

明道·传承

具有划时代意义的《民法典》

2020年5月28日，第十三届全国人民代表大会第三次会议表决通过了《中华人民共和国民法典》，自2021年1月1日起施行。《民法典》的通过具有划时代的意义。

习近平总书记指出，“民法典在中国特色社会主义法律体系中具有重要地位，是一部固根本、稳预期、利长远的基础性法律。”《民法典》被称为“社会生活的百科全书”，是新中国第一部以法典命名的法律，在法律体系中居于基础性地位，是新时代我国社会主义法治建设的重大成果，对推进全面依法治国、加快建设社会主义法治国家，发展社会主义市场经济、巩固社会主义基本经济制度，依法维护人民权益、推进国家治理体系和治理能力现代化，都具有重大意义。

《民法典》是保护私权利的法律汇总，是民事权利的宣言书和保障书，共7编、1260条、10万多字，是我国法律体系中条文最多、体量最大、编章结构最复杂的一部法律。各编依次为总则、物权、合同、人格权、婚姻家庭、继承、侵权责任。该法典进一步优化了民事主体的分类，丰富了民事权利的种类，完善了民事合同的规则，平衡了民事责任和行为自由，为社会主义市场经济体制的健全提供了制度支撑。

“民法”一词源自罗马法，罗马法的核心是民法。恩格斯指出，“罗马法包含资本主义时期的大多数法律关系”，是“商品生产者社会第一个世界性法律”。民法表达的是商品生产与交换的一般条件，包括社会分工与所有权、身份平等、契约自由。所有权是全部财产制度的基础，是身份平等和意思自治的舞台，这就是“法律的精神就是所有权”的最好印证。

《民法典》调整规范自然人、法人等民事主体之间的人身关系和财产关系，这是社会生活和经济生活中最普通、最常见的社会关系和经济关系，同人民群众的生产生活密不可分，同各行各业的发展息息相关。

《民法典》把我国多年来实行社会主义市场经济体制和加强社会主义法治建设取得的一系列重要制度成果用法典的形式确定下来，规范经济生活和经济活动赖以依托的财产关系、交易关系，对坚持和完善社会主义基本经济制度、促进社会主义市场经济繁荣发展具有十分重要的意义。

“法与时转则治，治与世宜则有功。”21世纪是互联网、高科技时代，《民法典》也融入了明显的时代特色。《民法典》的一大亮点，就是将“人格权”单独成编，不仅弥补了传统“重物轻人”的体系缺陷，也彰显了21世纪信息社会背景下人格权保护的特殊价值。如何应对烦不胜烦的骚扰电话？遇到摄像头偷拍该怎么处理？这些只有生活在这个时代才有可能遇到的问题，都能在这部《民法典》中找到答案。由此而言，这部权威、严谨的《民法典》，又是一部信息时代的“生活指南”。

法律的生长、完善，离不开其所处历史和文化的滋养。《民法典》中新设置关于婚姻家庭的规定，彰显着中华传统文化中倡导夫妻和谐、珍视家庭价值的文化观念。此外，《民法典》还专门引入“优良家风”的表述，同时在商事交易与夫妻关系的平衡中更加凸显了维护家庭和睦的价值取向。类似规定从中华优秀传统文化中汲取养分，不仅体现着中国特色，对于世界民事领域的立法也是值得珍视的宝贵财富和经验。

法律的生命在于实施。《民法典》在实施过程中必然会遇到一些新情况新问题。实践表明，新技术、新产业、新业态和人们新的工作方式、交往方式、生活方式不断涌现，也给民事立法提出了新课题。

《民法典》的实施是我国法治建设领域中的一件大事，这不仅体现在立法、司法、执法等环节和程序中，《民法典》的实施更需要每一位公民、每一个民事法律主体参与其中，尊重法律、敬畏规则。只要我们共同努力，这部具有中国特色、体现时代特点、反映人民意愿的法典就一定能发挥最大效用，法治中国建设必能再上新台阶。

思考

1. 我国古代契约文化和精神对当代的依法治国思想有什么重要影响及意义？
2. 请分析合同效力的不同类型及其表现。

［测验］

明道箴言

1. 法者，天下之程式也，万事之仪表也。——《管子·明法解》
2. 徒善不足以为政，徒法不能以自行。——《孟子·离娄上》
3. 刑过不避大臣，赏善不遗匹夫。——《韩非子·有度》
4. 一旦法律丧失了力量，一切就都告绝望了。只要法律不再有力量，一切合法的东西也都不会再有力量。——卢梭
5. 没有无权利的义务，也没有无义务的权利。——马克思
6. 廉者，民之表也；贪者，民之贼也。——包拯
7. 执法如山，守身如玉。——金樱
8. 有法而不循，虽法善与无法等。——沈家本
9. 任何人都没有法律之外的绝对权力。——习近平
10. 奉法者强则国强，奉法者弱则国弱。——《韩非子·有度》

专题七

商言

现代商务职业人在工作中更多的是面对“人”，因此，“能说会写懂礼仪”是营造良好人际关系、创造和谐工作氛围、完成工作任务的必备能力。商务写作在企事业单位处理公务、沟通信息、联系事务、传达决策中发挥着越来越重要的作用，商务写作也正在从旧模式中解放出来，逐步走向科学化、规范化、制度化。而商务沟通与演讲既是一门艺术，也是一门学问，通过商务沟通，商务人员不仅可以了解对方企业的情况，还能为双方企业的合作搭建桥梁，促进企业的共同发展；通过演讲，商务人员可以郑重地、系统地发表见解和主张，从而达到感召听众、说服听众的目的。在经济发展日益蓬勃、商务活动日益活跃的今天，商务写作和沟通与演讲能力正变得日益重要。

学习目标

知识目标：掌握各类商务写作技巧，学会基本的商务沟通、商务演讲技巧。

能力目标：能够根据管理实践具备自主完成各类商务写作任务的能力，具备在商务活动或管理活动中进行实用且有效沟通、演讲的能力。

态度目标：培养商务写作、沟通、演讲的职业素养，激发学习兴趣和积极性，提高灵活应对商务工作中实际问题的能力。

素质目标：引导树立正确的世界观、人生观和价值观，增强在商务活动和社会生活中的沟通能力，不断提升专业素养、思想素养和道德品质。

思维导图

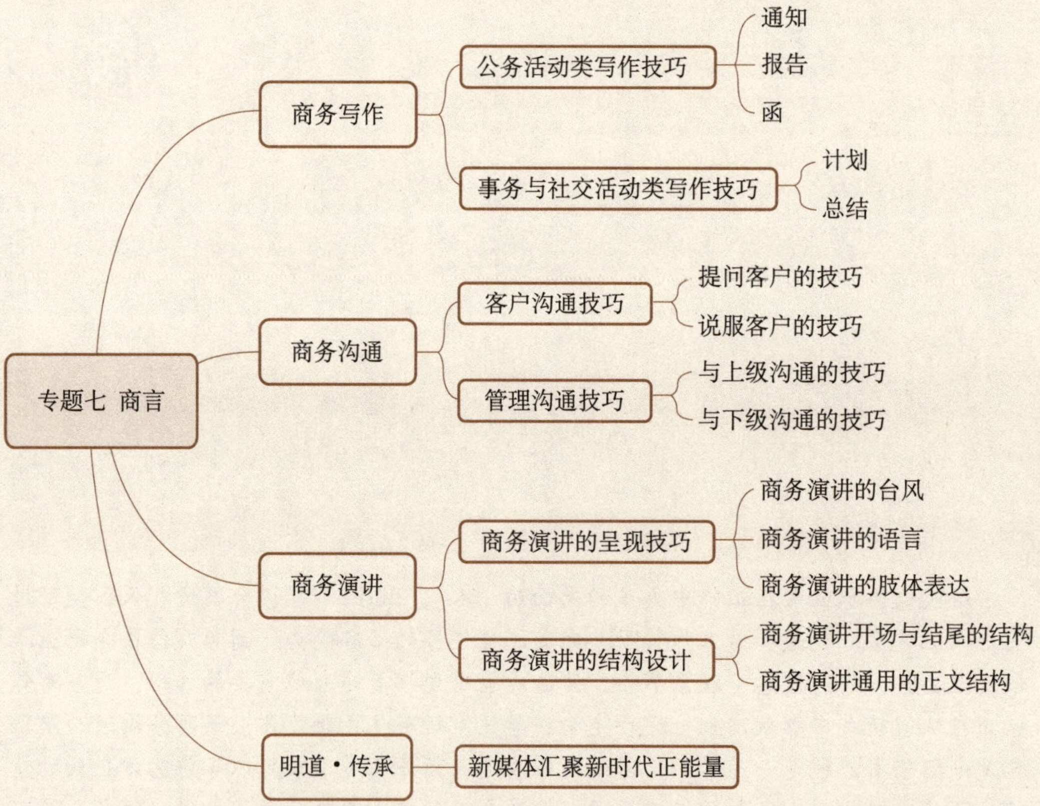

第一讲 商务写作

引言

商务有文而成长，管理因案而规范。和“说”相比，“写”是更见真功夫的，也是要下更多功夫的。随着时代的飞速发展，社会交流与协作体系越来越庞杂，在职场中的上情下达、同事交流、客户沟通，越来越多地由传统的口头交流转向书面交流，商务写作能力不仅成为做好工作的基本要求，也成为职场人士综合素养的组成部分，更是担任领导职务的必备能力。

当今职场对人才的要求越来越高，一位优秀的商务人士除了需要掌握自己的专业知识外，还应该具有必要的公务文书写作知识和写作能力，以便胜任不同的工作，同时能够帮助自己提升职场的核心竞争力。

一、公务活动类写作技巧

（一）通知

通知是一种知照性公文，《党政机关公文处理工作条例》中明确指出：“通知适用于发布、传达要求下级机关执行和有关单位周知或者执行的事项，批转、转发公文。”通知具有应用范围广、使用频率高和时效性强等特点。

根据通知的性质和内容，一般可以将通知分为会议通知、工作通知、转发性通知和发布通知四类。在商务办公中，会议通知和工作通知使用较为普遍。

1. 会议通知的写作

会议通知的主要功能是对会议的有关事项进行交代说明。会议通知写作的结构一般包括标题、主送单位、正文和落款四个部分。

（1）标题。会议通知的标题一般由发文单位名称、事由、文种三要素构成，如《江苏方圆科技有限公司关于召开项目推进会的通知》《山东蓝海生物股份有限公司关于召开2021年度股东大会的通知》。有时也可以省略发文单位，由事由和文种组成，如《关于召开党员大会的通知》。

（2）主送单位。会议通知的主送单位就是通知的受理单位，常常用模糊性的同类型机关的统称，如“各院系部处室”“各分公司、集团各部门”等。如果主送单位数量较少，那么可以写明主送单位的全称或者规范化简称。

（3）正文。会议通知的正文一般由开头、主体和结尾三部分构成。

1）开头。开头一般由“发文缘由”和“过渡句”两个部分组成。“发文缘由”包括发文的依据和目的。发文的依据一般有两种情况：一是理论依据，即上级或者本单位领导的决议、决定，或者有关的法规、政策等，常以“根据 ×× 精神”“经过 ×× 批准”等句式出现；二是事实依据，一般是写工作中出现的新情况、新问题等。发文的依据既可以是单方面的，也可以是多方面的。发文目的，即写明通知想要达到的效果，一般以“为了 ××”句式出现。通常情况下，先写发文依据，后写发文目的，有的通知只写发文目的。发文缘由写完以后，一般以“现将有关事项通知如下”“特作如下通知”等惯用句过渡到会议通知的主体部分。

2）主体。主体即会议通知的具体事项。这是会议通知的核心部分，要将会议通知的“内容要素”写得明确、具体。一般而言，会议通知应该写明会议内容、与会对象、会议时间、会议地点等要素，有时还需要写明会议需要准备的材料、会务组的联系方式等注意事项。大中型的会议，还需要写清乘车路线、会议回执等内容。

3）结尾。既可以自然收尾，也可以用“特此通知”等惯用语收尾。

（4）落款。落款处应该有发文单位的署名，并加盖印章，另起一行署上成文日期。

增智启慧

关于召开 2021 年度财务工作会议的通知

江苏方圆科技有限公司〔2021〕1 号

各所属企业：

为了全面掌握集团公司的财务状况和财务会议信息，加强交流，经过研究，决定召开集团 2021 年度财务工作会议。现将有关事项通知如下：

一、会议内容

1. 总结、交流集团 2020 年度财务工作。

2. 明确集团 2021 年的工作思路。

二、参加人员

集团及所属企业财务分管领导和财务部门负责人。

三、会议时间

2021 年 1 月 13 日（周三）9:00，为期一天。

四、会议地点

瑞丰大酒店海悦厅（银海路 522 号）。

五、有关事项

1. 各单位打印 20 份发言材料，于 1 月 8 日前送至集团办公室，发言时间控制在 10 分钟左右。

2. 各单位务必于 1 月 8 日前将 2020 年度财务报告以电子版形式上报集团，电子邮箱：hxjt@sina.com。

3. 本次会务由总公司办公室负责。联系人：张军，联系电话：0571-68××××××。

特此通知。

江苏方圆科技有限公司（印章）

2021 年 1 月 2 日

思考：

一份完整的会议通知应该写明哪些要点？

2. 工作通知的结构与写作

工作通知是指上级机关就有关事项需要下级机关知晓或者办理时所使用的通知。这种通知使用灵活、方便、快捷、频率高。写作这类通知时，要视具体情况确定，写作结构也包括标题、主送单位、正文、落款四个部分，和会议通知写作不同的主要是正文部分。工作通知的正文部分包括：

（1）开头。开头也包括“发文缘由”和“过渡句”两个部分。

（2）主体。主体即工作通知事项。要根据具体工作情况开展写作，例如：“职务任免通知”，应该明确任免人员的姓名、任免的职务、试用期限等。复杂的工作要按照事件的性质合理归类，条理清晰，提出的要求应全面、可行。

（3）结尾。结尾既可以自然收尾，也可以用“特此通知”等惯用语收尾。如果需要下级单位执行，那么要写明执行的要求。

增智启慧

关于开展“翰墨传情，同心战疫”师生书法比赛活动的通知

各市（县）、区教育（体）局：

为贯彻落实《教育厅关于开展疫情防控期间线上校园文化活动的通知》（鲁教函〔2020〕36 号）要求，落实好各项防控措施，加强对教师、学生的宣传、教育和引导，坚决打赢疫情防控阻击战，经研究，决定在全市中小学举办“翰墨传情，同心战疫”师生书法比赛。现将有关事项通知如下：

一、比赛项目

比赛分为硬笔书法和软笔书法两个项目。

二、比赛组别

比赛分设教师组和学生组。

三、比赛用纸

硬币用纸：不大于 A4 纸张大小。

软笔用纸：不大于4尺宣纸整张大小。

四、所设奖项

比赛分别设一、二、三等奖，将组织专家评委对作品进行评定，择优评出奖项并颁发证书。

五、注意事项

各单位选送至少十幅作品，并于2020年5月16日前邮寄至××市教育局基础教育处，联系人：张主任，联系电话：0571-71××××××。

希望各单位认真组织，踊跃投稿。

××市教育局

2020年4月20日

思考：

一份完整的活动通知应该写明哪些要点？

（二）报告

报告是下级单位向上级单位汇报工作、反映情况、回复上级单位询问的上行公文。报告在工作中的应用十分广泛，使用频率很高。用好报告，能帮助上级及时了解情况，掌握下情，为领导决策提供依据，同时有利于下级机关、单位接收上级的监督和指导。

长期以来，报告和请示被列为同一类文种，直到20世纪90年代后，报告与请示才分别独立，各自成为独立的文种。但是在实际运用过程中，仍然有许多人将报告和请示混淆，因此，运用这两种文种时，必须认真区分。

博闻多识

报告与请示的区别

1. 行文目的不同

报告是陈述性公文，重在向上级汇报工作、反映情况，为上级决策服务。请示是请求性公文，重在请求上级指示或者批准，以便解决本机关或单位的工作困难。

2. 行文时间不同

报告的时间比较灵活，事前、事中、事后均可行文。请示只能事前行文。

3. 写作要求不同

报告写作既可以遵循“一文一事”原则，也可以“一文多事”。请示写作则必须严格遵循“一文一事”原则。

1. 报告的类型

根据划分标准的不同，报告可以有很多类别。按照内容的性质，报告可以分为工作报告、情况报告、答复报告、会议报告、报送（文件、物件）报告等；按照内容的范围，报告可以分为综合性报告、专题性报告；按照内容的时间，报告可以分为年度报告、季度报告、月度报告等。

2. 报告的结构与写作

报告的结构由标题、主送单位、正文和落款四个部分组成。

（1）标题。报告的标题一般采用完整式标题，即发文机关、事由、文种三要素俱全，如《农业部等部门关于巩固大检查成果进一步做好减轻农民负担工作的报告》。有时也可以采用准齐式标题，即标题中只有事由、文种两个要素，如《关于审计整改工作情况的报告》。

（2）主送单位。报告的主送单位一般是报告单位的行政或者业务隶属关系的上级单位，报告的主送单位一般只有一个，应写明主送单位的全称或者规范化简称。如果有必要，也可以“抄送”其他上级机关。

（3）正文。报告的正文一般由开头、主体、结语三部分组成。

1）开头。报告开头主要交代报告的缘由，概括说明报告的目的、意义或根据，然后用“现将有关情况报告如下”一语转入下文。

2）主体。主体是报告的核心部分，用来说明报告事项。不同类型的报告，在正文主体的写法上各有不同。

①工作报告。工作报告正文主要内容包括：基本情况、主要成绩和经验体会、存在的问题及今后的打算。不同类型的工作报告，在正文内容的组织上有不同的侧重点。偏重于总结经验的工作报告，详写基本情况、主要成绩和经验体会，略写或不写存在的问题和今后的打算；偏重于汇报工作情况的工作报告，则详写基本情况、主要成绩和存在的问题，略写或不写经验体会。

②情况报告。情况报告的主体由基本情况、存在的问题和今后的打算组成，首先交代情况，包括开展和进行专项工作的依据，工作的大体进展情况，取得的成效；其次写问题，要在分析研究的基础上把主要问题表达清楚，避免主次不分；最后针对存在的问题写今后的打算。

③答复报告。答复报告应针对上级的询问，实事求是地回答问题，不可节外生枝，东拉西扯。

报告主体的写作要陈述清楚，重点突出。篇幅较长的综合性报告一般要分条列项写作，且每个方面的工作尽可能拟制小标题，以便提高报告的实际效用和美学效果。另外，报告事项中一定不能夹带请示事项。

3）结语。报告的结尾常以“特此报告”“以上报告，请审阅”等惯用语结束，报送该报告常以“请查收”作为结束语。

（4）落款。落款处应该有发文机关的署名，并加盖印章，另起一行署上成文日期。

博闻多识

工作报告写作的参考模板

××关于××××××的报告

（×××〔××××〕××号）

×××：

工作情况概述……现汇报如下：

一、经验一

取得的成效……

二、经验二

取得的成效……

存在的问题、努力的方向……

特此报告。

××××××××××（印章）

（三）函

函是工作使用频率较高的公文之一，适用于平级单位或者不相隶属单位之间商洽工作、询问和答复问题、请求批准和答复审批事项。函作为平行文，除了平级单位或不相隶属单位之间使用以外，有时上级单位对下级单位询问一般性的问题或者下级单位答复上级单位的询问时，也可以用函。

1. 函的类型

函有很多类型。根据适用范围，函可以分为商洽函、询问函、请批函、答复函等。根据行文方向，函可以分为发函和复函，其中，发函也称为“去函”，是发文单位主动发出的函，商洽函、询问函、请批函皆为主动性函；复函也称为“答复函”，用于回复对方来函所商洽、询问、请批的事项，是发文机关单位被动发出的函。

［微课］
商务信函写作

博闻多识

不相隶属关系

“不相隶属关系”是指某个机关单位和不属于同一组织系统的另一个机关单位之间的关系，可以从“所属地域”和“职能性质”等几个方面加以区分。常见的情况有以下5种：

（1）在职级上是上下级关系，但所属地域不同，如“山东省教育厅”和“南京市教育局”。

（2）在职级上是平级关系，但所属地域不同，如“山东省教育厅”和“江苏省教育厅”。

（3）在职级上有上下级区别，但职能性质不同，如“山东省教育厅”和“青岛市卫生健康委”。

（4）企业单位之间。

（5）行政事业单位和企业单位之间。

2. 函的结构与写作

函的结构一般包括标题、主送单位、正文和落款四个部分。

（1）标题。函的标题由发文单位名称、事由和文种构成，如《浙江省人民政府关于杭州新机场名称的函》《×× 大学关于 ××× 公司技术人员进校的复函》。

（2）主送单位。函的主送单位要明确，一般写明接受函单位的全称或者规范化简称。

（3）正文。一般“发函”和“复函”的正文部分写作有所不同。

1）发函正文的写作。发函正文一般包括发函缘起、函的事项、结语三个部分。发函缘起主要写明商洽、询问、请求批准的依据、目的等。函的事项写明商洽、询问、请求批准的具体事项，并提出希望或者要求等。结语部分一般独立成段，以“盼复”“请研究并复函”“特此函告”等惯用语结尾。

2）复函正文的写作。复函正文一般包括复函缘起、复函事项、结语三个部分。复函缘起又称为复函的“引语”，一半是引述对方来问，按照先引标题、后引文号的顺序，其一般形式为“贵单位《关于 ××××××××× 的函》（×× 函〔××××〕×× 号）收悉”。复函事项主要针对来函给予明确的答复，表明态度、阐明观点。当不能满足对方要求时，应该加以解释，并表明立场。结语部分一般单独成段，以“此复”“特此函复”等惯用语结尾。

（4）落款。落款处应该有发文单位的署名，并加盖印章，另起一行署上成文日期。

博闻多识

发函写作的参考模板

×× 关于 ××××××××× 的函

（×× 函〔××××〕× 号）

×××××：

发函的缘起……发函的事项……

盼复

××（印章）

×××× 年 ×× 月 ×× 日

复函写作的参考模板

××××关于×××××××××的复函
（××函〔××××〕×号）

×××××：

贵单位《关于×××××××××的函》（××函〔××××〕×号）收悉。经研究，……

特此函复

××××（印章）
××××年××月××日

二、事务与社交活动类写作技巧

（一）计划

计划是为将来一段时间内的工作或生活做出的筹划和安排的一种事务性文书。

计划是根据对外部环境和内部条件的分析，提出在未来一定的时期内要达到的目标及实现目标的措施、步骤等，将这些内容形成书面文字，即为计划。

博闻多识

计划类文书的区别

（1）规划：长期、全局的工作构想。
（2）安排：短期、具体的事项计划。
（3）打算：短期、要点式的原则意见。
（4）方案：短、中期的具体且全面的工作部署。
（5）设想：短、中期的初步草案式的工作考虑。
（6）要点：短、中期列出主要工作目标的计划。

1. 计划的类型

计划的种类有很多，根据不同的标准可以进行不同的分类。按内容分，有生产计划、工作计划、学习计划、教学计划、科研计划等；按性质分，有专题性计划、综合性计划等；按范围分，有国家计划、地区计划、单位计划、部门计划、个人计划等；按时间分，有长期计划、中期计划、短期计划、年度计划、季度计划、学期计划等；按形式分，有条纹式计划、表格式计划、综合式计划等。

博闻多识

不同形式的计划

（1）条纹式计划：由标题、正文、落款构成，文字通过小标题和序码逐一阐明。

（2）表格式计划：分栏目将计划的具体内容填写进表格。

（3）综合式计划：也叫文表结合式计划，先将各项目的内容填进表格后，再用文字作简短的解释说明。

2. 计划的结构与写作

计划的基本结构一般由标题、正文和落款三个部分。

（1）标题。计划的标题一般有三种写法：一是完整式标题，由计划单位名称、计划时限、计划内容、计划名称四个部分组成，如《××公司××××年安全生产工作计划》；二是省略式标题，有的省略时限，如《××××公司营销方案》，有的省略单位，如《××××—××××年城市发展规划》，有的省略单位和时限，如《××新产品开发计划》，凡省略单位的标题必须在正文后署名；三是公文式标题，即由发文机关名称、事由、文种组成，如《××总公司关于××××年机构改革工作的安排》。如果认为计划还不成熟，或者还没有经过正式讨论通过，或未经上级批准，则可在标题的后面或下一行用括号加注“草案”“初稿”或“讨论稿”等字样。

（2）正文。计划的正文一般由前言、主体和结尾构成。

1）前言。也叫引言，一般可以写制定计划的背景、依据、目的、指导思想，也可以简要分析前段工作的基本情况、取得的成绩、存在的问题等。这些内容可以根据实际情况做出适当的选择。前言的文字要求简明扼要，不讲套话、空话、大话。

2）主体。主体是计划的中心内容，包括目标、措施、步骤三要素。这三个要素在具体写作过程中可以通过不同的结构形式呈现，如“目标与任务—方法与措施—时间与步骤”，或“目标与要求—实施步骤—具体安排”，或“目标与任务—步骤与措施”。总之，计划的写作不是一成不变的，撰写者可以根据写作需要选择不同的结构形式。

目标是明确指出并细化基本任务、要求，即写清楚“做什么”。一般在写作过程中可以通过动宾结构，由虚到实来细化。措施是用什么方法、什么手段来确保完成任务、实现目标，并注明由何人具体负责，如何协调工作等，即写清楚“怎样做”。步骤是写明实现计划分几个阶段，是实现目标的程序安排和时间要求，即写清楚“何时完成”。

3）结尾。结尾既可以说明计划的执行要求，也可以提出希望或号召，也有的计划不专门写结尾。

（3）落款。落款包括制定计划的单位名称或个人姓名和制定日期。如果计划的标题中已经标明了单位名称，那么落款处可以只写制定日期。落款要写在正文结尾后右下方。另外，以单位名义上报或下达的计划，还需要加盖公章。

（二）总结

总结是单位或者个人对过去一个阶段的工作、学习或者思想情况做出系统的回顾、归纳、分析、评价，从中得到规律性认知用以指导今后工作或者学习的实用文书。通过总结，我们可以认识成绩和失误，从中总结经验和教训，获得有益的启示，对今后的工作、学习和生活起到促进和推动作用。

1. 总结的类型

总结在工作和生活中广泛使用，因此种类繁多，可以按照不同的标准进行分类。按范围不同，可以分为行业总结、单位总结、部门总结、个人总结等；按内容不同，可以分为工作总结、学习总结、思想总结、销售总结、生产总结等；按时间不同，可以分为年度总结、季度总结、月度总结等；按性质不同，可以分为综合性总结、专题性总结等。

2. 总结的结构与写作

总结一般由标题、正文和落款三个部分组成。

（1）标题。总结的标题常见的有三种写法：

1）公文式标题。公文式标题由单位名称、时限、事由和文种构成，如《××公司××××年度工作总结》。有的总结标题中也可以不出现单位名称，如《××××年度安全工作总结》。这种标题多用于综合性总结。

2）文章式标题。文章式标题是概括文章的内容或者基本观点而形成的标题，不出现总结字样，但对总结内容有提示作用，如《企业围绕市场转，产品随着效益变》，这种标题一般用于专题性总结。

3）复合式标题。复合式标题就是分别以文章式标题和公文式标题为正副标题，先拟一个正标题，用结论性语言提炼出总结的核心内容，再加副标题，说明总结单位、时限、范围等，如《一切为了孩子，为了孩子的一切——班主任工作总结》。

（2）正文。总结的正文一般由开头、主体两部分组成，各部分均有其特定的内容。

1）开头。总结正文部分的开头有时也叫前言。开头部分的主要内容是情况综述，即简明扼要地概述本情况，交代事件、背景、取得的主要成绩或者效果等。语言要求简明扼要，紧扣中心，统领全文。开头的常见方式有结论式开头和提示性开头两种。

①结论式开头就是交代总结对象的时间、背景、过程、成绩等，如“本学期，在上级部门指导和学校党委、校长办公室的正确领导下，财务处较好地完成了收支计划，保证了学校日常工作的顺利进行，现在将本学期学校的财务工作总结如下……”

②提示性开头就是提示工作的主要内容，如“在改革的新形势下，如何进一步加强班组建设，是摆在我们面前的一个重要的课题。以下是我们的一些做法……”

2）主体。主体是总结的主要部分，应该重点写好以下三个方面的内容：

一是基本做法、成绩和经验。这是主体部分的重点，也是总结最核心的部分。要写明做了哪些工作，采取了哪些措施，取得了哪些成绩，其主客观原因是什么，有哪些体会等，即交代清楚“为什么—怎样做—效果”这三方面的内容。这些内容要用叙议结合的表达方式，用确实的材料和数据来说明成绩，提炼和概括具有指导意义的经验。做法和成绩是基础材料，可以适当简略一点，经验和体会是重点，要详细列出。要点面结合，重点突出，数据具体，有较强的说服力，切忌面面俱到，不分主次。

二是存在的问题和教训。这部分内容要用一分为二的观点看待问题。在总结经验和体会的同时，也要看到其中的不足和缺憾，并分析其主客观原因，由此得出教训，指导以后的工作。

三是今后工作和努力的方向。这部分内容主要是针对以上两点展开，提出今后改进工作的设想、安排、打算等，可以写得简单明了。

博闻多识

总结主体部分的结构

（1）模块式结构：按“情况—成绩—经验体会—问题—今后设想”或者“做法—效果—体会”的顺序，分成几个模块来写，这是最常用的结构，适用于单位总结、个人小结或者体会。

（2）阶段式结构：按照时间顺序，将工作分成几个阶段来写，每个阶段再按照模块式结构写，适用于写时限较长而又有明显阶段性特点的工作总结。

（3）并列式结构：根据内容归纳出几个观点，拟出小标题，按照序号排列，逐一叙述，适用于专题总结。

（3）落款。在正文的右下方署上总结单位的名称或者总结人的姓名，署名下方再写明总结日期。如果单位名称在标题上已经注明，那么只需要在正文右下方署上日期即可。

第二讲 商务沟通

引言

戴尔·卡耐基曾说：绝大多数职业人士在工作和事业上的成功，25% 靠天才和能力，而 75% 靠沟通。在商务活动中，只有善于沟通的人，才能广交朋友，发展客户，获得客户的信赖、支持与合作，建立良好人际关系，创造商机，打开局面。

在世界经济和信息技术高度发达的今天，商务沟通能力已成为商务人士事业成功的一个基本前提条件。商务沟通是指商务组织或个人在商务活动中发生的沟通。随着科学技术的飞速发展、市场环境的快速变化，企业从事商务活动所必需的各种技术、专业知识和能力越来越复杂，很难由一个人、一个企业甚至一个国家完全掌握。此外，当今世界各国在经济、技术方面的合作和交流日益频繁，世界经济正在走向全球化时代。商务沟通已经不仅局限在一个国家内，或具有相似语言、政治、经济、文化背景的人们之间，而是越来越具有跨越国界、跨越文化的特征，这就使得商务沟通活动在形式上和内容上都有了新的发展。因此，良好的沟通能力是合作得以顺利进行的前提条件。

一、客户沟通技巧

（一）提问客户的技巧

在销售中无可争辩的一个事实就是：提问的能力与销售的能力成正比。在销售中为什么要提问？提问有两个目的：探询客户需求、发展销售机会。

1. 问题的类型

按照提问的形式，问题可分为开放式问题和封闭式问题。

（1）开放式问题。开放式问题是由下列关键词来提问的："什么""哪里""告诉""什么时候""怎样""为什么""谈谈"等。

开放式问题的好处是：1）减少问题的个数；2）引导客户谈话，如"那您准备如何解决这个问题？"3）获得更多信息，如"您刚才谈到耐用性很重要，具体是指什么？"

（2）封闭式问题。封闭式问题是由下列关键词来提问的："能不能""可不可以""是不是""会不会"等。

封闭式问题的好处是：1）阻止客户没完没了的表达；2）明确客户的某一具体需求，如"您希望能解决这个问题，是不是？"3）澄清、确认问题，如"您指的是这个产品的使用方法，对吧？"

2. 提问的技巧

（1）前奏。当问些敏感的问题时，例如："您公司的预算是多少呢？"对于这一类问题，客户很可能回避，这就要求销售人员在问之前，先讲一个前奏。什么是前奏呢？前奏就是先表明在客户回答这个问题的利益在哪里，例如："为了帮您找到最适合您的解决方案，可否请问一下您今年在电脑系统方面的预算大概有多少呢？"

（2）反问。这点尤其适合于当客户问到一个销售人员并不太清楚的问题时，例如："你如何看待今年在线教育行业的发展？"如果知道，则可以很专业地与他交流；但如果不知道，不妨反问对方："听您这样讲，我想您对这一方面肯定有很深的研究，您认为行业发展前景如何？"

（3）纵深提问。可利用客户提到的问题向深处问，深挖他的需求和内心真正的想法。例如，如果客户说："我喜欢这个品牌的产品。"销售人员则可以问："您喜欢它的哪些方面？"

（4）不要关闭自己的开放式问题。例如："您今年的重点工作在哪里？"这个问题可以使我们知道客户考虑的重点与我们的服务的相关性，以帮助我们确定下一步如何进行。但如果销售人员紧接着又问："是生产还是销售？"这就像是本来已经打开的门又被关上了。

（5）多问“为什么”。在销售中，不仅应知道客户的需求，更重要的是了解客户为什么会有这样的需求，这其实是推动客户采取行动的一个内在驱动力。把握好了这个内在驱动力，将对进一步引导客户及在之后的竞争中保持竞争优势很有帮助。

（6）同一时间问一个问题。沟通的原则是最好一个问题一个问题地提问。

（7）避免自己回答自己的问题。销售人员应避免回答自己提出的问题。

（8）提前准备应对客户提问。当客户提出问题的时候，这对销售人员来讲是一个绝佳的帮助自己与客户建立信任关系的机会。要想较好地回答对方问题，只要稍做准备，预先估计对方可能提出哪些问题，考虑的时间越多，回答起来就越从容。

（二）说服客户的技巧

营销专家通过对大量销售人员的实际销售行为的观察，总结出了一个说服客户的模式（如图 7-1 所示）。这一模式被宝洁、联合利华、百事可乐、可口可乐等许多跨国公司采用，是被广泛证明能够提高成功机会的模式，几乎所有的销售培训专家都会建议销售人员按照这个模式进行。

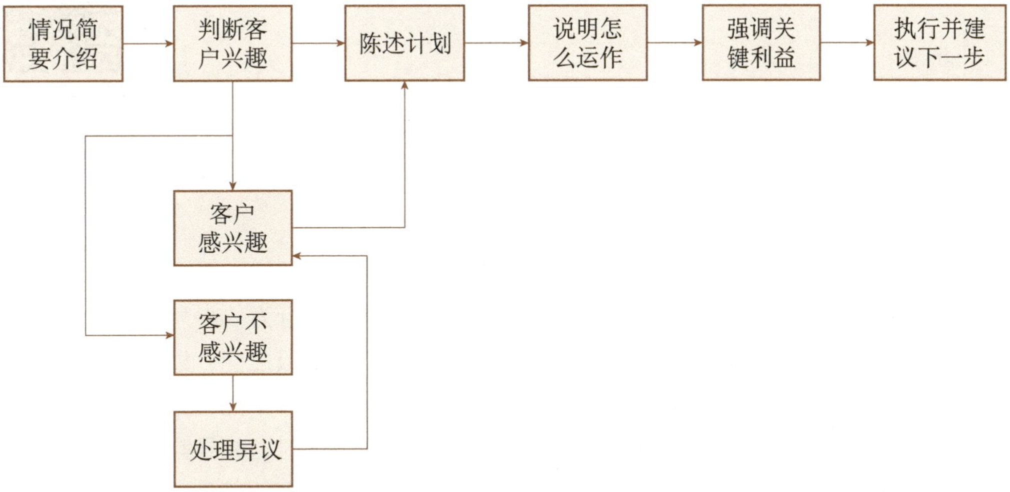

图 7-1 说服客户的模式

1. 介绍情况

首先，要对客户的情况做简要的说明，以使客户清楚地知道销售人员在提建议时已经了解和考虑了他们的具体情况。

其次，在陈述情况时，销售人员必须通过有效的方式引起客户的兴趣。如果客户不感兴趣，就要运用沟通技巧，询问客户的真正需求；只有当客户表现出兴趣时，才可以进行下一步。

2. 陈述计划

销售人员在陈述经营主张的时候，必须简明扼要、表述清楚，表述方式要符合客户的需求和兴趣，并且要告诉客户具体的行动建议。

3. 制定详细程序

何时、何地进行？谁总负责，各项事项谁负责？如何进行？这个计划对客户的利益点在哪里？客户的异议和问题在哪里？要结合每个客户的实际情况进行评估，并帮助他们做出决定。如果客户担心做了错误的购买决定，会在某个方面受到伤害，则可以采取下面的做法来解决：

第一步，通过提问找出客户的具体疑虑、担心或忧虑。

第二步，使客户确信自己的担心是有必要的。

第三步，对客户的疑虑进行解释，并提供事实依据。

第四步，询问客户的疑虑是否消除，如果没有消除，要继续解释。

第五步，请客户实施购买行为。

4. 强调关键利益

将最关键的部分重复，并且说明销售人员的经营主张是符合客户的机会和需要的。

[微课]
沟通需要倾听

5. 执行

预先准备好所需要的各种材料，使客户明了计划的全部内容及可执行性，同时提出下一步的建议。

二、管理沟通技巧

管理沟通是指组织内部不同成员在内部管理中发生的沟通行为。

在现代企业中，人与人之间、部门与部门之间、企业上下级之间，以及其他各个方面之间，特别需要彼此进行沟通，互相理解，互通信息。现代企业中的决策已经不仅仅是属于管理者的特权，每个组织员工都可能在决策中发挥作用。同时，领导与下属之间的关系也不再是“猫与老鼠”式简单的监督关系，而需要彼此之间更多的尊重、沟通和合作，员工个人的工作热情、工作态度、对组织的认同是关系企业发展的一个极为重要的因素。从这个意义上讲，沟通就是管理的核心职能。

（一）与上级沟通的技巧

1. 学会向领导请示和汇报工作

（1）向领导请示和汇报工作的程序。

1）仔细聆听领导的命令和吩咐。一项具体工作在确定了大致的方向和目标之后，领导通常会指定专人来负责该项工作。要想正确地完成任务，就必须首先明确领导的指示。在这个过程中，一定要用最简洁、有效的方式明白领导的意图和工作的重点。

可以利用传统的 5W2H 的方法来快速记录工作要点。

- When，即明确工作的时间。

- Where，即明确工作的地点。
- Who，即明确工作的实际执行者。
- Why，即明确工作的目的。
- What，即明确工作的内容。
- How，即明确完成工作的方式。
- How many，即明确需要多少工作量才能完成工作。

在领导下达命令之后，员工应立即整理记录，再次简明扼要地向领导复述一遍，看是否有遗漏或者没领会清楚的地方，并请领导加以确认。

2）与领导一起探讨工作目标的可行性。负责工作执行的下属，在接受领导的命令之后，应该积极多方准备，对即将负责的工作有一个初步的认识，向领导提出初步解决方案，尤其是对在工作中可能出现的困难要有充分的认识，对于在自己能力范围之外的困难，应提请领导协调，加以解决。

3）拟订详细的工作计划。在明确工作目标并和领导就该工作的可行性进行了充分讨论之后，应该尽快拟订一份工作计划，并交给领导审批。在工作计划中，必须详细阐述自己的行动方案与步骤，还要特别说明实施工作的具体方法，尤其是对自己的工作进度要给出明确的时间表，以便领导对工作进行监控。

4）在工作进行之中随时向领导汇报，保持通畅的沟通。在制定了详细的工作计划后，就按照工作计划开展工作。必须清楚自己工作的进度是否和计划一致，无论是提前还是延误了工期，都应该及时向领导汇报，包括工作进展和成效，吸取领导的意见和建议，以便及时地得到领导的指导，有利于工作的顺利完成。

5）在工作完成后，及时进行总结并向领导汇报工作的结果。总结工作中的经验和教训，以便在下一次工作中改进和提高。如果工作完成得不好，更要及时总结汇报，否则可能招致领导的反感情绪。

一定要重视请示与汇报的作用，因为它是和领导进行沟通的主要渠道。

（2）工作报告制度。工作报告制度分为正式工作报告和非正式工作报告两部分。

1）正式工作报告。正式工作报告分为周工作总结和专项工作报告两种。

①周工作总结。周工作总结主要记录当事人本周的工作情况，其具体格式由直接上级确定。需要注意总结递交时间，总结递交方式，递交给直接上级并抄送给直接上级的直接上级。直接上级必须对收到的周工作总结回复意见。

②专项工作报告。专项工作是指需要一段时间来完成的特定工作，其具体格式由上级确定。专项工作报告分为专项工作计划和专项工作总结两部分。

2）非正式工作报告。非正式工作报告是指下级向上级随时进行的非正式工作沟通，包括口头沟通、电子邮件沟通等。

2. 学会说服领导

怎样说服领导，让领导理解自己的主张、同意自己的看法呢？

（1）选择恰当的提议时机。要选择领导时间充分、心情舒畅的时候请示和汇报工作。

（2）资料及数据都极具说服力。对改进工作的建议，如果只凭嘴说，是没有太大说服力的。但如果事先收集整理好有关数据和资料，做成书面材料，借助视觉力量，就会提高说服力。

（3）设想领导质疑，事先准备答案。领导对方案提出疑问，如果汇报人事先毫无准备，吞吞吐吐，前言不搭后语，自相矛盾，当然不能说服领导。因此，应事先设想领导会提什么问题，自己该如何回答。

（4）说话简明扼要，重点突出。在与领导交谈时，一定要简单明了。对于领导最关心的问题要重点突出、言简意赅。

（5）面带微笑，充满自信。在与人交谈的时候，一个人的语言和肢体语言所传达的信息各占 50%。一个人若是对自己的计划和建议充满信心，那么无论他面对的是谁，都会表情自然；反之，如果他对自己的提议缺乏必要的信心，也会在言谈举止上有所流露。

[微课]
组织内部沟通窍门

（6）尊敬领导，勿伤领导自尊。作为下属在向上司“进谏”时，一定要注意维护领导的尊严。即使领导不愿采纳你的意见，你也应该感谢领导倾听你的意见和建议，同时让领导感觉到你工作的积极性和主动性。

（二）与下级沟通的技巧

1. 领导者的沟通艺术

沟通不是一件简单的事情，要通过“沟”这个手段达到“通”的目的，中间可能遇到各种障碍，使目的无法达到，所以要消除沟通障碍，改进沟通方式。沟通要讲究艺术才更有成效，这点对于企业的领导者更为重要。

（1）要明确沟通目的，注意表达方式。在信息交流之前，领导者应考虑好自己将要表达的意图，抓住中心思想。在沟通过程中要使用双方都能理解的用语和示意动作，并恰当地运用语气和表达方式，措辞不仅要清晰、明确，还要注意情感上的细微差别，力求准确，使对方能有效接收所传递的信息。

（2）沟通要以诚相待。领导者要心怀坦诚，言而可信，向对方传递真实、可靠的信息，并以自己的实际行动提高说服力。

（3）要选择有利的时机。在不同情况下采取不同的沟通方式，要抓住最有利的沟通时机。

（4）要增强下级对领导者的信任度。这就要求领导者加强自我修养，具有高尚的品质和事业心，以及丰富的知识和真诚的品格。只有具备了这些，领导者才会赢得下级的信任，才具备有效沟通的基础。

（5）沟通要讲究“听”的艺术。在对方讲话时要专心致志，不要心不在焉，不要心存成见，也不要打断对方讲话，急于做出评价，或者表现出不耐烦；要善解人意，体味对方的情感变化和言外之意，做到心领神会。

（6）沟通要讲究“说”的艺术。领导者不仅要会听，还得会说，会表达自己的意见。在表达自己的意见时，要谦虚诚恳。如果过分显露自己，以先知者自居的话，即使有好的意见，也不容易为人接受，还可能使人产生反感和防备心理。讲话时要力求简明扼要，语调婉转。在表明某个意思后，最好能稍做停顿，并向对方投以征询的目光。这样使对方有说话的机会，也是尊重对方的表现。

博闻多识

"LEADER"的特质和条件

新时代领导者应是"掌握未来的事，而非事件发生后才来反应的人"。因此，新时代领导者就应该具备"LEADER"的特质和条件，即：

L——Listen，多倾听、多学习；

E——Explain，多沟通、多说明；

A——Assist，多协助、多支持；

D——Discuss，多协调、多商讨；

E——Evaluate，多评价、多总结；

R——Respond，多反馈、多调整。

这样才能成为员工心目中值得信赖的"LEADER"。

2. 领导者的沟通技巧

（1）给下属布置工作时的沟通。

第一，让员工参与并了解事情的全局。安排工作时让员工参与，并给他们讲清目的和全局，而不是只告诉他们"你现在该做什么"。

第二，明确发布命令和布置工作。如"这件工作要求什么时候完成""完成的标准是什么"等。

第三，多一些赞扬，给员工前景激励。每个人都渴望得到别人的重视和赞扬。赞扬是最"神奇"的激励方式。

第四，做员工的表率。要想使下属心悦诚服地听从命令，领导者必须为下属提供表率，"言必行，行必果"必须是领导者的做事宗旨。

（2）激励和指导下属。

领导者是否成功的一个重要评价标准就是其激励和培养他人的能力。而激励、指导都需要领导者有引导、帮助他人发展的意愿以及高效沟通的能力。

1）激励下属。激励是很个人化的东西，但每个人的价值观、需求也有相似之处，领导者应该了解下属的需求，并根据下属的实际需求采用不同的方式来激励。

一个好的领导在激励下属时应该注意以下几点：

- 提供直接帮助、恰当的资源和时间。
- 以一种学习的态度处理成功和失败，而不是纯粹的评估。
- 设立明确的目标，并厘清工作的发展方向及其重要性。
- 认可"切实的工作进展"并肯定下属的良好表现。
- 合作、和气。
- 令事情更加有趣、令人放松。
- 提供情感方面的支持。

2）指导下属。领导者应该成为下属的良师益友，这样不仅可以帮助下属实现个人的提升，也可以使团队整体实现巨大成就。要在领导和下属之间建立起这种良师益友的关系，就需要领导和下属明确自己的角色和职责关系。良好的职责内容划分应该如表 7-1 所示。

表 7-1　领导和下属的职责内容

领导的职责	下属的职责
1. 根据过往的业务经验，提供指导。 2. 营造一种积极的咨询关系和开放的氛围。 3. 帮助下属确定存在的问题，制定相应的解决方案。 4. 引导下属解决问题。 5. 以支持的方式提供建设性的意见。 6. 分享故事，包括犯过的错误。 7. 布置适当的“家庭作业”。 8. 将下属介绍给其他的商业伙伴。 9. 真诚地传授商业技艺。 10. 征求下属的意见。 11. 参加每次讨论问题的会议。	1. 设定整体的规划表——明确想要的到底是什么。 2. 确定现实、可实现的目标。 3. 开放地与良师益友进行沟通。 4. 确定优先事项。 5. 不要指望良师益友精通一切。 6. 征求领导的意见。 7. 参加每次讨论问题的会议。

增智启慧

委屈的陈经理

财务部陈经理结算了上个月部门的招待费，发现有一千多元没有用完。按照惯例，他会用这笔钱请下属们吃一顿，于是他走到休息室，叫员工小马通知其他人晚上吃饭。

快到休息室时，陈经理听到休息室里有人在交谈，他从门缝看过去，原来是小马和销售部员工小李两人在里面。

小李对小马说：“你们部门陈经理对你们很关心嘛，我看见他经常用招待费请你们吃饭。”

“得了吧，”小马不屑地说道，“他就这么点本事来笼络人心，遇到我们真正需要关心、帮助的事情，他没一件办成的。你拿上次公司办培训班的事来说吧，谁都知道如果能上这个培训班，工作能力会得到很大提高，升职的机会也会大大增加。我们部门几个人都很想去，陈经理却一点都没察觉到，也没积极为我们争取，结果让别的部门抢了先。我真的怀疑他有没有真正关心过我们。”

“别不高兴了，”小李说，“走，吃饭去吧。”

陈经理只好满腹委屈地躲进自己的办公室。

思考：

（1）财务部是否存在沟通问题？领导者与下属在沟通中犯了什么样的错误？

（2）如果你是财务部经理，你在听到他们的谈话后会怎样做？

第三讲 商务演讲

引言

古今中外的各界人士都是演讲的高手，中国近代女革命家秋瑾曾经说：“要想改变人的思想和观念，非演讲不可。”《周易·系辞上》描述了演说的重要性：“鼓天下之动者，存乎辞。”这些都说明了演讲的重要意义。

一、商务演讲的呈现技巧

商务演讲的呈现技巧主要包括演讲的台风、语言、肢体表达等方面。

（一）商务演讲的台风

商务演讲的台风主要包括演讲者的着装、站姿、站位、麦克风的使用、觉醒平面等几个方面。

1. 着装

商务演讲的着装一般按照商务场合的要求着装即可。衣服的选择以得体、大方、简洁为主要原则，尽量选择西装或商务休闲装（根据场合选择是否打领带）。

2. 站姿

在商务演讲的舞台上，务必要注意站姿，做到重心居中。重心居中就是两脚要平均承担体重，不能把身体重心偏移到一只脚上面。平衡的身体姿态更容易让演讲者集中精神、厘清思路，更好地发挥自己的水平。形象和台风的作用有时候甚至高于语言和声音。

3. 站位

在演讲开始阶段，务必站在舞台的中间位置来开场。每一个演讲的场地都有一个能量点，即最靠近听众又能看到两边最边缘听众的位置。演讲者最好先占据这个位置，它将帮助演讲者更好地继续接下来的内容。

4. 麦克风的使用

在商务演讲时，麦克风一般分为手持麦和耳麦两种，一般商务场合的演讲用手持麦的情况更多一些。手持麦一般是握在中间位置，与身体呈 15 度左右会比较舒服，看起来更自然。切忌双手握麦，即演讲业内所称的“抱麦”。演讲开始后，演讲者不要敲击麦克风的头部来试音，也不能用嘴吹。

5. 觉醒平面

通俗地讲，觉醒平面就是精气神，是演讲者站在台上给听众的整体感觉和印象。人们总是喜欢和一个精神状态饱满、积极乐观的人打交道，演讲者当然也不例外。说服听众的前提是让人们喜欢，至少不讨厌。而这时的精神状态是一个非常重要的因素，良好的精神状态一定可以帮助演讲者更好地完成每一次演讲。

（二）商务演讲的语言

语言主要分为语言内容和语气语调，一个是指讲话内容，另一个是指说话时语气语调的表达方式。

1. 语言内容

当演讲者是要给普通群众讲解的时候，最好能用简单易懂的形式来演讲。演讲者要确保自己演讲的语言通俗易懂、结构清晰，听众能很好地理解，并跟上演讲的节奏。在商务演讲时，多使用正能量、积极的语言，从而更好地达到演讲的预期效果。商务场合切记尽量不要讲笑话，尤其是低俗的或涉嫌贬低他人或触及宗教信仰的笑话。在演讲中可以适当地引用些诗词典籍，以提升整个演讲的文化内涵。另外，在演讲过程中还需要注意以下三个方面：避免念错字、白字；少用口头禅；不要有严重的口音问题。

2. 语气语调

说话的语气语调也是需要演讲者特别注意的地方。即使同样一句话，用不同的语气语调来讲，表达出来的意思和感受也会有巨大差异。关于演讲中的语气问题，特别需要演讲者注意的是善用停顿、把握节奏、抑扬顿挫、声情并茂等方面。停顿可以让演讲变得更有节奏，而掌握演讲节奏也是更轻松、更节省能量的一种方式。

（三）商务演讲的肢体表达

演讲是一个综合感官体验的过程，听众除了要听演讲者的口头语言满足听觉感官，也要看演讲者在演讲时的整体形象、肢体语言，因此，演讲者应综合、全面地表达自己的想法和情感。有时候不用口头语言，仅一个眼神、一个动作就可以让对方感受到温暖。在演讲过程中，肢体语言的表达要注意以下几点：

［微课］商务演讲的呈现技巧

（1）手势动作要“出格”，要“上过眉、下过脐、左右过肩”。即手势向上要超过眼眉的高度；手势向下要超过肚脐；往左的手势要过左边肩膀，往右的手势过右边肩膀。既然要做动作就要做出去，舒展开来。

（2）动作要保持生理弧度。最简单的方法就是让双手处于自然放松的状态。

（3）适当转换动作。一个动作不可以连续重复太多次，以免听众产生视觉疲劳。

（4）如无动作，手可以自然下垂。虽然手自然下垂、不做动作会让演讲者感觉很别扭、不舒服，但会令听众感到很舒服。

演讲者的身体要做到下盘稳，上身放松，处于舒展和自信的状态，做到三点一线（三点分别是后脑勺、臀部和脚后跟）、五点一面（前面的三点再加两个肩膀）。演讲者的身体晃动幅度不要过大，频率不宜太高。

演讲者自己的感受和听众是有差别的，每一位演讲者都应该认真研究并掌控相关技巧，使自己成为控制演讲的大师。

二、商务演讲的结构设计

（一）商务演讲开场与结尾的结构

1. 商务演讲的开场

“好的开始是成功的一半”——这句话用在商务演讲上再恰当不过了。如果开场不好，整场演讲失败的概率会在 80% 以上。也就是说，很多演讲刚开始，其实就已经结束了，因为听众已经没有心思再继续听下去了。反之也一样，如果开场非常精彩，那么整场演讲就更容易一气呵成，完美结束。

在大多数情况下，商务听众的注意力比想象的差很多。事实就是，在演讲者上场的前一秒，听众可能还在给秘书打电话、用手机看股票、刷微信朋友圈、思考下一场会议的发言，更有甚者已经开始想“这个演讲什么时候能结束”，所以演讲者要做的就是在开场的 90 秒抓住听众的注意力。事实证明，只有好的演讲开场，才能帮助听众更好地理解演讲者接下来要讲的内容，从而达到更好的演讲效果和目的。

那么，演讲开场阶段到底要怎么做呢？演讲者需要了解成功的演讲开场应完成的四个任务：

（1）吸引并保持听众的注意力。最好能让人有眼前一亮之感。为了达到这个目的，下文将介绍七种经典的开场白：

1）问题式开场。借由一个问题引起大家的注意，这个问题最好是和听众密切相关的。人们总是对问题很敏感，不妨利用这一点，当然前提是演讲者要设计一个好问题。例如：如果是一个演讲方法的发言现场，可以说，“我想在演讲开始之前问大家一个问题，你认为演讲对自己的职业生涯重要吗？”以此来引起大家的思考。

2）陈述式开场。说出一组惊人的数字或鲜为人知的事实，以此来吸引听众。例如：“大家知道吗？研究发现，社会上害怕公众发言的人甚至比怕死的人还多。”又如：“大家知道吗？权威机构调查发现，会演讲的人平均收入是不会演讲的人的两倍以上。”如果是讲飞行安全话题，可以说：“大家知道吗？就在此刻我们头顶至少有五十万人在乘坐飞机。”

3）前瞻或回顾式开场。演讲开场向前展望或向后回顾，以“想象一下”“回想一下”开头，例如：“想象一下，如果未来五年人工智能广泛进入传统行业，你的工作是否会被智能机器人取代？这不是危言耸听，科技的发展比我们想象的要更快一点。”

4）故事式开场。讲一个简短的和主题相关的小故事。故事开场一般是“我想以一个小故事的形式来开始今天的演讲”；或者直接说“有这么一个故事”；又或者说“我有一个朋友”等。

5）引证式开场。用名人名言或事实来证明观点。例如，丘吉尔有一句名言：“一个人能取得多大成就，取决于他能面对多少人。”

6）警句格言式开场。最好用大家都熟悉的格言警句，如“少壮不努力，老大徒伤悲”“你可以拒绝学习，但你的竞争对手不会”“人生最大的失败，是既没有成功，也没有失败”等。这些就靠演讲者平时不断积累，结合不同的演讲主题，配合不同的警句格言。

7）类比式开场。类比越简单越好，把要讲的核心内容和某种东西类比，这个类比应是听众比较熟悉的东西，容易理解，如“演讲，是一把打开成功大门的金钥匙”“学演讲就好比学游泳，光有理论是不够的，关键还是要下水”“如果把电脑比作一个人，那么处理器（CPU）就是它的大脑”等。

（2）将主题和现场听众联系起来。将演讲主题和听众联系起来，回答听众的一个疑问，即“这个主题和听众有什么关系”。演讲者应说明本次演讲对现场听众有什么好处，听了有什么收获。

（3）将自己和演讲主题联系起来。解决的是听众为什么要听“你”来讲的问题。即使听众了解了这个主题对他有帮助，可是演讲者怎么证明自己有资格站在这里讲？因此，在开场阶段，演讲者需要简单地介绍自己的身份、经历，以及在这个领域的专业度。当然也可以让主持人来介绍，如职务、荣誉等，以此来增加听众对演讲者的信任和听演讲的兴趣。

（4）明确演讲目的并概述演讲内容。回答听众内心的另外一个疑问，即“我要听什么内容，听多久”。要让听众在演讲开始前，就看到结束的曙光。这样听众就会更安心，也会感觉到眼前这个演讲者是经过认真准备的。同时，预览演讲内容还可以起到承上启下的作用，示意听众主体内容即将展开，从而自然过渡到正文中去。

增智启慧

传统的自我介绍式开场

“大家好，非常高兴今天有机会代表 ×× 学院为大家做一个商务演讲沙龙分享。我是 ×××，过去七年来，我一直从事专升本的辅导工作，辅导培训 1000 多场次，受训学员 10000 多人（演讲者的资历）。希望接下来两个小时的分享，能给大家带来一些关于演讲技巧的启发和收获，帮助你把专升本的知识储备的更好（演讲的目的）。今天的沙龙我将主要从四个方面展开，分别是……（演讲的主要内容）。首先，我们来看看第一个部分……”

思考：

在商务演讲中，自我介绍式开场应重点介绍自己的哪些方面？

2. 商务演讲的结尾

一场商务演讲有开头就会有结尾，如果演讲的开场很好，过程也不错，但是结尾部分令人失望，将会使整场演讲效果大打折扣。在心理学上有一个现象叫“近期效应”，就是越近时刻发生的事情对听众的影响越深，甚至会影响他对一件事情（或一个人）的整体判断。毫无疑问，从时效上来看，结尾部分是最近呈现给听众的内容。一个演讲的结尾好，则近期效应就会给演讲加分，听众的整体感觉就好；结尾差，近期效应就会给演讲减分，听众的整体感觉就差。“虎头蛇尾”就是对那些重视开场却草草结束演讲的一种形象比喻。所以，演讲的结尾是和开头同样重要的部分。

那么，一个完美的演讲结尾需要注意哪些呢？首先，必须了解结尾需要完成的核心功能有哪些。结尾部分主要功能有三个：预先提醒演讲即将结束，常用语如“最后到这里，我的演讲也接近尾声了”“在结束我的演讲前”等；加深听众对主题的印象，常用方式有总结要点、引言结尾、首尾呼应等；提出号召和期望。

［微课］
商务演讲开场与结尾的结构

其次，可以根据自己演讲的主题内容和演讲风格分别采取其他结尾方式，如以故事结尾、以感谢结尾、以名人名言结尾等。

总之，好的演讲一定是“开场完美、结尾漂亮”，两者缺一不可。

增智启慧

演讲的结尾

“好的，讲到这里，我们今天的主题演讲也进入了尾声（预先提醒即将结束）。我想再次和大家共同来明确一下我们今天的重点部分。他们分别是……（加深听众对主题的印象）。最后，感谢大家热情的参与和支持，希望通过今天这个分享大家能更加重视商务演讲，并能结合今天分享的技巧及方法学以致用（号召和期望）。同时，也真诚地祝福大家在未来的职场和商场上都有更好的表现（祝福）。”这是比较常见的演讲结尾方式，可以借鉴使用。

思考：

你认为商务演讲中漂亮的结尾能够起到哪些作用？

（二）商务演讲通用的正文结构

商务演讲正文的内容根据演讲的目的不同而各有区别，但是结构有一定的规律性。下文介绍十种通用的商务演讲正文结构。

1. 模块型

把一系列相似的演讲组成部分前后相接，但各部分之间的顺序可以互换。模块型是结构最为松散的一种演讲，内在逻辑性不强。相对自由，可以调整，必要时可以省略一两个部分，不影响整体效果。适合授课、财务报告类演讲。

2. 历时型

以时间为线，串联起各个部分，这种结构反映了事件发生的先后顺序。历时型比较适合发展、变化类和机遇发现类主题，如技术发展、科技进步、需求变化等。另外，两家公司兼并后对被兼并公司员工的发言，也可采用历时型演讲，如“过去大家是对手，现在是一家人，未来合并后则是 1+1>2，共建共享”。

3. 空间型

根据物理意义上的隐喻或类比，概念化组织演讲内容，可提供一个关于主题的空间视角，如由上到下、由下到上、由内到外、由外到内等。空间型在于给听众一种视觉效果，例如：马斯洛需求层次理论采用的金字塔结构就属于空间型。再如：产品介绍时的同心圆结构可以从设计理念到产品规格，再到用户应用，由内到外，结构清晰可见。

4. 数字榜单型

列出一系列联系不紧密的想法、论点或事实的数字列表，并逐一解释说明。例如："投资者最关心的五个问题""培训行业的七大挑战与应对策略""高效能人士的七个习惯"等。

5. 案例分析型

举一个具体案例，借此复述一遍公司是如何解决问题和满足客户需要的。尽量在案例故事中涵盖公司所有业务和服务。其实就是向听众讲一个生动的故事，这绝对是吸引听众注意力的好方法。故事就是演讲的主线，例如：以某一位病人的案例故事展开，通过这位病人的故事把公司的产品服务等各个环节整体串联起来，帮助听众更好地理解要突出的产品或服务特色。在介绍过程中一定要主次分明，不可以平铺直叙，没有重点和亮点。

6. 问题—解决型

围绕一个客户关心的问题，提供解决办法，类似于"坏蛋"和"英雄"的故事。"坏蛋"就是缺点、不足，戳中客户痛点，而"英雄"就是采取了什么相应措施解决了客户的痛点，它围绕客户的利益展开，例如：制药、健康、基因研究、教育等领域的演讲都可以借鉴此类型的结构。苹果公司的史蒂夫·乔布斯在商业演讲中经常应用这种结构。特别要说明的是，演讲重点是解决方案而不是问题，不要本末倒置。

7. 议题—对策型

围绕一个或多个议题提出对策和方案。与其直接告诉听众他们面临的"问题"，不如提出一个议题，然后告诉听众准备采取什么对策。这样会更加委婉一些，也更容易引起听众共鸣。例如："如何轻松应对演讲恐惧症""'互联网＋'背景下的变革与突围"等。

8. 机遇—手段型

以一个商业机会为契机，展示以什么手段和策略来抓住机会。首先描述一个诱人的商机，如巨大的市场、科技变革、经济转型或其他驱动力，然后在"手段"部分讲解自己的产品优势、销售方法、合伙人关系或公司为抓住机遇而采取的策略。"机遇—手段型"和"问题—解决型"类似，但又有所不同，它更适合融资路演。

9. 形式—功能型

以一个商业概念、方法、技术为核心，发散出许多与之相关的应用或功能，如生物新技术的发布。这个类型适合同行交流、研讨、专业论坛发言等。

10. 特色—利益型

列出产品和服务的特色，并说明他们给客户带来的利益。每一个产品特色的背后都要体现其对现场听众的价值和利益，听众的利益要体现在演讲的每一个细节中。

以上就是商务演讲通用的十大结构，在实际操作过程中可以根据演讲主题、个人演讲风格、现场听众诉求以及整体美感等来选择具体采用什么样的结构。

需要说明的是，一个演讲从整体布局上只采用一种大的结构，但其内部某一部分可以用其他结构做补充。例如：整体上是历时型结构，中间某一部分可以采用空间型结构。选择演讲结构无所谓对错，只有合适和不合适。只要能帮助听众理解，又适合个人演讲风格，就是一个好的演讲结构。

明道·传承

新媒体汇聚新时代正能量

从 2011 年微博的迅猛发展开始，新媒体逐渐成为人们生活的一部分。新媒体就是将计算机网络和无线通信网络作为载体，呈现一种全新的媒体形态。新媒体自出现之后，越来越受到社会各界的广泛关注和充分的应用，新媒体技术不仅改变了传统媒体信息传播的形态，而且给受众带来了新鲜的体验。

相较于传统媒体，新媒体打破了媒介之间的壁垒，消融了媒体介质之间，地域、行政之间，甚至传播者与受众之间的边界，呈现以下四个特征：第一，媒体个性化突出。由于技术的限制，以往所有的媒体几乎都是大众化的。而新媒体可以做到面向更加细分的受众，可以面向个人，个人也可以通过新媒体定制自己需要的新闻。第二，受众选择性增多。从技术层面上讲，通过新媒体，人人都可以接收信息，人人也都可以充当信息发布者，用户可以一边看电视节目、一边播放音乐，同时参与对节目的投票，还可以对信息进行检索。与传统媒体的“主导受众型”不同，新媒体是“受众主导型”。第三，表现形式多样。新媒体形式多样，各种形式的表现过程比较丰富，可融文字、音频、画面为一体，做到即时地、无限地扩展内容，从而使内容变成“活物”。第四，信息发布实时。与广播、电视相比，只有新媒体才真正无时间限制，随时可以加工发布。新媒体用强大的软件和网页呈现内容，可以轻松地实现 24 小时在线。新媒体交互性极强，独特的网络介质使得信息传播者与受众的关系走向平等，受众不再轻易受媒体“摆布”，而是可以通过新媒体的互动，发出更多的声音，影响信息传播者。

当前，我国新媒体发展在经历了精英媒体、大众媒体、个人媒体等阶段的爆发式增长后，整个行业进入深度调整和再探索的阶段。在这个阶段，新媒体内容生产力持续释放，媒介新技术不断向前发展，新媒体对经济、社会、文化以及政治发挥的作用越来越大。但是，从国内环境看，用户红利接近饱和，信息传播存在情绪化、虚假化、低质化等问题，网络治理面临严峻挑战。

面对这种挑战，2018 年习近平总书记在全国宣传思想工作会议上强调，做好新形势下宣传思想工作，必须自觉承担起举旗帜、聚民心、育新人、兴文化、展形象的使命任务，并提出了加强传播手段和话语方式创新等要求——要坚持提高新闻舆论传播力、引导力、影响力、公信力，坚持以人民为中心的创作导向，坚持营造风清气正的网络空间，坚持讲好中国故事、传播好中国声音；要把坚持正确导向摆在首位，始终绷紧导向这根弦，讲导向不含糊、抓导向不放松，始终坚持团结稳定鼓劲、正面宣传为主的方针，让正面声音占据主导、成为主流，更好地把党和政府的声音传播好，把社会的主流展示好。

作为新时代互联网的"原住群体"，新媒体与大学生的日常生活紧密联系在一起。互联网、新媒体中蕴含着浩如烟海般的资讯和信息，而信息作为一种客观存在的物质，其中既蕴含着符合社会发展趋势的先进的社会意识，如倡导新时代仍需要"英雄主义"、号召全社会建设契约精神等，但也包含着不再符合社会发展潮流的落后的社会意识。面对各色各样的文化的冲击，大学生应当以马克思主义武装思想，坚定建设社会主义的理想信念，践行社会主义核心价值观，自觉抵御各种落后、腐朽文化侵袭，以自身力量为实现中华民族伟大复兴添砖加瓦。

时代在发展，社会在进步，新媒体的发展也面临新的挑战和要求。不管是媒体从业者，还是普通民众，尤其是大学生群体，都要大力弘扬爱国主义精神、勇担时代使命，坚持守正创新、传播正面声音，恪守文明底线、维护网络秩序，为营造清朗网络空间贡献自己的智慧和力量。

思考

1. 请阅读下文，进行小组讨论，分析其不妥之处，并写出修改稿。

××面试通知

××女士：

最近的一段时期里，我们公司的工作人员一直在招聘有关人员，看到你的来信，我们很高兴，你能够勇于推荐自己，并且对我们公司表示很高的信任，在此，我们深深地表示真挚的感谢。也请你在收到我们的信以后，可不可以请你在这个月的9日下午（星期五）3点整，准时到我们公司的人力资源部来，见见面，详细谈谈你的情况。来的时候，最好带上你的身份证和学历经历的证件，给我们参考，你看好吗？再一次对你的应聘，表示感谢。祝你取得成功，成为我公司的一员。

特此通知。

江苏方圆科技有限公司人力资源部

2021年7月9日

2. 假设你现在要去参加求职面试，你认为应该如何做自我介绍？

［测验］

明道箴言

1. 企业管理过去是沟通，现在是沟通，未来还是沟通。——松下幸之助
2. 沟通的最高境界是：说要说到别人很愿意听，听要听到别人很愿意说。——戴尔·卡耐基
3. 一日不作诗，心源如废井。——贾岛
4. 文章自得方为贵，衣钵相传岂是真。——王若虚
5. 语言就是一架展延机，永远拉长感情。——居斯塔夫·福楼拜
6. 言辞是行动的影子。——德谟克利特
7. 语言作为工具，对于我们之重要，正如骏马对骑士的重要，最好的骏马适合于最好的骑士，最好的语言适合于最好的思想。——但丁

专题八

商仪

管子曰："仓廪实而知礼节，衣食足而知荣辱。"意思是说，粮仓满了，人们就知道要讲究礼节了；吃饱穿暖了，人们就知道什么是光荣与耻辱了。随着经济的飞速发展，人们在商务场合中，越来越在意如何以恰当的方式表示对交往对象的尊重，从而营造良好的商务交往氛围，取得共赢的结果。中华民族素以"礼仪之邦"著称于世，那么，什么是"礼仪"呢？

礼仪，是"礼"和"仪"的统称，是人际交往过程中，人们相互表达尊重、友善，以建立和谐关系为目的而遵从的行为方式、行为准则和活动程序的总和。"礼"是指礼节、礼貌，"仪"则涵盖了仪容、仪表、仪态以及仪式等方面的内容。在职场中，一个人的工作能力很重要，但同时需要注重自身形象的设计，特别是在求职、工作、会议、商务谈判等重要活动场合，形象好坏将决定成败。

学习目标

知识目标：掌握商务场合仪容、仪表设计要点；掌握正式场合的基本仪态礼仪；熟悉开业庆典、签约仪式、剪彩仪式、新闻发布会等商务仪式的筹备流程及注意事项。

能力目标：能够在商务场合中知礼仪、有礼仪，顺利完成各种商务仪式的策划、组织、沟通等工作，具备较高的职业素养。

态度目标：具有严谨、认真的学习态度；具有较好的自主学习意识。

素质目标：能够通过自我审视，完善自我形象；能够自觉克服不良习惯，培养自然、大方、真诚并具有鲜明个性的形象，并且把自己的形象与职业相结合，提升道德礼仪修养的同时提升职业素养，进一步塑造良好的职业形象。

思维导图

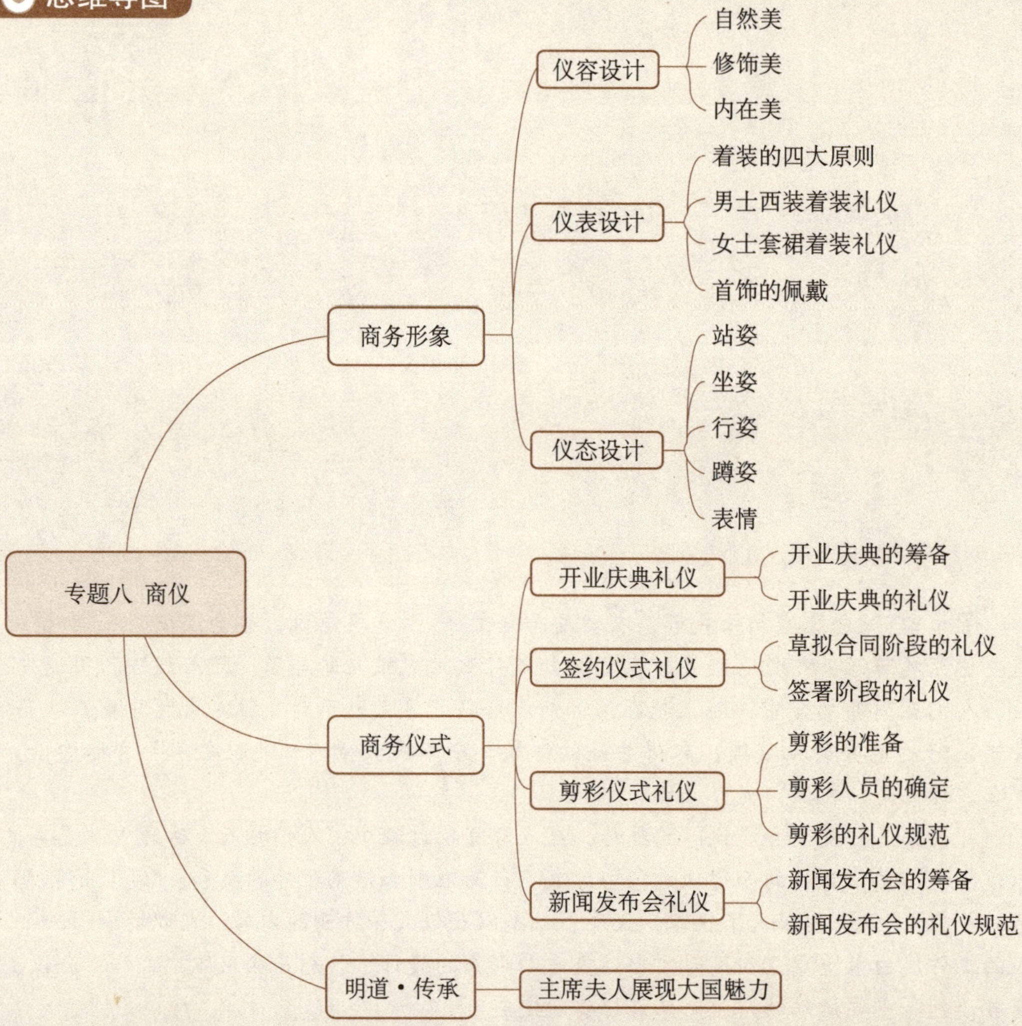

第一讲 商务形象

引言

从学校毕业进入企业，就要开始在这个商业社会中谋求生存。职场人士应具备与自己身份相适应的素质，而良好的形象可以提高一个人的自信，对个人的求职、工作、晋升和社交都起着至关重要的作用。

著名形象设计公司英国CMB对300名金融公司决策人的调查显示，成功的形象塑造是获得高职位的关键。人们往往以为形象就只是指发型、衣着等外在形象，实际上，形象包括仪容、仪表、仪态三方面，其中仪容包括外貌，仪表包括服饰、职业气质，仪态包括言谈举止等。一个人的好形象，不光是把自己打扮得美丽、英俊，更重要的是做到自身发型、服饰、气质、言谈举止与职业、场合、地位以及性格相吻合。不夸张地说，职场形象会决定职场命运。

一、仪容设计

身临其境

朱婷是山东蓝海生物股份有限公司总经理助理。朱婷的师妹小丽今年要从学校毕业，近期忙着参加各种企业的招聘、面试活动，但是都未成功。小丽是一名妥妥的学霸，学习成绩稳居专业前三名，她也非常疑惑，为什么求职之路如此艰辛？她打电话向朱婷求助，并约在咖啡厅见面。刚进门，朱婷就看到了小丽，她穿着一套深蓝色的运动服，白色的运动鞋，背着一个学生常用的双肩包，素面朝天，未做任何修饰，扎了一个低马尾辫，呆呆地坐在咖啡厅的一个角落里。看到这样的情况，朱婷对师妹咨询问题的答案已经了然于胸。那么朱婷会给出什么样的解决方案呢？

在交流中，朱婷首先就指出师妹的仪容并不能显示出她干练、稳重的职业形象，那么应该如何塑造适合自己的仪容呢？职场仪容设计应该注意哪些细节呢？朱婷娓娓道来，小丽听得频频点头。

仪容，即人的外表，包括容貌、举止、姿态、风度等。在政务、商务、事务及社交场合，一个人的仪容不但可以体现文化修养，也可以反映审美趣味。商务人员都力求以清新自然的仪容出现在客户面前。这既维护了个人的自尊，又体现了对他人的尊重，更重要的是维护了企业形象。事实上，初次见面的7秒钟就决定了对方对你的第一印象，而第一印象只有一次机会。给人留下良好的第一印象不仅有利于人际关系的进一步发展，更可以在商务活动中增添成功的砝码。商务礼仪对仪容的要求是仪容美，仪容美包括自然美、修饰美和内在美。

（一）自然美

每个人都有与生俱来的容貌，无论天生的容貌是否靓丽、帅气，都需要做到自然美。根据第一印象法则，头部发型的适宜和牙齿的洁净最为重要。自然美要注意以下几个方面：

1. 从“头”做起

在商务交往中，注意和打量他人往往是从头部开始的。容貌的自然美要先从头发做起，应保持头发干净整洁。头发长短男女有别，适中为度。男士一般以短发为主，前发不覆额，侧发不掩双耳，后发不及衣领，最好不留大鬓角，也不宜剃光头。女士的头发应视身高、年龄、职业而异。发型选择符合主体因素，应与体态、年龄、脸型、职业等相匹配。

2. 不洁的牙齿是自然美的障碍

洁白的牙齿是仪容自然美的重要表现。有的人在五官外貌上精雕细琢，装扮得引人注目，却在开口讲话时露出一口黄（黑）牙，破坏了整体美。因此，牙齿清洁很重要。

3. 保持其他部位的自然美

（1）去除分泌物。
（2）定时剃须和修剪鼻毛。
（3）维护手部卫生。

（二）修饰美

修饰美是指依照规范与个人条件，对容貌进行必要的修饰，扬长避短，从而塑造美好的个人形象。化妆是修饰仪容的高级方法，通过化妆可以突出自身的优势和长处，有效弥补自身的缺陷和不足。因此，在商务交往中，女士重视和掌握化妆的原则和礼仪是很有必要的。

1. 化妆的原则

美化，自然，得法，协调。

博闻多识

林肯的胡须

美国历史上最著名的总统之一林肯，在竞选总统之前的职业是律师。林肯在竞选总统时的名气并不是很大。在竞选过程中，他收到了一个小姑娘的来信，信中说，“您的相貌太平常了，下巴又光秃秃的，不够威严，不像男子汉。如果您蓄上一大撮胡子，那么我们全家都会投您的票。”林肯采纳了小姑娘的意见，蓄上了一撮大胡子，这使他的形象增添了几分光彩，赢得了许多选民的好感。林肯仅通过对胡须加以修饰，就使自己的形象得到了改善，变得更完美、更有魅力。

这是一个流传很广的故事，虽然我们不能确定林肯的胡须给其竞选带来了多大的好处，但它从一个侧面反映出了容貌修饰的重要性。商务人士如不注重与其身份相适应的容貌修饰，在某种程度上会影响工作。

2. 化妆的礼仪

勿当众化妆，勿在异性面前化妆，勿妨碍别人，勿出现残缺妆面，勿借用化妆品，勿议论他人妆容。

3. 面部化妆的方法与技巧

商务人士如何通过面部化妆有效地塑造美的形象呢？其关键是掌握面部化妆的方法与技巧，如表 8-1 所示。

表 8-1　面部化妆的方法与技巧

前提条件	护肤	护肤十大要诀：一是洁面，切勿不卸妆便睡觉；二是每天喝大量的白开水清洗肠胃；三是少吃煎炸食物；四是吃大量新鲜蔬菜；五是不吸烟；六是每天清洗化妆棉和化妆刷；七是不借用他人的化妆品；八是用不含油分的化妆品；九是保障充足的睡眠；十是做有效的运动
化妆的重点	眉毛	修饰眉毛可衬托眼睛，改善脸型的宽窄、长短。眉毛修饰后的标准位置是：使眉头在鼻翼与内眼角的延长线上；眉峰在鼻翼与眼珠的正中的延长线上，大约在眉头的 2/3 处；眉尾在鼻翼与外眼角的延长线上；眉头与眉尾在同一水平线上。宽脸型宜拉近眉头间距离；窄脸型要适当拉开眉头间距离
	眼睛	眼睛修饰后的标准位置是：眼尾应位于发际至嘴角的中间，两眼间距离应恰好等于眼睛的长度。如果眼睛过高，应强调下眼线；如果眼睛过低，应强调上眼线及眼尾；两眼间距离过宽，用眉笔加画眉头，眼头处应用深色眼影加以修饰；两眼间距离过窄，眉头处可拔一些眉毛，并用眼影强调眼尾；下垂的眼睛应强调上眼尾，眼线向上画，并加强眼影；上扬的眼睛要使用色调温和适度的眼影，强调下眼尾，使之平衡
	唇部	唇部是面部最灵活的部分，俗话说：“眼取其神，唇取其色。”东方人皮肤偏黄，宜选用暖色系口红（如红色、紫色和粉红色等），口红颜色还应与服饰颜色相匹配。塑造完美唇妆首先是勾画唇线，唇线的勾画可用唇刷，也可用唇线笔。画上嘴唇的轮廓时，由嘴唇中央向上以弧线画出唇峰，再向嘴角延伸，左右两边的唇线必须对称；画下嘴唇唇线时，应由左右两侧向中间描画，上下嘴唇的连接应自然、清晰。最后，用唇刷蘸取唇膏或直接把唇膏均匀地涂满整个嘴唇，注意不能越出唇线

（三）内在美

仪容内在美是指通过个人的勤奋和努力，不断提高自身的文化艺术素养和思想道德水准，培养高雅的气质与美好的心灵，使自己秀外慧中，表里如一。正如国际影星奥黛丽·赫本所说：若要优美的嘴唇，就要讲亲切的话；若要可爱的眼睛，就要看别人的好处；若要美丽的头发，就要允许小孩子一天抚摸一次；若要优雅的姿态，走路时就要记住行人不止你一个。

可以说，真正意义上的仪容美，应是自然美、修饰美、内在美三方面的高度统一。忽略其中任何一方面，都会使仪容美黯然失色。

二、仪表设计

身临其境

朱婷介绍完职场仪容设计的问题，优雅地喝了一口咖啡，微笑着说，“下面，我来给你讲讲仪表的设计。”小丽睁大眼睛，疑惑地问：“还有仪表设计？”小丽一直以为，只要干净、整洁就可以。朱婷笑着问她：“你是穿什么样的服装去面试的？”小丽说：“我的衣服绝大部分都是运动服、卫衣、牛仔裤，穿起来舒服，会降低在面试中的紧张感。”朱婷拍了一下小丽的肩膀，笑着说：“难道你没听说过‘人靠衣服马靠鞍’吗？”小丽问：“师姐，仪表要如何设计呢？”

决定第一印象的要素中，外表形象占55%，举止仪态占38%，交谈内容占7%。如果希望建立良好的形象，就需要全方位地注重自己的仪表。从着装、发式、妆容到饰物、仪态，都是要关心的。其中，着装是最为重要的，着装在某种意义上表明了一个人对工作和生活的态度。着装也是一种无声的语言，它显示着一个人的个性、身份、角色、涵养、阅历及其心理状态等多种信息。

职业着装分为两大部分，即男士职业着装和女士职业着装。在目前的商务活动中，西装是男士最佳的着装选择，而女士的最佳着装是西服裙装，其中尤以长裙和半长裙为主。同时，还要注意职业着装时不同配件的选择和搭配。男士职业着装的配件有衬衫、领带、皮带、皮鞋、袜子，主要配饰有公文包、手表；女士职业着装的配件有衬衫、皮鞋、袜子，主要配饰有胸针。

（一）着装的四大原则

1. 要和所处的环境相协调

当人置身在不同的环境或场合时，应该有不同的着装，要注意穿戴的服装和周围环境的和谐。例如：在办公室工作就需要穿着正规的职业装或工作服；在比较喜庆的场合（如婚礼、纪念日仪式等）可以穿着时尚、潇洒、鲜亮、明快的服装。

2. 要和身份、角色一致

每个人都有不同的角色、身份，这样就有了不同的社会行为规范，在着装打扮上也自然有规范。

3. 要和自身“条件”相协调

要了解自身的优点和缺点，用服饰来达到扬长避短的目的，且“扬长避短”重在“避短”。

4. 要和着装的时间相协调

比较得体的穿戴，在色彩的选择上也应注意季节性。如春秋季节适合选中浅色调的服装，如棕色、浅灰色等；冬季可以选偏深色的服装，如咖啡、藏青、深褐色等；夏装可以选颜色淡雅的丝棉织物。

（二）男士西装着装礼仪

1. 西装

西装必须合体。上衣长度应长过臀部，垂下手臂时袖口与虎口相平，四周下垂平衡，手臂伸直时上衣袖长应至手腕部。西装领子应紧贴衬衫领口且低于衬衫领口 1 厘米左右，衬衫袖口也应稍微长出一些，长于西装外套 1～2 厘米（如图 8-1 所示）。

图 8-1 西装穿法

2. 衬衫

穿西装必须配穿正式衬衫。衬衫的领子要挺括，尤其是领子和袖口处不能有污垢、油渍。衬衫的下摆要塞在裤腰里，系好领扣和袖扣。衬衫的衣袖稍长于西装上衣袖，用以衬托西装的美观。

3. 领带

可以根据西装的色彩搭配领带的色彩和花型。系好领带后，其下端的大箭头应正好抵达皮带扣的上端。领带的宽度应与西装翻领的宽度相协调，领结要饱满、工整。

4. 皮鞋

穿西装时一定要穿皮鞋，即便是夏天也应如此。和西装搭配的皮鞋最好是系带的、薄底素面的西装皮鞋。皮鞋的颜色要与服装颜色搭配，深色西装搭配黑色皮鞋，但是要注意，棕色系列的西装最好搭配深棕色皮鞋。皮鞋要上油擦亮，不留灰尘和污迹。

5. 袜子

穿西装皮鞋时，袜子的颜色要深于皮鞋的颜色，一般选择黑色，袜筒的长度要长及小腿并有一定弹性。要特别强调的是，穿西装不能穿白色袜子。

增智启慧

男士着装的“三个三”

男士穿西装时要讲究“三个三”，即三个要点：

（1）三色原则。指全身的颜色限制在三种颜色之内，三种颜色指的是三大色系。

（2）三一定律。指皮鞋、腰带和公文包要是同一种颜色，一般以黑色为主。

（3）三大注意。第一，商标必须拆掉；第二，袜子的颜色、质地，正式场合不穿尼龙丝袜和白色的袜子，袜子的颜色以与皮鞋的颜色一致或其他深色的袜子为佳；第三，领带的质地和颜色，穿非职业装、短袖装和夹克时不打领带。

思考：

在商务场合，男士穿着西装需要注意的要点有哪些？

（三）女士套裙着装礼仪

（1）正式的西服套裙，首先应注重面料和颜色最佳面料是高品质的毛纺和亚麻，最佳的色彩是黑色、灰色、棕色、米色等单一颜色。

图 8-2　女士套裙

（2）在正式的商务场合，无论什么季节，正式的西服套裙都必须是长袖的（如图 8-2 所示）。

（3）西服套裙的裙子应该长及膝盖。坐下时裙子会自然向上缩短，如果裙子缩上后离膝盖的长度超过 10 厘米，就表明这条裙子过短。

（4）西服套裙最好与衬衫相配。与西服套裙搭配的衬衫颜色最好是白色、米色、粉红色等单色，也可以有一些简单的线条和细格图案。衬衫的最佳面料是棉、丝绸，款式要简洁，不带花边和皱褶。穿衬衫时，衬衫的下摆必须放在裙腰之内，不能放在裙腰外或将其下摆在腰间打结。除最上端一粒纽扣按惯例允许不扣上外，其他纽扣不能随意解开。

（5）西服套裙最好与皮鞋相配。与套裙配套的鞋子，应该是高跟、半高跟的船式皮鞋。系带式皮鞋、丁字式皮鞋、皮靴、皮凉鞋等都不宜在商务场合搭配西服套裙，露出脚趾和脚后跟的凉鞋和皮拖鞋也不适合商务场合。皮鞋的颜色最好与手袋一致，并且要与衣服的颜色相协调。皮鞋要上油擦亮，不留灰尘和污迹。

［微课］
职业形象决定
职场命运

（6）西服套裙最好与袜子相配。长筒袜和连裤袜是西服套裙的标准搭配。中筒袜、低筒袜绝对不能与西服套裙搭配穿着。穿长筒袜时，要防止袜口滑下来。不可以当众整理袜子。正式场合穿西服套裙时，要选择肉色长筒丝袜。丝袜容易被划破，如果有破洞、跳丝，则要立即更换。

（四）首饰的佩戴

［微阅读］
首饰佩戴的方法

佩戴首饰不是为了显示财富，而是要对整体服装起到提示、浓缩或扩展的作用，以增强一个人外在的节奏感和层次感。因此，如果对首饰礼仪一无所知难免会弄巧成拙，招人笑话。首饰的佩戴有四条规则：一是以少为佳；二是同质同色；三是符合身份；四是尊重习俗。

增智启慧

美国商人希尔的着装

美国商人希尔清楚地认识到，在商业交往中，一般人是根据一个人的衣着来判断对方的实力的。因此，他首先去拜访裁缝，靠着往日的信用，希尔做了三套昂贵的西服，共花了 275 美元，而当时他的口袋里仅有不到 1 美元的零钱。然后，他又买了一套最好的衬衫、领带及内衣裤，这时他的债务已经达到 675 美元。每天早上，他都会身穿一套全新的衣服，在同一时间与同一位出版商“邂逅相遇”，并打招呼，聊一两分钟。

一个星期以后，这位出版商主动搭话，说“你看起来混得相当不错”，并想知道希尔从事哪一行业。这正是希尔所盼望的，于是他很轻松地告诉出版商：“我正在筹备一份新杂志。”出版商说：“我是从事杂志印刷和发行的，也许我可以帮你的忙。”这位出版商还邀请希尔到他的俱乐部和他共进午餐，并说服希尔和他签约。发行《希尔的黄金定律》这本杂志所需的资金在 3 万美元以上，而这都是靠漂亮衣服所创造的“幌子”筹集来的。因此，要学会用服饰这一武器来“武装”自己，以获得成功。

思考：

你认为美国商人希尔成功的关键要素有哪些？

三、仪态设计

身临其境

介绍完职场仪表设计的知识，小丽好像恍然大悟，她长出一口气，往沙发里一缩，手放在沙发扶手上，跷起二郎腿，完全放松了下来。朱婷微笑着盯着她看，一言不发。小丽疑惑地问：“怎么了？又哪里不对了？”朱婷反问：“你觉得哪里不对？”小丽一脸疑惑地摇着头，不明白师姐指的是什么。朱婷说：“我看还是需要再给你加一节课了，在职业形象塑造中，仪态设计也非常重要，高雅庄重的举止和神态是一种无声的语言，可反映出一个人较高的礼仪修养。”

良好的仪态是一个人优雅气质的重要来源，很多五官并不出众的人，却因出众的仪态展现出独特的气质，在众人中独树一帜，让人眼前一亮，扑面而来一种得体的“高级感”。即使是明星等公众人物，我们也能感受到仪态优秀者的与众不同。

优美的仪态是可以后天塑造的，每一个人都能够通过专业的学习和训练，拥有一个优雅大方的仪态，让自己看上去挺拔、向上、充满活力，也有益于身体健康，对生活和工作尤其是商务活动大有助益。

仪态是指个人的举止和风度、神态和表情。在商务交往中，80% 的印象取决于仪态礼仪的表达。想做一个成功者，就应当注意自己的仪态，让自己的一言一行、一举一动都符合行为规范，展现出光彩。

（一）站姿

站姿是展现人体动态美的起点，是培养一个人全部仪态美的基础。它的标准是正和直，即从人的身体正面来看，主要特点是头正、眼正、肩正、身正；从人的身体侧面来看，主要特点是颈直、肋直、腰直、臂直、腿直。

图 8-3　挺拔的站姿

正确的站姿要领为：人在站立时，头部要抬起，下颚微收，双眼平视，面带微笑，颈部挺直，双肩舒展、齐平，面部和身体朝向正前方，胸部要微挺，腹部自然微收，腰部直立，臀部上提，挺直背脊，双臂自然下垂，或双手在腹前交叉，双腿并拢立直。总体来讲，采用这种站姿，会表现出女性的平静、端庄的阴柔美，男性的刚健、威严的阳刚美（如图 8-3 所示）。

常见的站姿有：

1. 侧放式站姿

双手放在身体两侧，自然下垂，挺胸、收腹，手自然弯曲，中指对准裤缝，两脚可以并拢，也可以分开。女性双腿宜并拢，双脚间隔半个脚，可左右脚前后站立成小丁字步（如图 8-4 所示）。

2. 前腹式站姿

两手在腹前交叉，右手搭在左手上，贴在腹部。男士可以两脚分开，距离不超过 20 厘米，呈“V”字形；女士可以用小丁字步。这种站姿端正中略有自由，郑重中略有放松。在站立中身体重心还可以在两脚间转换，以减轻疲劳（如图 8-5 所示）。

3. 后背式站姿

双手在身后交叉，右手搭左手腕部，贴在两臀中间。两脚可分可并，分开时，不超过肩宽，脚尖展开，两脚夹角成 60 度，挺胸立腰，收颌收腹，双目平视。这种站姿优美中略带威严，易产生距离感，如果两脚改为并立，则突出了尊重的意味。此为男性常用的站立姿势（如图 8-6 所示）。

图 8-4 侧放式站姿

图 8-5 前腹式站姿

图 8-6 后背式站姿

站姿的主要禁忌包括：

（1）切忌在正式场合站立时，将双手插在裤袋里，这样显得过于随意。

（2）切忌将双手交叉抱在胸前，这种姿势容易给人傲慢的印象。

（3）切忌歪倚斜靠，给人站不直、十分慵懒的感觉。

（4）切忌在站立时，频繁地变动体位，这样会使站姿变得十分难看。

（5）切忌下意识做些小动作，如摆弄手机、钥匙、玩弄衣服、咬手指甲等。

常见的错误站姿如图 8-7 所示。

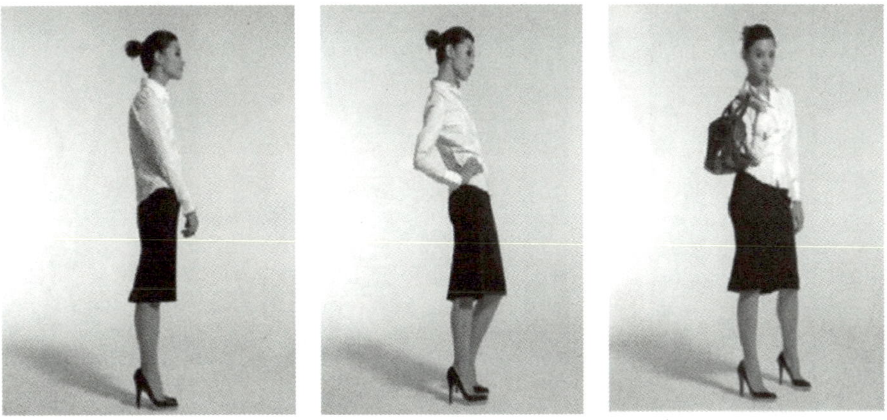

图 8-7 常见的错误站姿

（二）坐姿

优雅的坐姿会给人以文雅、庄重、自然、大方的美感，它是一种静态的美。

正确的坐姿要领为：入座时，要轻稳，动作协调从容，不要赶步，以免“抢座”，从左侧进左侧出；就座时，背对座位，右脚后退半步，待腿部接触座位边缘后，轻轻坐下，女士着裙装入座时，应用双手拢平裙摆再坐下，不要坐下后再站起来整理衣服；落座后，上体自然挺直，双膝自然并拢，双脚平正放松，两臂自然弯曲，双手放在膝上（女士也可将双手叠放在两腿中部），也可放在椅上或沙发扶手上，掌心向下，目视前方，面容平和，在正式场合，不应坐满座位，通常是坐椅子 2/3 的位置；离座时，要自然稳当，右脚向后收半步，然后起立，动作不可过猛。

常见的坐姿有：

1. 正坐式坐姿

双腿并拢，上身挺直、头部端正，两脚略向前伸，双手手指并拢叠放在双膝上，略靠近腹部。男士双膝可略分开，但不应宽于其肩，双手放在两膝上或椅子的扶手上，这是正规场合的最基本的坐姿（如图 8-8 所示）。

2. 侧坐式坐姿

上身挺直，两膝并拢，双腿斜放，以与地面构成 45 度夹角为最佳，侧坐时，双手宜叠放或以相握的姿势放于身体侧面的那条大腿上。适合女性坐在较低的沙发上（如图 8-9 所示）。

3. 交叉式坐姿

上身挺直，坐正，两脚在踝关节部交叉后向里收，亦可略向左侧或右侧斜放。不可把双脚向前伸出去，膝部也不宜打开。适合于坐在主席台上、办公桌后面或汽车上。男士、女士都可以选用（如图 8-10 所示）。

图 8-8　正坐式坐姿

图 8-9　侧坐式坐姿

图 8-10　交叉式坐姿

坐姿的主要禁忌包括：

（1）切忌入座时碰撞椅子发出噪音。

（2）切忌双手抱臂，将肘部支于桌子之上。

（3）切忌坐在椅子上转动或移动椅子的位置。

（4）切忌双脚或单脚抬放在椅面上。

（5）切忌在座椅上大幅双腿岔开，或将双腿伸出较远距离，更不得将脚藏在座椅下或用脚钩住椅子的腿。

常见的错误坐姿如图 8-11 和图 8-12 所示。

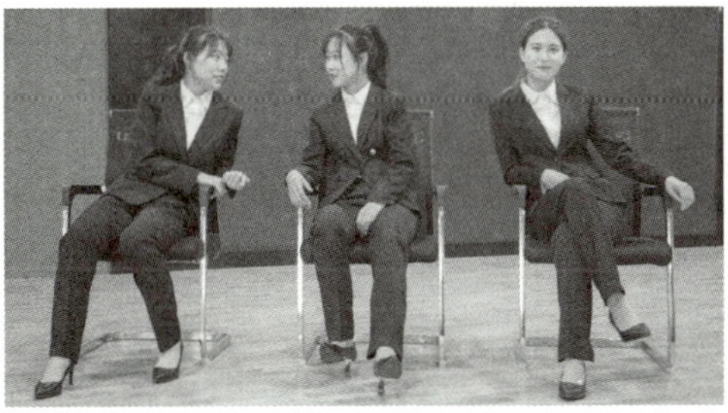

图 8-11 常见的错误坐姿（1）

图 8-12 常见的错误坐姿（2）

（三）行姿

行姿的基本要求为：

（1）双目平视，收颌，表情自然平和。

（2）两肩平稳，防止上下前后摇摆。双臂前后自然摆动，前后摆幅在 30～40 度，两手自然弯曲，在摆动中离开双腿不超过一拳的距离。

（3）上身挺直，收腹立腰，重心稍前倾。

（4）男士行走时，两脚尖略开，步履稳重大方，步幅 50 厘米左右；女士行走时，两脚尽量踏在一条直线上，称"一字步"，步履匀称、轻盈，步幅 30 厘米左右，上身不要晃动，尽量保持双肩水平。

（5）行走中两脚落地的距离大约为一个脚长，即前脚的脚跟和后脚的脚尖相距一个脚的长度为宜。不过不同性别、身高、着装，都会有些差异（如图 8-13 所示）。

图 8-13 行姿

行姿的主要禁忌包括：

（1）切忌两脚尖向内或向外歪，即“内八字”脚或“外八字”脚。

（2）切忌低头、驼背、摇晃肩膀、双臂大甩手、扭腰、摆臀、左顾右盼、脚擦地面。

（3）切忌步幅过大或过小。

（4）切忌脚步过重、声音过响，与人抢道、阻挡道路等。

博闻多识

步幅、步位、步韵

步幅是指行走时两脚之间的距离。步幅的标准是前脚跟与后脚尖的距离约等于自己的脚长。这里的脚长是指穿了鞋子的长度，而非赤脚。步位是指脚落地时的位置。一般而言，以两只脚所踩的是一条直线为标准。步韵是指行走时的韵律。行走时，脚踝要富有弹性，肩膀应自然、轻松地摆动。平时走路不宜太快，也不宜过于缓慢，男性每分钟应走100步左右，女性每分钟应走90步左右，这样显得有节奏和韵味。

（四）蹲姿

蹲姿的基本要求为：

（1）上体保持站姿，一脚在前、一脚在后，保持小半步的距离，两腿同时向下蹲；后方脚跟提起，脚掌着地，臀部向下坐。

（2）下蹲拾物时，应自然、得体、大方，不遮遮掩掩；两腿合力支撑身体，避免滑倒；尽量使头、胸、膝关节在一个角度上，使蹲姿优美。

（3）女士无论采用哪种蹲姿，都要将腿靠紧，臀部向下；男士可分45～60度。

常见的蹲姿有：

1. 交叉式蹲姿

在实际生活中常常会用到蹲姿，如集体合影前排需要蹲下时，女士可采用交叉式蹲姿，下蹲时右脚在前，左脚在后，右小腿垂直于地面，全脚着地。左膝由后面伸向右侧，左脚跟抬起，脚掌着地。两腿靠紧，合力支撑身体，臀部向下，上身稍前倾（如图8-14所示）。

2. 高低式蹲姿

下蹲时右脚在前，左脚稍后，两腿靠紧向下蹲。右脚全脚着地，小腿基本垂直于地面，左脚脚跟提起，脚掌着地。左膝低于右膝，左膝内侧靠于右小腿内侧，形成右膝高左膝低的姿态，臀部向下，基本上以左腿支撑身体（如图8-15所示）。

[微课]
职来职往，仪态为先

蹲姿的主要禁忌包括：

（1）切忌弯腰捡拾物品时，两腿叉开，臀部向后撅起，这是不雅观的姿态；两腿展开平衡下蹲，其姿态也不优雅。

（2）蹲时注意内衣“不可以露，不可以透”。

图 8-14 交叉式蹲姿

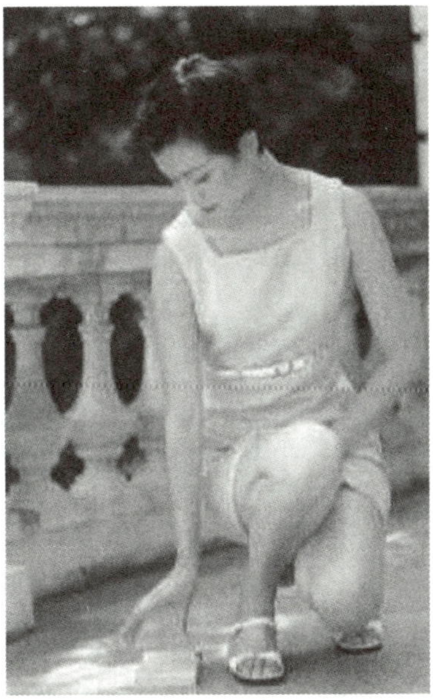

图 8-15 高低式蹲姿

（五）表情

构成表情的主要因素，一是眼神，二是笑容。在千变万化的表情中，眼神和微笑最具礼仪功能和表现力。

1. 目光礼仪

（1）目光凝视区域。目光凝视区域通常分为公务凝视区域、社交凝视区域和亲密凝视区域。

1）公务凝视区域。在磋商、谈判等洽谈业务场合，眼睛应看着对方的双眼或双眼与额角区域。这样凝视显得严肃、认真、有诚意，给人以公事公办的感觉（如图 8-16 所示）。

2）社交凝视区域。在茶话会、朋友聚会等场合，目光应看着对方的双眼至唇中心这个三角区域。这样凝视会使对方感到礼貌舒适（如图 8-17 所示）。

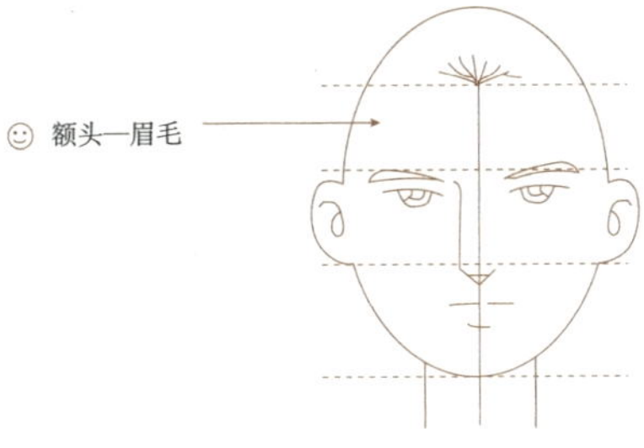

图 8-16 公务凝视区域

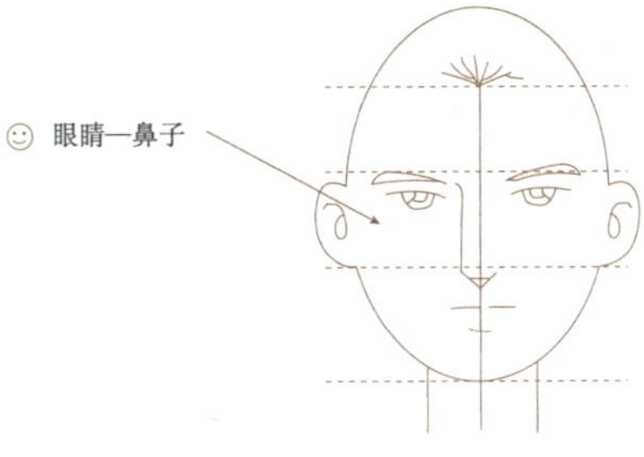

图 8-17 社交凝视区域

3）亲密凝视区域。在亲人、恋人之间，目光应注视对方的双眼到胸部第二颗纽扣之间的区域，这样表示亲近、友善。但对陌生人来说，这种凝视有些过分（如图 8-18 所示）。

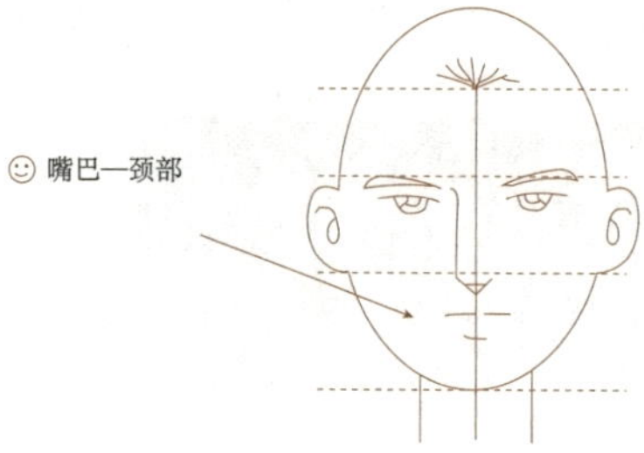

图 8-18 亲密凝视区域

（2）目光注视的方向。目光注视的方向往往能准确地表达出对他人尊重与否。

1）正视（平视）。表示理性、平等、自信、坦率，适用于在普通场合与身份、地位平等的人交往。

2）俯视。目光向下注视他人，表示对晚辈的爱护、宽容，也可以表示对他人的轻蔑、歧视。与人交往时，尽量不要站在高处俯视他人。

3）仰视。抬眼向上注视他人，表示尊重与期待，适用于面对尊长之时。面对长辈或上级时，站在或坐在较低处仰视对方，往往会赢得对方的好感。

（3）目光注视的时间。目光注视的时间应视具体情况而定。

1）谈话时，若对方为关系一般的同性，应当不时与对方双目对视，以示尊重。对对方表示关注时，如果双方关系密切，则可较多、较长时间地注视对方，注视的时间占全部相处时间的 2/3，以拉近心理距离。

2）如果对方是异性，双目对视时不宜超过 10 秒，目不转睛或长时间的注视会使对方不自在，也会让自己难堪，但是如果一眼都不看对方，也是不礼貌的表现。

［微课］
在目光礼仪中应该注意的问题

2. 微笑礼仪

微笑是指用不出声的笑来传递信息的表情语。面露平和、欢愉的微笑，说明微笑之人心情愉快、充实满足、乐观向上、善待人生，只有这样的人才会产生吸引别人的魅力。面带微笑，表明对自己的能力有充分的信心，以不卑不亢的态度与人交往，使人产生信任感，容易被别人真正地接受（如图 8-19 所示）。

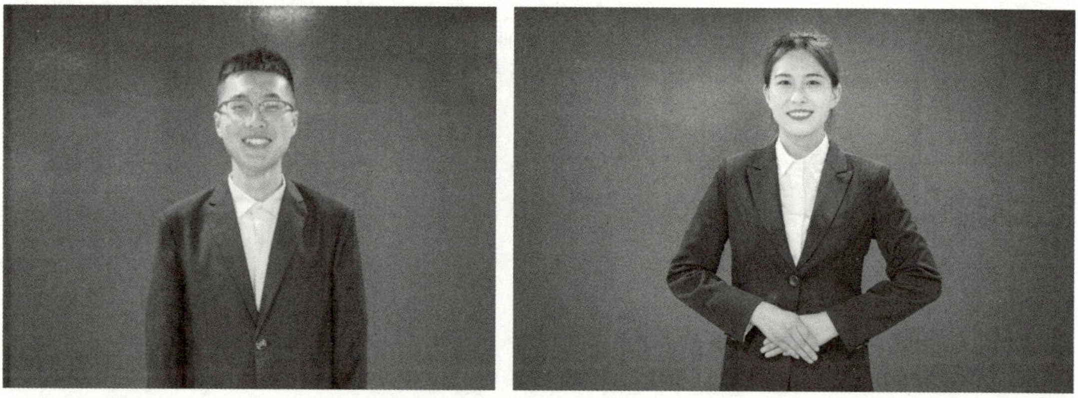

图 8-19 微笑

微笑礼仪要注意的几个细节有：

（1）发自内心。练习微笑时可以拿一支不太粗的笔，用牙齿轻轻横咬住，对着镜子记住这时面部和嘴部的形状，这个口形就是合适的微笑，但最“高级”的微笑应当是发自内心的，不只是将嘴咧开，而是用纸挡住鼻子以下的面部时，还可以看到眼睛中含着笑。

（2）声情并茂。微笑和眼神、表情、气质等相结合，做到口到眼到、笑眼传情、情绪饱满，这样的微笑才能亲切、动人而富有感染力。

（3）适时地笑。当笑才笑，这是发挥微笑功能的关键。例如：打破沉默之前先露出笑容，这样会营造一个良好的氛围。

（4）注意笑的禁忌。保持乐观、积极进取的精神状态，让笑发自内心深处。虚假做作的微笑只能令人反感。因此，必须避免假笑、怪笑、冷笑、狞笑、干笑、媚笑、窃笑等。

第二讲 商务仪式

引言

仪式是指在商务交往中，特别是在一些重大、庄严、隆重、热烈的正式场合，为激发出席者的某种情感或引起重视，而郑重其事地参照合乎规范与管理的秩序，按部就班地举行的某种活动的具体形式。商务人士参加的商务仪式活动，主要有开业庆典、签约仪式、剪彩仪式和新闻发布会等。在商务活动中恰到好处地应用仪式礼仪，既能表明公司认真严肃的态度，树立良好的公司形象，又能借此宣传公司产品和服务，扩大公司影响力，提高公司知名度。

一、开业庆典礼仪

身临其境

山东蓝海生物股份有限公司总部在济南，拟于2022年10月在青岛开设分公司，朱婷作为公司总经理助理，被领导安排了筹备分公司开业庆典的任务。朱婷应如何筹备一次成功的开业庆典？开业庆典中哪些环节是最重要的呢？

开业庆典又称开张庆典，主要为商业性活动，小到店面开张，大到酒店、超市商场等开业。开业庆典不只是一个简单的程序化庆典活动，而是一个经济实体形象广告的第一步，它标志着一个经济实体的成立。开业庆典的规模与气氛代表了一个公司的风范与实力。公司通过开业庆典的宣传，告诉世人，在庞大的社会经济肌体里，又增加了一个鲜活的商业细胞。

（一）开业庆典的筹备

举行开业庆典，要遵循“热烈、隆重、节俭”的原则。

1. 做好开业庆典的舆论宣传工作

一是选择有效的大众传播媒介进行集中性广告宣传。企业可通过媒体宣传开业庆典举行的日期及地点、开业之际对顾客的优惠、经营范围及特色等，以引起公众的注意。开业广告的发布时间一般在开业前的3天内为宜；二是邀请有关的大众传播界人士，在开业庆典举行时到场进行采访、报道，以对本企业做进一步的正面宣传。

2. 做好来宾邀请工作

开业庆典的影响力往往取决于来宾的身份与数量。在力所能及的条件下，要力争多邀请一些来宾参加开业庆典。地方领导、上级主管部门与地方职能管理部门的领导、合作单位与同行单位的领导、社会团体的负责人、社会名流、新闻界人士等，都是邀请时应预先考虑的重点，其中新闻界人士是邀请的首要对象。

3. 发送请柬

提前一周发送请柬，便于被邀者及早安排和准备。请柬的印制要精美，内容要完整，文字要简洁，措辞要热情。被邀者的姓名要书写整齐，不能潦草马虎。一般的请柬可派人送达，也可邮寄。给有名望的人士或主要领导的请柬应派专人送达，以表示诚恳和尊重。

4. 布置现场

应突出喜庆、热闹的气氛，营造一种隆重而令人振奋的氛围。开业庆典多在开业现场举行，需要较为宽敞的活动空间，所以正门之外的广场、正门之内的大厅、展厅门前等处均可作为开业庆典的举行地点。按照惯例，举行开业庆典时宾主一律站立，故一般不设置主席台及座椅。为显示隆重与敬客，可在来宾尤其是贵宾讲话之处铺设红色地毯，并在场地四周悬挂横幅、标语、气球、彩带、宫灯等。此外，还应当在醒目之处摆放来宾赠送的花篮、牌匾等。

5. 准备开幕词、致辞

仪式开始，企业的负责人致辞，向来宾表示感谢，并介绍本企业的经营特色和服务宗旨等。上级领导和来宾可在会上致辞祝贺，在祝贺中应多讲一些祝愿的话，但要注意限制发言时间。开幕词、致辞要言简意赅、热情庄重，起到密切感情、增加友谊的作用。

6. 做好接待服务工作

接待人员在会场门口接待来宾，待来宾签到后，引导来宾就位。重要来宾须由本企业主要负责人亲自出面接待，其他来宾可由本企业的礼仪人员负责接待。若来宾较多，应准备好专用的停车场、休息室，并应为其安排饮食。

7. 做好礼品馈赠工作

开业庆典赠予来宾的礼品应具有如下三大特征：一是宣传性，可在礼品及其外包装上印上本企业的标志、广告用语、产品图案、开业日期等；二是荣誉性，要使之具有一定的纪念意义，让拥有者对其珍惜、重视，并为之感到光荣和自豪；三是独特性，应当与众不同，具有本企业的鲜明特色，使人爱不释手。

8. 拟订典礼程序

从总体上来看，开业庆典都由开场、过程、结局三个阶段构成。

（1）开场。奏乐，邀请来宾就位，宣布仪式正式开始，介绍主要来宾。

（2）过程。这是开业庆典的核心内容，它通常包括本企业负责人讲话、来宾代表致辞、启动某项开业标志等。

（3）结局。包括开业庆典结束后宾主一道进行现场参观、联欢、座谈等。它是开业庆典必不可少的内容。

9. 做好各种物质准备

（1）用品准备。如来宾的签到簿、企业的宣传材料、待客的饮料等。

（2）设备准备。对于音响、录音录像、照明等设备及开业典礼所需的各种用具、设备，必须认真检查、调试，以防在使用时出现差错，在开会前一小时应再检验一遍。

（二）开业庆典的礼仪

借助开业庆典，在极短的时间内让企业的名望迅速攀升，让更多的公众认识、了解企业，这是每一个企业的心愿和期盼。一种新颖的创意，一种别样的形式，一种与众不同的举动，都会让仪式充满活力、生机勃勃。而这样的庆典也会打动公众的心，在其脑海中留下难忘的印象。

1. 主办方礼仪

主办方礼仪主要包括：

（1）仪容整洁。出席庆典的人员事前要做好适当修饰。女士要适当化妆，男士应梳理好头发，刮净胡须。

（2）服饰规范。最好着统一式样的服饰。如果着装不统一，也至少要保证男士穿深色西装或中山装，女士穿深色西装套裙或套装。

（3）准备充分。请柬的发放应及时、无遗漏；安排好座位、座次；安排好来宾的迎送车辆等。

（4）遵守时间。不得迟到、无故缺席或中途退场。仪式应准时开始，准时结束。

（5）态度友好。见到来宾要主动热情地问好，对其提出的问题应予以友善的答复。当来宾发表贺词后，应主动鼓掌表示感谢。不能随意打断来宾的讲话，提出挑衅性质疑，或是进行人身攻击。

（6）行为自律。主办方人员不得嬉笑打闹，不得东张西望，表现出心不在焉的样子。

2. 宾客礼仪

宾客礼仪主要包括：

（1）准时参加。如有特殊情况不能到场，应尽早通知主办方，说明理由并表达歉意。

（2）最好送贺礼。贺礼可以选择花篮、镜匾、楹联等，以表示对开业方的祝贺，并在贺礼上写明庆贺对象、庆贺缘由、贺词及祝贺单位。

（3）恭致祝词。致贺词要简短精练，以贺顺利、发财、兴旺的吉利话为主，不能随意发挥。

（4）广交朋友。到场后应礼貌地与周围人打招呼，可通过自我介绍、互换名片等方式结识更多的朋友。

（5）礼节性支持。如鼓掌、合影、跟随参观、写留言等。

（6）礼貌告辞。仪式结束后应和主办方握手告别，并致谢意。

二、签约仪式礼仪

身临其境

山东蓝海生物股份有限公司与江苏方圆科技有限公司达成战略合作协议，并确定了日期在公司总部签署战略协议，朱婷负责此次签约仪式的一切事宜。朱婷应该从哪几个方面去筹划此次签约仪式？

为使有关各方重视合同、遵守合同，在签署合同时，应举行郑重其事的签约仪式。签约仪式可分为草拟合同阶段与签署阶段两部分。

（一）草拟合同阶段的礼仪

1. 明确合同的种类

在现实生活中，商务人士所接触到的商务合同种类繁多。常见的有购销合同、借贷合同、租赁合同、协作合同、加工合同、基建合同、仓保合同、保险合同、货运合同、责任合同等。

2. 遵守合同的格式

从格式上讲，合同的写作有一定之规，要求目的明确、内容具体、用词标准、数据精确、项目完整、书面整洁。从具体的写法上讲，合同大体上有条款式与表格式两类，即以条款形式出现的合同和以表格形式出现的合同。条款式合同与表格式合同，在写法上都有各自的具体规范，对此在实践中要严格遵守，不可以随意改动。

3. 草拟合同应注意的问题

（1）草拟合同必须遵守法律。

（2）草拟合同必须符合惯例。

（3）草拟合同必须合乎常识。商务人士在草拟合同时应当具备的常识，是指与其业务有关的专业技术方面的基础知识，包括商品、金融、运输、保险和商业知识等。

（4）草拟合同必须顾及对手。正式合同的一大特征，是有关各方必须协商一致。

通常而言，合同的成立生效，需要履行一定的手续。依照我国的有关法律规定，当事人就合同条款以书面形式达成协议，并且签字，即为合同成立。

（二）签署阶段的礼仪

1. 签约仪式的准备

（1）布置好签约厅。签约厅有常设专用的，也有临时以会议厅、会客厅来代替的。布置时要遵循庄重、整洁、清静的原则。

一间标准的签约厅，应当室内满铺地毯，除了必要的签约用桌椅外，其他一切的陈设都不需要。正规的签约桌应当为长桌，其上最好铺设深色的台布。按照仪式礼仪的规范，签约桌应当横放于室内。在其后，可摆放适量的座椅。签署双边性合同时，可放置两张座椅，供签约人就座。签署多边合同时，可以仅放一张座椅，供各方签约人签字时轮流就座；也可以为每位签约人分别提供一张座椅。签约人在就座时，应当面对正门。

在签约桌上，应事先安放好待签的合同文本以及签约笔、吸墨器等签约时所用的文具。与外商签署涉外商务合同时，还需在签约桌上插放有关各方的国旗。插放国旗的位置与顺序，必须按照礼宾序列而行。

（2）安排好签约时的座次。在正式签署合同时，各方代表对于礼遇均非常在意，因而商务人员对于在签约仪式上最能体现礼遇高低的座次问题应当认真对待。

2. 签约仪式的程序

签约仪式是签署合同的高潮，它的时间不长，但程序规范、庄严、隆重而热烈。签约仪式的正式程序共分为五项：

（1）签约仪式正式开始。各国签约仪式的程序大同小异，以我国为例：双方参加签约仪式的人员步入签约厅；签约人入座；双方的助签人员分别站立于签约人员的外侧，协助翻揭文本及指明签约处；其他人员分主方、客方按身份顺序站立于后排，客方人员按身份由高到低由中向右排，主方人员按身份高低由中向左排。

（2）签约人正式签署合同文本。通常的做法是先签署己方保存的合同文本，再签署他方保存的合同文本。每个签约人在由己方保留的合同文本上签字时，按惯例应当名列首位。因此，每个签约人均应首先签署己方保存的合同文本，然后交由他方签约人签字（由助签人交换），其含义是在位次排列上，轮流使有关各方有机会居于首位一次，以显示机会均等，各方平等。

（3）签约人正式交换有关各方已经正式签署的合同文本。此时，各方签约人应热烈握手，互致祝贺，并可交换各自签约时使用过的签字笔，以示纪念。全场人员应鼓掌，表示祝贺。

（4）饮香槟酒祝贺。交换已签的合同文本后，有关人员，尤其是签约人共饮香槟酒，是国际上通行的祝贺的做法。

（5）有秩序退场。最后，请双方最高领导者及客方先退场，然后东道主退场。整个签字仪式以半小时为宜。

在一般情况下，商务合同在正式签署后，应提交有关方面进行公证，才正式生效。

3. 签约座次礼仪

［微课］如何做好签约仪式

通常有以下几种设置和排位方式：

（1）在签约厅内设置一张长条桌作为签约桌，桌后为签约人员准备两把或多把座椅，注意按照国际惯例，排位方式为主左客右。如果是涉外签约仪式，还应在签约桌中央摆放一个旗架，上面悬挂或插放签约双方的国旗。其余参加签约仪式的主客方代表依身份顺序分站于自己一方签约人的座位后面。我国的签约仪式多采用这种形式（如图 8-20 所示）。

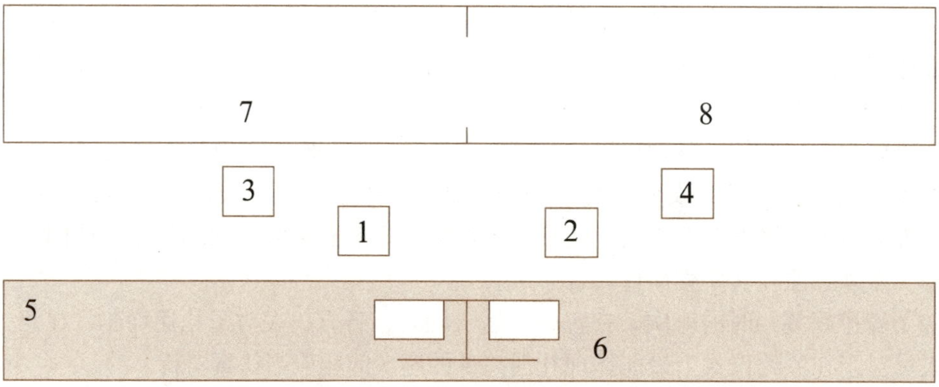

1—客方签约人　2—主方签约人　3—客方助签人　4—主方助签人　5—签约桌

6—双方国旗　7—客方参加签约仪式人员　8—主方参加签约仪式人员

图 8-20　座次排列（1）

（2）签约厅内设置一张长条桌作为签约桌，桌后为签约人员准备两把或多把座椅，注意按照国际惯例，排位方式为主左客右。与第一种方式不同的是，双方的国旗分别悬挂在各自的签约人员座位后面，其余参加签约仪式的人员依身份顺序分坐于自己一方签约人的对面（如图 8-21 所示）。

（3）签约厅内设两张或多张桌子为签约桌，按照国际惯例，主左客右，双方签约人各坐一桌，国旗分别悬挂在各自的签约桌上。参加签约仪式的人员按主客各一方并依顺序分坐于自己一方签约人的对面。

（4）多边签约时，只签 1 份正本。签约人员座次按国家英文名称首字母顺序排列。排列最前的国家居中，以下按顺序先后左向两边排开。参加人员按身份高低从前向后就座。

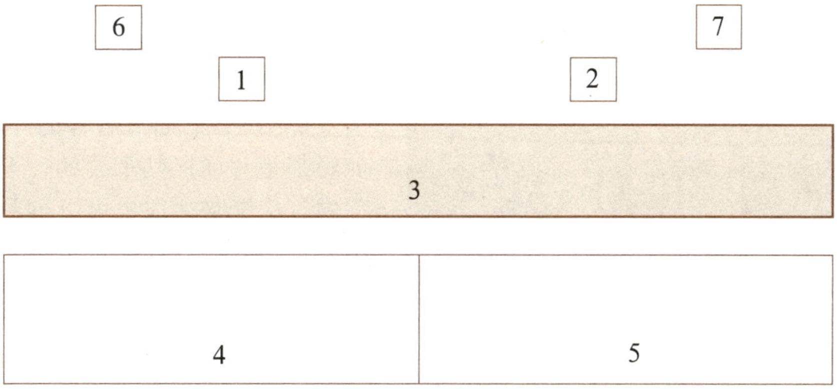

1—客方签约人　2—主方签约人　3—签约桌　4—客方参加签约仪式人员

5—主方参加签约仪式人员　6—客方国旗　7—主方国旗

图 8-21　座次排列（2）

增智启慧

签约失礼的结果

A 国的一家企业前往 B 国寻找合作伙伴。到了 B 国之后，经过多方努力，找到一家声誉很好的 B 国大公司，经过长时间的讨价还价，双方决定草签一个协议。正式签协议那天，A 国企业人员由于有点事耽误了几分钟，结果到达签约厅的时候，B 国企业人员正在恭候他们的到来，但是，当见他们都进来后，B 国企业人员毕恭毕敬地鞠了一个 90 度的大躬，随后集体退出了大厅，合作功亏一篑。

思考：

请分析 A 国企业的失礼之处。

三、剪彩仪式礼仪

身临其境

山东蓝海生物股份有限公司与江苏方圆科技有限公司达成战略合作协议，为推进合作的有序、高效进行，双方共同出资成立山东蓝海科技有限公司。朱婷负责公司剪彩仪式的筹备工作。她应该邀请谁来参加此次剪彩仪式？应该做哪些准备？剪彩仪式的流程是什么？

剪彩仪式，是指为了庆贺公司设立、企业开工、宾馆落成、商店开张、银行开业、大型建筑物启用、道路或航线的开通、展销会或博览会开幕等，而隆重举行的一项礼仪性程序。因其主要活动内容是约请专人使用剪刀剪断被称为“彩”的红色缎带，所以被称为

图 8-22　剪彩仪式

"剪彩"（如图 8-22 所示）。

从剪彩的发展过程来看，其最初只不过是人们用以促销的一种手段，到了后来，它才渐渐演变为商务活动中的一项重要仪式。在各式各样的开业庆典中，剪彩都是一项极其重要的、不可或缺的程序。尽管它往往也可以被单独地分离出来，独立成项，但在更多时候，它是附属于开业庆典的。这是剪彩仪式的重要特征之一。

剪彩仪式上有众多的惯例、规则必须遵守，其具体的程序亦有一定要求。

（一）剪彩的准备

剪彩仪式有大量的准备工作需要做好，主要涉及场地布置、环境卫生、灯光与音响的准备、媒体邀请、人员培训等，必须认真细致，精益求精。除此之外，对剪彩仪式上所需使用的某些特殊用具，如红色缎带、新剪刀、白色薄纱手套、托盘以及红色地毯，尤其需要进行仔细选择与准备。

1. 红色缎带

即剪彩仪式之中的"彩"。作为主角，它自然是万众瞩目之处。按照传统做法，它应当由一整匹未曾使用过的红色绸缎，在中间结成数朵花团而成。目前，有些企业为了厉行节约，而代之以长度为两米左右的细窄的红色缎带，或者以红布条、红线绳、红纸条作为其变通，也是可行的。红色缎带上所结的花团，不仅要生动、硕大、醒目，而且其具体数目往往同现场剪彩者的人数直接相关。循例，红色缎带上所结花团的具体数目有两类模式可依：其一，是花团的数目较现场剪彩者的人数多一个；其二，是花团的数目较现场剪彩者的人数少一个。前者可使每位剪彩者总是处于两朵花团之间，尤显正式；后者则不同常规，亦有新意。

2. 新剪刀

新剪刀是专供剪彩者在剪彩仪式上正式剪彩时使用的。每位剪彩者人手一把，而且必须崭新、锋利而顺手。

3. 白色薄纱手套

白色薄纱手套是专为剪彩者所准备的。在正式的剪彩仪式上，剪彩者剪彩时最好每人戴上一副白色薄纱手套，以示郑重其事。

4. 托盘

托盘是托在礼仪人员手中，用作盛放红色缎带、剪刀、白色薄纱手套的。在剪彩仪式上所使用的托盘，最好是崭新的、洁净的。它通常首选银色的不锈钢制品。为了显示正规，可在使用时铺上红色绒布或绸布。

5. 红色地毯

红色地毯主要用于铺设在剪彩者正式剪彩时的站立之处，其长度可视剪彩者人数的多寡而定，其宽度则不应在一米以下。在剪彩现场铺设红色地毯，主要是为了提升档次，并营造一种喜庆的气氛。有时，亦可不予铺设。

（二）剪彩人员的确定

剪彩人员必须审慎选定，并于事先进行必要的培训。除主持人之外，剪彩人员主要是由剪彩者与助剪者两部分主要人员构成。

1. 邀请剪彩者

在剪彩仪式上担任剪彩者是一种很高的荣誉。剪彩仪式档次的高低，往往也同剪彩者的身份密切相关。因此，在选定剪彩人员时，最重要的是把剪彩者选好。剪彩者，即在剪彩仪式上持剪刀剪彩之人。根据惯例，剪彩者可以是一个人，也可以是几个人，但是一般不应多于五人。

2. 确定助剪者

助剪者是指在剪彩者剪彩的一系列过程中从旁为其提供帮助的人员。一般而言，助剪者多由东道主一方的女职员担任。具体而言，在剪彩仪式上服务的礼仪人员，又可以分为迎宾者、引导者、服务者、拉彩者、捧花者、托盘者。

[微阅读]
剪彩仪式的流程

（三）剪彩的礼仪规范

剪彩的做法必须标准无误。进行正式剪彩时，剪彩者与助剪者的具体做法必须合乎规范，否则就会使剪彩效果大受影响。

1. 剪彩者的礼仪规范

剪彩者是剪彩仪式上的关键人物。剪彩者的仪表和举止直接影响剪彩仪式的效果。按照常规，剪彩者应着套装、套裙或制服，并将头发梳理整齐。不允许戴帽子、墨镜，也不允许穿着便装。剪彩者登台时，宜从右侧出场。在正式剪彩前，剪彩者应首先向拉彩者、捧花者示意，待其有所准备后，集中精力，右手手持剪刀，表情庄重地将红色缎带一刀剪断。若是多名剪彩者同时剪彩，其他剪彩者应注意主剪者动作，与其主动协调一致，力争大家同时将红色缎带剪断。

2. 剪彩者的位次安排

若剪彩者仅为一人，则其剪彩时居中而立即可。若剪彩者不止一人，则其同时上场剪彩时的位次就必须予以重视。通常的位次安排规矩是：中间高于两侧，右侧高于左侧，距离中间站立者越远位次便越低，即主剪者应居于中央的位置。之所以规定剪彩者的位次"右侧高于左侧"，主要是因为国际惯例。其实，若剪彩仪式并无外宾参加，执行我国"左侧高于右侧"的传统做法亦无不可。

3. 助剪者的礼仪规范

礼仪人员的最佳装束应为：化淡妆，盘起头发，穿款式、面料、色彩统一的单色旗袍，配肉色连裤丝袜、黑色高跟皮鞋。除戒指、耳环或耳钉外，不佩戴其他任何首饰。有时，礼仪人员身穿深色或单色的套裙亦可。但是，她们的穿着打扮必须尽可能地整齐划一。

［微课］剪彩礼仪

当主持人宣告进行剪彩之后，礼仪人员即应率先登场。在上场时，礼仪人员应排成一列行进。可以从两侧同时登台，或是从右侧登台均可。登台之后，拉彩者与捧花者应当站成一行，拉彩者处于两端拉直红色缎带，捧花者各自双手捧一朵花团。托盘者须站立在拉彩者与捧花者身后一米左右，并且自成一行。当剪彩者均已到达既定位置之后，托盘者应前行一步，到达前者的右后侧，以便为其递上剪刀、手套。待剪彩者退场后，其他礼仪人员方可列队由右侧退场。

四、新闻发布会礼仪

身临其境

剪彩仪式之后，山东蓝海科技有限公司需要进行新闻发布会。新闻发布会应该邀请谁来参加？需要设置什么样的流程？因为新闻发布会意义重大，影响深远，所以朱婷需要慎重思考，周密布置。

新闻发布会又称记者招待会，是一个企业直接向新闻界发布企业有关信息、解释企业重大事件而举办的活动。开好新闻发布会是塑造企业良好社会形象的重要机会，可以有效地提高知名度和美誉度。新闻发布会有以下几个特点：

（1）正规隆重。形式正规，档次较高，地点精心安排，邀请记者、行业部门主管、各协作单位代表及政府官员。

（2）沟通活跃。双向互动，先发布新闻，后请记者提问回答。

（3）方式优越。新闻传播面广，报刊、电视、广播、网站等集中发布（时间集中、人员集中、媒体集中），可迅速将消息扩散至公众。

（一）新闻发布会的筹备

1. 新闻发布会的筹备要素

新闻发布的形式包括记者招待会、新闻发布会、酒会等。记者招待会是专题性的，以"答记者问"为主要特色。新闻发布会由公关负责人执行即可，而记者招待会一般有更高层次官员出席。与前两者相比，酒会非正式一些，气氛也相对轻松一些，显得更自由、随意，它可以单独召开，也可以附属于其他形式，例如：在记者招待会后举行酒会或茶会。

在这些形式中，最为常见的是新闻发布会。新闻发布会筹备的要素包括目的、信息发布的目标受众、拟邀请对象、发布会规模等。新闻发布会筹备涉及的事情大同小异，主要包括活动策划与主题确定、节目策划与议程安排、资料准备、参会人员邀请与沟通、时间、场地落实与场景布置、产品展示、演示与信息发布和现场气氛控制等。

2. 新闻发布会的筹备过程

（1）根据新闻发布会所要达成的目标、新闻发布会的类型，确定其规格、方向和基本风格。大体而言，新闻发布会可以分为如下几个类别：

- 政治类——严肃感；
- 高科技产品类——正规中带有活泼；
- 农业类——亲切、环保；
- 文化类——文化感、历史感；
- 一般工业品类——科技感、品质感；
- 娱乐类——活泼、前卫；
- 时尚产品类——经典中带有时代气息；
- 工艺品类——经典、古拙；
- 其他类别——相应的风格。

（2）成立筹委会，确定组织、人员保障。一个新闻发布会牵涉方方面面，各项工作相互连接，彼此交叉，必须统筹安排，多管齐下，仅凭一己之力是很难完成的。

筹委会建立的原则包括：一是“专业原则”，专业的人做专业的事，知人善任。例如：经销商的沟通，市场销售部门是对口部门；专家、官员沟通要公关负责人、企业高层出面，不另设组；新闻界的沟通与资料的准备都是公关部门人员的专业特长，故新闻界的沟通也不另设组。二是“平衡原则”，因事设组，每个组的工作量相对平衡。三是“分工原则”，隶属分工应该明确，职责和横向协作都要分明，防止互相推诿的现象。四是“扁平原则”，在大型的活动中有多层次的“金字塔”结构，但在中型活动中，人员和层级不宜太多，以保证灵活机动，精干高效。五是“制度原则”，尽管是临时性组织，但只要加入筹委会，人员就应受规章制度的约束。

（3）确定时间、流程与目标管理，并做好反馈、调整。时间的控制以时间进度表（倒计时）的方式来表现。注意时间安排要合理，并留有余地。前面的时间、进度要安排得紧凑一些，保证后面有时间来调整、完善。整个新闻发布会活动是一个系统工程，要做好活动中各项工作内容之间的相互衔接、协调和配合关系及其有机组合的过程管理。例如：在活动中，只有主题内容、意义确定了，才能确定议程、规格；规模、规格确定了，才能确定人数；人数确定了，才能落实场地；场地落实了，才能现场布置；等等。总协调人对于整个活动的各个部分应有清晰的认识，便于找出工作的关键点、重点、难点，一般以程序框图表现。

（4）活动策划。活动策划主要包括如下内容：

一是会议议程的策划安排。大多数新闻发布会的整个过程就是讲话和例行演示。实际上，尽管发布会是一个正式会议，但可以做得更活跃一些，尤其是会议的开幕。在会议议程安排时，应注意紧凑、连贯，控制在一到两个小时为宜。特别是发言的时间不宜太长，15 到 20 分钟比较合适。

二是策划发布会的主题。常见的是在主题中直接出现“×××发布会”字样；也有的发布会有一个大的主题，下面为正题；也有两者的结合。按照国家新闻出版有关部门的规定，凡是主题中有“新闻”字样的发布会，须经国家新闻出版部门的审批。在实践中，很多企业略去“新闻”字样，采用其他称法。

三是确定参会人员。确定参会人员是一项很重要的工作，也是一个变化较多的因素，而它的变化将影响整个发布会的规格与规模，进而影响发布会的各个因素，这是总协调工作控制的“关键点”，宜重点关注。例如：可以先打印一份拟邀请名单，提前一周时间发出邀请函，然后电话落实。

（5）拟订活动策划案和具体操作方案。活动策划案是指导整个活动的战略、战术文本，供策划活动用，可提供给会议核心成员。具体操作方案则是用于企业内部或者协助代理公关公司指导整个活动的具体操作，比较详细，具体到每一个人、每一个步骤，甚至具体到胸卡的内容，时间上具体到分钟，会议相关人员可人手一份。

博闻多识

新闻发言人

新闻发布会是公司要员同媒介打交道的一次很好的机会，值得珍惜。代表公司形象的新闻发言人对公众认知会产生重大影响。要成为新闻发言人，需满足以下几个条件：

（1）公司的代表人物。新闻发言人应该在公司身居要职，有权代表公司讲话。

（2）良好的外形和表达能力。发言人的知识面要丰富，要有较好的语言表达能力、倾听能力及反应能力，穿着整洁，大方得体。

（3）有执行原定计划并加以灵活调整的能力。

（4）有现场调控能力，可以充分控制和调动发布会现场的气氛。

（二）新闻发布会的礼仪规范

新闻发布会的礼仪规范，主要有以下几个方面：

（1）主题明确。新闻发布会的组织者一定要明确主题，以便确定邀请记者的范围，做到有的放矢。如果主题不明，新闻记者就不能按照组织者的目的传播信息，甚至会弄巧成拙，损害企业在公众中的形象。

［微课］
新闻发布会礼仪

（2）准备好资料。认真准备好新闻发布会所需的各种资料，如会议所需要的文字、图片，主持人的发言稿，发言人答记者问的备忘提纲，新闻通稿以及其他背景材料、照片、录音、录像等，以便开会前分发给记者，供他们撰写新闻稿时参考。

（3）选择好发言人。举办新闻发布会，应由指定的发言人发布信息，回答记者提问。发言人要随机把握会场气氛，措辞文雅而有力，风趣而庄重，头脑要机敏，口齿清晰，尤其是当记者提出一些棘手的、尴尬的或涉及秘密的问题时，发言人更要头脑冷静，要么随机应变，要么用恰当回避的方式不答，绝对不能认为这是记者在无理取闹而横加指责。

博闻多识

答记者问

在新闻发布会上，通常在发言人进行发言以后，有一个回答记者提问的环节。此环节可以充分通过双方的沟通，增强记者对整个新闻事件的理解以及对背景资料的掌握。有准备、亲和力强的领导人接受媒体专访，可使发布会所发布的新闻素材得到进一步升华。在答记者问时，由一位主答人负责回答，必要时，如涉及专业性强的问题，可由他人辅助。发布会前，主办方要准备记者答问备忘提纲，并在事先取得一致意见，尤其是主答和辅助答问者要取得共识。在发布会的过程中，对于记者的提问应该认真回答，对于无关或过长的提问则可以委婉礼貌地制止；对于涉及企业秘密的问题，有的可以直接、礼貌地说是企业机密，记者也可以理解，有的则可以委婉作答，不宜采取“无可奉告”的方式。对于复杂而需要大量的解释的问题，可以先简单答出要点，邀请其在会后探讨。有些企业喜欢事先安排好媒体提问的问题，以防止媒体问到尖锐、敏感的问题，这种方式不建议使用。

明道·传承

主席夫人展现大国魅力

外貌仪表是展现自我的一个窗口，它能够折射出一个人文化修养的高低、审美情趣的雅俗，能够反映出其对待生活的态度。因此，注重塑造自身优美的外观形象，既是维护自己人格尊严的需要，也是尊重他人的行为。

仪表的重要性，从小处说，体现个人形象、企业形象，从大处说，代表了国家形象。我国国家主席习近平夫人彭丽媛的得体着装、大方举止展现出了大国魅力。

2013 年 3 月，彭丽媛在莫斯科伏努科沃机场首次公开亮相，立即吸引了全球媒体的目光。习近平主席和夫人彭丽媛都穿着藏蓝色的呢大衣，习近平主席围深灰色的围巾，彭丽媛则系淡蓝色纱巾，手提黑色皮包，长发在脑后盘起，佩戴珍珠耳环。两人挽手走下舷梯，现场负责接待的一位中国驻俄罗斯大使馆的女士感叹：“一个很大气的动作，在世界舞台上首次一起出现，让人感觉很亲切，很温暖。”尤其是两人的着装，同样的藏蓝色呢大衣，同样系着围巾，给人感觉很浪漫。淡雅柔和的蓝色纱巾增添了活力，整体深色系符合国际着装标准和规范。这种着装风格体现了中国女性特有的内敛优雅气质，看起来大气自信。

在俄罗斯陪访时期，只要彭丽媛出现，便有不停的闪光灯。出现在公众面前的她根据不同场合换了几套衣服，除了长大衣外，室内活动时，她一般以剪裁得体的小西装为主，颜色多为深色系；在会见俄罗斯总统普京时，她着一件黑色上装；在参加习近平主席在莫斯科国际关系学院演讲时，她穿了一件蓝色印花小西装，淡雅而亲切；在去孤儿院看望孩子们时，她则穿了一件杏黄色上衣，颜色非常温暖。“大气、美丽、优雅、自信……”这些形容女性美好的词汇不断出现在国内外媒体中。

喜爱干净简洁线条的她，通过对中国元素的巧妙运用，一次次地展示着庄重且优雅的风格。随习近平主席访问首尔时，彭丽媛身着时尚的立领套装，搭配白色手包，佩戴深绿色胸花，呈现积极、纯净的形象。在上海召开的亚洲相互协作与信任措施会议第四次峰会上，彭丽媛身穿燕尾服式黑色西装，搭配几何色块的黑白色旗袍，接待了俄罗斯总统普京。在邀请外国政要夫人参观南京博物院时，彭丽媛身着一袭鹅黄色裙装，佩戴了一条淡灰色围巾……在经历数次国际访问后，习近平主席夫人彭丽媛的着装风格日益明晰，吸引了全球的目光。有海外媒体分析说，她的形象为中国政坛增添了一抹时尚亮彩，传递了清新、祥和、积极的信息。

《论语》中有一句话：“不学礼无以立。”意思是说，一个人如果不学礼、不懂礼貌、不讲礼仪，就不懂得怎样做人、处世。不仅如此，是否懂得规矩，还事关人们意识的自觉，民族素质的提高，民族文化精神的弘扬。要想中国的国家形象被世界充分认可，就要求国人具备与大国形象相匹配的公民素质，将诚信知礼、与人为善的中华民族优良传统继续保持并传承下去。

思考

1. 试分析人为什么要注重仪态礼仪。
2. 开业庆典应做好哪些准备工作？
3. 简述剪彩仪式的流程。
4. 助剪者有哪些礼仪要求？

［测验］

明道箴言

1. 人无礼则不生，事无礼则不成，国家无礼则不宁。——《荀子·修身》
2. 质胜文则野，文胜质则史。文质彬彬，然后君子。——《论语·雍也》
3. 游毋倨，立毋跛，坐毋箕，寝毋伏。——《礼记·曲礼上》
4. 夫礼服之兴也，所以报功章德，尊仁尚贤。——《后汉书·舆服志》

专题九

商礼

中国素以“礼仪之邦”著称于世。讲“礼”重“仪”是我国世代相传的优秀传统，源远流长的礼仪文化是前人留给我们的丰厚遗产。孔子云：“礼者，敬人也。”即“礼”的基本要求是，每一个人都必须尊重自己、尊重别人，并尊重社会。随着市场经济的发展，商业活动越来越全球化，商务交往礼仪、商务办公礼仪、商务宴请礼仪及涉外商务礼仪已成为商务人员必须了解并遵守的活动规则和规范。商礼具有规范性和可操作性，既有利于协调人际关系，又有利于塑造良好的企业形象，提高企业的经济效益。

学习目标

知识目标：掌握商务交往礼仪、商务办公礼仪、商务宴请礼仪及涉外商务礼仪的要点和规范。

能力目标：提高商务交往礼仪、商务办公礼仪、商务宴请礼仪及涉外商务礼仪的运用能力。

态度目标：提升礼仪修养，养成良好的职业习惯，提高职业能力。

素质目标：国尚礼则国昌，家尚礼则家大，身有礼则身修，心有礼则心泰。中国已走进国际舞台的中央，在中华文明礼仪熏陶下成长的当代中国人更应该强化商务礼仪意识，注重性格和人格的培养与职业素养的提升，在世界舞台上展现中国风格、中国气派。

思维导图

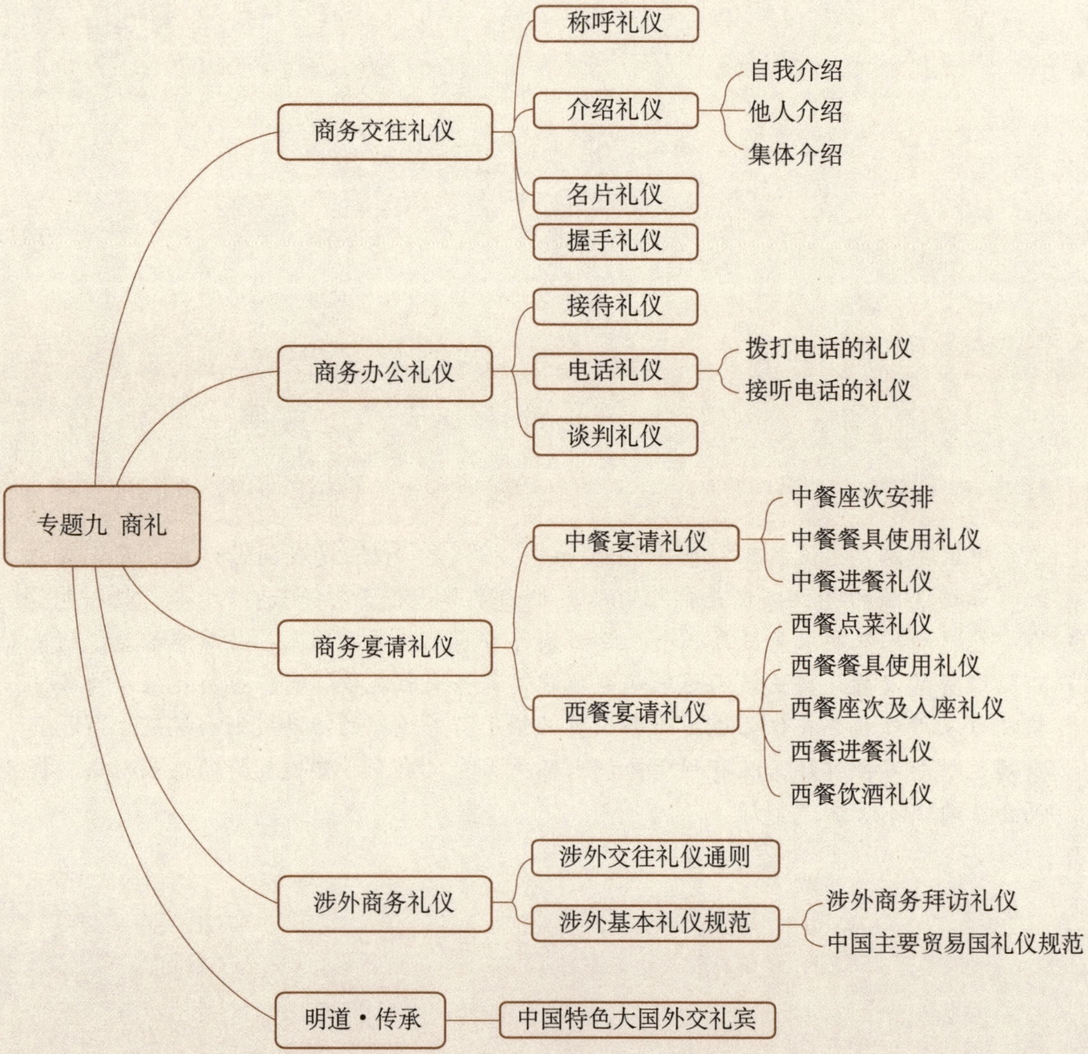

第一讲 商务交往礼仪

引言

古希腊先贤亚里士多德曾经说过："人在社会生活中，是难以避免与其他人进行交往的，一个人如果不同其他人进行任何交往，那么他不是一位神，就是一只兽。"这句名言阐明了一个道理，一个人在社会生活里欲生存下去，就必须与他人交往，没有交往，就难以生存、发展。

一、称呼礼仪

身临其境

朱婷是山东蓝海生物股份有限公司总经理助理，她将陪同上司刘经理去机场迎接前来考察洽谈的重要客户——江苏方圆科技有限公司张经理及销售代表王芳等一行人，朱婷和王芳在见面前保持着电话联系。这是一次正式的商务交往活动，在这次洽谈中，朱婷应该注意哪些方面的商务交往礼仪呢？

称呼，通常指的是人们会面时所采用的彼此之间的称谓语。正确地称呼别人是最基本的交往礼仪，它是双方进一步交往的敲门砖。在交往中，双方见面时如何称呼对方，直接反映了双方之间的亲疏、了解程度，尊重与否及个人修养等。

增智启慧

得体的称谓是交际的"敲门砖"

著名作家叶永烈在撰写陈伯达传记时，采访了陈伯达，对采访时如何称呼陈伯达，颇费了一番心思：叫"伯达同志"，当然不合适，因为陈伯达是在监狱服刑的犯人；直呼"陈伯达"，也不行，毕竟他已是84岁的老人，比叶永烈年长一辈；叫"陈先生"，或者叫"陈老师"，也不是很恰当……考虑再三，叶永烈觉得还是称呼"陈老"最为妥帖，一则他确实"老"，二则这是中国人对年长者的习惯称呼，亲切之中包含着尊敬之意。

果然，采访时，叶永烈一声“陈老”亲切得体的称呼，令陈伯达听了万分感动。

思考：

作家叶永烈的做法对我们有什么启发？

（一）称呼的方式

1. 职务性称呼

以交往对象的职务相称，以示身份有别、敬意有加，这是一种最常见的称呼方法。

（1）仅称职务，如“部长”“经理”“主任”等。

（2）在职务前加上姓氏，如“隋处长”“马委员”等。

（3）在职务前加上姓名，仅适用极其正式的场合，如“孙明主席”等。

2. 职称性称呼

对于具有职称者，尤其是具有高级、中级职称者，可直接以其职称相称。

（1）仅称职称，如“教授”“律师”“工程师”等。

（2）在职称前加上姓氏，如“钱编审”“孙研究员”等。有时，这种称呼也可加以约定俗成的简化，如“陈工程师”简称为“陈工”。但使用简称应以不发生误会、歧义为限。

（3）在职称前加上姓名，仅适用于十分正式的场合，如“安文教授”“杜锦华主任医师”等。

3. 学衔性称呼

在工作中，以学衔作为称呼，可增加其权威性，有助于增强现场的学术气氛。

（1）仅称学衔，如“博士”等。

（2）在学衔前加上姓氏，如“杨博士”等。

（3）在学衔前加上姓名，如“杨静博士”等。

（4）将学衔具体化，说明其所属学科，并在其后加上姓名，如“史学博士周燕”“工学硕士郑伟”“法学学士李丽珍”等。此种称呼最为正式。

4. 行业性称呼

（1）称呼职业，即直接以被称呼者的职业作为称呼。例如：将教员称为“老师”，将教练员称为“教练”，将警察称为“警官”，将会计师称为“会计”，将医生称为“医生”或“大夫”等。在一般情况下，在此类称呼前，均可加上姓氏或姓名。

（2）称呼“小姐”“女士”“先生”。对商界、服务业从业人员，一般约定俗成地按性别的不同分别称呼为“小姐”“女士”或“先生”。其中，“小姐”和“女士”二者的区别在于：未婚者称“小姐”，已婚者或不明确其婚否者则称“女士”。在此类称呼前，可加上姓氏或姓名。

5. 姓名性称呼

在工作岗位上称呼姓名，一般限于同事、熟人之间。

（1）直呼姓名。

（2）只呼其姓，不称其名，但要在前面加上“老”“大”“小”。

（3）只称其名，不呼其姓，通常限于同性之间，尤其是上司称呼下级、长辈称呼晚辈之时。

博闻多识

称呼小技巧

1. 职务就“高”不就“低”

称呼别人的职务时，尽量往“高”称呼，而别“实打实”地称呼真实的职务，或把职务叫“低”了。特别是那些带有“副”字头衔的领导们，例如：李副总可称呼为“李总”，张副经理可称呼为“张经理”，以示尊敬。

2. 辈分就“长”不就“平”

对那些比自己大十几岁，没有具体职务，但在公司有一定资历的同事，对他们以“长辈”来称呼比较好，如“张叔”“李阿姨”等，这样显示自己是晚辈。

3. 男就“大”女就“小”

男性同事们一般喜欢被人称呼得“大”一些，以显示成熟，如称呼比自己大的男同事“哥”或“兄”，听着很熨帖。而女同事们则喜欢把自己叫得小一些，一般四十岁以下还是叫“姐”，这样她们比较高兴。

（二）称呼的禁忌

1. 错误的称呼

常见的错误称呼是误读或误会。误读是指念错姓名，为了避免这种情况的发生，就一定要事先有所准备，必要时应该虚心请教。误会主要指对被称呼人的年纪、辈分、婚否以及与其他人的关系做出了错误的判断，例如：将未婚女性称为“夫人”，这是比较典型的误会。

2. 庸俗的称呼

在人际交往中，有些称呼在正式场合不宜使用。例如：“兄弟”“哥们儿”等，这一类称呼带有明显的江湖气，显得庸俗。逢人便称“老板”，也显得有些不伦不类。

3. 不当的行业称呼

一般而言，学生之间互称“同学”，军人之间互称“战友”，工人之间互称“师傅”。如果为了表示亲近，以此去称呼“界外”人士，没准对方不但不领情，反而产生被贬低的感觉。

博闻多识

巧妙避开

在官场，应注意领导的姓氏与职务的语音搭配，如遇上姓“傅”或姓“戴”的一把手，称呼“傅厅长”“戴局长”，会被误以为他是副职或临时代办者，这种情况应略去其姓氏，直称官衔“厅长”“局长”即可。

此外，按照一般原则，正职以姓氏加职务称呼，如“赵厅”“钱局”“孙处”“周所”“郑总”“王工”“冯校”“陈院”等。而遇到姓氏谐音难题，如“季院”“史科”等，最好略作变通，改用全称。

二、介绍礼仪

身临其境

从工作角度考虑，朱婷对张经理一行人在称呼上以职务性称呼为主。朱婷和王芳虽然保持联系，但双方人员都是第一次见面，不可避免需要进行介绍，他们应该如何做介绍呢？

介绍是社交活动和商务活动中最常见也是比较重要的礼节之一。可以说，人际交往始自介绍。介绍是初次见面的双方相互沟通的起点，能大大缩短人与人之间的距离，从中起到桥梁和纽带的作用。

增智启慧

心无芥蒂的自我介绍

我国著名的作家张恨水，有一次应邀到成都大学演讲，他是这样开头的——今天，我这个“鸳鸯蝴蝶派”作家到大学里演讲，感到很荣幸。我取名“恨水”，不是什么情场失意，而是因为我喜欢南唐后主李煜的一首词《乌夜啼》：“林花谢了春红，太匆匆！无奈朝来寒雨晚来风。胭脂泪，留人醉，几时重？自是人生长恨水长东！”我喜欢这首词有“恨水”二字，我就用它作笔名了。

思考：

作家张恨水这样心无芥蒂的自我介绍对我们有什么启发？

（一）自我介绍

1. 自我介绍的形式

（1）应酬式自我介绍。应酬式自我介绍最为简洁，往往只包括姓名一项即可，适用于一般性社交场合。

（2）商务式自我介绍。商务式自我介绍以工作为中心进行，内容包括姓名、单位、职务、具体工作等事项，适用于工作场合。

（3）社交式自我介绍。社交式自我介绍是希望进一步交流和交往，其内容包括姓名、工作、籍贯、学历、兴趣以及与对方某些熟人的关系等事项，适用于社交活动。

（4）礼仪式自我介绍。礼仪式自我介绍是表示友好、敬意的自我介绍，其内容除包括姓名、工作、单位等基本内容之外，还要加入一些谦辞和敬语，适用于讲座、报告、仪式、庆典、演出等正式而隆重的场合。

（5）问答式自我介绍。问答式自我介绍通过问答方式交流，有问有答，适用于应试、应聘和公务交往。

2. 自我介绍的礼仪要求

自我介绍的顺序是遵循“位低者先行”原则，就是地位低的人先做介绍。一般的规则是：主人和客人在一起，主人先做介绍；长辈和晚辈在一起，晚辈先做介绍；男士和女士在一起，男士先做介绍；地位低的人和地位高的人在一起，地位低的人先做介绍。

自我介绍应把握时机。适当的时机包括：对方有兴趣时，对方有空闲时，对方情绪好时，对方干扰少时，对方有此要求时等。不适当的时机是指对方无兴趣、无要求、工作忙、干扰大、心情坏、休息用餐或正忙于私人交往之时。

自我介绍应注意时间。在初次见面进行自我介绍时，希望交往对象仅凭自我介绍，就对自己“一目了然”是不现实的。因此，在自我介绍时一定要力求简洁，不能东拉西扯，信口开河。否则，对自己而言是失态，对对方而言是失敬。

（二）他人介绍

他人介绍是指第三方为彼此不相识的双方引荐。其中，被引荐的双方为被介绍人，介绍他人的人为介绍人。介绍人通常由商务活动中的东道主、身份较高的人士、礼仪专职人员担任。

1. 他人介绍的顺序

为他人做介绍时，要遵守“尊者优先知情”的原则，具体如下：

（1）先男后女。先把男士引见给女士。这是最常见的一种方式，唯有女士面对尊贵人物时，才允许有例外。

（2）先少后老。先把年少的介绍给年老的，通常适用于同性之间。

（3）先主后宾。先把主人介绍给宾客，表示对宾客的欢迎和尊重。但在来宾众多的场合，可以先把宾客介绍给主人。

（4）先未婚者后已婚者。先把未婚者介绍给已婚者，仅适用于对被介绍人非常知根知底的前提之下，要是不确定，最好不要冒昧行事。

（5）先低后高。先把职位低的介绍给职位高的，适用于比较正式的场合，特别适用于职业相同的人士之间。

（6）先个体后团体。当新加入一个团体的人初次与该团体的其他成员见面时，负责人先将新人介绍给团体的其他成员。

2. 他人介绍的礼仪要求

在介绍他人前，介绍人首先应当征求被介绍双方的意见，经被介绍人应允后介绍人即可上前介绍。

在介绍时，介绍人应站在被介绍双方的中间，面带微笑，抬起右臂，掌心向上，四指并拢，拇指张开，指向被介绍的一方，眼睛注视另外一方，然后开始介绍。介绍完一方后，再按同样的方法介绍另外一方。

［微阅读］他人介绍的方式

（三）集体介绍

集体介绍（如图 9-1 所示）是他人介绍的一种特殊形式，被介绍者一方或双方都不止一人。集体介绍应特别注意介绍顺序，一般要求如下：

［微课］打开社交大门的钥匙——称呼礼、介绍礼

（1）“少数服从多数”。当被介绍者双方地位、身份大致相似时，应先介绍人数较少的一方。

（2）强调地位、身份。若被介绍者双方地位、身份之间存在明显差异，则地位、身份为尊的一方，即使人数较少，甚至仅为一人，仍然应被置于尊贵的位置，最后介绍。

图 9-1　集体介绍

（3）单向介绍。在演讲、报告、比赛、会议、会见时，往往只需要将主角介绍给广大参加者。

（4）人数较多一方的介绍。若一方人数较多，可采取笼统的方式进行介绍，如“这是我的家人”“这是我的同学”。

（5）人数较多各方的介绍。若被介绍的不止两方，则需要对被介绍的各方进行位次排列。排列的方法有：以其负责人身份为准；以其单位规模为准；以单位名称的英文字母顺序为准；以抵达时间的先后顺序为准；以座次顺序为准；以距离介绍者的远近为准。

三、名片礼仪

身临其境

朱婷做了自我介绍，并把刘经理介绍给了张经理，王芳也将其他同事介绍给了刘经理认识。介绍时双方交换了名片。名片使用的礼仪规范是什么呢？

名片是一种经过设计、能表示自己身份、便于交往和开展工作的卡片。名片能让新结识的朋友记住对方的姓名、地址及电话号码，以便日后保持联系。同时，它也是一种非常有效的“自我推销”手段。

增智启慧

因名片而错失的生意

某公司经理王某在咖啡厅约见了一位重要客户李某。双方见面后，李某恭敬地向王某递上自己的名片，并有礼貌地说：“王总，您好！这是我的名片。”王某接过名片后草草地看了下，就将名片随意地放到了桌上，并开始与李某谈论合作事宜。过了一会儿，服务人员端来咖啡。王某端起咖啡喝了一口，便将咖啡杯放在了李某的名片上。这一举动令李某皱了皱眉头，但王某并没有感觉到。在接下来的谈话中，李某未与王某就合作事宜进行实质性的洽谈，而是礼貌地寒暄一阵之后就托词告别。

思考：

李某为何没有与王某继续深谈合作而是早早托词告别？

（一）名片的种类

1. 应酬式名片

又称本名式名片，其内容通常只有个人姓名一项。此种名片适合在社交场合应付泛泛之交，拜会他人时说明身份，馈赠时替代礼单，以及用作便条。

2. 社交式名片

主要适用于社交场合，是进行自我介绍与保持联络之用的个人名片。其内容包括个人姓名和联络方式。联络方式一般不会印办公地址和电话，讲究的是公私分明。

3. 公务式名片

通常指的是职场的业务交往中所使用的个人名片。它是目前最为常见的个人名片。标准的公务式名片应由归属单位、本人称呼、联络方式三项具体内容构成。归属单位由单位名称、组织标志、所在部门构成，本人称呼主要由本人姓名、职务、学术头衔构成，联络方式包括单位地址、邮编、办公电话、传真等内容。如有必要，可在名片的另一面印上本单位的经营范围或所在方位图。

4. 单位式名片

又称企业名片，主要用于单位对外宣传、推广活动。它的内容主要包括以下两项：单位全称及其标志，单位的联络方式。

博闻多识

记住别人的姓名

戴尔·卡耐基曾经说过："一个人的姓名是他自己最熟悉、最甜美、最妙不可言的一种声音。"记住并准确呼叫对方的姓名，不仅是一种礼仪需要，而且能成为开启友谊之门的钥匙、寻找合作伙伴的桥梁。

记住别人的姓名有时并不是一件容易的事。首先，当我们需要记住对方的姓名时，注意力一定要高度集中，不要受当时环境因素和内心其他情绪的干扰；有时为了增强记忆，可以请对方本人或介绍人重复一遍。其次，由于形象记忆易于抽象的文字记忆，对于那些外在形象有一定特征，而且这些特征与他的姓名又似乎有一定关系的人，可以把姓名脸谱化或将其身材形象化，采用"脸谱形象记忆法"，例如：一个高个子青年名叫张德高，我们不妨把他记作"长得高"。同时，对于那些姓名与某些事物或现象的名称谐音时，我们不妨采用"谐音记忆法"，例如：我们可以把来自四川的吴江记作"乌江"。

（二）名片的使用

1. 准备名片

商务人员应有意识地准备一定数量的名片，并将其放在专用的名片夹内，装入上衣口袋或随身携带的公文包中，以便拿取。不要将名片与其他杂物混放在一起，以免拿取名片时手忙脚乱，给别人留下不好的印象；也不要将名片放置在钱包、工作证或裤袋内，这是一种非常失礼的行为。

2. 递送名片

递送名片要把握适宜的时机，不宜过早或过迟，否则可能徒劳无功。通常，在与他人刚见面时、相谈甚欢时或交谈结束时递送名片最为合适。切忌在他人用餐时递送名片，否则极易引起对方的反感。

递送名片应讲究一定的顺序：男士先向女士递送；晚辈先向长辈递送；职位较低者先向职位较高者递送；拜访者先向接待者递送。需向多人递送名片时，则应先向职位较高者递送，后向职位较低者递送，或者按照座次顺序由近及远依次递送，切勿"跳跃式"递送。

递送名片时，应主动起身并走近对方，面带微笑，注视对方，将名片正面朝上、字迹正对着对方，用双手的拇指和食指握持名片上端的两角，举至胸前，上身略微前倾，递送给对方，并略道谦恭之语，如"这是我的名片，请多多关照"或者"希望以后保持联络"等。

3. 接受名片

接受他人的名片时，应放下手中的一切事务，起身相迎，面带微笑，点头致意，用双手的拇指和食指接住名片下端的两角（如图 9-2 和图 9-3 所示），同样略道恭谦之语，如“很高兴认识您”或者“能得到您的名片，我深感荣幸”等。

接过名片后，应将名片上的内容从头到尾默读一遍，并记住对方的姓名。遇有显示对方荣耀的职务或头衔时，可轻声读出，以表示对对方的尊重或敬佩。若对名片上的内容有所不明，则可当场请教对方。

阅读了他人的名片之后，应将名片谨慎地放入名片夹、上衣口袋或公文包内，以示尊重和珍视。切忌将他人的名片拿在手中把玩、涂改、乱揉、乱折，或者随意放在桌上、裤子口袋内等，这是不尊重对方的表现，会引起对方的反感。

俗话说，来而不往非礼也。在接受了他人的名片后，应当立即向对方回递一张自己的名片，否则会让对方误认为无意与其交往。若尚无名片、忘带名片或名片用完了，则应向对方做出解释，并致以歉意或告知改日补上。

图 9-2　名片礼仪

图 9-3　双手递接名片

［微阅读］
名片的制作

［微课］
商务交往的“敲门砖”——名片礼

四、握手礼仪

身临其境

朱婷和王芳等双方人员相互认识后热情地握手寒暄，表达彼此的情感。那么，应怎样准确地施行握手礼仪呢？

手，被商界称为“第二张名片”。握手是商务场合的一种重要礼节，它可以传达理解、信任、尊敬、祝贺、鼓励、感谢、致歉、惜别等感情。在商务场合正确地与人握手，能够促进商务活动的顺利开展。

增智启慧

同样的握手，迥异的回应

某公司在会展中心举行大型的产品推介会，蔡经理是此次推介会的负责人。见到各位应邀到场的嘉宾，蔡经理都主动热情地伸出手与客人握手，并寒暄问候。会议期间，气氛一直很高涨。等会议结束之后，蔡经理守在会展中心门厅出口处，跟即将离开的各位嘉宾一一告别。但没想到，等他率先伸出手的时候，很多嘉宾却面露不悦。

思考：

同样的握手，为什么会出现前后迥异的反应？

（一）握手的次序规则

握手一般讲究“尊者决定”的原则，即由身份尊贵的人决定双方有无握手的必要。在商务场合，握手时伸手的先后次序主要取决于职位、身份，而在社交、休闲场合则主要取决于年龄、性别、婚否。握手次序的规则如表 9-1 所示。

表 9-1　握手次序的规则

情境	规则
男女握手	男士要等女士先伸手；如果女士不伸手则表示无握手之意，男士应点头致意或微微鞠躬致意；女士可以不和男士握手，只点头致意即可（如图 9-4 所示）
主宾握手	客人抵达时，主人应主动先伸出手，以表示对客人的欢迎；客人告辞时，应由客人先伸出手与主人相握，表示“再见”之意
长幼握手	年幼的要等年长的先伸手，并起立趋前握手，以示尊敬
上下级握手	下级要等上级先伸出手，但涉及主宾关系时，可不考虑上下级关系，作为主人的一方应先伸手
一个人与多人握手	应讲究先后次序，由尊而卑，即先上级，后下级；先长辈，后晚辈；先主人，后客人；先女士，后男士

（二）握手的礼仪规范

握手时姿势要自然。行礼者双方都应起身站立，双腿立正，上身略前倾，右手向前下方伸出，手掌与地面垂直，五指中的拇指适当张开，另四指并拢。握手双方彼此之间的距离以 80 厘米左右为宜。握手时，双方均应主动向对方靠拢。若双方距离过小或过大，会让人感觉一方有意讨好或冷落另一方（如图 9-5 所示）。

与人握手时神情需专注。双目注视对方，面含笑意，并适当问候。为了表示热情友好，握手时应当稍许用力，以显示出自信、诚恳。与亲朋旧友握手时，所用的力量可以稍微大一些，而在与初相识者以及异性握手时，则应注意力度。

与人握手的时间一般以 1～3 秒为宜，不要过短或过长。在某些特殊情况下，为了表情达意或配合拍照，握手的时间可以相对长一些。

图 9-4 男士与女士握手

图 9-5 握手的姿势

［微阅读］
握手的禁忌

［微课］
友好交流的传达——握手礼

第二讲 商务办公礼仪

引 言

商务人士日常办公多为与客户的电话沟通、接待客户、商务谈判，还会涉及必要的礼尚往来的馈赠活动。在职场工作中，接洽客户及与客户谈判时的办公礼仪至关重要。如果想以主人的有利身份对商务往来起到更好的促进作用，就必须熟知商务接待礼仪；如果想在商务谈判中达到双赢，也必须熟练运用商务谈判礼仪技巧。

一、接待礼仪

身临其境

朱婷作为山东蓝海生物股份有限公司总经理助理，日常工作主要是接待客户、与客户电话沟通联络以及协助总经理与客户进行商务谈判等，她在工作中应注意哪些办公礼仪规范呢？

商务接待分两种情况：一种是常规接待，也就是不需在人员、物质上做特殊准备的接待工作；另一种是隆重接待，这种接待需要在物质上做准备、人员上做调配，如要有交通工具迎送、专门的接待人员等。无论是哪种接待，都要遵守平等、热情、友善、礼貌的工作原则。

（一）接待准备工作

接待的准备工作，主要是针对隆重接待而言。

一是布置场所。整齐干净的环境会让来访者感觉舒适、规范。如果要张贴欢迎海报，则要在显眼的地方；需准备一些文具用品和可能用得上的相关资料，如宣传简介、商品说明等；还需适当准备一些水果、饮料、茶具。

二是了解来访者的情况。如来访者的人数、性别、身份、所搭乘的交通工具、到达的具体时间，甚至包括饮食习惯、民族以及宗教信仰，以方便安排接待规格、住宿、商务用餐等，可以一定程度上规避忌讳。

三是安排接待人员。接待人员的服装仪容，往往关系到个人的修养及公司的形象。

四是自我情况的了解。事先对商务接待要讨论的问题做好准备，避免不知所云和无从谈起的被动情况。

博闻多识

奉茶之礼

敬茶是中国传统的待客礼节，无论什么季节、什么时间，客人来访时都要先敬上一杯热茶。来访者和接待方坐定，未谈正事前，接待方的服务人员就要为双方送上茶水或咖啡等饮料。上茶不能太迟，否则会打断双方会谈者的谈话，或是为了放茶杯而移动桌上的文件，妨碍商谈的进行。奉茶的顺序要从职位最高的来访者开始，给每位来访者上好茶后，再为本公司的人由尊而卑地顺序上茶。茶水的温度以80度为宜，水量最多为茶杯容量的七分或八分满。

（二）正式接待礼仪

1. 迎接宾客

迎接宾客时要根据宾客身份合理安排迎接人员。一般宾客可由业务部门或经理办公室人员到车站（机场、码头）迎接，重要客人应安排有关领导前往迎接。迎接人员应注意自己的着装，并在客人乘交通工具到达之前到场等候。

2. 安排食宿

宾客如需安排食宿，在其抵达前应与负责人员联系，并取得共识。宾客到达后，如果不需要直接开始工作，可安排去酒店休息。如果宾客是团队，最好由团队人员自行安排房间。在客人住下后，应及时把就餐信息告诉来宾。对重要客人，应安排专人送（或陪）客人到餐厅就餐。

3. 确定日程

宾客食宿安排就绪后，对一般宾客，可由接待人员出面与其商议活动日程；对重要宾客，应由领导出面，进一步了解宾客的意图和要求，以接待方案为基础确定具体的日程。重新修订活动日程要把变动情况迅速通知有关方面，以便调整工作。

4. 组织活动

按照商定日程安排，精心组织好各项活动。注意各环节的衔接和时间安排的合理性。宾客如需外出参观，需根据交通状况提前规划线路。

[微阅读]
接待的禁忌

5. 听取意见

在宾客活动全部结束之后，要单独安排时间，请领导与宾客会面，听取意见，交换看法，特别是对上级派来的视察团、检查团等。

6. 安排返程

根据宾客要求，订购返程车（飞机、船）票，并及时送到宾客手中，同时商议离开下榻处的时间。安排好送行车辆与送行人员，协助宾客结算各项费用，征求宾客对接待工作的意见，以便改进工作。送宾客到车站（机场、码头），做最后告别。

二、电话礼仪

身临其境

朱婷为了周到地服务张经理一行人，在接待前做好了各方面准备工作，并很好地安排好了日程、食宿及返程等事宜，接待服务热情周到，得到张经理一行人的赞许。在整个接待工作过程中，朱婷主要通过电话与各方联系沟通各项事宜，工作中掌握电话礼仪规范非常重要。

在现代人际交往中，电话成为人们沟通的桥梁，电话运用得当，可能带来成功；运用不得当，则会成为人们交往中的绊脚石。因此，我们不仅要熟练掌握电话的使用技巧，还要遵守电话礼仪规范。

增智启慧

对方看到你打电话的表情

有一个特别有名的推销员，有一天晚上他回到家后，比较累了，决定先睡一觉，但他定了一个闹钟，因为他和一个很重要的客户约好在十点半的时候打电话。闹钟响后，他起床，然后去洗手间洗漱，接着又是刮胡子，又是穿衬衫、打领带的，还穿上了西装和皮鞋，最后拿了个本子，在电话机旁正襟危坐，一到十点半就准时给对方打电话。业务谈得很顺利，但是他这番怪举动让妻子感到很奇怪："不就一个电话吗？大半夜的还要起来精心打扮一通，好像现在不是晚上，而是白天。"他对妻子解释说："如果我很邋遢、很懒散的话，对方虽然看不到我的样子，但是我自己的精神面貌不好，而这会通过我的语气变化传达到对方那里。经过这么一番打扮，我看起来正式多了，人也精神多了。虽然看不见对方，我也要尊重对方，我相信，对方一定能感受得到！"

思考：

这个推销员的伟大之处在哪儿呢？

（一）拨打电话的礼仪

1. 选择合适的通话时间

选择通话时间的原则有两个：一是双方预先约定的通话时间，二是双方便利的时间。

（1）商务电话应在受话人的工作日拨打，不要在下班之后打，更不能在深夜、凌晨、午休、用餐和公休假时间打，除非有特别紧急的事情。若万不得已需要打电话，不仅要讲清楚原因，而且要记得致歉。

（2）如果知道对方的上下班时间，则应避免在对方刚上班半小时或下班前半小时通话。

（3）公务电话应尽量打到对方单位，如果确实需要往对方家里打电话，则应避开吃饭以及睡觉的时间。

（4）若给国外的客户打电话，务必注意时差和生活习惯。

2. 做好通话前的准备

打电话前，把要用到的电话号码、资料等放到手边；进一步筛选电话，判断重要性和拨打的先后次序，做到不遗漏；做好通话的心理准备；对通话内容拟就腹稿。

3. 注意通话中的规范

（1）查清对方电话号码，并正确拨号。

（2）电话接通后首先要礼貌问好，并自报家门，包括单位、部门、职务、姓名等。如果不确定接电话的人是否是所要通话的对象，还要报上通话对象的姓名、职务。

（3）若对方不在需请人转告，则应讲清楚自己的姓名、单位名称、回电号码、回电时间及留言简要内容，一定要讲明对方所在部门、姓名。

（4）掌握通话"三分钟原则"，宁短毋长，以短为佳。谈话中心要突出，简明扼要地说明事由，不要长时间闲聊或过分客套。

（5）重要的地方和难以理解的词，或是时间、数字等要强调、慢说，必要时再重复一遍，保证对方听得明白。

（6）通话结束应有告别语或通知对方要挂机，不能没有任何表示就挂断电话。

（二）接听电话的礼仪

1. 及时接听

接电话有“铃响不过三”的说法。如果铃响 3 声以上才接听，是效率不高的表现；6 声以上才接听，就应道歉。

［微课］
搭起人际交往的虹桥——电话礼仪

2. 应答得体

工作时间接电话，应先报单位名称或部门名称，并问候对方。对方打来电话，一般会自己主动介绍。如果没有介绍或者没有听清楚，就应该主动询问。

3. 了解来电话的目的

上班时间打来的电话几乎都与工作有关，都十分重要，不可敷衍。了解对方来电的目的，如自己无法处理，也应认真记录下来。

4. 认真记录电话内容

记录电话的要点包括：来电人单位、姓名、通话内容要点、是否需要回复、需要回复的内容、回复的时间要求、回复的电话号码等。电话结束前，要与对方核对所记录的信息要点，及时纠正信息记录中的疏漏。

5. 挂断电话要礼貌

要结束电话交谈时，一般应当由拨打电话的一方提出，然后彼此客气地道别，再挂电话。打电话时“地位高者先挂电话”，对于职员来说，如果对方是领导或顾客，应让对方先挂电话。

三、谈判礼仪

身临其境

江苏方圆科技有限公司张经理一行人经过参观了解之后，为了更好地实现合作共赢，与山东蓝海生物股份有限公司双方拟就合作事宜展开一次正式的商务谈判。朱婷负责安排本次谈判，那么应遵照怎样的商务礼仪规范才能保障谈判顺利进行呢？

商务谈判是指不同的经济实体各方为了自身的经济利益和满足对方的需要，通过沟通、协商、妥协、合作等各种方式，把可能的商机确定下来的活动过程。礼仪在商务谈判中起着重要作用，优秀的谈判者，不仅要精通商务知识，还要通晓礼仪知识，这样才能在谈判中占据主动，应对自如。

博闻多识

"商界无处不洽谈"

商界人士在商务交往中，多多少少都接触过一些商务谈判活动。对于很多人来说，商务谈判的胜败，甚至决定着企业的效益与生存问题。例如：早期美国通用汽车曾经启用了一个叫罗培兹的采购部经理，他上任半年，就帮通用汽车增加了净利润20亿美元。他是如何做到的呢？就是通过谈判。罗培兹上任的半年时间里只做一件事，就是把所有的供应配件的厂商请来谈判，他说："我们公司信用这样好，用量这样大，所以我们认为，要重新评估价格，如果你们不能给出更好的价格，我们打算更换供应商。"这样的谈判下来之后，罗培兹在半年的时间里就为通用省下了20亿美元！正是在这个意义上，"商界无处不洽谈"才成了商界人士的一句格言。

（一）谈判准备阶段礼仪

1. 谈判场地的选择

由于"主场优势"的优越感和主动地位，为平等起见，商务谈判场地通常是谈判双方轮流或在第三方场地设立。

2. 谈判时间的选择

谈判时间要经双方商定，要选择对己方最有利的时间进行谈判。避免在身心处于低潮时、连续紧张工作后，或不利于自己的市场行情下进行谈判。

3. 会场的准备

商务谈判要求谈判场所严肃、安静、私密，所以应尽量将整体环境布置得使双方谈判人员都能有舒适、平和的感受。谈判场所要具备起码的灯光、采暖、制冷、通风和隔音条件，以及桌椅、饮用水、席位卡等，根据需要还可准备横幅、影音设备等辅助设备。

4. 座次的安排

举行正式谈判时，一般用长方形或者椭圆形桌子，谈判的座次安排应充分体现主宾之别，通常是主宾各坐一方。举行双边谈判时，如果谈判桌在谈判室内竖放，在排位时以进门时的方向为准，右侧由客方人士就座，左侧则由主方人士就座（如图 9-6 所示）。若谈判桌横放，则面门为上，客方人员面门而坐，主方人员背门而坐（如图 9-7 所示）。除双方主谈者居中就座外，各方的其余人员应依其具体身份的高低，遵从右高左低的原则分别在主谈人员的两侧就座。

5. 接待、迎接等准备工作

如果由己方担任东道主出面安排谈判，在迎送时要准确掌握对方抵离时间，通知安排迎送人员。所有迎送人员都应先于客方到达指定地点，并由接待人员提前办妥有关手续。

东道主要视情况举行接风、送行的宴会或者招待会，安排酒店住宿。

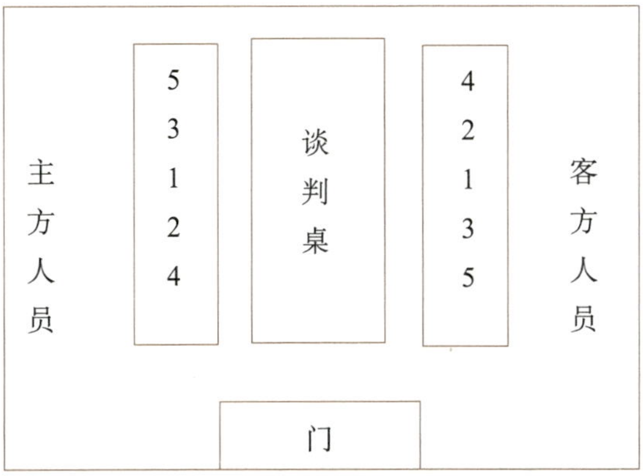

图 9-6 竖桌式谈判座次

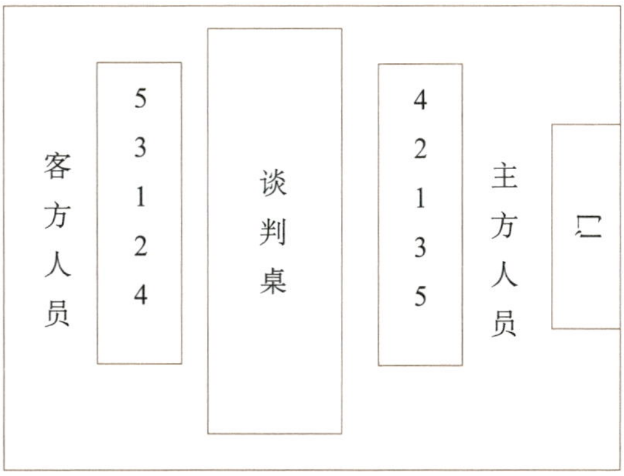

图 9-7 横桌式谈判座次

（二）谈判过程礼仪

1. 报价

报价要明确无误，恪守信用，不欺蒙对方。在谈判中，报价不得变幻不定，对方一旦接受价格，即不再更改。

2. 查询

事先要准备好有关问题，选择气氛和谐时提出，态度要开诚布公。对方回答时不宜随意打断，答完时要向解答者表示谢意。

3. 磋商

讨价还价事关双方利益，容易因情急而失礼，因此要注意保持风度，应心平气和，求大同，存小异。

4. 解决矛盾

要就事论事，保持耐心、冷静，不可因发生矛盾就怒气冲冲，甚至进行人身攻击。

[微课]
商务合作共赢的法宝——商务谈判礼仪

5. 处理冷场

遇到冷场时，主方要灵活处理，可以暂时转移话题，稍作松弛。如果确实已无话可说，则应当机立断，暂时中止谈判，稍作休息后再重新进行。

第三讲　商务宴请礼仪

引言

我国的饮食文化特别丰富，利用宴请来进行商务活动也是较为常见的。宴请在当代商务活动中更是一种非常重要的交际方式。宴会不但使人们聚在一起共同享受美酒佳肴，还可以联络感情，增进沟通和友谊，提高工作效率。宴请不再是“果腹”“解馋”，而是成为一种重要的社交商务手段。

一、中餐宴请礼仪

身临其境

山东蓝海生物股份有限公司和江苏方圆科技有限公司谈判成功，在江苏方圆科技有限公司张经理一行人离开之前，山东蓝海生物股份有限公司拟安排一次宴会，庆祝双方达成合作。刘经理让朱婷策划这场宴会。无论是中餐宴会还是西餐宴会，朱婷知道宴请礼仪必须做好。

中华饮食，源远流长，在这个“民以食为天”且极其讲究礼仪的国度，积累了丰富的饮食文化和餐桌礼仪。现在，中餐不仅是中国人喜爱的传统饮食，还越来越受到外国人的青睐。因此，中餐也常常成为商务宴请的主要形式。

（一）中餐座次安排

目前我国大部分都以圆桌款宴客人，在安排座次时必须注意以下原则：

（1）以右为尊，左为卑。如男女主人并座，则男左女右，以右为大。如席设两桌，男女主人分开主持，则以右桌为大。

（2）职位或地位高者为尊，高者坐上席，不能逾越。

（3）女士排名的顺序与其丈夫相同。若为未婚，则遵循一般原则即可。

（4）遵守社会伦理，长幼有序，师生有别。

依据以上原则，中餐座次有两种情况：当桌上只有一位主人时，面门居中的是主人位，其右手位是主宾，左手位是第二主宾。宴请时主要照顾好主宾，其他随员和宾客可以对面坐，也可以交错坐，如图 9-8 所示；当桌上有两位主人时，面门居中的是主人位（若两位主人的身份是夫妇，此位坐男主人），其右手位是主宾。靠门居中的是第二主人位（若两位主人的身份是夫妇，此位坐女主人），其右手位是第二主宾，其他主客座次如图 9-9 所示。

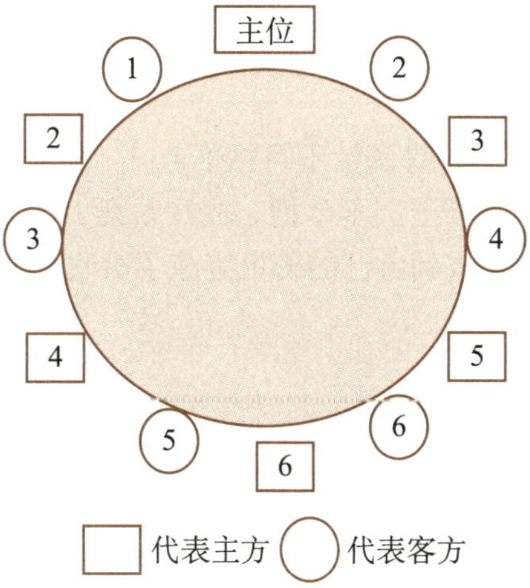

图 9-8 中餐座次（1）

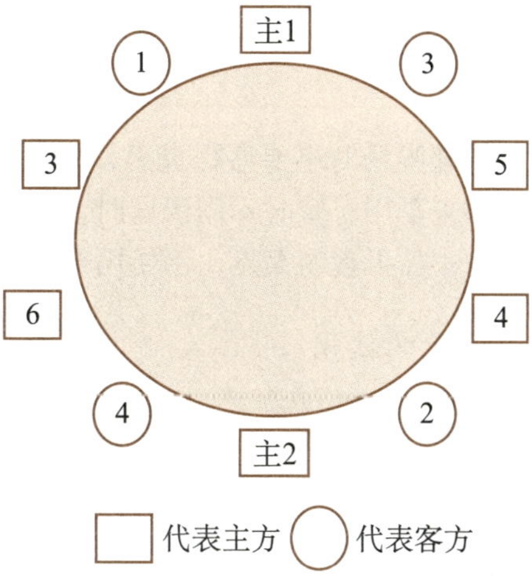

图 9-9 中餐座次（2）

增智启慧

孔子的饮食思想

“食不厌精，脍不厌细”“割不正，不食”“有盛馔，必变色而作”等观点是孔子饮食思想的重要组成。“食不厌精，脍不厌细”的意思是说，食物原料要优质（精食），烹饪方法要精细（细脍），选料、刀工和烹调方法是饮食质量的衡量标准，也反映了用餐者的人生态度。“割不正，不食”的意思是说，宰杀猪、羊时割肉不合常度，是失礼的，食物形态也被弄坏了，所以不吃。“有盛馔，必变色而作”的意思是说，在人家用丰盛的肴馔招待自己时，必须肃然起立，向主人答谢致意。

思考：

孔子的饮食思想对你有哪些启发？

（二）中餐餐具使用礼仪

在中国的饮食文化中，餐具的使用是非常有讲究的。中餐常用的餐具有筷子、汤匙、盘子、调味碟、汤碗、水杯、酒杯，另有热湿巾、餐巾、牙签等（如图 9-10 所示）。以下主要介绍筷子、汤匙、盘子、水杯、热湿巾、餐巾和牙签的使用。

图 9-10 中餐餐具

1. 筷子的使用

中国古代把筷子称为“箸”。在使用时，筷子的两端一定要对齐；不使用时，筷子一定要整齐码放在饭碗的右侧，一般放到筷托上。用餐时应该注意，握筷子的部位要适当，需要使用汤匙时，应先将筷子放下。

［微阅读］
筷子的使用禁忌

2. 汤匙的使用

用汤匙喝汤时不要盛得过满，可以原处暂停片刻，等汤汁不再往下流时再移回来享用；暂时不用汤匙时，应放在自己的碟子上，不要把它放在餐桌上，或是插入饭菜中；如果食物太烫，不要用嘴对着吹，可以先放到自己的碗里等凉了再吃。

3. 盘子的使用

盘子有菜盘与食碟之分。菜盘是用来暂放从公用的菜盘里取来享用的菜肴的，在使用方面和碗相似。使用时注意一次不要取放过多，切忌将喜欢吃的菜都盛到自己面前“吃独食”。食碟比菜盘小，是用来盛放食物残渣的。吃剩下的骨、刺等应轻轻取放在食碟前端，假如食碟放满了，可以让服务员更换。

4. 水杯的使用

水杯是用来盛放清水或汽水、果汁等饮料的。需要注意的是，水杯不要盛酒，不要倒扣在餐桌上，也不能将喝进嘴里的饮料再吐回水杯。

5. 热湿巾的使用

热湿巾是擦拭嘴角和双手用的，切不可用于擦拭脸、脖子、耳朵等。擦完手后，应该把它放回盘子，由服务员拿走。

6. 餐巾的使用

如果席桌上设有餐巾，当主人示意用餐开始时，客人才可将餐巾全部打开或打开至对折，平摊在自己的腿上或压于菜盘或渣碟下面。中途离席时，应将餐巾放在座椅上，用餐完毕才可将餐巾放回桌面。如果主人将餐巾放在桌面上，就意味着客人可以起立离席了。

7. 牙签的使用

就餐时，尽量不要当众剔牙。非剔不可时，可用另一只手掩住口部，剔出来的食物残渣不要再次入口，也不要随手乱弹，随口乱吐。剔完后要把牙签放在食碟上，不要长时间叼着牙签，更不要用牙签来扎取食物。

（三）中餐进餐礼仪

1. 进餐文雅，有序取菜

当主人示意用餐开始后，应等菜肴转到自己面前时再动筷来取。一次取菜不宜过多，不要只盯住自己喜欢的菜或者急忙把喜欢的菜堆在自己的盘碟里。谨慎为他人夹菜，可以劝菜，尤其是在有外宾的情况下，可向其介绍菜肴的特点，但不可过于热情地反复劝菜甚至代为夹菜。进餐的速度，最好与主人或主宾保持同步。

2. 切忌乱扔骨头与秽物

食物或饮料一经入口，除非是骨头、鱼刺、菜渣等，一般不宜再吐出来。需要处理骨头、鱼刺时，不要直接外吐，可用餐巾掩嘴，用筷子取出放在自己专门用来盛放弃物的食碟里，不能直接置于餐桌之上。

3. 文明用餐，禁烟少酒

一般情况下，商务宴请中相互之间不敬烟。在比较正式的商务宴请中，为表示友好，活跃气氛，敬酒、祝酒在所难免。但“酒能成礼，过则伤德”，在饮酒过程中，要遵循“觥筹交错，各适其意”的原则。

［微阅读］
中餐点菜礼仪

4. 讲究卫生，使用公筷

在共餐或转盘式餐桌上，为讲求卫生，在夹菜盛汤时应使用公筷公匙，尤其是在为他人夹取菜肴的时候。

二、西餐宴请礼仪

身临其境

朱婷提前了解了张经理和王芳等人的饮食禁忌，选择了本地有特色的美食，安排了一次中餐宴会，张经理一行人用餐很愉快。如果朱婷策划的是西餐宴会，那么西餐宴请的礼仪规范有哪些要注意的呢？

在国际商务宴请中，通常是以西餐为主。西餐又分为法式、英美式和国际式，在不同的民族习俗下，用餐规格也有所不同，但其基本要领是一致的。

（一）西餐点菜礼仪

西餐虽然只有六七道菜，看起来很简单，但取材丰富、用料讲究、注重营养、讲究卫生。

1. 头盘

西餐的第一道菜是头盘，也称为开胃菜。头盘一般有冷头盘或热头盘之分，常见的品种有鱼子酱（如图 9-11 所示）、鹅肝酱、熏鲑鱼、鸡尾杯、奶油鸡酥盒、焗蜗牛等。

2. 汤

西餐的第二道菜是汤。西餐的汤大致可分为清汤、奶油汤、蔬菜汤和冷汤四类。品种有牛尾清汤、各式奶油汤（如图 9-12 所示）、海鲜汤、意式蔬菜汤、俄式罗宋汤、德式冷汤、俄式冷汤等。

3. 副菜

鱼类菜肴一般作为西餐的第三道菜，也称为副菜。品种包括各种淡水鱼类、海水鱼类（如图 9-13 所示）、贝类及软体动物类。因为鱼类等菜肴的肉质鲜嫩，比较容易消化，所以放在肉类菜肴的前面，叫法上也和肉类菜肴的主菜有区别。

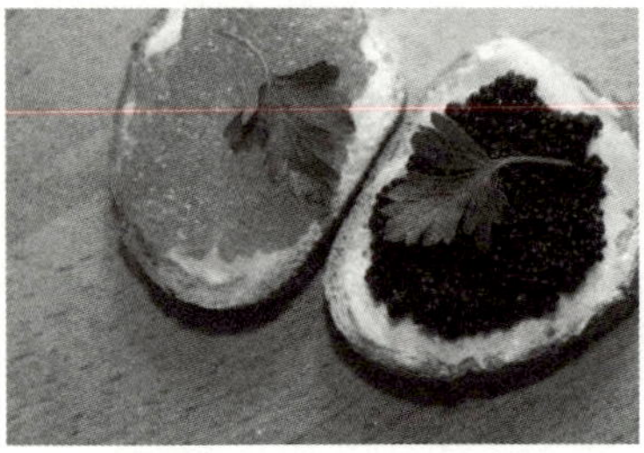

图 9-11　鱼子酱

图 9-12　奶油蘑菇汤

图 9-13　鱼类菜肴

4. 主菜

肉、禽类菜肴是西餐的第四道菜，也称为主菜。肉类菜肴的原料取自牛、羊、猪、小牛仔等各个部位，其中最有代表性的是牛肉或牛排（如图 9-14 所示）。牛排按其部位又可分为沙朗牛排（也称西冷牛排）、菲力牛排、T 骨牛排、肉眼牛排等。禽类菜肴的原料取自鸡、鸭、鹅，通常将兔肉和鹿肉等野味也归入禽类菜肴，禽类菜肴品种最多的是鸡，有山鸡、火鸡、竹鸡。

5. 配菜

蔬菜类菜肴可以安排在肉类菜肴之后，也可以与肉类菜肴同时上桌，可以算为一道菜，或称为一种配菜。蔬菜类菜肴在西餐中称为蔬菜沙拉（如图 9-15 所示），一般用生菜、西红柿、黄瓜、芦笋等制作。沙拉的主要调味料有油醋汁、千岛酱、奶酪沙拉汁等。还有一些蔬菜是熟食，如煮花椰菜、煮菠菜、炸土豆条。熟食的蔬菜通常与主菜的肉食类菜肴一同摆放在餐盘中上桌，称为配菜。

6. 甜品

西餐的甜品是主菜后食用的，可以算作第六道菜。从真正意义上讲，它包括所有主菜后的食物，如布丁、煎饼、冰激凌、奶酪、水果等（如图 9-16 所示）。

7. 咖啡、茶

西方人习惯餐后喝咖啡（如图 9-17 所示）或茶。喝咖啡一般要加糖或淡奶油。茶一般要加香桃片和糖。

图 9-14 牛排

图 9-15 蔬菜沙拉

图 9-16 甜品

图 9-17 咖啡

以上全套餐点通常只在非常隆重、正式的宴请中才会全部上齐，普通宴请或便餐如果点太多会吃不完，反而失礼。一般而言，西餐选择菜、汤、主菜（鱼和肉择其一）和甜点是最恰当的组合。

（二）西餐餐具使用礼仪

1. 刀叉礼仪

规范的西餐商务宴请会有多副刀叉（如图 9-18 所示），分别与上菜程序对应由外向里使用。左手拿叉，右手拿刀，用刀切食物时，用叉按住自左下角向右切，一般切一份吃一份，也可一次切完后放下刀，用右手持叉一份一份地吃。刀叉只是用餐时使用，与他人简单交流时可不放下刀叉，若谈话时间稍长应放下刀叉，不能边讲话边拿着刀叉在身前晃，更不能拿刀叉指谈话对象或其他客人。用餐过程中刀叉的摆放也有特殊含义，如图 9-19 所示。

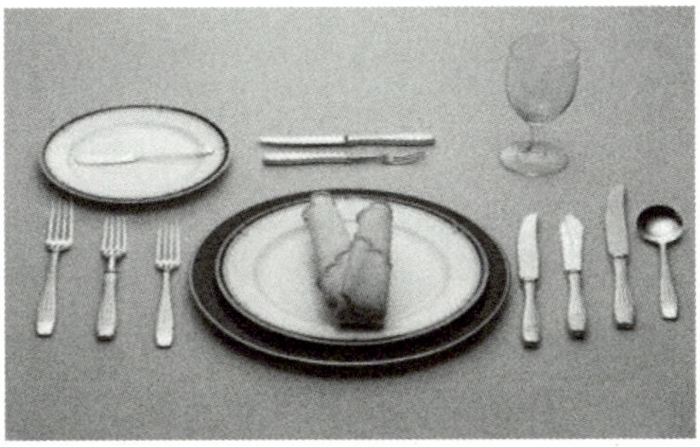

图 9-18 西餐餐具

图 9-19 刀叉摆放的含义

2. 餐巾礼仪

餐巾主要用于擦嘴巴、防止用餐时掉下的物品弄脏衣物。餐巾放置的位置是腿上。宴请开始前将餐巾对折，折痕朝上放到腿上。

一般在主人拿起餐巾示意用餐开始后，客人再拿起餐巾，结束时亦如此。放回的餐巾应顺手折叠，无须叠整齐但也不能揉成一团弄得皱皱巴巴，更不能将吃剩的食物弄到餐巾上或将餐巾掉到地上。用餐途中要离席，可将餐巾折叠好放到座位上，也可用餐具压住餐巾，使餐巾的一角搭在餐桌边上以示还将回来用餐。餐巾的使用如图 9-20 所示。

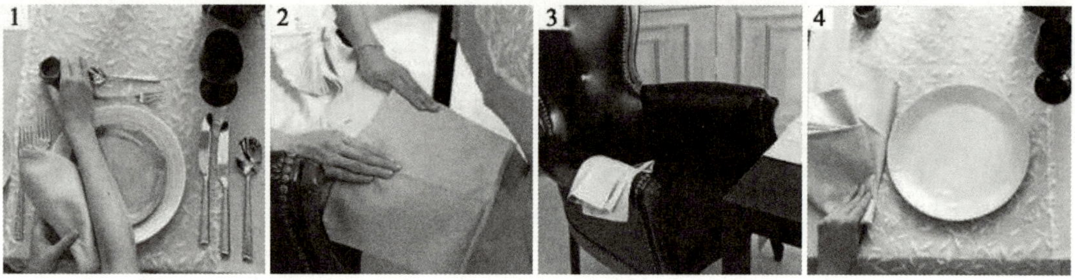

图 9-20　餐巾的使用

（三）西餐座次及入座礼仪

西餐一般使用长条桌，在座次的安排上，一般是男女主人分坐两端，门边坐男主人，另一端坐女主人，男主人右手边是女主宾，女主人右手边是男主宾，其余依序排列。男女一般间隔而坐，用意是男士可以随时为身边的女士服务。西餐座次安排如图 9-21 所示。

西餐一般选择从左侧入座。在坐下之前应动手把椅子拉开，而不是坐下后用腿把椅子撑开。当然，男士如果主动给女士拉椅让座，会被认为是一种很绅士的行为。用餐时，上臂和背部要靠到椅背，腹部和桌子保持约一个拳头的距离。

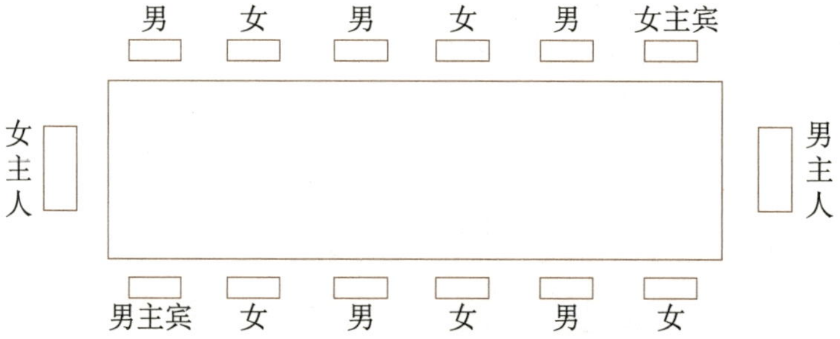

图 9-21　西餐座次

（四）西餐进餐礼仪

（1）基本姿势是“正襟危坐”，上身可稍微前倾，身体距离餐桌 10 厘米左右，双腿自然垂放，腰背挺直。

（2）吃西餐时是以物就口，即用叉、勺将食物送入嘴中；不能以口就物，躬身低头，形象全无。

（3）吃鱼等带骨头的食品时，要用刀将肉剔出来再切块食用。吃完鱼的上面时不能把鱼翻过来再吃，而是将鱼骨剔除后继续食用。吃面包时通常不用刀叉，而是用手将面包撕成小块，再送入嘴里。

（4）喝汤要用汤匙，不能直接端起碗喝，而要用汤匙由内向外舀汤，然后将汤匙送入嘴里。

（五）西餐饮酒礼仪

西餐饮酒分饭前酒、饭中酒、饭后酒三种。饭前酒即开胃酒，如鸡尾酒、威士忌、啤酒等；饭中酒即配合菜肴上的葡萄酒，如白葡萄酒、红葡萄酒、香槟等；饭后酒即助消化酒，如白兰地等。

西餐斟酒与国内斟满酒杯不同，通常是红葡萄酒斟三分之一杯，白葡萄酒斟二分之一杯，香槟之类的酒斟四分之三杯。西餐宴请饮酒没有太多风俗，也没有喝多少之类的讲究。祝酒时大家共同举杯，嘴上说“干杯”但并不要求全部喝完。

[微课]
时尚优雅宴请之西餐礼仪

第四讲 涉外商务礼仪

引言

中国教育家颜元说过：“国尚礼则国昌，家尚礼则家大，身有礼则身修，心有礼则心泰。”中国在国际社会中扮演着越来越重要的角色，国人与外宾交往的机会越来越多。涉外礼仪不仅是个人素养与公司形象的体现，更是国与国之间文化交流与相互尊重的体现。中国作为礼仪之邦，向来崇尚以礼相待。因此，在涉外交往中，既要遵循国际通用的礼仪规范，又要尊重外宾的习俗与习惯，体现我国“礼仪之邦”的风采。

[微课]
大国外交，明乎礼仪

一、涉外交往礼仪通则

身临其境

山东蓝海生物股份有限公司将于下周迎接来自美国的客商，洽谈合作事宜，朱婷负责美国客商的接待工作，她需要考虑美国的文化和风俗习惯，充分掌握涉外交往礼仪通则，那么在这次外商接待工作中，朱婷应注意哪些问题呢？

由于地区和历史的不同，各地区、各民族对于礼仪的认识各有差异。在长期的国际往来中，逐步形成了外事礼仪规范，也叫涉外礼仪，即人们参与国际交往所要遵守的惯例，是约定俗成的做法。

（一）维护形象

在涉外交往中，人们普遍对交往对象的个人形象倍加关注，并且都十分重视遵照规范的、得体的方式塑造、维护自己的个人形象，特别是在正式场合留给外国友人的第一印象。

（二）保守机密

涉外交往总要涉及国家、单位的一些情况，作为工作人员，一方面，对外联系要统一领导，专人负责，不擅自对外表态；另一方面，必须牢记保守国家、单位的机密，不向外宾提供机密或不利我方谈判的资料。

（三）不卑不亢

每一个人在参与涉外交往时，都必须意识到自己在外国人的眼里，是代表着自己的国家、民族、工作单位的。因此，言行应当从容得体，堂堂正正，遇到强者不自惭，遇到磨难不气馁，遇到侮辱敢反击，遇到弱者会援助。

（四）求同存异

对于中外礼仪与习俗的差异性，应当予以承认，重要的是了解，而不是评判是非、鉴定优劣。

（五）入乡随俗

在涉外交往中，要真正做到尊重交往对象，就必须尊重对方所独有的风俗习惯，“入境而问禁，入国而问俗，入门而问讳”，增进中外双方之间的理解和沟通，有助于更恰如其分地向外国友人表达我方的亲善友好之意。

（六）信守约定

信守约定，是指在一切涉外交往中，必须认真严格地遵守自己的所有承诺。说话务必算数，许诺一定要兑现，约会必须如约而至。在一切有关时间方面的正式约定之中，尤其需要恪守不怠。

（七）热情有度

在涉外交往时，不仅待人要热情而友好，更重要的是把握好具体分寸，避免过犹不及。“热情有度”关键是要掌握好“关心有度”“批评有度”“距离有度”“举止有度”等具体的“度”。

（八）不必过谦

在涉外交往中涉及自我评价时，虽然不应该自吹自擂、自我标榜、一味抬高自己，但也不要妄自菲薄、自我贬低、自轻自贱。

（九）不宜先为

也被称作“不为先”原则，有双重含义：一方面，在难以确定如何行动才好时，应尽可能避免采取任何行动、冒昧行事，免得出丑露怯；另一方面，在不知怎么做而又必须采取行动时，最好先按兵不动、静观其他人的正确做法，然后加以模仿，或是同绝大多数人保持一致。

（十）尊重隐私

在涉外交往中，务必做到“个人隐私八不问”，即不问收入、不问年龄、不问婚姻、不问健康、不问住址、不问经历、不问信仰、不问私事。到外国人家里做客，不经主人允许和邀请，不能要求参观主人的房间。即使双方很熟悉，也不能触动书籍、花草以外的个人物品以及室内陈设的其他物品。

（十一）女士优先

“女士优先”的含义是：在一切社交场合，每一名成年男士都有义务主动自觉地以自己的实际行动尊重女士、照顾女士、体谅女士、关心女士、保护女士，并且要想方设法、尽心竭力地为女士排忧解难。倘若因为男士的不慎，而使女士陷于尴尬、困难的处境，便意味着男士的失职。同时，在尊重、照顾、体谅、关心、保护女士方面，男士对所有的女士都要一视同仁。

（十二）以右为尊

依照国际惯例，将多人进行排列时，最基本的规则是右高左低，即以右为上，以左为下；以右为尊，以左为卑。大到政治磋商、商务往来、文化交流，小到私人接触、社交应酬，但凡要确定位置的主次尊卑时，“以右为尊”都是普遍适用的。

（十三）爱护环境

在日常生活中，每一个人都有义务对人类赖以生存的环境自觉地加以爱惜和保护。爱护环境的基本要求是：不可毁损自然环境，不可虐待动物，不可损坏公物，不可乱堆乱挂私人物品，不可乱扔乱丢废弃物品，不可随地吐痰，不可在公共场合随意吸烟，不可任意制造噪声等。

二、涉外基本礼仪规范

（一）涉外商务拜访礼仪

1. 提前预约

拜访外商时，一定要提前预约。约定的具体时间通常应当避开节假日、用餐时间、过早或过晚的时间，及其他一切对方不方便的时间。

2. 信守时约

应邀到外商家中拜访、做客，应按主人提议的时间准时抵达，过早或过晚均不礼貌。

3. 主动问好

到达地方之后先通报再进入，主动向对方问好，互行见面礼节。

4. 举止优雅

即使所谈事情需要时间很短，也不要站在门口谈话；若主人未邀请入室，可退至门外，进行室外交谈。与主人或其家人进行交谈时，要慎择话题；对主人准备的小吃，不要拒绝，准备的饮料，尽可能喝掉。

5. 把握时间

拜访他人时，一定要注意在对方的办公室或私人居所里停留的时间长度。一般情况下，礼节性的拜访，尤其是初次登门拜访，应控制在15～30分钟。最长的拜访，通常也不宜超过两个小时。

（二）中国主要贸易国礼仪规范

1. 日本

日本人很注重礼节和穿着。日本人喜欢行鞠躬礼。初次见面时，可以不握手，代之以90度的鞠躬礼，以示尊重。如果相互间比较熟悉就主动握手。日本的一些商务礼仪和中国相似，如递名片和端茶时要用双手等。在正式场合，男士大多穿深色西服，女士穿和服。日本商人注重面对面洽谈生意，重要决定一般都是由集体商定后做出。在饮食上，日本人喜欢吃面条、寿司和海鲜等。闲谈时喜欢谈论茶道。日本人信奉的宗教是神道教和佛教，少数信奉基督教和天主教。日本人忌讳的颜色是紫色和绿色，他们常将紫色和悲伤联系在一起，视绿色为不祥的征兆。

2. 韩国

韩国人待客热情，对礼貌、礼节及穿着也很注重。在饮食方面，韩国人喜欢吃辣椒、泡菜，汤几乎是每餐必备。韩国人忌讳边吃饭边谈话。若是谈生意，韩国人喜欢选择咖啡厅，而非饭店。韩国人忌讳数字“4”。在喝酒或喝茶时，韩国人喜欢以“1”“3”“5”“7”的数字单位来敬酒、敬茶、布茶。佛教是韩国的主要宗教。

3. 新加坡

在新加坡，马来语为国语，英语、汉语为官方语言。新加坡人十分讲究礼节，其中，华裔在礼仪方面和我国相似，且保留了中国古代传统，通常的见面礼是鞠躬、握手；印度裔保有印度的礼节和习俗；马来血统、巴基斯坦血统的人则按伊斯兰教礼节行事。新加坡人很重视环境卫生，故和新加坡人交往时切忌随地吐痰、丢弃废物，否则会招致很大的反感。新加坡华人占75%，多信仰佛教。

4. 美国

美国人一般性格开朗，乐于交际，不拘礼节，有幽默感，容易相处。美国人握手时习惯握紧，眼睛正视对方，身体微躬。美国人公私分明，自己分内的事情会很好地完成，不喜欢做分外的事情，也不希望在私人时间谈论工作和处理工作上的事情。美国人喜欢边吃边谈，善于讨价还价。他们喜欢吃的主食是烤面包、牛排、三明治、汉堡包、沙拉、炸薯条等，喜欢喝红酒、咖啡、牛奶、可口可乐、啤酒、威士忌、白兰地等。忌味道太咸的食品，味道偏甜为宜。美国人喜欢白色、黄色、蓝色和红色，忌讳黑色；忌讳向女士赠送香水、衣物和化妆用品；忌讳数字“13”和星期五。美国 80% 以上是欧洲移民的后裔，大多数人信仰基督教和天主教，部分人信仰犹太教和东正教。

5. 英国

英国人注重修养，注意衣着打扮，讲究文明礼貌，待人友好，常被称为“绅士”，性格多拘谨、慎重、温和、细心和耐心。英国人务实，不喜欢夸夸其谈，也不轻易动感情或轻率地表达自己的态度。和英国人在一起时，不要同第三人打耳语，也不可以捂着嘴冲英国人笑。在饮食上，英国人口味讲究清淡，喜欢甜、酸、微辣味，不喜欢太咸的食品。大多数英国人喜欢吃牛肉、羊肉、蛋类、禽类、甜点、水果等食品，但不吃狗肉。英国人喜欢喝啤酒、苏打水、葡萄酒和香槟酒，也喜欢喝威士忌等烈性酒，不过彼此间不劝酒。茶也是英国人喜欢的，但英国人不爱喝清茶，喜欢喝奶茶或柠檬茶，倒茶时要先在杯里倒上冷牛奶或鲜柠檬，加点糖再倒茶。英国人忌讳数字“3”和“13”，不喜欢百合花（视百合花为“死亡之花”），忌讳用人像、大象、孔雀作为服饰图案。绝大部分英国人信仰基督教，少部分英国人信仰天主教。

6. 法国

法国人热情开朗，浪漫奔放，讲究服饰着装。和法国人约会要事先约好时间，赴约应准时，但也无须提前赴约。法国人喜欢用鲜花作为礼品赠送。法国人忌谈个人问题和私事，喜欢用法语作为双方的交谈语言，喜欢先就主要交易条件达成协议后再进一步洽谈。在饮食方面，法国人喜欢鲜嫩的口味，注重色香味和营养的协调。做肉菜时，往往不做熟，做到五分熟或是七分熟即可；爱吃牡蛎，而且喜欢生吃；喜欢用蒜、香草、洋葱、芹菜、胡萝卜等作为配菜，一般不喜欢放辣。法国人忌讳黄色的花，认为黄色代表着不忠诚；不喜欢墨绿色，因为墨绿色物品容易与第二次世界大战期间德国纳粹士兵的墨绿色军服联系在一起。法国女士虽然喜欢使用化妆品，但是忌讳将香水或化妆品送给恋人、亲属之外的女士。法国的法兰西人约占 94%，绝大多数人信仰天主教。

［微课］
国际友谊的桥梁
——涉外礼仪

博闻多识

世界各国的时间观念

免费在线游戏网站 Mr Gamez 发起了一项研究，调查守时对全世界不同国家的重要性有什么不同，结果差异非常巨大。

在韩国，人们认为迟到是一种不尊重人的行为。但是在马来西亚，人们说迟到 5 分钟却往往意味着迟到 1 个小时，而且迟到是一种可以被接受的行为，不必要道歉。

在中国，如果在约定时间过后10分钟之内到达就不算迟到。但是在日本，如果比约定时间晚1分钟到达，就会被认为是迟到了。

由于过去的工业习惯，在德国，应该比任何预定的会议时间提前10分钟到达。但是在尼日利亚，如果一场会议预定在下午1点举行，那就意味着这场会议将在下午1点到2点之间的任意时间举行。

在巴西，并不需要对预约准时，但是如果使用了“英国时间”的字眼，就必须准时。同样，印度也不将守时看作一种美德。人们欣赏守时，但是守时可能不会得到回报。

明道·传承

中国特色大国外交礼宾

近年来，中国深度参与全球治理，引领世界经济全球化的潮流，先后成功举办亚洲相互协作与信任措施会议第四次峰会、亚太经合组织（APEC）第二十二次领导人非正式会议、二十国集团（G20）领导人杭州峰会、“一带一路”国际合作高峰论坛、金砖国家领导人会晤、博鳌亚洲论坛2018年年会、上海合作组织青岛峰会等一系列重大主场外交活动。通过这些高峰会议，开出中国处方，贡献中国智慧，维护世界和平，向世人展示中国负责任的大国形象。

外交礼宾工作是外交工作的重要组成部分，贯穿外交活动的始终，旨在营造外交氛围，设置规范的程序规则，体现国家政策意图，展示国家关系状况，使国家间交往有序和谐，是外交的重要内容。不同国家的历史文化传统和民族特点各异，礼仪规范千差万别，因而外交礼宾具有典型的民族和国家特色。例如：各民族国家的服装、饮食、生活习惯的差异都会体现在相应国家的礼宾工作中。

2017年的“一带一路”国际合作高峰论坛是新中国成立以来首场由我国主办的层级最高、规模最大的主场外交。礼宾工作秉持中国特色大国外交理念，方案科学严谨，各场活动准时有序，会议服务专业高效，充分体现出中国举办主场外交高效、严谨、细致的组织水平，共商、共建、共享的执政理念，以及开放、透明、包容的办会风格。

外宾接待隆重热烈、周到热情。礼宾接待方案实现“一国一策”，为每位外方领导人配备联络员和接待团队，认真调研外国政情国情、风俗习惯、宗教信仰、鲜花饮食禁忌等，提供一对一个性化服务。论坛期间，共完成98架次外方领导人专（包）机和航班迎送任务。机场迎送均按照国事访问标准提供最高礼遇。

峰会安排准时顺畅，会议服务专业高效。外方领导人乘坐中方提供的红旗防弹主车前往主会场雁栖湖国际会议中心出席领导人圆桌峰会。圆桌峰会分为两个阶段会议和工作午餐，习近平主席主持会议，各方领导人依次发言阐述对“一带一路”倡议的立场和建议。为确保会议准时高效，在圆形会议桌中央设LED屏显示发言人影像及发言倒计时，提供

17 种语言的会议同传服务。在雁栖湖国际会议中心设立中外方贵宾室、听会室、祈祷室、医疗室、茶歇区、双边会见室及各代表团工作间等配套功能区，提供电脑、打印机、复印机、无线网络等办公设施和咖啡、点心、茶水、自助餐等餐饮服务。

精心设计领导人集体合影，留下珍贵画面和历史印记。此次论坛有两场领导人集体合影，分别是圆桌峰会领导人集体合影和欢迎宴会前领导人夫妇全家福合影。经过多次现场考察和媒体实地拍摄论证，从礼宾角度别具匠心地选择雁栖湖国际会议中心“汉唐飞扬”主建筑作为圆桌峰会领导人合影背景。这座兼具汉唐风格的现代建筑象征着源于西汉、盛于大唐、融于当代、合作共赢的丝路精神，完美地契合了“一带一路”的历史渊源和时代意义。

礼宾排序体现合作共赢的外交理念。论坛期间，本着“合作共赢，大小国家一律平等”的外交理念，礼宾排序充分考虑陆上、海上丝绸之路沿线重点国家和区域代表性的总体原则，在开幕式、峰会会议、集体合影、欢迎宴会、文艺晚会等多边场合分别按照国家英文首字母、领导人级别、就职先后顺序、双边关系状况等国际礼宾惯例安排位次，各有侧重，达到既以我为主，又总体平衡，尽可能满足各方诉求，让各方满意的效果。

国宴展现中华饮食文化，礼宾用品折射工匠精神。国宴菜品兼具中西方特色，包括冷盘、点心、三菜一汤：富贵龙虾、菌香牛肉、香草鳕鱼、花好月圆。国宴用酒选用国产长城干红和干白葡萄酒。宴会主桌装饰造型以“一带一路”沿线地区国家优美独特的自然环境和灿烂辉煌的历史文化为主题；宴会餐具以张骞出使西域、郑和下西洋、敦煌飞天、玄奘取经等历史元素为题材；座位卡、菜单、曲目单采用海上丝绸之路元素“帆船”为造型，印有国徽图案。根据外方语言、饮食禁忌为外方领导人夫妇印制 16 种语言个性化宴会菜单。席间由国家交响乐团演奏中国和 29 个国家耳熟能详的代表性乐曲，令在场外方嘉宾倍感温馨、亲切。整场晚宴可谓是一场融汇历史、文化、美食、艺术和音乐的视听盛宴。

［微课］
中国特色大国外交礼宾

“一带一路”国际合作高峰论坛的成功举办，在世界多边外交舞台上再一次留下深刻的中国印记，为中国特色大国外交书写了浓墨重彩的盛世华章。

中国已经站在新的历史起点上，时代将赋予中国外交新的伟大历史使命。新时期外交礼宾需要置身更广阔的历史时空，汲古咏今，贯通中外，传承创新，进一步彰显国家软实力和大国风范。

纵观中国对外交往的历史，从英国使臣马戛尔尼 1793 年第一次觐见乾隆的礼仪之争，到近年来重要外交活动的礼仪安排，礼宾工作始终是中国对外关系中一个重要的政治议题。在中国崛起、从大国迈向强国的征程中，要推进新型国际关系，建设人类命运共同体，更要注意把国际化寓于民族化之中，在民族化中充分张扬和体现国际化，也使具有浓郁中国、大国特色的中国外交礼宾礼仪更能反映和呈现国际化的本色。

思考

1. 在商务交往中应注意哪些礼仪规范？
2. 商务办公有哪些礼仪规范？
3. 商务宴请有哪些礼仪规范？
4. 涉外商务礼仪通则有哪些？

［测验］

明道箴言

1. 礼者，人道之极也。——《荀子·礼论》
2. 以礼为翼者，所以行于世也。——《庄子·大宗师》
3. 狎甚则相简，庄甚则不亲。——《说苑·谈丛》
4. 我有嘉宾，鼓瑟吹笙。——《诗经·小雅·鹿鸣》
5. 善气迎人，亲如兄弟；恶气迎人，害于戈兵。——《管子·心术下》
6. 不学礼，无以立。——《论语·季氏》

参考文献

| CAN KAO WEN XIAN |

［1］张一农．中国商业简史 [M]. 北京：中国财政经济出版社，1989.

［2］林文益．中国商业简史 [M]. 北京：中国展望出版社，1985.

［3］吴慧．中国商业通史（第四卷）[M]. 北京：中国财政经济出版社，2008.

［4］余鑫炎．简明中国商业史 [M]. 北京：中国人民大学出版社，2009.

［5］唐力行．商人与中国近世社会 [M]. 北京：商务印书馆，2017.

［6］杨涌泉．中国十大商帮探秘 [M]. 北京：企业管理出版社，2005.

［7］郎咸平．中国商帮 [M]. 北京：东方出版社，2018.

［8］曹天生．中国商人 [M]. 合肥：安徽大学出版社，2001.

［9］傅奕群．商从商朝来 [M]. 北京：北京日报出版社，2019.

［10］傅国涌．大商人 [M]. 厦门：鹭江出版社，2016.

［11］翟玉忠．中国商道：中国商人的长生久富之路 [M]. 北京：中华书籍出版社，2018.

［12］成光琳，杜柳．中国商贸文化 [M]. 北京：高等教育出版社，2019.

［13］王茹芹．中国商路文化 [M]. 北京：高等教育出版社，2019.

［14］张宝忠，俞涔，陈君．中华商文化 [M]. 杭州：浙江大学出版社，2018.

［15］蒋文中．茶马古道研究 [M]. 昆明：云南人民出版社，2014.

［16］荣新江．丝绸之路与东西文化交流 [M]. 北京：北京大学出版社，2015.

［17］北京大陆桥文化传媒．世界商贸之路探寻：丝绸之路 [M]. 北京：中国青年出版社，2008.

［18］程遂营．丝绸之路上的古城 [M]. 郑州：河南大学出版社，2019.

［19］程遂营．海上丝路古城 [M]. 郑州：河南大学出版社，2019.

［20］中央电视台科教节目制作中心，中央新闻纪录电影制片厂（集团）．大运河 [M]. 北京：中国水利水电出版社，2017.

［21］刘士林．中国海上丝绸之路城市廊道叙事 [M]. 上海：东方出版中

心，2017.

［22］单靖，张乔楠．中欧班列：全球供应链变革的试验场 [M]. 北京：中信出版社，2019.

［23］郎咸平．中国商帮 [M]. 北京：东方出版社，2018.

［24］杨涌泉．中国十大商帮探秘 [M]. 北京：企业管理出版社，2005.

［25］吴晓波．激荡十年：水大鱼大 [M]. 北京：中信出版社，2017.

［26］中国法制出版社．中华人民共和国民法典（实用版）[M]. 北京：中国法制出版社，2020.

［27］中国法制出版社．商法（实用版法规专辑）[M]. 北京：中国法制出版社，2019.

［28］喻中．论中国法的精神 [M]. 西安：陕西人民出版社，2019.

［29］黄惠萍．商法实训教程 [M]. 北京：中国政法大学出版社，2018.

［30］姜朋．官商关系：中国商法前论（修订版）[M]. 北京：法律出版社，2016.

［31］七五普法图书中心．公司法学习读本·全国“七五”普法学习读本系列 [M]. 北京：中国法制出版社，2016.

［32］刘凝．不该忽略的法律常识（合同法：发生在你身边的 99 个真实案例）[M]. 北京：中国法制出版社，2015.

［33］王玉苓．商务礼仪 [M]. 2 版．北京：人民邮电出版社，2018.

［34］徐克茹．商务礼仪标准培训 [M]. 3 版．北京：中国纺织出版社，2015.

［35］孙金明，王春凤．商务礼仪实务（附微课视频）[M]. 北京：人民邮电出版社，2019.

［36］邵宇翎，施琳霞．商务礼仪 [M]. 杭州：浙江工商大学出版社，2018.

［37］何奇彦，田昊，朱克敏．商务礼仪 [M]. 北京：北京理工大学出版社，2017.

［38］孙福财，初明．商务礼仪 [M]. 北京：北京邮电大学出版社，2017.

［39］于文霞，陈世伟，孙继春．商务礼仪 [M]. 济南：山东科学技术出版社，2017.

［40］王玉苓．商务礼仪：案例与实践 [M]. 北京：人民邮电出版社，2018.

［41］孙玲，江美丽．商务礼仪实务与操作 [M]. 3 版．北京：对外经济贸易大学出版社，2017.

［42］简成茹，王淑华，舒燕．商务礼仪 [M]. 北京：教育科学出版社，2013.

［43］江卫华，刘砺，孙金明．商务礼仪 [M]. 长沙：湖南师范大学出版社，2017.

［44］王成荣．老字号品牌文化 [M]. 北京：高等教育出版社，2018.
［45］苏万益．中国商贸经典文化 [M]. 北京：中国人民大学出版社，2016.
［46］王祥伍，谭俊峰．华夏基石方法：企业文化落地本土实践 [M]. 北京：电子工业出版社，2013.
［47］孙万军．图说老字号 [M]. 北京：高等教育出版社，2019
［48］张继焦，刘卫华．老字号绿皮书：老字号企业案例及发展报告 NO.5（2017-2018）[M]. 北京：中国市场出版社，2018.
［49］何丹，钱跃东，毛洺．极简企业史：中国商业文明的一种记忆（1978-2018）[M]. 北京：中国经济出版社，2018.
［50］于倩，周骁腾．古丝绸之路贸易规律探析 [J]. 时代经贸，2013（9）.
［51］吴玉贵．唐代长安与丝绸之路 [J]. 西北大学学报（哲学社会科学版），2015（1）.
［52］张永国．茶马古道与茶马贸易的历史与价值 [J]. 西藏大学学报，2006，21（2）.
［53］顾创，徐亦冬，朱浩海，邢悦，陈重谋．宁波商帮精神认知与传承思考 [J]. 文化产业，2020（1）.
［54］李勇．论现代新商帮兴起的积极效应 [J]. 商业时代，2007（28）.
［55］陈丽芬，果然．中华老字号发展现状、问题与对策 [J]. 时代经贸，2018（19）.
［56］吕天骄．内联升：老字号的坚持与创新 [J]. 中国名牌，2016（15）.
［57］刘化龙．中国中车：坚持科技自立自强 做强做优民族品牌 [J]. 党建，2021（1）.
［58］李锦．“十四五”中国企业发展大趋势 [J]. 企业管理，2021（1）.
［59］董琳．浅谈商务沟通的技巧及重要性 [J]. 读书文摘，2016（29）.
［60］施组留．把握企业家精神五大要点 [N]. 解放日报，2020-8-11（10）.
［61］赵述评．老字号入场直播挖掘客群 [N]. 北京商报，2020-3-30（5）.
［62］马婧．老字号进军购物中心！内联升首家生活体验店来了 [N/OL]. 北京日报，[2020-08-11]. https://baijiahao.baidu.com/s?id=1674693865873823501&wfr=spider&for=pc.
［63］江帼涓 .165 岁内联升潮鞋快闪店开进三里屯 [EB/OL].[2018-08-16]. http://bj.wenming.cn/xc/xcqyw/201808/t20180815_4795855.shtml.
［64］东方计测．企业文化案例导读（六）：华为企业文化 [EB/OL]. [2017-08-11]. https://www.sohu.com/a/164009851_802585.
［65］木兰姐 .1 小时破 300 万 / 月销售额过亿，新国货为何能强势崛起 [EB/OL].[2020-01-04]. http://www.woshipm.com/marketing/3286429.html.
［66］北国网．腾讯携手吴晓波推出中国首部大型品牌经济纪录片《新国货》[EB/OL].[2020-05-29].http://www.cnr.cn/rdzx/cxxhl/zxxx/20200529/t20200529_525110050.shtml.

［67］牛美丽．万物皆可“海底捞”[EB/OL].[2020-02-25]. https://ecoapp.qianzhan.com/detials/210225-22978819.html.

［68］李嫄春，周红丽．消费品行业研究（一）：新国货时代老字号的创新发展之路 [EB/OL]. [2019-12-16].https://mp.weixin.qq.com/s/Q3z2t2tybPxD8-5iOd3_Rg.

［69］吴晓波频道．激荡 2020：疫情特别演讲 [EB/OL].[2020-04-22]. https://www.sohu.com/a/390012666_137204.

［70］吴晓波频道．请回答 1978：中国企业如何走向伟大 [EB/OL]. [2018-11-05].https://cj.sina.com.cn/articles/view/5170186722/1342ac9e201900i3e6.

［71］Alter. 不确定的乌卡时代：新国货品牌何去何从 [EB/OL].[2020-09-30]. https://www.cyzone.cn/article/604289.html.

［72］蓝草咨询．商务写作：极大提高你的书面沟通能力 [EB/OL].[2019-06-02]. https://wenku.baidu.com/view/ec13508f15791711cc7931b765ce0508763275ca.html.

［73］陆敬平．办好新媒体，汇聚正能量 [EB/OL].[2016-11-12]. http://qd.wenming.cn/wmbb/201611/t20161112_2933782.html.

［74］柯岩．“中国第一夫人让领导人更具魅力”：外国政要和媒体眼中的习近平 [EB/OL].[2016-01-14].http://theory.people.com.cn/n1/2016/0114/c136457-28051046.html.

［75］四川卫视．中国“第一夫人”在俄罗斯首秀，为我国外交加分 [EB/OL].[2013-03-23]. http://roll.sohu.com/20130323/n369979174.shtml

［76］央广网．习近平在全国宣传思想工作会议上强调：举旗帜聚民心育新人兴文化展形象 更好完成新形 [EB/OL].[2018-08-22]. https://baijiahao.baidu.com/s?id=1609508212774888621&wfr=spider&for=pc.

［77］阿里研究院 .2019 中国消费品牌发展报告 [R/OL]. [2019-05-13]. http://www.199it.com/archives/874075.html.

［78］同仁堂集团官方网站，https://www.tongrentang.com.

［79］海天味业官方网站，http://www.haitian-food.com.

［80］青岛啤酒官方网站，http://www.tsingtao.com.cn.

［81］天津狗不理官方网站，http://www.chinagoubuli.com.

［82］华为集团官方网站，https://www.huawei.com/cn.

［83］中国中车集团官方网站，https://www.crrcgc.cc.

［84］百度百科，https://baike.baidu.com.

［85］360 百科，https://baike.so.com.

［86］地图教学网，http://www.ditu.cn.

［87］纪录片《大道鲁商》，http://jishi.cctv.com/2015/02/02/VIDA1422868873054438.shtml.

商业文化

策划编辑　刘继方
责任编辑　张菲娜
装帧设计　[illegible]

ISBN 978-7-300-30202-7
9 787300 302027 >
定价：58.00元

新编21世纪高等职业教育精品教材

通识课系列

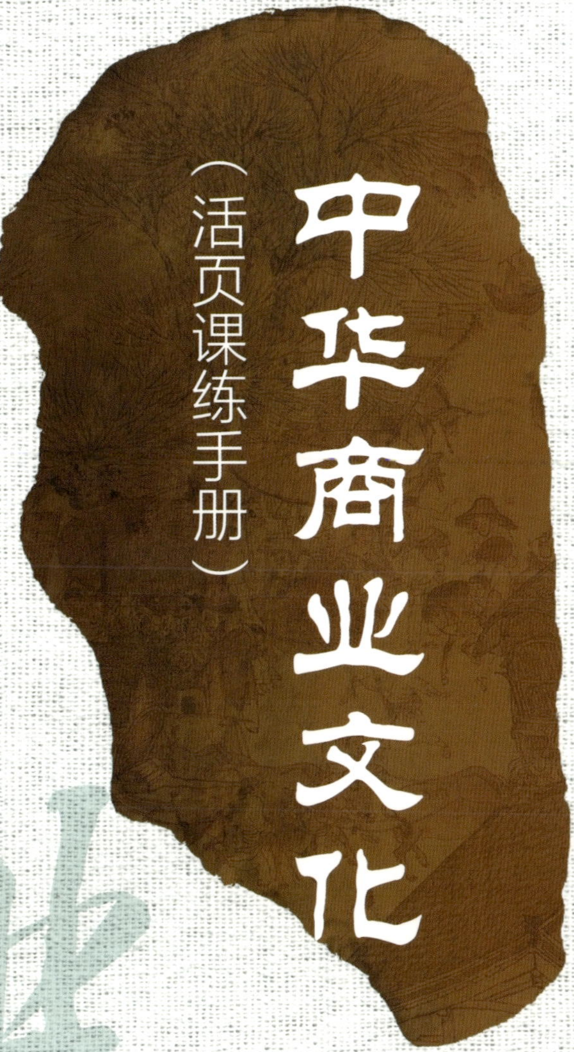

中华商业文化

（活页课练手册）

主　编　刘晓军　刘香兰

中国人民大学出版社

新编21世纪高等职业教育精品教材

通识课系列

中华商业文化

（活页课练手册）

主　编　刘晓军　刘香兰

副主编　张　媛　江美丽　耿晓燕

中国人民大学出版社

·北京·

前 言

| QIAN YAN |

本手册突出“做中学”的特征，以活页教材的形式呈现，是《中华商业文化》主体教材的配套资源。每个专题都建有2个“课堂活动站”，以任务的形式强化学习者的创新意识和协作意识，在实施环节强化学习者对知识的理解和过程体验，在评价环节强化学习者运用知识分析问题和解决问题的能力。本手册起到了丰富教学形式、提升学习兴趣、打造高效课堂的作用。

本手册设计了小组授课、小组讨论、情景模拟、角色扮演、小组辩论、案例分析、游戏等多种教学活动，以“线上＋线下”的教学模式，小组竞合的学习模式，引导学习者了解商业历史，承袭为商之道，遵守商务礼仪，弘扬商业文化。手册留有足够的空白，便于学习者及时记录学习感悟。每项任务后面，设计了评分表和详细的评价标准，形成评价体系，或可作为课程考核的一部分。

智慧树平台（https://www.zhihuishu.com）上的“中华商业文化”在线开放课程，数字资源丰富，可供学习者开展课堂活动前的学习。手册中的任务和案例取材于实际，经过必要的改造，由于编者水平有限，难免存在不足之处，恳请广大读者、专家批评指正。

编　者

2022年3月

目 录

| MU LU |

专题一　商　史

- 专题一　商史
  - 商业简史
    - 原始社会时期的商业
    - 奴隶社会时期的商业
    - 秦汉隋唐时期的商业
    - 宋元明清时期的商业
    - 近现代时期的商业
  - 商品简史
    - 中国古代主要商品
      - 官营专卖商品
      - 国内主要贸易商品
      - 对外贸易商品
    - 中国近现代主要商品
  - 货币简史
    - 实物货币
    - 金属货币
      - 铸造货币的发展
      - 黄金的大量使用
      - 汉“五铢钱”的盛行
      - 通宝钱制的建立
      - 白银的流通
    - 纸币
    - 数字货币
  - 明道·传承
    - “一带一路”背景下的商业新文明

学习笔记

课堂活动站 1

任务主题 讨论未来商业的发展

任务目标 通过讨论与分享，了解现代商业的发展情况，探索未来商业的发展方向和趋势，给出合理化建议。

任务内容

（1）讨论题目：在经济全球化趋势下，未来的商业如何发展？

（2）各小组同学进行有效的讨论，分析总结当下商业发展模式，对未来商业发展趋势给出预判，形成小组讨论成果。

（3）每组分享展示讨论成果，交流共享，对其他组的结论给出评估与建议。

（4）教师补充讲解商业发展简史知识。

任务要求

（1）课前自主学习在线开放课相关视频。

（2）分成 6 个讨论小组，确定组长，组织有效讨论，讨论时长不超过 30 分钟。

（3）每小组 1～2 个同学发言，时间以 5～8 分钟为宜。

（4）分享后各组同学点评，教师对每组表现进行点评。

小组分工

小组实施

教师点评

学生互评

打分

评分表									班级：
课程次数	教师评分	分值 组次	第一组	第二组	第三组	第四组	第五组	第六组	平均分
第____次		第一组	——						
		第二组		——					
		第三组			——				
		第四组				——			
		第五组					——		
		第六组						——	

评分标准

评分指标	完成度	创新性	团队配合	语言表达和礼仪
计分标准	主要考查汇报的完成情况（按照要求完成任务）	主要考查汇报各方面的创意程度（内容、形式、观点等方面有独特之处）	主要考查团队合作能力（分工协作，配合默契）	主要考查语言表达能力和汇报的礼貌礼仪（陈述任务流利，语言精练，文明礼貌）
权重	20分	20分	20分	40分
量化标准	好（16～20分）：按照任务要求完成作业，汇报展示全面，准备的素材能全部呈现 一般（10～15分）：按照任务要求完成部分作业，汇报展示缺少部分环节，准备的素材呈现欠缺 差（1～9分）：按照任务要求完成部分作业，汇报展示缺少重要环节，准备的素材基本没有呈现	好（16～20分）：不拘泥于书本，汇报形式新颖，见解独到，能从新的角度、新的方式思考问题和解决问题 一般（10～15分）：基本从新的角度、新的方式思考问题和解决问题，比“好”逊色 差（1～9分）：照本宣科，观点陈旧，完全照抄网络资料，毫无新意	好（16～20分）：分工协作，2人以上完成陈述任务，配合默契，无明显停顿 一般（10～15分）：2人或2人以上完成陈述任务，配合不默契 差（1～9分）：1人完成陈述任务	好（26～40分）：普通话标准，声音洪亮，陈述任务流利，富有情感，语言精练，文明用语 一般（10～25分）：讲普通话，陈述任务基本流利，文明用语，但表现逊色 差（1～9分）：不讲普通话，陈述卡顿严重，没有文明用语

课堂活动站 2

任务主题 分享中国古代的主要商品

任务目标 通过分享中国古代的主要商品，掌握古代商品的发展历史和行业发展特性，总结商品对各朝代经济发展的意义。

任务内容

（1）分享盐、铁、粮、纺织品、丝绸、茶叶的历史和行业发展情况，阐述该商品发展的商业政策及对经济的影响。

（2）各小组在课前选择一种商品，深入挖掘与总结相关素材，并通过故事、案例等形式展示，制作形成专门的 PPT 演示文件。

（3）各小组展示成果，汇报交流。

（4）教师对古代商品发展历史知识补充讲解。

任务要求

（1）课前自主学习在线开放课相关视频。

（2）小组明确分工，对选取的商品收集资料，制作 PPT 演示文件，资料收集丰富，可以包含视频、图片等。

（3）每小组发言同学数量不限，时间不超过 10 分钟。

（4）分享后各组同学点评，教师对分享内容、发言人表现和 PPT 演示文件进行点评。

小组分工

____

____

____

____

____

小组实施

____

____

____

教师点评

学生互评

打分

评分表									班级：
课程次数	教师评分	分值 组次	第一组	第二组	第三组	第四组	第五组	第六组	平均分
第____次		第一组	——						
		第二组		——					
		第三组			——				
		第四组				——			
		第五组					——		
		第六组						——	

评分标准

评分指标	完成度	创新性	PPT 制作质量	团队配合	语言表达和礼仪
计分标准	主要考查汇报的完成情况（按照要求完成任务）	主要考查汇报各方面的创意程度（内容、形式、观点等方面有独特之处）	主要考查 PPT 制作质量（页面布局、文字、颜色符合基本审美）	主要考查团队合作能力（分工协作，配合默契）	主要考查语言表达能力和汇报的礼貌礼仪（陈述任务流利，语言精练，文明礼貌）
权重	20 分	20 分	20 分	20 分	20 分
量化标准	好（16～20分）：按照任务要求完成作业，汇报展示全面，准备的素材能全部呈现 一般（10～15分）：按照任务要求完成部分作业，汇报展示缺少部分环节，准备的素材呈现欠缺 差（1～9 分）：按照任务要求完成部分作业，汇报展示缺少重要环节，准备的素材基本没有呈现	好（16～20分）：不拘泥于书本，汇报形式新颖，见解独到，能从新的角度、新的方式思考问题和解决问题 一般（10～15分）：基本从新的角度、新的方式思考问题和解决问题，比“好”逊色 差（1～9 分）：照本宣科，观点陈旧，完全照抄网络资料，毫无新意	好（16～20分）：页面布局合理、美观，图、文、表混排，文字、颜色符合基本审美 一般（10～15分）：页面布局基本合理，比“好”逊色 差（1～9 分）：页面布局杂乱，或者只有文字，或者字体太大、太小，颜色选取毫无审美可言	好（16～20分）：分工协作，2 人以上完成陈述任务，配合默契，无明显停顿 一般（10～15分）：2 人或 2 人以上完成陈述任务，配合不默契 差（1～9 分）：1 人完成陈述任务	好（16～20分）：普通话标准，声音洪亮，陈述任务流利，富有情感，语言精练，文明用语 一般（10～15分）：讲普通话，陈述任务基本流利，文明用语，但表现逊色 差（1～9 分）：不讲普通话，陈述卡顿严重，没有文明用语

所思所获

专题二　商　路

- 专题二 商路
  - 陆上丝绸之路
    - 陆上丝绸之路的历史沿革和影响
    - 陆上丝绸之路的节点城镇
      - 长安
      - 河西四郡
      - 安西四镇
  - 海上丝绸之路
    - 海上丝绸之路的历史沿革和影响
    - 海上丝绸之路的节点城镇
      - 广州
      - 泉州
      - 宁波
      - 福州
  - 大运河
    - 大运河的历史沿革和影响
    - 大运河的节点城镇
      - 通州
      - 临清
      - 扬州
      - 杭州
  - 茶马古道
    - 茶马古道的历史沿革、贸易情况、影响和意义
    - 茶马古道的节点城镇
      - 康定
      - 雅安
      - 昌都
      - 丽江
  - 明道·传承
    - 新丝路，构建更和谐的命运共同体

学习笔记

课堂活动站 1

任务主题 新时代商路与古代商路

任务目标 通过分享了解陆上丝绸之路、海上丝绸之路、大运河、茶马古道等典型商路的商贸精神、文化遗产、创业经历、经商思想、奇闻逸事等，传承其中的精神财富。

任务内容

（1）查询发掘陆上丝绸之路、海上丝绸之路、大运河及茶马古道在我国历史发展过程中出现的史实故事、精彩人物等，通过故事、案例等形式展示，并总结这些商路对当时商路发展的影响，以思维导图、PPT 演示文件、宣传海报（三种形式任选其一）展示。

（2）亚欧之间的物流通道主要包括海运、空运和陆运，其中，中欧班列以其运距短、速度快、安全性高的特征，以及安全快捷、绿色环保、受自然环境影响小的优势，成为国际物流中陆路运输的新势力。通过查询资料，分析总结中欧班列目前运营的情况。

任务要求

（1）课前自主学习在线开放课相关视频。

（2）课前各小组同学合理分工，收集文字或视频资料，制作展示文件，确定 1～2 个发言人。

（3）课上各小组同学作分享，时间以 5～8 分钟为宜。

（4）分享后各组同学点评，教师对每组表现进行点评。

小组分工

____

____

____

____

____

小组实施

____

____

____

教师点评

学生互评

打分

评分表									班级：
课程次数	教师评分	分值 组次	第一组	第二组	第三组	第四组	第五组	第六组	平均分
第____次		第一组	——						
		第二组		——					
		第三组			——				
		第四组				——			
		第五组					——		
		第六组						——	

评分标准

评分指标	完成度	创新性	思维导图 /PPT/ 宣传海报制作质量	团队配合	语言表达和礼仪
计分标准	主要考查汇报的完成情况（按照要求完成任务）	主要考查汇报各方面的创意程度（内容、形式、观点等方面有独特之处）	主要考查思维导图 /PPT 制作 / 宣传海报质量（页面布局、文字、颜色符合基本审美）	主要考查团队合作能力（分工协作，配合默契）	主要考查语言表达能力和汇报的礼貌礼仪（陈述任务流利，语言精练，文明礼貌）
权重	20 分	20 分	20 分	20 分	20 分
量化标准	好（16～20 分）：按照任务要求完成作业，汇报展示全面，准备的素材能全部呈现 一般（10～15 分）：按照任务要求完成部分作业，汇报展示缺少部分环节，准备的素材呈现欠缺 差（1～9 分）：按照任务要求完成部分作业，汇报展示缺少重要环节，准备的素材基本没有呈现	好（16～20 分）：不拘泥于书本，汇报形式新颖，见解独到，能从新的角度、新的方式思考问题和解决问题 一般（10～15 分）：基本从新的角度、新的方式思考问题和解决问题，比“好”逊色 差（1～9 分）：照本宣科，观点陈旧，完全照抄网络资料，毫无新意	好（16～20 分）：页面布局合理、美观，图、文、表混排，文字、颜色符合基本审美 一般（10～15 分）：页面布局基本合理，比“好”逊色 差（1～9 分）：页面布局杂乱，或者只有文字，或者字体太大、太小，颜色选取毫无审美可言	好（16～20 分）：分工协作，2 人以上完成陈述任务，配合默契，无明显停顿 一般（10-15 分）：2 人或 2 人以上完成陈述任务，配合不默契 差（1～9 分）：1 人完成陈述任务	好（16～20 分）：普通话标准，声音洪亮，陈述任务流利，富有情感，语言精练，文明用语 一般（10～15 分）：讲普通话，陈述任务基本流利，文明用语，但表现逊色 差（1～9 分）：不讲普通话，陈述卡顿严重，没有文明用语

课堂活动站 2

任务主题 举办隋朝大运河的辩论赛

任务目标 通过辩论前大量的资料查询、逻辑演练，辩论中的逻辑和知识储备的交锋，让同学对中国大运河有更深刻的认知，并能从历史的角度去客观地看待事件和问题，培养其独立思考的能力。

任务内容

辩题：隋朝的灭亡是不是因为修建了大运河？

正方观点：是

反方观点：不是

任务要求

（1）每队 4 名选手，选出 3 名同学作为主持人（其中一人为控场主持，两人辅助计时），选出 3 名同学作为评委和点评嘉宾，抽签决定辩论对手。

（2）各小组根据辩题提前准备辩论材料，辩论过程中禁止使用手机查找材料。

（3）辩论赛倡导“友谊第一，比赛第二”，辩论时，不应在对方申述观点和理由时打断其发言；辩手间不可进行人身攻击；举例时应尽量避免敏感的政治人物和政治事件。

（4）每轮辩论结束后，教师和评委点评，设优胜队伍 1 支，最佳辩手 2 名。

（5）注意辩论流程和时间的掌控。

（6）全程比赛用时 33 分钟。

顺序	程序	时间	备注
1	正方一辩发言，陈述立场及理由	2 分 30 秒	
2	反方一辩发言，陈述立场及理由	2 分 30 秒	
3	正方二辩选择反方二辩或三辩进行一对一攻辩	1 分 45 秒	每个提问不超过 15 秒
4	反方二辩选择正方二辩或三辩进行一对一攻辩	1 分 45 秒	每次回答不超过 20 秒
5	正方三辩选择反方二辩或三辩进行一对一攻辩	1 分 45 秒	
6	反方三辩选择正方二辩或三辩进行一对一攻辩	1 分 45 秒	
7	正方一辩进行攻辩小结	1 分 30 秒	
8	反方一辩进行攻辩小结	1 分 30 秒	

续表

顺序	程序	时间	备注
9	自由辩论（正方先开始）	8 分钟（双方各 4 分钟）	
10	观众向正方提问一个问题	回答时间不超过 1 分钟	除四辩外， 任意辩手回答
11	观众向反方提问一个问题	回答时间不超过 1 分钟	同上
12	观众向正方提问一个问题	回答时间不超过 1 分钟	同上
13	观众向反方提问一个问题	回答时间不超过 1 分钟	同上
14	反方四辩总结陈词	3 分钟	
15	正方四辩总结陈词	3 分钟	

小组分工

小组实施

教师点评

学生互评

打分

评分表									班级：
课程次数	教师评分	分值 组次	第一组	第二组	第三组	第四组	第五组	第六组	平均分
第____次		第一组	——						
		第二组		——					
		第三组			——				
		第四组				——			
		第五组					——		
		第六组						——	

评分标准

评分指标	立论逻辑性	论据丰富性	辩驳能力	团队配合	语言表达和礼仪
计分标准	主要考查审题情况（对所持立场观点明晰）	主要考查论据的完成情况（完成论据的准备工作，推理关系清晰）	主要考查辩护和反驳能力（回答问题精准，处理问题有技巧）	主要考查团队合作能力（分工协作，配合默契）	主要考查语言表达能力和辩论的礼貌礼仪（陈述流利，语言精练，文明礼貌）
权重	20分	20分	20分	10分	30分
量化标准	好（16~20分）：立论观点明晰，论证充足，推理过程合乎逻辑，分析角度和层次有说服力，分析透彻 一般（10~15分）：立论观点清楚，有一定的推理过程，能从多个角度分析问题 差（1~9分）：立场观点不明确，容易改变，分析问题没有章法，逻辑混乱	好（16~20分）：论据内容丰富、合理，引述资料翔实，重点突出，事实引用恰当 一般（10~15分）：有论据，引述资料比较翔实，有一定的推理关系 差（1~9分）：虽有论据，但不充分，引述过程没有重点，或者根本没有体现论据内容	好（16~20分）：合理使用各种辩论技巧，准确、机智反驳对方观点，找出对方矛盾差错，驳论精到，切中要害 一般（10~15分）：有辩论技巧，能够找到对方的矛盾差错，反驳力量略有不足 差（1~9分）：无法反驳对方观点，没有向对方提出问题或提问不清，没有回答问题	好（7~10分）：分工协作，有团队精神，配合默契，团结一致 一般（4~6分）：完成各自陈述，配合不默契 差（1~3分）：基本没有配合	好（20~30分）：普通话标准，语言流畅，用词得当，风趣幽默，辩论衔接流畅，应对能力强，文明用语，尊重对方辩手 一般（10~19分）：讲普通话，陈述观点基本流利，文明用语，有基本的礼仪 差（1~9分）：不讲普通话，词不达意，没有文明用语，不尊重对方辩手

所思所获

专题三　商　帮

- 专题三　商帮
  - 晋商、徽商
    - 晋商
    - 徽商
  - 其他传统商帮
    - 沿海地区的商帮
      - 广东商帮
      - 福建商帮
      - 龙游商帮
      - 宁波商帮
      - 洞庭商帮
      - 山东商帮
    - 内陆地区的商帮
      - 江右商帮
      - 陕西商帮
  - 现代商帮
    - 现代商帮的经商特点
      - 新粤商
      - 新闽商
      - 新浙商
      - 新苏商
      - 新鲁商
    - 现代商帮的积极作用
  - 明道·传承
    - 新时代中国企业家的责任与担当

学习笔记

课堂活动站 1

任务主题　传承商帮精神形成创新项目

任务目标　将商帮优秀的经营理念和特质融入创业项目，传承商帮精神，探寻创业、创意、创新点，整合创业资源，增强创业信心。

任务内容

（1）各小组采用头脑风暴法，探讨创业项目，组建创业团队，创立企业。

（2）将十大商帮优秀的经营理念或者商帮特质融入创业项目，融入创业的产品、服务、营销、管理等各方面。

（3）形成完整、具体、有实施可能的项目计划书。计划书应着眼于特定市场、竞争、营销、财务等策略方案，说明所需资源及创业团队成员分工。

（4）每组分享创业计划书，交流共享，并对其他组的创业项目给出评估与建议。

任务要求

（1）课前自主学习在线开放课相关视频。

（2）分成 6 个讨论小组，确定组长，做好头脑风暴会的组织工作，时长不超过 30 分钟。

（3）组内分工明确，形成创业项目汇报的 PPT 演示文件。

（4）每组汇报发言人数不限，时间不超过 10 分钟。

（5）汇报后各组同学点评，教师对每组表现进行点评，教师和观看组同学对汇报组进行评分。

小组分工

小组实施

教师点评

学生互评

打分

评分表									班级：
课程次数	教师评分	分值 组次	第一组	第二组	第三组	第四组	第五组	第六组	平均分
第____次		第一组	——						
		第二组		——					
		第三组			——				
		第四组				——			
		第五组					——		
		第六组						——	

评分标准

评分指标	完成度	创新性	PPT 制作质量	团队配合	语言表达和礼仪
计分标准	主要考查汇报的完成情况（按照要求完成任务）	主要考查汇报各方面的创意程度（内容、形式、观点等方面有独特之处）	主要考查PPT制作质量（页面布局、文字、颜色符合基本审美）	主要考查团队合作能力（分工协作，配合默契）	主要考查语言表达能力和汇报的礼貌礼仪（陈述任务流利，语言精练，文明礼貌）
权重	20分	20分	20分	20分	20分
量化标准	好（16~20分）：按照任务要求完成作业，汇报展示全面，准备的素材能全部呈现 一般（10~15分）：按照任务要求完成部分作业，汇报展示缺少部分环节，准备的素材呈现欠缺 差（1~9分）：按照任务要求完成部分作业，汇报展示缺少重要环节，准备的素材基本没有呈现	好（16~20分）：不拘泥于书本，汇报形式新颖，见解独到，能从新的角度、新的方式思考问题和解决问题 一般（10~15分）：基本从新的角度、新的方式思考问题和解决问题，比“好”逊色 差（1~9分）：照本宣科，观点陈旧，完全照抄网络资料，毫无新意	好（16~20分）：页面布局合理、美观，图、文、表混排，文字、颜色符合基本审美 一般（10~15分）：页面布局基本合理，比“好”逊色 差（1~9分）：页面布局杂乱，或者只有文字，或者字体太大、太小，颜色选取毫无审美可言	好（16~20分）：分工协作，2人以上完成陈述任务，配合默契，无明显停顿 一般（10~15分）：2人或2人以上完成陈述任务，配合不默契 差（1~9分）：1人完成陈述任务	好（16~20分）：普通话标准，声音洪亮，陈述任务流利，富有情感，语言精练，文明用语 一般（10~15分）：讲普通话，陈述任务基本流利，文明用语，但表现逊色 差（1~9分）：不讲普通话，陈述卡顿严重，没有文明用语

课堂活动站 2

任务主题 探索现代企业家精神

任务目标 通过讨论，了解现代商帮的发展情况，探索现代企业家精神的时代内涵和本质要求。

任务内容

（1）讨论题目：中华商道与现代企业家精神的关系如何？现代企业家精神的时代内涵和本质要求是什么？举例说明。

（2）各小组同学进行有效讨论，查找资料，形成丰富案例。

（3）各小组分享展示讨论成果，交流共享，对其他组的结论给出评估与建议。

（4）教师补充讲解中华商道和现代企业家精神知识。

任务要求

（1）课前自主学习在线开放课相关视频。

（2）分成 6 个讨论小组，确定组长，组织有效讨论，讨论时长不超过 30 分钟。

（3）每小组 1～2 个同学发言，时间以 5～8 分钟为宜。

（4）分享后各组同学点评，教师对每组表现进行点评。

小组分工

小组实施

教师点评

学生互评

打分

评分表									班级：
课程次数	教师评分	分值 组次	第一组	第二组	第三组	第四组	第五组	第六组	平均分
第____次		第一组	——						
		第二组		——					
		第三组			——				
		第四组				——			
		第五组					——		
		第六组						——	

评分标准

评分指标	完成度	创新性	团队配合	语言表达和礼仪
计分标准	主要考查汇报的完成情况（按照要求完成任务）	主要考查汇报各方面的创意程度（内容、形式、观点等方面有独特之处）	主要考查团队合作能力（分工协作，配合默契）	主要考查语言表达能力和汇报的礼貌礼仪（陈述任务流利，语言精练，文明礼貌）
权重	20分	20分	20分	40分
量化标准	好（16～20分）：按照任务要求完成作业，汇报展示全面，准备的素材能全部呈现 一般（10～15分）：按照任务要求完成部分作业，汇报展示缺少部分环节，准备的素材呈现欠缺； 差（1～9分）：按照任务要求完成部分作业，汇报展示缺少重要环节，准备的素材基本没有呈现	好（16～20分）：不拘泥于书本，汇报形式新颖，见解独到，能从新的角度、新的方式思考问题和解决问题 一般（10～15分）：基本从新的角度、新的方式思考问题和解决问题，比"好"逊色 差（1～9分）：照本宣科，观点陈旧，完全照抄网络资料，毫无新意	好（16～20分）：分工协作，2人以上完成陈述任务，配合默契，无明显停顿 一般（10～15分）：2人或2人以上完成陈述任务，配合不默契 差（1～9分）：1人完成陈述任务	好（26～40分）：普通话标准，声音洪亮，陈述任务流利，富有情感，语言精练，文明用语 一般（10～25分）：讲普通话，陈述任务基本流利，文明用语，但表现逊色 差（1～9分）：不讲普通话，陈述卡顿严重，没有文明用语

所思所获

专题四　商　号

- 专题四　商号
  - 中华老字号
    - 中华老字号概述
      - 中华老字号的认定
      - 中华老字号的发展现状与困境
      - 中华老字号的传承与创新
    - 知名中华老字号
      - 同仁堂——三百余年铸就的中药品牌
      - 海天味业——源自佛山古酱园的“海天”酱油
      - 青岛啤酒——名列世界品牌500强的中华老字号
      - 狗不理——狗子卖包子，概不理人
  - 现代商号
    - 现代商号概述
      - 中国企业发展的不同阶段
      - 中国企业的发展困境及趋势
    - 知名现代商号
      - 华为——致力于构建万物互联的智能世界
      - 海底捞——用实践演绎“变态好的服务是怎样炼成的”
      - 中国中车——坚持科技自立自强，擦亮“国家名片”
      - 腾讯——以技术丰富互联网用户的生活
  - 企业文化
    - 中华老字号文化
      - “仁”：仁德至上
      - “义”：先义后利
      - “礼”：以和为贵
      - “智”：弘毅进取
      - “信”：无信不立
    - 现代企业文化
      - “知”：把老板理念变成企业理念
      - “信”：把企业理念变成企业信念
      - “行”：把企业信念变成员工习惯
  - 明道·传承
    - 老字号品牌的焕新发展——新国货

学习笔记

课堂活动站 1

任务主题 开展老字号和现代商号的讨论

任务目标 通过讨论，帮助学生理解中华老字号企业与现代企业的发展现状。

任务内容

（1）以小组为单位对以下三个题目进行讨论：

1）我国企业的平均寿命有限，为什么？

2）为什么留存下来的有历史的商号很少？现代企业与老字号企业比缺少的是什么？

3）老字号企业未来如何发展才会长盛不衰？

（2）每个小组选取一名代表对讨论内容进行总结发言。

（3）教师对每个小组的发言进行点评和总结。

任务要求

（1）课前自主学习在线开放课相关视频。

（2）各小组的发言要根据我国企业实际发展情况，有理有据地进行阐述，并举例说明。

小组分工

小组实施

教师点评

学生互评

打分

评分表									班级：
课程次数	教师评分	分值 组次	第一组	第二组	第三组	第四组	第五组	第六组	平均分
第____次		第一组	——						
		第二组		——					
		第三组			——				
		第四组				——			
		第五组					——		
		第六组						——	

评分标准

评分指标	完成度	创新性	团队配合	语言表达和礼仪
计分标准	主要考查汇报的完成情况（按照要求完成任务）	主要考查汇报各方面的创意程度（内容、形式、观点等方面有独特之处）	主要考查团队合作能力（分工协作，配合默契）	主要考查语言表达能力和汇报的礼貌礼仪（陈述任务流利，语言精练，文明礼貌）
权重	20分	20分	20分	40分
量化标准	好（16~20分）：按照任务要求完成作业，汇报展示全面，准备的素材能全部呈现 一般（10~15分）：按照任务要求完成部分作业，汇报展示缺少部分环节，准备的素材呈现欠缺 差（1~9分）：按照任务要求完成部分作业，汇报展示缺少重要环节，准备的素材基本没有呈现	好（16~20分）：不拘泥于书本，汇报形式新颖，观点见解独到，能从新的角度、新的方式思考问题和解决问题 一般（10~15分）：基本从新的角度、新的方式思考问题和解决问题，比“好”逊色 差（1~9分）：照本宣科，观点陈旧，完全照抄网络资料，毫无新意	好（16~20分）：分工协作，2人以上完成陈述任务，配合默契，无明显停顿 一般（10~15分）：2人或2人以上完成陈述任务，配合不默契 差（1~9分）：1人完成陈述任务	好（26~40分）：普通话标准，声音洪亮，陈述任务流利，富有情感，语言精练，文明用语 一般（10~25分）：讲普通话，陈述任务基本流利，文明用语，但表现逊色 差（1~9分）：不讲普通话，陈述卡顿严重，没有文明用语

课堂活动站 2

任务主题 举办企业发展辩论赛

任务目标 通过开展辩论赛，帮助学生理解我国企业的发展特点和发展趋势，掌握企业文化的培育和对其发展的实质影响，培养学生知识认知的深度和思维的敏捷性。

任务内容

（1）小组辩论赛，辩题以我国企业发展特点为主，具体辩题如下：

1）理想人才以仁为主 / 理想人才以智为主

2）民族技艺应该保密 / 民族技艺不应该保密

3）企业专业化比多元化有利 / 企业多元化比专业化有利

（2）以小组为单位，选择正反双方，两两对立，进行辩论。

（3）根据小组表现，投票评选出优胜队和最佳辩手。

任务要求

（1）每队 4 名选手，选出 3 名同学作为主持人（其中一人为控场主持，两人辅助计时），选出 3 名同学作为评委和点评嘉宾，抽签决定辩论对手。

（2）各小组根据辩题提前准备辩论材料，辩论过程中禁止使用手机查找材料。

（3）辩论赛倡导“友谊第一，比赛第二”，辩论时，不应在对方申述观点和理由时打断其发言；辩手间不可进行人身攻击；举例时应尽量避免敏感的政治人物和政治事件。

（4）每轮辩论结束后，教师和评委点评，设优胜队伍 1 支，最佳辩手 2 名。

（5）注意辩论流程和时间的掌控。

（6）全程比赛用时 33 分钟。

顺序	程序	时间	备注
1	正方一辩发言，陈述立场及理由	2 分 30 秒	
2	反方一辩发言，陈述立场及理由	2 分 30 秒	
3	正方二辩选择反方二辩或三辩进行一对一攻辩	1 分 45 秒	每个提问不超过 15 秒
4	反方二辩选择正方二辩或三辩进行一对一攻辩	1 分 45 秒	每次回答不超过 20 秒
5	正方三辩选择反方二辩或三辩进行一对一攻辩	1 分 45 秒	
6	反方三辩选择正方二辩或三辩进行一对一攻辩	1 分 45 秒	
7	正方一辩进行攻辩小结	1 分 30 秒	
8	反方一辩进行攻辩小结	1 分 30 秒	

续表

顺序	程序	时间	备注
9	自由辩论（正方先开始）	8 分钟（双方各 4 分钟）	
10	观众向正方提问一个问题	回答时间不超过 1 分钟	除四辩外，任意辩手回答
11	观众向反方提问一个问题	回答时间不超过 1 分钟	同上
12	观众向正方提问一个问题	回答时间不超过 1 分钟	同上
13	观众向反方提问一个问题	回答时间不超过 1 分钟	同上
14	反方四辩总结陈词	3 分钟	
15	正方四辩总结陈词	3 分钟	

小组分工

小组实施

教师点评

学生互评

打分

评分表									班级：
课程次数	教师评分	分值 组次	第一组	第二组	第三组	第四组	第五组	第六组	平均分
第____次		第一组	——						
		第二组		——					
		第三组			——				
		第四组				——			
		第五组					——		
		第六组						——	

评分标准

评分指标	立论逻辑性	论据丰富性	辩驳能力	团队配合	语言表达和礼仪
计分标准	主要考查审题情况（对所持立场观点明晰）	主要考查论据的完成情况（完成论据的准备工作，推理关系清晰）	主要考查辩护和反驳能力（回答问题精准，处理问题有技巧）	主要考查团队合作能力（分工协作，配合默契）	主要考查语言表达能力和辩论的礼貌礼仪（陈述流利，语言精练，文明礼貌）
权重	20分	20分	20分	10分	30分
量化标准	好（16~20分）：立论观点明晰，论证充足，推理过程合乎逻辑，分析角度和层次有说服力，分析透彻 一般（10~15分）：立论观点清楚，有一定的推理过程，能从多个角度分析问题 差（1~9分）：立场观点不明确，容易改变，分析问题没有章法，逻辑混乱	好（16~20分）：论据内容丰富、合理，引述资料翔实，重点突出，事实引用恰当 一般（10~15分）：有论据，引述资料比较翔实，有一定的推理关系 差（1~9分）：虽有论据，但不充分，引述过程没有重点，或者根本没有体现论据内容	好（16~20分）：合理使用各种辩论技巧，准确、机智反驳对方观点，找出对方矛盾差错，驳论精到，切中要害 一般（10~15分）：有辩论技巧，能够找到对方的矛盾差错，反驳力量略有不足 差（1~9分）：无法反驳对方观点，没有向对方提出问题或提问不清，没有回答问题	好（7~10分）：分工协作，有团队精神，配合默契，团结一致 一般（4~6分）：完成各自陈述，配合不默契 差（1~3分）：基本没有配合	好（20~30分）：普通话标准，语言流畅，用词得当，风趣幽默，辩论衔接流畅，应对能力强，文明用语，尊重对方辩手 一般（10~19分）：讲普通话，陈述观点基本流利，文明用语，有基本的礼仪 差（1~9分）：不讲普通话，词不达意，没有文明用语，不尊重对方辩手

所思所获

专题五 商 人

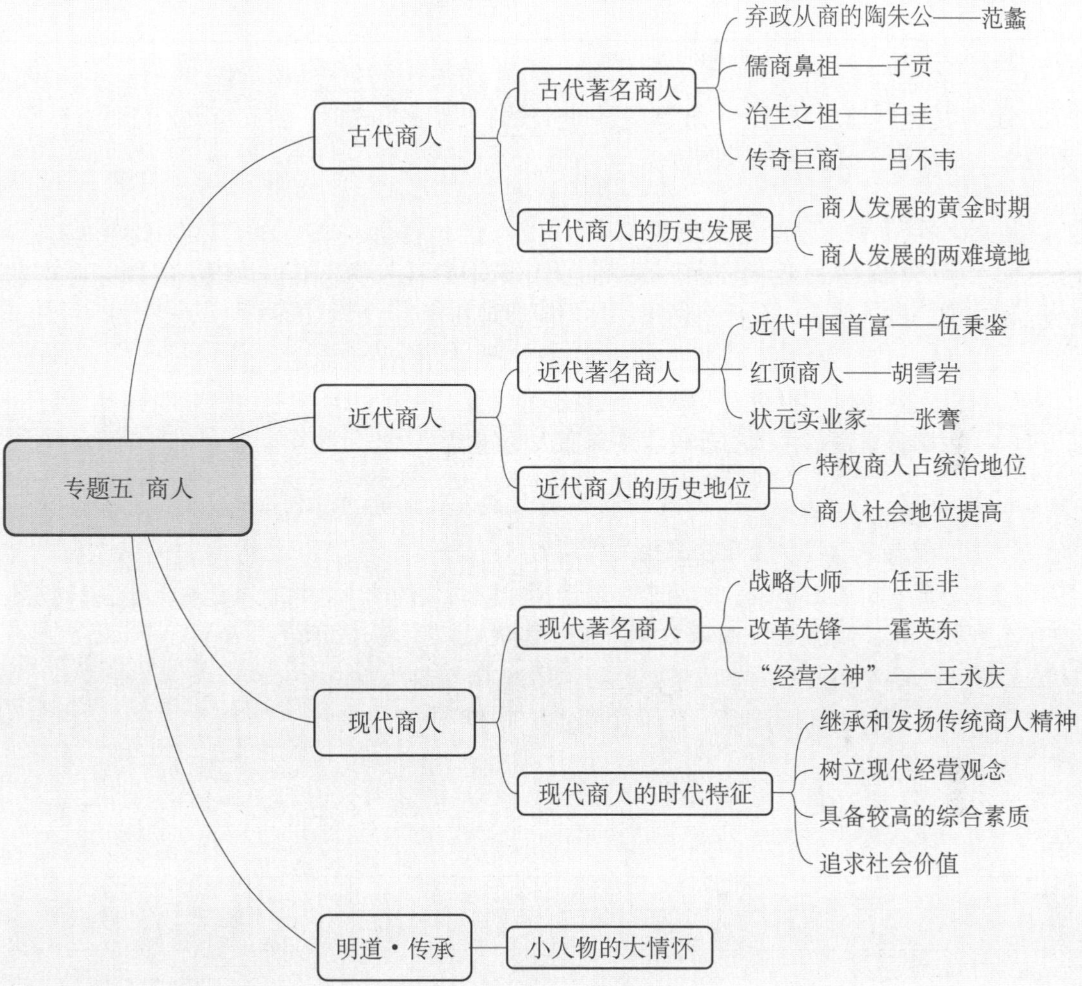
专题五 商人
古代商人
古代著名商人
弃政从商的陶朱公——范蠡
儒商鼻祖——子贡
治生之祖——白圭
传奇巨商——吕不韦
古代商人的历史发展
商人发展的黄金时期
商人发展的两难境地
近代商人
近代著名商人
近代中国首富——伍秉鉴
红顶商人——胡雪岩
状元实业家——张謇
近代商人的历史地位
特权商人占统治地位
商人社会地位提高
现代商人
现代著名商人
战略大师——任正非
改革先锋——霍英东
“经营之神”——王永庆
现代商人的时代特征
继承和发扬传统商人精神
树立现代经营观念
具备较高的综合素质
追求社会价值
明道·传承
小人物的大情怀

学习笔记

课堂活动站 1

任务主题 分享不同时代商人的故事

任务目标 通过分享，了解更多不同时代商人背后的故事、创业经历、经商思想等，提炼并总结不同时代商人的共同特点。

任务内容

（1）从古代商人、近代商人、现代商人中选取合适人物，通过故事、案例等形式展示，阐述他们做了什么，有什么思想，对当时或现在产生了哪些影响。

（2）各小组同学对时代商人的共通性和区别性进行分析和总结。

（3）课上各小组汇报交流，展示小组成果。

（4）教师补充讲解古代、近代、现代商人的知识。

任务要求

（1）课前自主学习在线开放课相关视频。

（2）分成 6 个讨论小组，每两个小组选择相同时代的商人，课前每组做好分工，收集文字或视频资料，制作 PPT 演示文件，确定发言人，发言人数不限。

（3）课上各小组同学分享成果，时间不超过 10 分钟为宜。

（4）分享后各组同学点评，教师对每组表现进行点评。

小组分工

小组实施

教师点评

学生互评

打分

评分表								班级：	
课程次数	教师评分	分值 组次	第一组	第二组	第三组	第四组	第五组	第六组	平均分
第____次		第一组	——						
		第二组		——					
		第三组			——				
		第四组				——			
		第五组					——		
		第六组						——	

评分标准

评分指标	完成度	创新性	PPT 制作质量	团队配合	语言表达和礼仪
计分标准	主要考查汇报的完成情况（按照要求完成任务）	主要考查汇报各方面的创意程度（内容、形式、观点等方面有独特之处）	主要考查 PPT 制作质量（页面布局、文字、颜色符合基本审美）	主要考查团队合作能力（分工协作，配合默契）	主要考查语言表达能力和汇报的礼貌礼仪（陈述任务流利，语言精练，文明礼貌）
权重	20 分	20 分	20 分	20 分	20 分
量化标准	好（16～20分）：按照任务要求完成作业，汇报展示全面，准备的素材能全部呈现 一般（10～15分）：按照任务要求完成部分作业，汇报展示缺少部分环节，准备的素材呈现欠缺 差（1～9 分）：按照任务要求完成部分作业，汇报展示缺少重要环节，准备的素材基本没有呈现	好（16～20分）：不拘泥于书本，汇报形式新颖，见解独到，能从新的角度、新的方式思考问题和解决问题 一般（10～15分）：基本从新的角度、新的方式思考问题和解决问题，比“好”逊色 差（1～9 分）：照本宣科，观点陈旧，完全照抄网络资料，毫无新意	好（16～20分）：页面布局合理、美观，图、文、表混排，文字、颜色符合基本审美 一般（10～15分）：页面布局基本合理，比“好”逊色 差（1～9 分）：页面布局杂乱，或者只有文字，或者字体太大、太小，颜色选取毫无审美可言	好（16～20分）：分工协作，2 人以上完成陈述任务，配合默契，无明显停顿 一般（10～15分）：2 人或 2 人以上完成陈述任务，配合不默契 差（1～9 分）：1 人完成陈述任务	好（16～20分）：普通话标准，声音洪亮，陈述任务流利，富有情感，语言精练，文明用语 一般（10～15分）：讲普通话，陈述任务基本流利，文明用语，但表现逊色 差（1～9 分）：不讲普通话，陈述卡顿严重，没有文明用语

课堂活动站 2

任务主题　探讨时代商人的精神特质对创业者的影响

任务目标　通过学习不同时代商人的故事，总结商人的精神特质，将商人精神融入创业，探讨商人精神对个人和企业的影响。

任务内容

（1）小组形成创业团队，创建自己的创业项目，可以是已有的创业项目，也可以新创建项目。

（2）总结商人的精神特质，并将其融入创业项目，探讨这些商人精神对创业产生哪些影响，畅想创业项目未来发展模式。

（3）各小组同学积极讨论，总结个人体会，提出畅想和建议，形成小组讨论成果。

（4）课上各小组汇报交流，展示小组成果。

任务要求

（1）课前自主学习在线开放课相关视频。

（2）课前各小组组织有效讨论，做好职责分工，收集相关资料，制作 PPT 演示文件，确定发言人，发言人数不限。

（3）创业项目要有可操作性，应是市场经济条件下允许的项目，并展示项目优势。

（4）课上各小组同学分享成果，时间不超过 10 分钟为宜。

（5）分享后各小组同学点评，教师对每组表现进行点评。

小组分工

小组实施

教师点评

学生互评

打分

评分表									班级：
课程次数	教师评分	分值 组次	第一组	第二组	第三组	第四组	第五组	第六组	平均分
第____次		第一组	——						
		第二组		——					
		第三组			——				
		第四组				——			
		第五组					——		
		第六组						——	

评分标准

评分指标	完成度	创新性	PPT 制作质量	团队配合	语言表达和礼仪
计分标准	主要考查汇报的完成情况（按照要求完成任务）	主要考查汇报各方面的创意程度（内容、形式、观点等方面有独特之处）	主要考查 PPT 制作质量（页面布局、文字、颜色符合基本审美）	主要考查团队合作能（分工协作，配合默契）	主要考查语言表达能力和汇报的礼貌礼仪（陈述任务流利，语言精练，文明礼貌）
权重	20 分	20 分	20 分	20 分	20 分
量化标准	好（16～20 分）：按照任务要求完成作业，汇报展示全面，准备的素材能全部呈现 一般（10～15 分）：按照任务要求完成部分作业，汇报展示缺少部分环节，准备的素材呈现欠缺 差（1～9 分）：按照任务要求完成部分作业，汇报展示缺少重要环节，准备的素材基本没有呈现	好（16～20 分）：不拘泥于书本，汇报形式新颖，见解独到，能从新的角度、新的方式思考问题和解决问题 一般（10～15 分）：基本从新的角度、新的方式思考问题和解决问题，比“好”逊色 差（1～9 分）：照本宣科，观点陈旧，完全照抄网络资料，毫无新意	好（16～20 分）：页面布局合理、美观，图、文、表混排，文字、颜色符合基本审美 一般（10～15 分）：页面布局基本合理，比“好”逊色 差（1～9 分）：页面布局杂乱，或者只有文字，或者字体太大、太小，颜色选取毫无审美可言	好（16～20 分）：分工协作，2 人以上完成陈述任务，配合默契，无明显停顿 一般（10～15 分）：2 人或 2 人以上完成陈述任务，配合不默契 差（1～9 分）：1 人完成陈述任务	好（16～20 分）：普通话标准，声音洪亮，陈述任务流利，富有情感，语言精练，文明用语 一般（10～15 分）：讲普通话，陈述任务基本流利，文明用语，但表现逊色 差（1～9 分）：不讲普通话，陈述卡顿严重，没有文明用语

所思所获

专题六　商　法

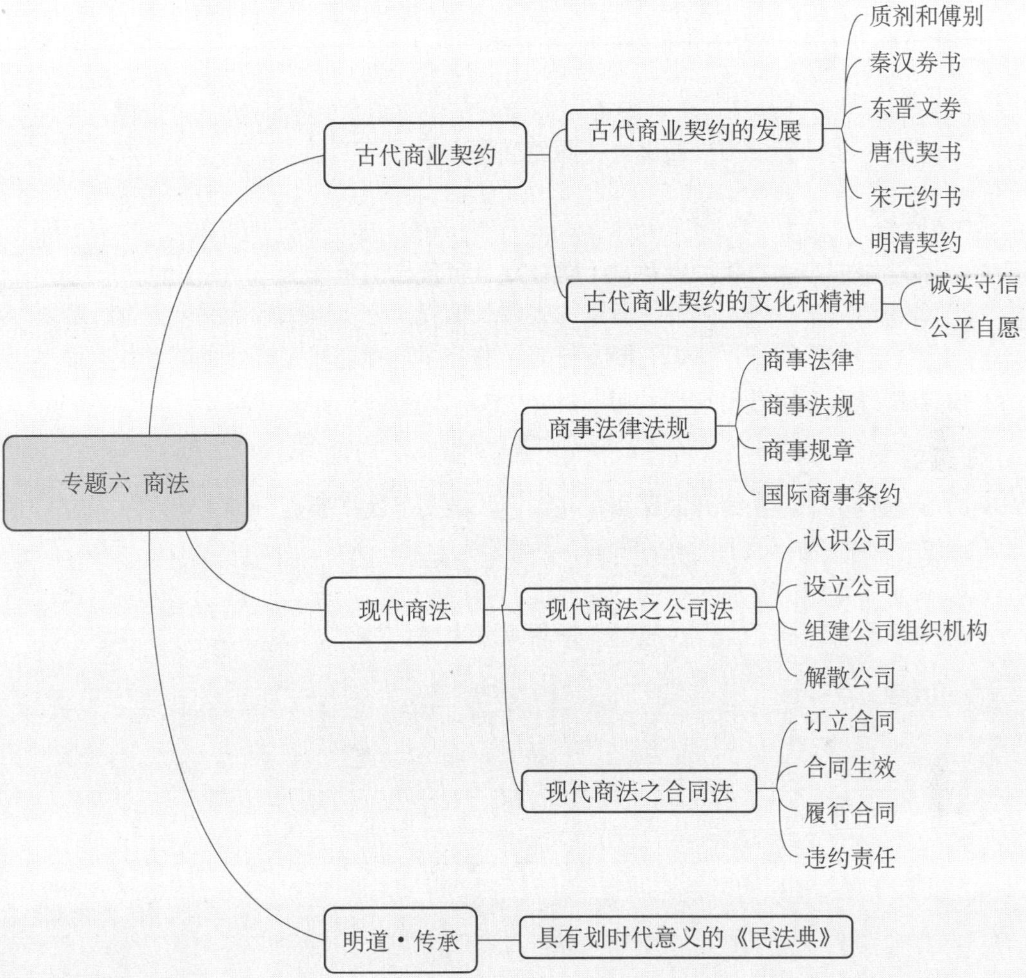
专题六 商法
古代商业契约
古代商业契约的发展
质剂和傅别
秦汉券书
东晋文券
唐代契书
宋元约书
明清契约
古代商业契约的文化和精神
诚实守信
公平自愿
现代商法
商事法律法规
商事法律
商事法规
商事规章
国际商事条约
现代商法之公司法
认识公司
设立公司
组建公司组织机构
解散公司
现代商法之合同法
订立合同
合同生效
履行合同
违约责任
明道・传承
具有划时代意义的《民法典》

学习笔记

课堂活动站 1

任务主题 创办“有限责任公司”

任务目标 通过筹建一家有限责任公司，草拟有限责任公司的公司章程，掌握有限责任公司的设立条件、组织机构设置及职能分工。

任务内容

（1）各小组通过查找相关资料，了解设立有限公司的条件。

（2）各小组同学对公司名称、股东的人数及出资、公司组织机构的设置进行筹划。

（3）结合确定的信息，草拟有限责任公司的公司章程，并完成公司设立基本程序。

（4）教师补充讲解有限责任公司的设立、组织机构知识。

任务要求

（1）课前自主学习在线开放课相关视频，收集文字或视频资料。

（2）制作 PPT 演示文件，确定 1～2 个发言人。

（3）课上各小组同学展示成果，时间 5～8 分钟为宜。

（4）分享后各组同学点评，教师点评每组表现。

小组分工

____

____

____

____

____

小组实施

____

____

____

____

____

教师点评

学生互评

打分

评分表									班级：
课程次数	教师评分	分值 组次	第一组	第二组	第三组	第四组	第五组	第六组	平均分
第____次		第一组	——						
		第二组		——					
		第三组			——				
		第四组				——			
		第五组					——		
		第六组						——	

评分标准

评分指标	完成度	创新性	PPT 制作质量	团队配合	语言表达和礼仪
计分标准	主要考查汇报的完成情况（按照要求完成任务）	主要考查汇报各方面的创意程度（内容、形式、观点等方面有独特之处）	主要考查 PPT 制作质量（页面布局、文字、颜色符合基本审美）	主要考查团队合作能力（分工协作，配合默契）	主要考查语言表达能力和汇报的礼貌礼仪（陈述任务流利，语言精练，文明礼貌）
权重	20 分	20 分	20 分	20 分	20 分
量化标准	好（16～20 分）：按照任务要求完成作业，汇报展示全面，准备的素材能全部呈现 一般（10～15 分）：按照任务要求完成部分作业，汇报展示缺少部分环节，准备的素材呈现欠缺 差（1～9 分）：按照任务要求完成部分作业，汇报展示缺少重要环节，准备的素材基本没有呈现	好（16～20 分）：不拘泥于书本，汇报形式新颖，见解独到，能从新的角度、新的方式思考问题和解决问题 一般（10～15 分）：基本从新的角度、新的方式思考问题和解决问题，比“好”逊色 差（1～9 分）：照本宣科，观点陈旧，完全照抄网络资料，毫无新意	好（16～20 分）：页面布局合理、美观，图、文、表混排，文字、颜色符合基本审美 一般（10～15 分）：页面布局基本合理，比“好”逊色 差（1～9 分）：页面布局杂乱，或者只有文字，或者字体太大、太小，颜色选取毫无审美可言	好（16～20 分）：分工协作，2 人以上完成陈述任务，配合默契，无明显停顿 一般（10～15 分）：2 人或 2 人以上完成陈述任务，配合不默契 差（1～9 分）：1 人完成陈述任务	好（16～20 分）：普通话标准，声音洪亮，陈述任务流利，富有情感，语言精练，文明用语 一般（10～15 分）：讲普通话，陈述任务基本流利，文明用语，但表现逊色 差（1～9 分）：不讲普通话，陈述卡顿严重，没有文明用语

课堂活动站 2

任务主题　签订用车合同

任务目标　查找合同条款中存在的风险，采取合理防范措施，确定合同主要条款，参与合同谈判过程，掌握合同订立基本过程。

任务内容

（1）由于业务需要，江苏方圆科技有限公司与南京立信汽车租赁有限公司开展了汽车租赁业务，后者提供了《用车租赁合同》。

（2）各小组同学查找相关资料，以用车方为出发点，寻找合同中存在的风险点。

（3）对找到的风险点进行合理的调整，以实现公平正义。

（4）分小组展示结果，教师补充讲解合同订立知识。

任务要求

（1）课前自主学习在线开放课相关视频，了解合同的一般内容和条款。

（2）仔细研读用车合同条款，找到用车方的风险点，并对风险点进行分析和控制，时间以 30～40 分钟为宜。

（3）各小组确定用车合同的最终条款，并选一名代表进行分享。

（4）分享后各组同学点评，教师点评每组表现。

用车租赁合同

出租方：南京立信汽车租赁有限公司（以下简称“甲方”）

承租方：江苏方圆科技有限公司（以下简称“乙方”）

经甲、乙双方友好、自愿、平等协商，依据互惠互利、诚信合作原则，甲方为乙方提供用车接送服务，现就有关事宜达成如下协议：

一、合同内容

车型	接送机	接送火车站	接送高铁站
帕萨特等（公务）	320	230	170
别克 GL8 等（商务）	510	365	270

1. 协议有效时间：______年______月______日至______年______月______日。

2. 车型及价格单位：元 / 车 / 次，此价格包含过路过桥及停车费，为含税开发票价格。

3. 如遇雨雪大风等恶劣天气，在上述价格基础加价 1.2 倍；早 6 时前、晚 22 时后接送服务，在上述价格基础加价 1.2 倍。

4. 如乙方未能在行程取消前 2 小时内通知甲方取消接送服务，由乙方承担本次行程取消费，取消费为行程总公里数乘以 1.5 元 / 千米。

二、结算方式

每月 3 日前，甲方提供上月所有行程发票，乙方当月 25 日前付上月所有款项。

三、甲方的权利和义务

1. 乙方必须提前 1 日以微信或邮件形式向甲方预定用车，包括所需车型、座位数、行驶路线、用车时间、联系人、联系电话、服务要求等，以双方微信确认为准。

2. 在车辆行驶过程中，应尊重甲方驾驶员的工作，不能要求驾驶员做不利安全的举动，不能影响驾驶员的安全行驶，否则由此造成的后果由甲方负责。

3. 驾驶员在执行乙方任务时，所产生的住宿、用餐或其他费用由乙方承担。

4. 乙方应按约定及时向甲方支付租车款。

四、乙方的权利和义务

1. 乙方为甲方提供的车辆须按《中华人民共和国道路交通安全法》要求，符合国家车辆安全行驶技术标准并按期审验合格，是拥有交通运管部门核准发放的道路运输经营资格的客车。该车应依法足额投全各类保险（承运人险、交强险、第三者责任险保险金额 100 万元）。

2. 车辆运行过程中，甲方驾驶员应自觉守法遵规，不开违章车，杜绝疲劳驾驶、酒后驾驶、超载行驶、超速行驶，驾驶时做到无不良嗜好，并严禁在驾驶过程中吸烟，着装整洁，用语礼貌，待客热忱，要求每日保持车辆内外清洁，并根据客人的合理要求提前使用空调，在会议接待过程中配合随车工作人员的工作。

3. 甲方不得私自改变行驶线路，不得搭载无关人员，不得索要“小费”或提出无理要求，不得有违反行业规范和职业道德的行为。

五、违约责任

1. 合同规定时间内，甲方未能按计划派车，或未按合同约定时间到达乙方指定地点的，由乙方在次月扣除违约金，赔偿给乙方造成的经济损失。

2. 甲方车辆中途发生故障 8 小时内无法修复，造成行程无法执行，应及时采取补救措施，更换同级别车辆及驾驶员，并赔偿乙方因此所造成的实际经济损失。

3. 因甲方车辆或驾驶员原因造成交通事故或其他安全事故，导致乙方人员人身伤害或财产损失，应按现行法律法规由甲方承担赔付责任，乙方应协助甲方处理相关事宜。

4. 甲乙双方签订本合同或租赁车辆确认单后，若甲方无正当理由临时取消租车接送服务，应向乙方赔偿 2 倍行程费用的违约金。

5. 合同一方违约的，对方应积极采取适当措施阻止损失扩大，否则不得就扩大部分的损失要求赔偿，违约方应当承担对方为阻止损失扩大而支付的合理费用。

六、免责和减轻责任

1. 如遇不可抗力因素造成出车，甲乙双方应协商解决，但应当提前 1 日通知对方，并提供不能履约的充分证据（除特殊情况外）。

2. 如遇塌方、泥石流、堵车、非本车交通事故等原因造成行程不能完成或行程延误，乙方不承担责任。

七、以上合同条款未尽事宜，甲、乙双方可经协商签订补充条款，补充条款与本合同具有同等法律效力。

八、甲乙双方可提前30天书面通知对方解除合同，互不承担任何责任。

九、本合同经双方签字盖章才能生效。

十、本合同一式二份，甲、乙双方各执一份。

甲方：	乙方：
（公章）	（公章）
甲方代表：	乙方代表：
日期：	日期：

小组分工

小组实施

教师点评

学生互评

[合同解析]

打分

评分表									班级：
课程次数	教师评分	分值 / 组次	第一组	第二组	第三组	第四组	第五组	第六组	平均分
第____次		第一组	——						
		第二组		——					
		第三组			——				
		第四组				——			
		第五组					——		
		第六组						——	

评分标准

评分指标	风险点完成度	合同完整性	团队配合	语言表达和礼仪
计分标准	主要考查风险点的完成情况（查找出风险点）	主要考查用车合同最终条款的完整性（条款补充完整、合理）	主要考查团队合作能力（分工协作，配合默契）	主要考查语言表达能力和汇报的礼貌礼仪（陈述任务流利，语言精练，文明礼貌）
权重	30分	30分	20分	20分
量化标准	好（20～30分）：按照要求查找出所有风险点，分析风险点，说明控制方法 一般（10～19分）：查找出部分风险点，对风险点有必要的分析 差（1～9分）：基本没有找到风险点，或者找到风险点不能对其分析和说明控制方法	好（20～30分）：补充用车合同的条款内容，使合同完整，补充条款合理、合法 一般（10～19分）：补充部分合同条款，补充条款不完全适当 差（1～9分）：基本没有补充条款，或者补充的条款内容无效	好（16～20分）：分工协作，2人以上完成陈述任务，配合默契，无明显停顿 一般（10～15分）：2人或2人以上完成陈述任务，配合不默契 差（1～9分）：1人完成陈述任务	好（16～20分）：普通话标准，声音洪亮，陈述任务流利，富有情感，语言精练，文明用语 一般（10～15分）：讲普通话，陈述任务基本流利，文明用语，但表现逊色 差（1～9分）：不讲普通话，陈述卡顿严重，没有文明用语

所思所获

专题七　商　言

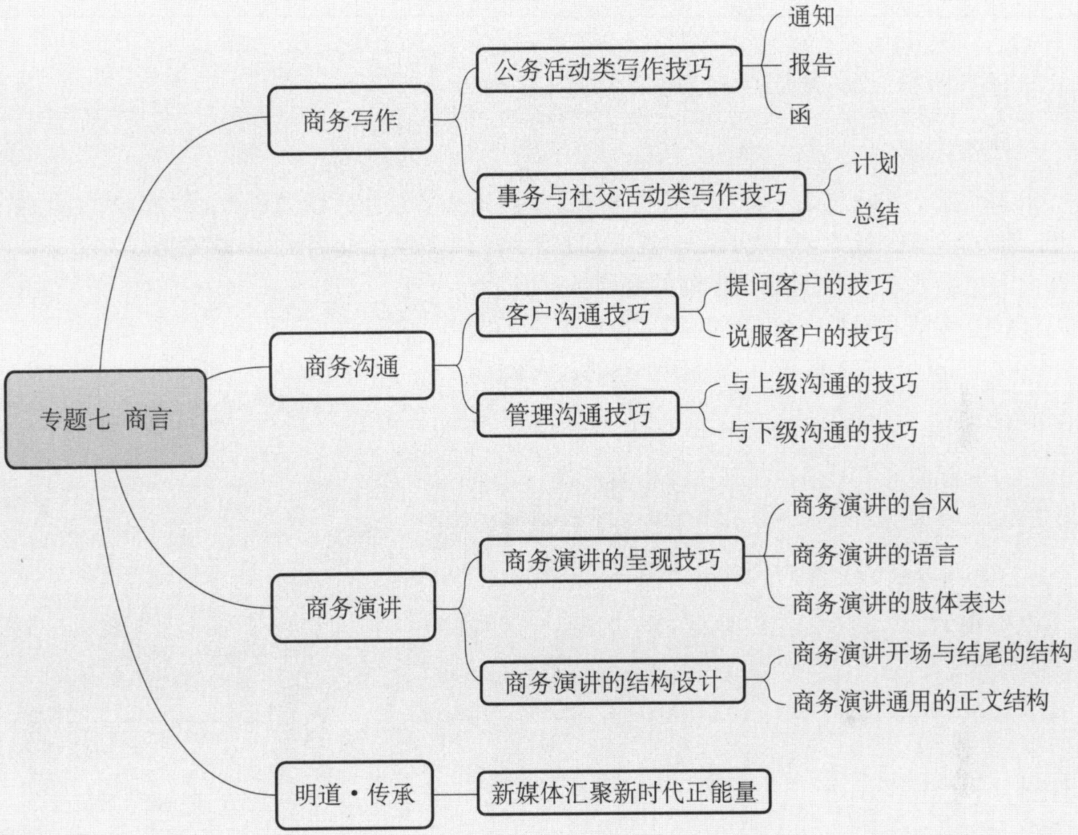
专题七 商言
商务写作
公务活动类写作技巧
通知
报告
函
事务与社交活动类写作技巧
计划
总结
商务沟通
客户沟通技巧
提问客户的技巧
说服客户的技巧
管理沟通技巧
与上级沟通的技巧
与下级沟通的技巧
商务演讲
商务演讲的呈现技巧
商务演讲的台风
商务演讲的语言
商务演讲的肢体表达
商务演讲的结构设计
商务演讲开场与结尾的结构
商务演讲通用的正文结构
明道・传承
新媒体汇聚新时代正能量

学习笔记

课堂活动站 1

任务主题 函的撰写

任务目标 通过训练，帮助学生掌握函的撰写技巧。

任务内容

某高校一学院想让工商管理专业的学生参观某知名企业，以提高学生对专业的感性认识。请以学校的名义写一封联系参观事宜的公函，并以某企业名义写一封复函。

（1）抽取 5~8 名同学所撰写的公函进行展示。

（2）教师对同学所撰写的公函进行点评。

（3）同学根据教师点评对公函进行修改和调整。

任务要求

（1）课前自主学习在线开放课相关视频。

（2）根据活动背景，结合所学内容，完成函的撰写。

（3）符合函的格式要求，行文内容符合活动背景。

小组分工

小组实施

教师点评

____

____

____

____

学生互评

____

____

____

____

打分

评分表								班级：	
课程次数	教师评分	分值 组次	第一组	第二组	第三组	第四组	第五组	第六组	平均分
第____次		第一组	——						
		第二组		——					
		第三组			——				
		第四组				——			
		第五组					——		
		第六组						——	

评分标准

评分指标	完成度	准确性
计分标准	主要考查任务的完成情况（按照要求完成公函的撰写任务）	主要考查公函撰写的准确性（内容、格式、技巧等方面符合要求）
权重	50分	50分
量化标准	好（35～50分）：按照任务要求完成公函的撰写，内容完整，意思表达清晰 一般（15～34分）：按照任务要求完成部分公函的撰写，内容有遗漏，意思表达略有混乱 差（1～14分）：按照任务要求完成部分公函的撰写，内容不完整，表达不清晰	好（35～50分）：公函撰写符合格式要求，行文内容符合活动背景，文字表述精练，用词得当 一般（15～34分）：基本符合格式要求，活动背景阐述略有不当，语句表达不够准确，语言略显累赘 差（1～14分）：公函格式不符合要求，活动背景表述不清，用词不当

课堂活动站 2

任务主题 商务演讲训练

任务目标 通过演讲稿的准备和演讲训练，掌握商务演讲的技巧，提升演讲技能，打造个人影响力。

任务内容

（1）请以“人生处处是考场”为题，根据所学商务演讲的技巧，进行商务演讲的准备。

（2）课上每组抽取 2 名同学进行商务演讲展示。

（3）评选优秀演讲者 5 名。

任务要求

（1）课前自主学习在线开放课相关视频。

（2）根据商务演讲的主题，课前自行准备演讲稿，按照所学进行文稿的结构设计，内容符合题意，有新意，演讲时长不超过 5 分钟。

（3）演讲者精神饱满，语言表达流畅，注意台风和肢体语言的表达，用普通话脱稿演讲。

（4）同学对演讲者进行点评及评分，教师进行整体总结评价。

小组分工

小组实施

教师点评

学生互评

打分

评分表								班级：	
课程次数	教师评分	分值 组次	第一组	第二组	第三组	第四组	第五组	第六组	平均分
第____次		第一组	——						
		第二组		——					
		第三组			——				
		第四组				——			
		第五组					——		
		第六组						——	

评分标准

评分指标	演讲内容	语言表达	形象风度	综合印象	时间控制
计分标准	主要考查演讲者演讲内容与主题的贴切程度	主要考查演讲者的语言的规范性、熟练程度和演讲技巧	主要考查演讲者肢体语言的表达和仪容仪表	主要考查演讲者的临场表现和感染力	主要考查演讲者对规定时间的把控
权重	30分	30分	20分	15分	5分
量化标准	围绕主题，观点正确，内容充实具体（15分） 演讲稿结构严谨，构思巧妙（5分） 材料真实，事例动人，贴近生活，富有时代感（10分）	语言规范，吐字清晰，声音洪亮（10分） 演讲流畅，自然，语速节奏处理得当（5分） 脱稿，不卡顿（5分） 语气、语调、音量等符合思想感情的起伏变化，讲究演讲技巧（10分）	衣着整洁，大方得体，上下场致意、答谢（5分） 仪态端庄，举止自然，精神饱满（5分） 能较好地运用姿态、动作、手势、表情等肢体语言，表达对演讲稿的理解（10分）	演讲富有感染力，临场应变能力强（5分） 能较好地与听众感情融合在一起，营造良好的演讲效果（5分）	演讲时间控制在5分钟以内（5分）

所思所获

专题八　商　仪

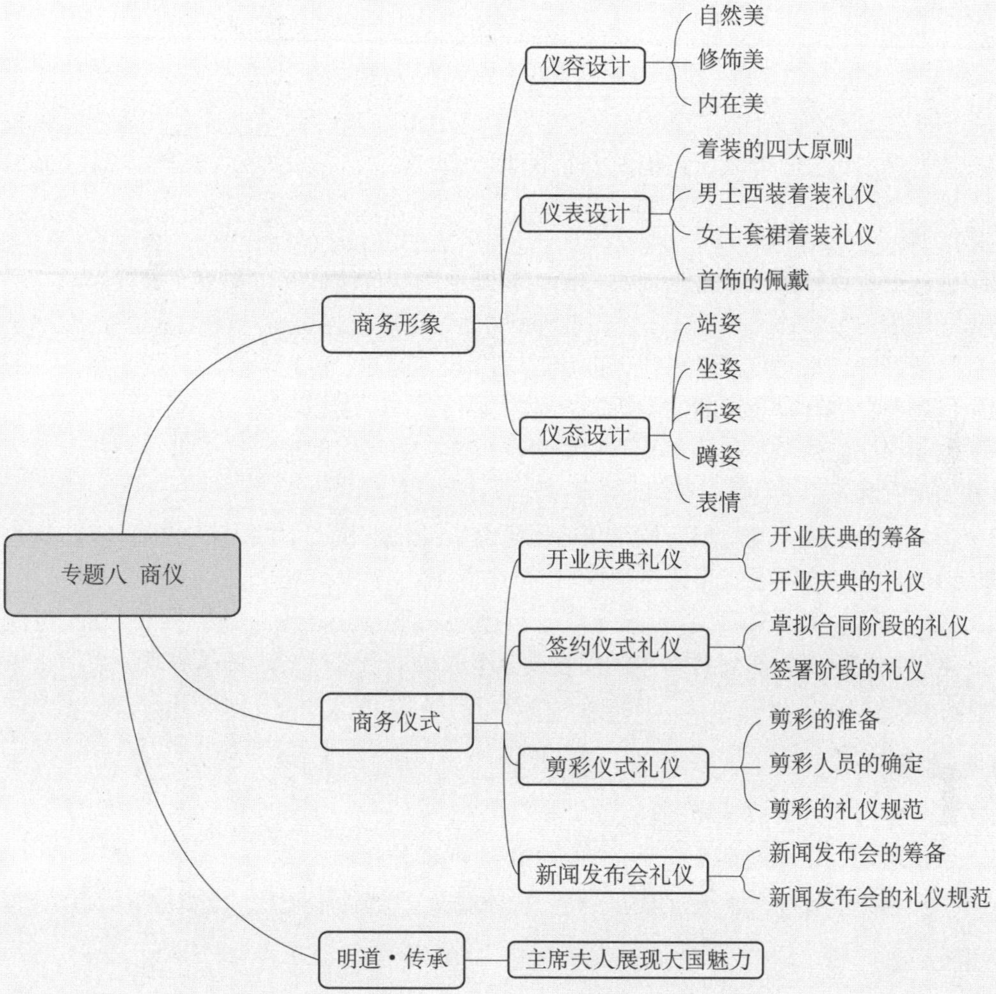
专题八　商仪
商务形象
仪容设计
自然美
修饰美
内在美
仪表设计
着装的四大原则
男士西装着装礼仪
女士套裙着装礼仪
首饰的佩戴
仪态设计
站姿
坐姿
行姿
蹲姿
表情
商务仪式
开业庆典礼仪
开业庆典的筹备
开业庆典的礼仪
签约仪式礼仪
草拟合同阶段的礼仪
签署阶段的礼仪
剪彩仪式礼仪
剪彩的准备
剪彩人员的确定
剪彩的礼仪规范
新闻发布会礼仪
新闻发布会的筹备
新闻发布会的礼仪规范
明道·传承
主席夫人展现大国魅力

学习笔记

课堂活动站 1

任务主题 职业形象塑造

任务目标 通过回顾仪容、仪表、仪态的学习内容，组织同学设计适合自己的职业形象，打造自然、大方、真诚、积极向上的职业形象。

任务内容

组织一次形象诊断活动，包括自我诊断、相互诊断和集体诊断，并组织班级内的“现场体姿秀”展示。

（1）自我诊断。请每位同学对自己的仪容、着装、配饰、仪态等进行自我诊断，每个小组选出代表上台进行自我诊断的剖析。

（2）相互诊断。每个小组内部相互对对方的仪容、着装、配饰、仪态进行判断，然后指出对方的适宜和不妥之处。

（3）集体诊断。各小组对所有同学仪容、着装、配饰、仪态上共同存在的优点和问题进行集体诊断，并针对问题提出改进建议。

（4）进行一次“现场体姿秀”，展示属于自己的职业形象。以 5 人为一组，在小组内进行站、坐、走姿演练，然后各组选派代表或全组成员上台进行“现场体姿秀”表演，每组限时 3 分钟。

任务要求

（1）自主学习在线开放课相关视频。

（2）全员参与，每名同学至少要在活动中的不同部分展示一次。

（3）教师和同学对自我诊断、相互诊断、集体诊断、“现场体姿秀”各个环节进行点评。

小组分工

____

____

____

____

____

小组实施

____

教师点评

学生互评

打分

评分表									班级:
课程次数	教师评分	分值 / 组次	第一组	第二组	第三组	第四组	第五组	第六组	平均分
第____次		第一组	——						
		第二组		——					
		第三组			——				
		第四组				——			
		第五组					——		
		第六组						——	

评分标准

评分指标	仪容	着装	配饰	仪态	诊断
计分标准	主要考查仪容礼仪	主要考查着装礼仪	主要考查配饰礼仪	主要考查仪态礼仪	主要考查诊断剖析的全面性
权重	20分	20分	20分	20分	20分
量化标准	妆容自然大方，恰到好处（10分） 精神饱满，神采奕奕，笑容亲切（10分）	整洁、美观、端庄、得体（10分） 符合身份与场合（10分）	配饰数量符合礼仪规范（10分） 配饰得体，增加美感（10分）	站姿、坐姿、行姿、蹲姿动作到位，姿势准确（10分） 自然、流畅、熟练（10分）	诊断全面，准确（10分） 语言流畅，使用普通话，语音标准（10分）

课堂活动站 2

任务主题 签约仪式

任务目标 了解签约厅的布置知识，演练签约座次安排，掌握并运用签约仪式礼仪。

任务内容

A 公司与 B 公司通过长期谈判，就合作事项达成了共识，计划签署一份协议，双方都有经理参与。

（1）各组模拟签约仪式，并在课堂上两两对应展示。

（2）做好签约仪式前的准备工作。

（3）在座次安排环节演练 3 种排位方式。

（4）教师和同学对每组表现进行点评和打分。

任务要求

（1）自主学习在线开放课相关视频。

（2）每组做好角色合理分工，包括签约仪式代表、助签人员、接待人员等。

（3）合作事项由对应展示的小组自行商议确定。

（4）展示过程符合签约仪式礼仪的规范。

小组分工

____

____

____

____

____

小组实施

____

____

____

____

教师点评

学生互评

打分

评分表									班级：
课程次数	教师评分	分值 组次	第一组	第二组	第三组	第四组	第五组	第六组	平均分
第____次		第一组	——						
		第二组		——					
		第三组			——				
		第四组				——			
		第五组					——		
		第六组						——	

评分标准

评分指标	座次安排	签约厅布置	接待人员	签约参与者	团队表现
计分标准	主要考查签约仪式的座次礼仪	主要考查标准签约厅的布置	主要考查接待人员的礼仪和接待语言表达	主要考查主签人员和助签者的礼仪和临场表现	主要考查签约仪式的规范程序和团队合作表现
权重	30分	15分	20分	20分	15分
量化标准	展示三种不同的座次排列和座次礼仪（每种座次排列10分）	有基本的陈设和布置，按照三种座次布置签约厅，除现有道具外，其他道具各组自行准备（每种布置5分）	接待礼仪规范（10分） 接待语言得体（10分）	主签人员的礼仪规范，完成度高（10分） 助签人员礼仪规范，站位正确，反应灵活（10分）	团队完成签约仪式所有流程（10分） 团队配合默契，互补互助（5分）

所思所获

专题九　商　礼

- 专题九　商礼
  - 商务交往礼仪
    - 称呼礼仪
    - 介绍礼仪
      - 自我介绍
      - 他人介绍
      - 集体介绍
    - 名片礼仪
    - 握手礼仪
  - 商务办公礼仪
    - 接待礼仪
    - 电话礼仪
      - 拨打电话的礼仪
      - 接听电话的礼仪
    - 谈判礼仪
  - 商务宴请礼仪
    - 中餐宴请礼仪
      - 中餐座次安排
      - 中餐餐具使用礼仪
      - 中餐进餐礼仪
    - 西餐宴请礼仪
      - 西餐点菜礼仪
      - 西餐餐具使用礼仪
      - 西餐座次及入座礼仪
      - 西餐进餐礼仪
      - 西餐饮酒礼仪
  - 涉外商务礼仪
    - 涉外交往礼仪通则
    - 涉外基本礼仪规范
      - 涉外商务拜访礼仪
      - 中国主要贸易国礼仪规范
  - 明道·传承
    - 中国特色大国外交礼宾

学习笔记

课堂活动站 1

任务主题　提升商务交往礼仪素养

任务目标　通过训练，帮助学生理解在商务交往和商务办公过程中的各种礼仪的要领与规范，并能准确施行各种礼仪。

任务内容

（1）各小组同学通过情景剧的方式进行课堂展示，综合运用所学到的商务交往礼仪、商务办公礼仪知识展示情景剧内容，通过剧情的巧妙串联将所学展现出来，用摄像机摄录整个情景剧过程并回放。

（2）评选礼仪优秀团队和礼仪优秀个人。

任务要求

（1）课前自主学习在线开放课相关视频。

（2）各小组同学自创情景剧脚本，脚本与商务活动相结合，设定合理角色。

（3）各小组同学按脚本分配角色，按照各项商务礼仪要求与规范进行排练，姿态、表情、语言、顺序、方位等应符合礼仪规范。

（4）教师和同学对各小组的表现进行点评。

情景剧脚本示例

［角色分配］

A 公司：江苏方圆科技有限公司

总经理：张自清

销售代表：王芳

B 公司：山东蓝海生物股份有限公司

总经理：刘雪晴

助理：朱婷

［背景资料］

A 公司是江苏方圆科技有限公司，B 公司是山东蓝海生物股份有限公司。此次接洽活动是 B 公司希望能成为 A 公司的长期合作伙伴，通过电话预约，安排 A 公司进行参观并就合作问题进行洽谈签约。

场景一：电话预约

人物：朱婷、王芳

（电话铃声）

朱婷：（面带微笑）您好，请问是江苏方圆科技有限公司的王芳吗？

王芳：是的。请问您是？

朱婷：我是山东蓝海生物股份有限公司上周与您预约的朱助理。

王芳：哦，是的！朱助理你好！请问有什么事可以帮您？

朱婷：我想请问一下，贵公司的张总与您明天何时抵达？这样方便我们提早做好接待工作。

王芳：我们明天十点就可以抵达。

朱婷：明天十点，好的，我们会提前做好接待准备工作，期待与您们的见面。

王芳：我也是，请问还有什么可以帮您吗？

朱婷：没有了，打扰了，再见。

王芳：不客气，再见。

场景二：接待

人物：张自清、王芳、刘雪晴、朱婷

（上午十点，刘雪晴、朱婷在出口等待，同时张自清、王芳出现在机场出口。）

刘雪晴：您好，一路辛苦了，我是山东蓝海生物股份有限公司的总经理刘雪晴。

张自清：（满脸笑容，礼貌地伸出右手，身体微倾与刘总握手）刘总您好，我是江苏方圆科技有限公司的总经理张自清，很高兴认识您！

刘雪晴：（将名片双手递给张自清）这是我的名片。

张自清：（双手接过名片并将自己的名片双手递给刘雪晴）这是我的名片。

刘雪晴：（双手接过名片）这是我的助理朱婷。

（朱婷走上前，张自清同朱婷握手。）

张自清：您好！

朱婷：您好！

张自清：这是我们公司的销售代表王芳。（王芳走上前去，刘雪晴同王芳握手。）

刘雪晴：您好！

王芳：您好！

朱婷：我们的车已经在那边等着了，张总这边请！（做引导式指向车的右边，带相关人员向车走去，走到车边为张总打开车门。）

场景三：签约

人物：张自清、王芳、刘雪晴、朱婷

（洽谈很成功，进入签约环节。）

刘雪晴：张总，请。

刘雪晴：张总，这是我们根据谈判结果制定的合同，请您过目。

（张总接过合同认真阅读。）

张自清：这份合同大部分我们很满意，但是这个价格比我们之前定的价格要高啊。

刘雪晴：根据当时的谈判，这个价格的波动是在允许的范围之内，况且原材料价格普遍上涨，所以，价格方面还望贵公司能理解。

（张总与王芳讨论。）

张自清：好吧，这个价格我们可以接受，希望贵公司能够保证产品质量。

刘雪晴：这个请张总放心，产品质量绝对保证。

张自清：好的，那我们签约吧。

刘雪晴：好的。

（合同由助理递过去，签完交换。）

刘雪晴：张总，非常感谢您们对本公司的信任，我们承诺将提供最好的产品。
张自清：谢谢您们的盛情款待，期待我们的这次合作！
刘雪晴：合作愉快！
（双方握手。）

小组分工

小组实施

教师点评

学生互评

____

____

____

打分

评分表									班级：
课程次数	教师评分	分值 组次	第一组	第二组	第三组	第四组	第五组	第六组	平均分
第____次		第一组	——						
		第二组		——					
		第三组			——				
		第四组				——			
		第五组					——		
		第六组						——	

评分标准

评分指标	完成度	脚本质量	团队配合	礼仪规范
计分标准	主要考查任务的完成情况	主要考查脚本的制作质量	主要考查团队合作能力	主要考查各种礼仪的规范程度
权重	20 分	30 分	20 分	30 分
量化标准	按照任务要求完成作业（10 分） 汇报展示全面，准备的素材能全部呈现（10 分）	内容、形式、情境等方面有独特之处，新颖有创意（10 分） 设定特定场景，能与商务活动相结合，并能囊括该商务活动涉及的礼仪知识（10 分） 脚本设计合理，语言和行为符合相应角色（10 分）	分工协作，配合默契（10 分） 按照脚本的设计完成情景剧，表演者的表演符合角色（10 分）	商务交往礼仪和商务办公礼仪的呈现规范、具体，符合相应礼仪要求（15 分） 场景和道具准备充分（5 分） 普通话标准，行为得体，表演流畅（10 分）

课堂活动站 2

任务主题 商务宴请礼仪

任务目标 通过训练，帮助学生理解商务宴请礼仪的要领与规范，并能准确运用。

任务内容

（1）通过情景剧的方式，各小组同学进行课堂展示，运用所学的商务宴请礼仪知识进行情景设计，通过剧情的巧妙串联将所学展现出来，用摄像机摄录整个情景剧过程并回放。

（2）评选礼仪优秀团队和礼仪优秀个人。

任务要求

（1）课前自主学习在线开放课相关视频。

（2）各小组自创情景剧脚本，脚本与商务宴请活动相结合，设定合理角色。

（3）情景剧内容包括中餐和西餐宴请座次安排，宴请用餐礼仪等。

角色：A 公司总经理，A 公司的一位副总经理及一位秘书，B 公司的两位经理。

事件：A 公司总经理宴请 B 公司的两位经理商谈合作事宜，其中 A 公司的一位副总经理及一位秘书作陪。

（4）各小组同学按脚本分配角色，按照商务宴请礼仪的要求与规范进行排练。

（5）教师和同学对各组的表现做出点评。

小组分工

____

____

____

____

____

小组实施

____

____

____

教师点评

学生互评

打分

评分表									班级：
课程次数	教师评分	分值 组次	第一组	第二组	第三组	第四组	第五组	第六组	平均分
第____次		第一组	——						
		第二组		——					
		第三组			——				
		第四组				——			
		第五组					——		
		第六组						——	

评分标准

评分指标	完成度	脚本质量	团队配合	礼仪规范
计分标准	主要考查任务的完成情况	主要考查脚本的制作质量	主要考查团队合作能力	主要考查各种礼仪的规范程度
权重	20 分	30 分	20 分	30 分
量化标准	按照任务要求完成作业（10 分） 汇报展示全面，准备的素材能全部呈现（10 分）	内容、形式、情境等方面有独特之处，新颖有创意（10 分） 设定特定场景，能与商务活动相结合，并能囊括该商务活动涉及的礼仪知识（10 分） 脚本设计合理，语言和行为符合相应角色（10 分）	分工协作，配合默契（10 分） 按照脚本的设计完成情景剧，表演者的表演符合角色（10 分）	商务交往礼仪和商务办公礼仪的呈现规范、具体，符合相应礼仪要求（15 分） 场景和道具准备充分（5 分） 普通话标准，行为得体，表演流畅（10 分）

所思所获